大学生
心理健康教育

谭亚菲 ◎ 主编

中南大学出版社
www.csupress.com.cn

·长沙·

图书在版编目（CIP）数据

大学生心理健康教育／谭亚菲主编. --长沙：中南大学出版社，2017.7

ISBN 978 - 7 - 5487 - 2882 - 5

Ⅰ.①大… Ⅱ.①谭… Ⅲ.①大学生－心理健康－健康教育
Ⅳ.①G444

中国版本图书馆 CIP 数据核字(2017)第 175797 号

大学生心理健康教育

谭亚菲　主编

□责任编辑	陈应征	
□责任印制	易建国	
□出版发行	中南大学出版社	
	社址：长沙市麓山南路	邮编：410083
	发行科电话：0731 - 88876770	传真：0731 - 88710482
□印　　装	长沙雅鑫印务有限公司	

□开　　本	787×1092　1/16　□印张 15　□字数 374 千字	
□版　　次	2017 年 7 月第 1 版　□2017 年 7 月第 1 次印刷	
□书　　号	ISBN 978 - 7 - 5487 - 2882 - 5	
□定　　价	38.90 元	

前　言

　　我们正处在一个凝聚正能量、实现中国梦的伟大时代。从我国高等教育改革和社会发展的趋势来看，这也是一个尊重知识、注重人才素质全面提升的时期。在这个思想文化激荡、价值观念多元、人才竞争激烈、社会发展日新月异的年代，培养道德品质优秀、专业技能精湛、心理素质过硬的适应社会需要的高素质人才是高等教育的历史责任。我们清楚地看到，教育改革和社会发展给大学生带来机遇和挑战的同时，也给他们带来了巨大的心灵冲击。大学生面临的学习、生活和就业压力明显增大，由此导致大学生心理问题明显增多。他们在新环境的适应、长效学习机制的建立、自我概念的形成、人际交往的完善、专业的发展、性与爱情的选择等方面产生了诸多心理困惑。而且，在校大学生年龄一般都在十七八岁到二十二三岁这个年龄段，正值人生知识积累和选择未来发展方向的黄金时期。他们在智力和能力迅速发展的同时，也步入了人生情绪最易起伏跌宕的阶段。不稳定的情绪状态对大学生的学习生活会造成干扰和冲击，使他们不能以充沛的精力投入到知识技能的学习当中，影响他们的健康成长和成才。我们看到，大学校园中有的学生自视甚高，常觉得怀才不遇；有的学生怨天尤人，自暴自弃；有的学生杞人忧天，郁郁寡欢；有的学生为情所困，无法自拔；有的学生沉迷网络，自甘堕落……面对这些问题，逃避和抱怨都是无济于事的，我们需要坦然地面对现实。因此，让大学生拥有和保持健康的心理成为当代教育的一个重要任务。高等学校应通过加强大学生心理健康教育，引导大学生掌握心理健康知识，学会自我心理调适的方法，激发自身潜能，养成良好的心理素质，提高心理健康水平。

　　其实，党和政府一直以来都高度重视大学生心理健康教育，把它作为促进大学生健康成长、培养造就创新人才的重要途径，作为全面贯彻党的教育方针、建设人力资源强国的重要举措。教育部在2001年和2002年分别颁发了《教育部关于加强普通高等学校大学生心理健康教育工作的意见》《普通高等学校大学生心理健康教育工作实施纲要（试行）》，对加强大学生心理健康教育工作提出了整体要求和具体实施意见。2005年1月，教育部、卫生部、共青团中央在《关于进一步加强和改进大学生心理健康教育的意见》中再次强调加强和改进大学生心理健康教育。党中央也发布了一系列文件，特别是《中共中央关于构建社会主义和谐社会若干重大问题的决定》明确要求："注意促进人的心理和谐，加强人文关怀和心理疏导，引导人们正确对待自己、他人和社会，正确对待困难、挫折和荣誉。加强心理健康教育和保健，健全心理咨询网络，塑造自尊自信、理性平和、积极向上的心态。"2011年5月，教育部办公厅印发了《普通高等学校学生心理健康教育课程教学基本要求》，对大学生心理健康教育课程教学的教学目标、教学内容、教学方法等做出了详细要求。目前，大学生心理健康教育课程建设已取得了丰富的研究成果，出版教材数百种，这对课程规范性、科学性的提升起到了很好的指导作用。

　　本教材即为贯彻落实党中央、教育部的文件精神而编写，旨在解决大学生发展中的心理问题，帮助大学生健康成长、全面发展。本教材以社会主义核心价值观、科学发展观为指导，以"基本原理、基本问题、基本策略"为编写线索，还原并体现心理学的积极价值，汲取国内外近年来关于大学生心理发展、心理健康研究的新成果，以普及心理健康知识，为大学生提供心理健康指导，并力求体现操作性、参与性和可读性。在给大学生普及相关基础知识的同时，注重引导其联系自身实际，采取相应的策略、方法，解决现实生活和学习中遇到的心理问题，消除心理困扰，从而实现自我健康发展。

本教材在编排上有如下特点：首先，体例新颖，各章节内容紧密结合大学生学习、生活实际，提供理论指导和方法、途径，帮助学生解决常见问题。其次，重视调适训练和心理自测，每章后面附有团体辅导与心理自我调适练习、心理自测与分析、思考与练习题。再次，语言清新，可读性强，使大学生在轻松愉快的阅读中获得精神上的养分。总之，本教材紧紧围绕大学生的身心发展特点与生活实际，内容通俗易懂、深入浅出，既有抽象的理论探讨，又有实际的调适训练；既有利于学生阅读、掌握理论知识，又有利于课堂实训的组织；既有利于教师教学，又有利于读者更好地了解自己，不断完善自我。

本书在编写过程中，参考和借鉴了国内外同类教材和专家学者的有关著作及研究成果，在此表示最诚挚的感谢。学海无涯，况且大学生心理健康教育是一项复杂的系统工程，加上编者水平有限，书中难免会有不完善、不准确和疏漏之处，愿以最真诚的态度期待同行专家和广大学生朋友的批评指正。

编　者

2017 年 6 月

目　　录

第一章　大学生心理健康概述

　　心理健康教育是促进学生全面发展教育的重要组成部分。在高校开展心理健康教育，既有助于大学生的良好品质的培养和身心的健康发展，又有利于预防心理疾病、消除心理障碍。何为心理健康，怎样衡量一个人的心理健康状况，心理健康包含哪些内容，如果发现自身心理不够健康要采取何种方法进行矫治，心理健康对个人对社会有何影响，心理健康与人生的成功和幸福具有怎样的关系，等等，就是心理健康教育要帮助大家解决的问题。本章主要阐述心理健康的标准、大学生心理健康现状、大学生心理健康教育的主要内容、增进大学生心理健康的一些方法以及大学新生的心理适应的调适。

第一节　心理健康的概念与标准

一、心理健康的概念

　　健康是包括大学生在内的每个人都期待的。然而什么是健康，什么是心理健康，用何标准衡量心理健康并非每个大学生都十分清楚，因为这涉及有关心理学的专业知识。一般而言，个体能够适应发展着的环境，具有完善的个性特征；且其认知、情绪反应、意志行为处于积极状态，并能保持正常的调控能力；在生活实践中，能够正确认识自我，自觉控制自己，正确对待外界影响，从而使心理保持平衡协调，就已具备了心理健康的基本特征。

　　心理健康，是现代人健康不可分割的重要方面。那么什么是人的心理健康呢？人的生理健康是有标准的，心理健康也是有标准的。不过人的心理健康标准不及人的生理健康标准具体与客观。了解与掌握心理健康的定义对于增强与维护人们的健康有很大的意义。人们掌握了衡量人的心理健康的标准，并以此为依据对照自己，就可以进行心理健康的自我诊断。如果发现自己的心理状况某个或某几个方面与心理健康标准有一定距离，就可以有针对性地加强心理锻炼，以期达到心理健康水平。如果发现自己的心理状态严重地偏离心理健康标准，就要及时求医，以便早期诊断与早期治疗。

　　关于健康，20世纪30年代的美国健康教育家鲍尔（Bauer）和霍尔（Hull）曾下过一个较完整的定义："健康是人们在身体、心情和精神方面都自觉良好、精力充沛的一种状态。其基础在于机体一切器官组织机能正常，并掌握和实行适应物质、精神环境和健康生活的科学规律。"

　　世界卫生组织（WHO，1948）在成立宪章中指出："健康乃是一种身体的、心理的和社会适应的健全状态，而不是没有疾病或虚弱现象。"1978年，国际初级卫生保健大会发表的《阿拉木图宣言》重申了健康的含义："健康不仅是疾病与体弱的匿迹，而且是身心健康、社会幸福的完美状态。"1990 年，世界卫生组织将健康的含义确定为四个方面：一是躯体健康，就是生理健康。二是心理健康，就是人格完整，自我感觉良好，情绪稳定，积极情绪多于消极情绪，有较好的自控力，能保持心理上的平衡，能自尊、自爱、自信，有自知之明等。三是社会适应健康，就是自己的各种生理、心理活动和行为，能适应复杂的环境变化，能为他人理解接受，使自己在各种环境中有充分的安全感；能保证正常的人际关系，能受到他人的欢迎和信任；对未来有明确的生活目标，能切合实际地在各种社会环境下不断进取，有理想和事业上的追求。四是道德健康，就是不以损害他人的利益来满足自己的需要，有辨别真伪、善恶、美丑、荣辱、是非的能力，能按照社会公认的道德准则来约束、支配自己的言行，愿为人们的幸福作贡献。此为对健康最全面、最完整、最权威的观点，也是本书所采纳的观点。

我们认为，心理健康的基本含义是指心理的各个方面及活动过程处于一种良好或正常的状态。心理健康的理想状态是保持性格完美、智力正常、认知正确、情感适当、意志合理、态度积极、行为恰当、适应良好。与心理健康相对应的是心理亚健康以及心理病态。心理健康从不同的角度划分有不同的含义，衡量标准也有所不同。

心理健康按其程度可以划分为两种状态：一是正常状态，简称常态。它指个体具有正常人的遗传素质、生理条件，又生长在一个正常的环境中，生活中没有大的起伏和挫折，因此心理循着正常人轨迹发展。个体的常态行为与其价值观、道德水平和人格特征相一致。这是一种心理健康状态。二是不平衡状态，简称偏态。它指个体心理处于焦虑、恐惧、压抑、担忧、矛盾、应激等状态。一旦个体处于不平衡状态，就会首先通过"心理防御机制"来进行自我调节。如果无效，就得借助他人疏导，使之消除不平衡，恢复正常状态。偏态包括神经症、人格障碍、性心理障碍、精神分裂症等。若出现这些病症，就要到医疗部门求助心理治疗和药物治疗。

资料窗

心理健康的定义

1929 年在美国召开的第三次全美儿童健康及保护会议上，与会者认为："心理健康是指个人在其适应过程中，能发挥其最高的知能而获得满足、感觉愉快的心理状态，同时在其社会中，能谨慎其行为，并有敢于面对现实的能力。"

精神病学家卡尔·麦灵格(Karl Menning)认为，心理健康是指人们对于环境及相互间具有最高效率及快乐的适应情况。心理健康的人能适应外部世界，保持平稳的情绪。

英格里士(English, H. B)指出，心理健康是一种持续的心理状况，当事者在那种情况下能作出良好适应，具有生命的活力，并能充分发展其身心的潜能，这乃是一种积极的丰富的情况，不仅仅是免于心理疾病而已。

凯兹和列维斯(Katz, B&Lewis, R)认为，心理健康，指的是人的情绪稳定、智慧敏锐以及社会适应良好的状态。

第三届国际心理卫生大会(1946)认为，所谓心理健康，是指在身体、智能以及情感上与他人的心理健康不相矛盾的范围内，将个人心境发展成最佳状态。

《简明不列颠百科全书》指出，心理健康是指个体心理在本身及环境条件许可的范围内所能达到的最佳状态，但不是指十全十美的绝对状态。

日本学者松田岩男认为，所谓心理健康，是指对内部环境具有安定感，对外部环境能以社会认可的形式适应的这种心理状态。

美国学者马斯洛(A. H. Maslow)将理想的心理健康状态称为自我实现(self-actualization)，即人的所有潜能的充分实现与人的不断成长。

(资料来源：陈家麟.学校心理健康教育——原理与操作[M].北京：教育科学出版社，2002.)

二、心理健康的标准

(一)不同学者的观点

我们要了解自己的健康必须根据一定的标准。心理健康可以用哪些标准来衡量呢？关于心理健康的标准，不同学者的观点不同，并且随着社会文化和时代的不同，心理健康标准也在不断地发展和变化。下面介绍一些学者对心理健康标准的看法：

1. 美国心理学家马斯洛(A. H. Maslow)等提出的标准

人本主义心理学家马斯洛等提出了心理健康的十条标准：①充分的安全感；②充分了解自己，并对自己的能力作适当的估计；③生活的目标能切合实际；④能与现实环境保持接触；⑤能保持人格的完整与和谐；⑥具有从经验中学习的能力；⑦能保持良好的人际关系；⑧适当的情绪表达及控制；⑨在不违背集体要求的前提下，能作有限度的个性发挥；⑩在不违背社会规范的前提下，对个人的需要能作恰如其分的满足。

2. 奥尔波特(G. Allport)提出的标准

心理健康与人格有着密切的关系，人格心理学家奥尔波特对心理健康提出了七条标准：①自我意识广延；②良好的人际关系；③情绪上的安全性；④知觉客观；⑤具有各种技能，并专注于工作；⑥现实的自我形象；⑦内在统一的人生观。

3. 林崇德提出的标准

我国著名心理学家林崇德认为："心理健康标准的核心是：凡对一切有益于心理健康的事件或活动作出积极反应的人，其心理便是健康的。"他认为心理健康主要有以下十条标准：①了解自我，对自己有充分的认识和了解，并能恰当地评价自己的能力；②信任自我，对自己有充分的信任感，能克服困难，面对挫折能坦然处之，并能正确地评价自己的失败；③悦纳自我，对自己的外形特征、人格、智力、能力等都能愉快地接纳认同；④控制自我，能适度地表达和控制自己的情绪和行为；⑤调节自我，对自己不切实际的行为目标、心理不平衡状态、与环境的不适应性，能作出及时的反馈、修正、选择、变革和调整；⑥完善自我，能不断地完善自己，保持人格的完整与和谐；⑦发展自我，具备从经验中学习的能力，充分发展自己的智力，能根据自身的特点，在集体允许的前提下，发展自己的人格；⑧调适自我，对环境有充分的安全感，能与环境保持良好的接触，理解他人，悦纳他人，能保持良好的人际关系；⑨设计自我，有自己的生活理想，理想与目标能切合实际；⑩满足自我，在社会规范的范围内，适度地满足个人的基本需求。

4. 郭念锋提出的标准

郭念锋在其所著《临床心理学概论》一书中提出从以下十个方面判断心理健康的水平。

（1）心理活动强度：这是指对于精神刺激的抵抗能力。不同的人对于同一类精神刺激的反应是各不相同的，这就能看出不同人对于精神刺激的抵抗力。抵抗力低的人往往容易留下后患，可以因为一次精神刺激而导致反应性精神病或癔症，而抵抗力强的人虽有反应但不致病。这种抵抗力主要是和人的认识水平有关，当一个人对外部事件有充分理智的认识时，就可以相对地减弱刺激的强度。另外，人的生活经验以及固有的性格特征和先天神经系统的素质也都会影响这种抵抗能力。

（2）心理活动耐受力：前面说的是对突然的强大精神刺激的抵抗能力。但现实生活中还有另外一类精神刺激，那就是长期反复地在生活中出现，久久不消失，几乎每日每时都缠绕着人的心灵。这种慢性的长期的精神刺激可以整整折磨一个人一生，也可以使一个人痛苦很久。有的人在这种慢性精神折磨下出现心理异常，人格改变，精神不振，甚至产生严重躯体疾病。但是也有人虽然被这些不良刺激缠绕，最终不会在精神上出现严重问题，甚至把不断克服这种精神刺激当作生活的乐趣，当作一种标志自己是一个强者的象征。他们可以在别人无法忍受的逆境中做出成绩。可以把对长期精神刺激的抵抗能力看作一个人的心理健康水平的指标，称它为耐受力。

（3）周期节律性：人的心理活动在形式和效率上都有着自己内在的节律性。比如，人的注意力水平就有一种自然的起伏。不只是注意状态，人的所有心理过程都有节律性。一般可以用心理活动的效率作指标去探查这种客观节律的变化。有的人白天工作效率不高，但一到晚上就很有效率，有的人则相反。如果一个人的心理活动的固有节律经常处在紊乱状态，不管是什么原因造成的，都可以说他的心理健康水平下降了。

（4）意识水平：意识水平的高低往往以注意力水平为客观指标。如果一个人不能专注于某种工作，不能专注于思考问题，思想经常开小差或者因注意力分散而出现工作上的差错，我们就要警惕他是否有心理健康问题了。因为注意力水平的降低会影响意识活动的有效水平。思想不能集中的程度越高，心理健康水平就越低，由此而造成的其他后果，如记忆力下降等也越严重。

（5）受暗示性：易受暗示的人往往容易被周围环境的无关因素引起情绪的波动和思维的紊乱，有时也表现为意志力薄弱。他们的情绪和思维很容易随环境而变化，给精神活动带来不稳定的特点。当然，受暗示这种特点在每个人身上都或多或少存在，但水平和程度差别较大，女性比男性更易受暗示。

（6）康复能力：人的一生不可避免会遭受精神创伤，在精神创伤之后，情绪的波动、行为的暂时改变，甚至某些躯体症状都可能出现。但是，由于人们各自的认识能力不同、经验不同，从一次打击中恢复过来所需要的时间也会有所不同，恢复的程度也有差别。这种从创伤刺激中恢复到往常水平的能力，称为心理康复能力。康复水平高的人恢复得较快，而且不留什么严重痕迹，每当再次回忆起创伤时，他们表现得较为平静，原有的情绪色彩也很平淡。

（7）心理自控力：情绪的强度和表达、思维的方向和过程都是在人的自觉控制下实现的。所谓不随意的情绪和思维只是相对而言的，它们都有随意性，只是水平不高以至难以察觉罢了。对情绪、思维和行为的自控程度与人的心理健康水平密切相关。当一个人身心十分健康时，他的心理活动十分自如，情绪的表达恰如其分，仪态大方，既不拘谨也不放肆。因此，精神活动的自控能力不失为评价心理健康与否的一个指标。

（8）自信心：当一个人面对某种生活事件或工作任务时，必然会首先估计一下自己的应付能力。这种自我评估有两种偏差，一种是估计过高，一种是估计过低。前者是盲目的自信；后者是盲目的不自信。这种自信心的偏差所导致的后果都是不好的。前者很可能由于自身力不从心导致失败，从而产生失落感或抑郁情绪；后者可能因自觉力不从心，害怕失败而产生焦虑不安的情绪。为此，一个人是否有恰当的自信是衡量心理健康与否的一个标准。自信心反映的是一种自我认知和思维的分析综合能力，这种能力可以在生活实践中逐步提高。

（9）社会交往：人类的精神活动得以产生和维持，其重要的支柱是充分的社会交往。社会交往的剥夺必然导致精神崩溃，并出现种种异常心理。因此，一个人与社会中其他人的交往也往往标志着一个人的心理健康水平。当一个人毫无理由地与亲友和社会中其他成员断绝来往，或者变得十分冷漠时，这就构成了精神病症状，叫做接触不良。如果过分地进行社会交往，与素不相识的人也可以"一见如故"，这可能是一种躁狂状态。现实生活中比较多见的是心情抑郁，人处在抑郁状态下，社会交往困难较为常见。

（10）环境适应能力：在某种意义上说，心理是适应环境的工具，人类为了保存个体和延续种族，为了自我发展和完善，就必须适应环境。因为，一个人从生到死，始终不能脱离自己的生存环境。环境条件是不断变化的，有时变动很大，这就需要采取主动性的或被动性的措施，使自身与环境达到新的平衡，这一过程就叫做适应。适应有积极适应和消极适应。前者指积极地改变环境，后者指躲避环境的冲击。有时，生存环境的变化十分剧烈，人对它无能为力，只能韬晦、忍耐，即进行消极适应。消极适应只是形式，其内在意义也含有积极的一面，起码在某一时期或某一阶段上有现实意义。当生活环境突然变化时，一个人能否很快地采取各种办法去适应，并保持心理平衡，往往反映了一个人的心理健康水平。

（二）普遍接受的标准

人的心理是知、情、意、行的统一体。心理健康是一个人整体的适应良好状态，是人格健康、全面发展。综合国内外学者的观点，我们认为，心理健康的标准主要有以下几点：

1. 智力正常

智力正常是人正常生活最基本的心理条件，是心理健康的主要（核心）标准。智力是人的观察力、记忆力、思维力、想像力与注意力等多种能力的综合。正常的智力是人从事学习、工作、生活等各种社会活动的必要条件。智力正常反映在两个方面：一是组成智力的各种要素，如观察力、记忆力、思维力等得到均衡发展；二是一个人的智力发展水平应基本符合其年龄的特征。就大学生而言，智力是否正常的关键是看其智力是否充分地发挥了效能，是否有强烈的求知欲和浓厚的探索兴趣；智力结构中，各要素在其认识活动和实践活动中是否都能积极协调地参与并正常地发挥作用，是否乐于学习以及是否充分体验到了学习的乐趣。

2. 人际关系和谐

人际关系是心理健康的一个重要的指标。人际关系协调与否，对人的心理健康有很大的影响。和谐的人际关系不仅是个体心理健康的重要内容和指标，而且还是个体获得心理健康的重要途径。心理健康的人乐于与人交往，不仅能接受自我，而且能接受他人，悦纳他人，即便是对与自己意见不同的人也能够以诚相待；能够以尊重、信任、友爱、宽容、理解的态度与人相处；能分享、接受、给予爱和友谊；能与他人同心协力、合作共事，乐于助人；有稳定的人际关系，拥有可信赖的朋友，社会支持系统强而有力。

3. 心理行为符合年龄特征

在生命发展的不同年龄阶段（如婴儿期、幼儿期、童年期、青年期与成年期等），人们都有相对应的不同的心理与行为表现，从而形成不同年龄阶段独特的心理与行为模式。心理健康的人应具有与同年龄段大多数人一样的心理与行为特征。如果一个人的心理与行为表现和同年龄阶段的其他人相比，存在明显的差异，一般就是心理不健康的表现。例如，大学生是一个处在青年期年龄阶段的社会群体，他们的认知、情感、言行应该具有与其年龄相应的心理特征，如精力充沛、朝气蓬勃、勤学好问、反应敏捷、喜欢探索等；反之，如果表现出精力衰竭、暮气沉沉、思维迟钝、懒于探索等症状，那就是与大学生的年龄特征不相符合，就是心理与行为方面存在障碍或问题，就是心理不健康的表现。

4. 情绪稳定乐观

情绪是否稳定乐观也是衡量心理健康的重要标准之一。心理健康的人愉快、乐观、开朗、满意等积极情绪占据优势，虽然也会有悲、忧、愁、怒等消极的情绪体验，但一般不会长久。心理健康的人能适当地表达、控制自己的情绪，喜不狂，忧不绝，胜不骄，败不馁；在社会交往中既不妄自尊大，也不畏缩恐惧；对于无法得到的东西不过于贪求，争取在社会规范允许范围内满足自己的各种要求，对于自己能得到的一切感到满意。然而，许多心理障碍、心理疾病往往都是由情绪引起的。那么，怎样的情绪才是健康的情绪呢？首先，情绪反应适度，即情绪反应强度应与引起这种反应的情景相符合，当喜则喜，当怒则怒，当悲则悲，这是心理健康的表现。其次，愉快的情绪多于不愉快的情绪，积极情绪多于消极情绪。再次，善于控制和调节自己的情绪，能使自己的情绪稳定在某种积极的水平上，做情绪的主人，而不是情绪的奴隶。

5. 人格完整独立

心理健康的人其人格即人的整体的精神面貌能够完整、协调、和谐地表现出来。其思考问题的方式是适中和合理的，待人接物能采取恰当灵活的态度，对外界刺激不会有偏颇的情绪和行为反应。心理健康的人其个性特征也是有机统一的、稳定的。倘若知道一个人具有某些个性特征，一般就可以预见在某种情况下，其将会怎样行动。如果一个人的行为表现不是一贯的、统一的，则说明他可能存在心理健康问题。

6. 意志品质健全

健全的意志品质表现为意志的目的性、果断性、坚韧性、自制性。譬如，在学习、训练等任务中，能够不畏困难和挫折，迎难而上，知难而进，持之以恒；需要做出决定时，能毫不犹豫，当机立断；还能够为了达到目的而控制一时的感情冲动，约束自己的言行。

7. 自我意识正确

心理健康的人能体验到自己存在的价值，既能了解自己，又能接受自己，具有自知之明，即对自己的能力、性格、情绪都能做恰当、客观的评价，对自己不会提出苛刻的期望与要求，对自己的生活目标和理想也能定得切合实际，因而对自己总是满意的；同时，努力发展自身潜能，即使对自己无法补救的缺陷，也能安然处之。心理不健康的人往往缺乏自知之明，由于所定的目标和理想不切实际，因而总是自责、自怨、自卑，心理状态无法平衡。

8. 勇于面对现实

心理健康的人能够面对和接受现实，并能主动地适应现实，进一步地改造现实，而不是逃避现实；对周围事物和环境能作出客观认识和评价，并能与现实环境保持良好的接触；既有高于现实的理想，又不会沉湎于不切实际的幻想与奢望之中；对自己的能力有充分的信心，对生活、学习、工作中的各种困难和挑战都能妥善处理。心理不健康的人往往以幻想代替现实，不敢面对现实，没有足够的勇气去接受现实的挑战，总是抱怨自己生不逢时或责备社会环境对自己不公，因而无法适应现实环境。例如，有的人适应能力较差，现实环境一改变，就紧张、焦虑、失眠，有的人则适应能力良好，很快就能适应已经变化了的环境。

综上所述，心理健康的标准是多层次、多方面的，要科学、正确判断一个人的心理是否健康，必须从多个角度进行考察，还要结合不同地区、不同民族、不同文化、不同时代的具体情况。

三、影响心理健康的内外因素

影响心理健康的因素是多种多样的，同健康的影响因素一样，有来自生理、心理和社会诸方面的因素。了解这些影响因素，对心理健康的预防与促进具有重要意义。此处引入台湾心理学家柯永河教授提出的一个心理卫生公式来阐明这些因素：

$$B = P/E$$

式中：B 表示症状出现率；P 表示内外压力总和；E 表示自我强度。

人的心理健康与内外压力和自我强度有关，根据上述公式，心理健康程度与自我强度呈正比，与内外压力呈反比。

1. 外压力

外压力是指外界环境中存在着不良的应激源，形成一种压力，对人的心理产生影响；它包括生理性、心理性以及社会性的应激源。生理性应激源有生活环境中不适当的温度、湿度、照明、空间和噪音等刺激；长期作用，会导致人生理上难以忍受，并影响到情绪和行为。调查表明，长期高强度的噪音刺激会使大脑皮层兴奋抑制过程失调，条件反射异常，脑血管功能受损，植物神经功能紊乱，产生头痛、耳鸣、心悸、失眠、嗜睡、乏力、智力下降等症状；在生活空间小的环境中人的侵犯性行为会增多，焦虑水平升高；室内气温过高，会使人头痛、恶心、多汗、视觉障碍、注意力不集中、烦躁不安、反应迟钝。心理性应激源中，不良的人际交往是最重要的。人与人之间的关系不协调，会导致人的心理不平衡，当遭受他人冷落和讥笑时，心理压力加剧；如果对方也性格古怪，脾气暴躁，情绪多变，更会使应激源的强度增加。社会性应激源中，社会文化背景的不良或变化过分强烈，会形成巨大的压力，使人难以适应社会环境，产生不良的情绪体验。社会性应激源有很多，如家庭的突然变故，经济状况的改变，住房迁移，制度变更，等等。

2. 内压力

内压力是指人的身心需要未能满足，产生了挫折感，形成一种内部压力，影响到情绪和行为。人的身心需要包括很多方面，在生理需要上，人需要一定时间的睡眠和休息，需要合理营养，需要适当的运动，需要漂亮的着装。在心理需要上，人需要一定的安全感和受到保护，需要情爱，需要自尊，需要公正与合理的评价并被他人所接受，需要独立，需要自己去解决生活问题，需要成功，要通过自己的努力达到一定的目标，成为一名成功者。这些身心需要如果长期得不到满足，行为的动机不能实现的，就会产生强烈的挫折感，使内压力加大，最后出现一系列心理问题。

3. 自我强度

自我强度是指个体应对内外压力的能力，这种能力与人的身心素质有关。由于遗传和环境条件的不同，人的身心素质在个体间差异很大，如躯体健康者能正确感知和判断外界刺激，作出恰当反应；而患病者体质虚弱，精神萎靡，感知与判断力下降，对环境不适应。个性中的气质特征对自我强度有明显影响，如有的人灵活，行动迅速果断，对周围环境刺激敏感，能很快作出反应；有一些人行动迟缓、反应慢、沉默寡言，或是注意广度和持久性低，对环境刺激反应慢。另外，性格、能力、兴趣爱好、价值观念等都会对自我强度产生影响。

第二节　大学生心理健康的现状

世界卫生组织（WHO）给健康所下的最新定义中，把身体健康、心理健康和社会良好适应力并列为健康的三要素。大学生是一个特殊的社会群体，他们正处于青年中期（18~24岁），心理发展快，是迅速走向成熟而又未真正完全成熟的时期，同时也是心理矛盾和心理冲突最集中和最复杂的时期，此阶段学生的心理问题也较为突出。因此，要维护和促进大学生的心理健康，必须首先了解大学生心理健康的现状。而要了解大学生心理健康的现状，既要研究大多数正常学生心理健康的状况，也要研究少数不正常学生存在的问题。根据国家教育部门、中国心理卫生协会和许多大学从20世纪90年代以来对大学生所作的调查和测试，我国大学生心理现状有下述特征：

一、多数大学生处于心理健康水平

据湖北大学等高校所作的接受测查的14个系672名大学生的心理健康水平，是按"中间大，两头小"的正态规律分布的，即绝大多数学生的心理状况是健康的，心理不健康的学生只是少数。上述调查还发现，大学生心理健康水平随年级而提高，特别是生活态度与学习动机两项，年级越高，得分越多。只有人际关系一项在各个年级之间波动较大。这说明我国大多数大学生心理的发展是健康的。

赵颖、姚斌在西安某高校2006—2015年新生心理测评数据中，随机选取3个年龄段各300份数据（共900份），运用t检验和方差分析进行统计学分析；从各分量表的得分来看，大学生心理健康的水平在提升，尤其表现在"95后"学生群体身上；这与辛自强等（2012）以我国25年来使用SCL—90为测量工具所得的大学生心理健康状况的元分析结果一致。这种变化，一方面与国家对大学生心理健康问题的重视和政策导向密切相关；另一方面，也与学校、家庭和学生自身对心理健康的关注和所做的努力有关。

> 资料窗

成熟的三个基本条件

（1）身体的长成。以个体生理成熟为标志，尤其是以性成熟为重要指标。大学生一般都具备这种条件。

（2）心理发展完善。包括自我意识的发展完善、稳定个性的形成等。

（3）社会化程度的提高。表现为个体对自己在社会中所处的角色以及担负的社会责任有正确的认识，即社会成熟。

在这三个条件中，身体成熟是心理成熟的物质基础，社会成熟是心理成熟的必要条件，而社会化程度的提高，取决于个体的社会实践活动。由于大学生是在校园学习，与社会生活有某种程度的隔离，对真正的社会生活并没有直接的深刻的了解，他们的社会实践活动往往比较表面和肤浅。因而，大学生的成熟期较长，在整个大学时代，他们都要为这种成熟的完成付出努力。

（资料来源：转引自中国心理在线网）

二、大学生所面临的主要心理问题

大学生所面临的主要问题是成长与发展中的矛盾冲突。因为，大学生处于青年中期，这是走向成熟的关键期，此时心理发展不成熟，情绪不稳定，很容易产生心理冲突，如理想与现实的冲突、理智与情感的冲突、独立与依赖的冲突、自尊与自卑的冲突、竞争与求职的冲突，等等。这些冲突和矛盾若不能及时得到有效疏导、合理解决，久而久之就会形成心理障碍。当代大学生踏入高校前为了在激烈的高考竞争中取胜，几乎是全身心投入学习，家长的过度保护、学校的应试教育使这些学生心理比较脆弱，缺乏挫折承受力。进入大学后在学习、生活、交友、恋爱、择业等方面偶遇小小的挫折足以使他们中的一些人难以承受，以致出现心理问题，甚至离校出走、自杀等。从环境因素看，竞争的加剧、生活节奏的加速，使人产生了时间的紧迫感和压力感；随着个人对生活目标的选择机会增多，难以兼顾的矛盾也加剧了大学生内心的冲突，使他们产生了无所适从的焦虑感。再加上各种生理因素、心理因素、社会因素交织在一起，极易造成大学生心理发展中的失衡状态。

大学生从入学伊始，大多会面临对环境的适应问题。离开了家庭和父母长辈的呵护，离开了中学时代熟悉的老师和同学，来到大学这个陌生的环境，新的学校、新的学习秩序、新的老师和同学关系，都可能使一年级新生感到生疏而难以适应，尤其是新的人际关系常常使他们不知所措。

大学新生普遍面临的一个问题，是原有的自我观念面临新的挑战的问题。在中学时代，他们在与老师及学生群体的互动中都形成了某种固定的角色，一些同学还是各自学校的优秀者，受到家庭的宠爱、学校的重视和同学们的尊重；然而，一旦进入大学，他们原有的角色定位会发生变化，特别是身处强手如林的班集体中，许多同学原来的优势不再存在。有研究表明，重点大学的学生比非重点大学的学生心理问题更严重。他们中有的感到自卑，开始与同伴和集体疏远；有的学生为了博得新的成功和荣誉而重新努力自我完善，加入了新的竞争行列。大学生开始了自我观念重新调整的时候正是需要心理健康教育的时候。

大学新生普遍面临的另一个问题，是学习问题，这使他们产生新的心理矛盾。譬如，有的学生对所报考的学校或专业不满意；有的学生则不适应大学的教与学的方法；有的对自己的专业成绩感到不满意，等等。

随着年龄与年级的递升，恋爱问题、择业问题等又成为引起他们困惑和焦虑的问题。这些问题都会影响大学生的思想和情绪，又都是大学生成长中正常的心理问题，不属于心理障碍或心理疾病；但不适时化解，就有可能酿成心理障碍或心理疾病。

三、大学生是心理障碍的高发群体

大学生是风华正茂的一代，其生理、心理均趋向成熟，但往往因人际关系不良、经济困难、失恋、学业受挫等影响，产生心理障碍。尽管多数大学生的心理是健康的，但与其他群体相比较，大学生仍属于心理障碍的高发群体。

　　心理障碍是所有心理与行为失常的总称。通常所说的精神疾病、心理异常和变态行为都属于心理障碍。心理障碍可分为智力落后、心身疾病、神经症、精神病和变态人格等几种类型，这几种类型又可以细分为各种不同的心理疾病。大学生作为中国社会中文化层次较高的群体，一向被认为是最活跃、最健康的群体之一。如果仅仅从躯体疾患的角度来看，这一看法是对的。但是从心理健康角度来分析这一群体，实际情况就不一样了。2001年中国心理卫生协会对北京6000名大学生心理健康抽样调查显示，有16.5%的学生存在中等的心理不良反应和适应障碍，其中达到严重程度的比例为3%～5%。近几年来，国内许多大学应用《SCL—90症状自评量表》对大学生的心理障碍进行测查，发现该量表所测的10项因子中，除躯体化一项外，其他各项因子皆显著高于国内成年人。这些测查结果都认为，大学生是心理障碍的高发群体。大学生心理健康的总体水平低于同年龄青年和正常成年人。

　　调查表明，大学生中存在较多的心理问题隐患。这一结果与许多同性质的调查结果相似，如北京16所高校调查报告显示，大学生因精神疾病而休学、退学的人数占休学、退学总人数的39.3%和64.4%。浙江工业大学每年新生入学都进行心理健康测试，测试发现，平均有2.032%的学生存在心理异常，突出表现为人际关系敏感、强迫症状、抑郁、敌对等心理障碍，因心理问题不能正常学习生活而休学、退学的学生人数逐年上升。卫生部2003年调查统计显示，我国大学生中，有16%～25.4%存在不同程度心理障碍。据2015年卫生部的相关调查数据显示，在全国青少年队伍中约有3500万人存在这样那样的心理问题，具体到大学生队伍中有17.6%～26.9%的人有心理障碍，因心理问题不能正常完成学业的学生比例每年呈上升趋势；竞争压力大的专业，发生心理障碍的人也多；来自农村的大学生的心理健康水平要明显低于来自城市的大学生。《中国教育报》对北京十几所高校3万名学生的调查显示，农村来的大学生因患心理疾病休学、退学的占全体退学人数的64%以上。

四、大学生心理问题的主要表现

　　1. 对大学环境的不适应

　　大学生进入大学后，发现成绩优异的同学有很多，他们在高中时代作为佼佼者的优越感消失了，巨大的心理落差使一部分学生无法适应。在思想上，大学生往往对理想与现实的差距认识不清。学生在考大学前往往被灌输了考上大学就万事大吉、一生无忧等片面的观念。但进入大学后，他们感到学习考试的压力还是那么大，竞争更加激烈，还要面对就业的压力。面对这种现实与美好理想之间的差距，很多大学生无法及时调整自己的心态。在生活上，大学生要自己解决生活中的一切问题，其中，如何与同学室友建立起良好的人际关系，更是摆在大学生，尤其是大一新生面前的一大难题。在学习上，学习方法的改变同样困扰着一部分大学生，他们习惯了以往中学里老师手把手的教育方式，对于大学老师的教育方式很不习惯，以致课业落后，自尊心受到打击，出现焦虑、甚至对学习失去信心等心理问题。

　　2. 自我定位出现迷惑

　　大学生心理渐趋成熟，开始积极地思考人生，不断反省自我，探索自我，经历着种种内心自我评价与认知的矛盾和迷惘。对于学习为了什么，将来想要从事什么样的工作，希望得到什么样的人生等问题的思索使大学生心理起伏很大，如果没有适时的引导，很容易诱发心理障碍。

3. 人际交往出现障碍

已有发达国家将幸福快乐作为国家发展的最大目标。诚然，在过去的 50 年，我们的物质生活水平有了很大的提高，但是人们的幸福指数却没有与之相匹配，而影响人快乐的重要因素是人际关系，应该关怀生命，悦纳自己，与他人和谐相处。目前大学生人际交往主要有三种问题：不愿交往、不敢交往、不会交往。第一种认为人们之间不需要交往，陷于孤独、孤僻之中；第二种是缺少自信，怕被拒绝；第三种是交往技能缺失，出现交往技能障碍。

4. 情感受挫促成心灵苦闷

恋爱与性心理发生问题，也是大学生常见的心理困扰，一般包括单相思、恋爱受挫、恋爱与学业关系问题、情感破裂后的报复心理等。随着生理和性心理的成熟，大学生对性给予了更多的关注，在生理发育、两性关系、恋爱等方面也经常出现心理困惑和障碍。一些大学生因一时冲动，或早婚早恋而荒废学业，或未婚先孕而痛苦不堪，或触犯刑法，走上犯罪的道路而留下终生遗憾。

5. 无法承担巨大的求职和就业压力

就业的双向选择，使大学生面临着巨大的就业压力。这在高年级学生中表现尤为显著，许多大学生在大四毕业前或毕业后都没有找到合适工作，心理问题也就随之凸现出来。但相对于城镇学生，农村学生因家庭经济状况等影响对能否就业就更为敏感，出现的心理问题也比城镇学生相对更多一些。

第三节　大学生心理健康教育的基本内容

一、心理健康教育的目标

心理健康教育目标是学校开展心理健康教育的导向和基本依据。它决定着心理健康教育的内容，直接影响着心理健康教育的方法、途径和效果，是检验、评估心理健康教育工作有效性的标准，也是关系到能否把心理健康教育落到实处的一个重要条件。因此心理健康教育的目标应当反映当代先进的教育思想和社会的发展，体现时代的要求。我们认为，普及心理健康知识，增强大学生的自我心理调适能力，帮助大学生解决身心发展过程中的心理问题，提高大学生的心理健康水平和综合素质，促进大学生健康成长、全面发展，即是大学生心理健康教育的目标。心理健康教育必须以优化大学生心理素质为起点，以促进大学生的全面主动发展和顺利社会化为归宿。归纳为以下三个目标：

1. 初级目标——防治心理疾病

大学生心理健康教育的初级目标是防治心理疾病，维护心理健康。这是它的特色，也是实现其他目标的基础。当代大学生正处在变革的社会背景之下，又正当人生发展的过渡时期，当他们面临的冲突过大，持续时间过长又得不到外界帮助，就可能引发一系列生理和心理的反应，严重的会导致各种心理疾病，甚至引起自杀或伤害他人行为。心理健康教育能及时发现心理问题，并采取相应干预措施，对不良心理现象和行为予以矫正和治疗。

2. 中级目标——完善心理调节

大学生心理健康教育的中级目标是指导学生深化对自己、他人和社会的了解，掌握自我调节的方法，优化心理素质，提高挫折承受力，增进社会适应能力，进而促进学生整体素质的全面发展。即通过性格品质的优化，提高德育的有效性；通过心理能力的强化，促进智育的高效化；通过健康心态的培养，促进健康的全面化；通过内在动力的激发，促进自我发展的主动化；通过行为习惯的优化，促进个体的顺利社会化。当代大学生在学习、交友、恋爱、择业等一系列生活事件中常会遇到挫折，由此而产生心理困扰。由于心理发展尚未成熟，自我调节能力尚不完善，挫折引发的情绪波动常常十分强烈，从而影响大学生的正常生活和健康成长。因此，大学生心理健康教育的中级目标显得尤为重要。

3. 最终目标——促进心理发展

大学生心理健康教育的最终目标是健全个体，适应社会，开发学生的各种潜能，促进心理发展。同时，保持对客观社会的积极、主动的适应，实现个性化与社会化的和谐与统一。当代大学生由于自身存在的某些弱点和局限，常常会影响他们的适应与发展，阻碍潜力的发挥。大学生心理健康教育的最终目标就是帮助大学生认清自己的潜力，保持良好的心态和健康的生活方式，全面而充分地发展自己，完善人格。

二、心理健康教育的意义

大学生正处在人生发展的重要阶段，面临着学习、交友、恋爱、就业、成长等种种问题，他们渴望成才，追求卓越。良好的心理素质是成才的基础，拥有健康的身心是他们成人、成才、成功的重要保证。而心理健康教育是培养大学生良好心理素质的有效方式，所以，要进一步提高对大学生进行心理健康教育重要意义的认识。

心理健康教育作为一种制度化的育人活动，其特定的工作范围在心理领域。心理健康教育只有把"育心"作为自己的立足点，才能得到学生和社会的认可。这一结论得到了有关实证研究的支撑。人的心理健康状态从有严重的心理疾病和心理障碍，到心理的亚健康、健康，呈现出一种连续的过渡状态，可分为多个层次。高校心理健康教育就是要把大学生的心理健康水平不断地由较低层次推向较高层次。由此，我们可以把心理健康教育的基本功能划分为三个不同的层次，即初级功能——预防心理疾病，缓解心理压力；中级功能——优化心理品质，提高调节能力；高级功能——充分开发潜能，促进人格完善。通过科学的心理健康教育，可以改善和优化大学生的认知结构，使他们正确认识自己的情绪和情感，学会情绪调整的方法，保持积极乐观的心态，提高大学生自我认识、自我管理、自我教育的能力。

高校心理健康教育又是改造人的主观世界的工作，无论是哪种具体的心理健康教育方式，其作用过程都发生在教育对象的心理领域；无论是何种模式的心理健康教育，都是要重建或改善教育对象的精神生活。这样，高校心理健康教育就不可避免地对学生的人生观、世界观和价值观产生影响。因此，引导学生树立正确的人生观、世界观和价值观，促进学生良好思想道德素质的形成，也是心理健康教育的重要职责。加强大学生心理健康教育工作，还有利于解决大学生心理发展过程中的矛盾。

其一，有利于解决大学生闭锁性心理与交往需要之间的矛盾。由于大学生的社会知觉和情绪体验更关心别人和自己的内心世界，在分析别人的活动时，更多地着眼于思想、情感和个性品质，并借助于对别人的分析来认识自己的心理品质，从而意识到自己的思想、情感与他人的区别。自己具有了特殊的不同于他人的各种生活体验，这种思想和情感体验，又不能轻易地向不了解自己的人透露，而且思想情感越成熟，自尊心越强，就越来越感到自己的心理特点与别人存在着差异，使他们感到没有知心人可以谈心或倾吐真情，就把自己的内心感受隐藏起来，以致产生孤独感，因而产生了闭锁性心理；但是，他们又迫切期望与人交往，希望得到成人的帮助或与同龄的知心朋友交流思想、感受、愿望和理想；于是形成了一对矛盾。针对这一矛盾，教育工作者通过开展心理健康教育，细心观察大学生心理的变化，充分了解他们的思想情感及年龄特点，及时给予帮助和指导，做学生的良师益友，既帮助学生度过这一特殊时期，又提升了教师的威信。

其二，有利于解决大学生求知欲和识别力之间的矛盾。大学生渴求知识，求知欲强烈，无论社会领域还是自然环境领域中的一切，他们都感到新奇，都想了解和探求究竟；但是由于辨别力低，有时分不清哪些是积极的、有益的，哪些是消极的、有害的，以致良莠不分，把错误的事物也接受下来；这样就产生了求知欲强和识别力低之间的矛盾。针对这一矛盾，教育工作者通过开展心理健康教育工作，教导大学生要勤学多思，增加判别力，特别是对课外读物（包括网络方面内容），要用正确的观点，对其内容进行分析，取其精华，去其糟粕。还要帮助他们培养自制力，使他们学会控制自己、约束自己的行为。

其三，有利于解决大学生情绪与理智的矛盾。大学生的情绪很容易激动，容易感情用事；但当激动的情绪平静下来时，在理智上完全能清晰地分析问题，这说明当他们的认知与需要不一致时，理智上知道怎样行动，但不善于处理情绪与理智之间的矛盾，不能坚持正确的认识，难以控制自己的情绪。针对这一矛盾，教育工作者通过开展心理健康教育工作，教育大学生要正确地对待别人的进步和荣誉，培养宽阔的胸怀；正确地估计自己的优缺点，取长补短；处理好人际关系，发扬集体互助精神。

其四，有利于解决大学生理想的"我"与现实的"我"之间的矛盾。大学生的抽象逻辑思维发展到一个新的水平，这种思维能力使大学生能从现实的具体条件出发，把自己所获得的感性印象，抽象地、概括地反复思考。同时，由于大学生对未来的热烈向往，想像比较丰富，往往离开现实条件构想自己未来的前景；这样就形成一个理想的"我"。远大的理想为大学生的生活指明奋斗目标，但是理想中的"我"与现实的"我"不一定完全相符，当他们感到达不到自己"理想"时，就与现实发生矛盾。如果他们不会从自身的思想认识、智力特点角度去看待这一矛盾，就会把这种不切实际的幻想夸大而对现实不满。针对这一矛盾，教育工作者通过开展心理健康教育工作，引导学生更多地参加实践活动，给他们安排各种表现自己能力的机会，使他通过活动了解自己的优缺点，认识自己在一定的集体或社会活动中的地位，缩小理想与现实的距离，从而获得对自己的正确认识。提高或降低学生的抱负水平，对抱负过高的学生，可适当降低他们的抱负水平，使他们的自我评定与现实的可能性联系起来；对抱负过低的学生，可适当提高他们的抱负水平，帮助他们克服困难和阻力，提高学习成绩，增强学习信心，培养勇于和各种困难作斗争的精神。

三、心理健康教育的内容

大学生从入学到毕业，不同时期有不同的心理问题，不同时期又有不同的心理特点，因而不同时期有不同心理健康教育的任务，主要包括以下五个方面：

1. 个性发展辅导

个性发展是高校心理健康教育的基本内容之一，也是每个学生发展的需要。帮助学生了解自己，认识自己，接纳自我，发展自己形成健康的自我概念，自我目标恰当，能够扬长避短；协助学生认识情绪，提高情商，学会表达情绪，善于调控情绪，保持良好心境，增强挫折承受能力，锻炼意志品质；强化实践能力、发展创新能力，自尊、自爱、自信、自强、自立、自律，优化个性品质。

2. 独立学习辅导

对于大学生而言，学习是他们应尽的社会责任和社会义务，学业成绩直接影响他们将来的前途。当前，学业压力是大学生感受到的最大的心理压力，他们中的许多心理问题都是由此而产生的，因此学习辅导是学生最为迫切的心理需求。有调查表明：学习心理问题是困扰大学生的头号心理问题。大学时代的学习有别于中学时代，大学生尤其是大学新生，学习上自制力差，与大学独立学习的要求存在心理距离，经常处于上课过于紧张、下课又无事可做的松紧失调的心理状态，整天忙于整理笔记、完成作业，因而心理紧张，情绪低落。对大学生进行心理教育，特别要注意与专业课相结合的学习，在教师的帮助下克服学习中的困难，克服学习中的心理障碍。同时，激发自身的学习兴趣和求知欲望，培养自己善于从发展变化的事物中进行学习的能力，使自己在未来的生活中具有适应环境和职业变化的本领。

3. 青春期心理辅导

大学生主要处于青年早期，在生理发育方面已经接近成熟或达到成熟。从其心理发展水平来说，大学生正在走向成熟而又未真正完全成熟，正因为如此，大学生既具有由于迅速走向成熟而形成主导的积极面，又存在由于未真正完全成熟而产生某些消极面。因此，要引导学生正确认识自己的生理发育及由此引起的心理反应，接纳身心变化，体验成长的快乐，掌握住生理、性心理的基本知识，端正性别角色意识，自觉遵从性伦理和性道德，与异性建立正常的交往关系，防范性骚扰，排解青春期烦恼，对性有科学的态度，对爱情有初步认识。

4. 生活辅导

大学生的生活辅导主要包括以下四个方面：一是了解人的情绪及情绪变化特点，掌握调节情绪的方法，保持乐观的情绪和良好的心境；二是了解社会变化发展的重点及趋势，脚踏实地，提高心理承受能力，以充分的心理准备和较强的适应能力去迎接急剧变化的时代；三是了解人际交往及人际关系的基本知识与技能，学习与他人交往并保持良好的人际关系，处理好与同学、异性及教师等各方面的关系；四是了解青年阶段的心理特点及其发展规律，正确认识自己，认识社会，加强心理的自我修养和自我教育。

5. 生涯辅导

心理学家舒伯（Super，1976）认为：生涯（career）是指与个人终身所从事的工作或职业等有关活动的过程，是生活中各种事件的演进方向和里程，综合了人一生中的各种职业和生活角色，由此表现出个人独特的自我发展（事业发展）形态。生涯辅导是指一套有系统的辅导计划，在辅导人员的帮助下，引导个人探究、评判并整合运用相关的知识与经验，来规划个人的生涯发展。具体说生涯辅导的内容如下：

（1）生涯规划及生涯决策能力的培养。生涯发展包括一连串的生涯规划与决策的过程，因此生涯辅导是在辅导人员的协助下学生学习如何规划人生以及在面对各种抉择情景时的决策能力。如大学生毕业求职时的决策能力。

（2）自我状况的了解及个人价值观的澄清。生涯规划与决策恰当与否，首先取决于个人对自己价值观的澄清和自我状况的准确评价。因此生涯辅导不仅要协助个体澄清自己的职业理想、期望等和价值观有关的问题，而且还需要了解个体的能力倾向、兴趣、个性等情况。即解决"我最喜欢干什么""我能干什么"等问题。

（3）做出合理的选择。在进行生涯规划与决策时，仅考虑个人的能力、爱好、兴趣还不够，还必须考虑到可能性，即客观环境能在多大范围内为我们提供选择的自由。所以，学生对有关职业与生涯发展的资料必须进行深入的了解，对现实情景做实事求是的分析与评价。如比较各种选择之间的利弊，最后做出适当而合理的选择。它解决的是"我有可能干什么"的问题。

（4）自身潜能的开发。生涯辅导强调发现并挖掘个人潜能，给予个人充分的机会，以独特的方式去发展及表现个人的才能。另外，生涯辅导还协助个人适应快速变迁的社会与职业环境，运用比较灵活和弹性的方式，以达到个体的生涯发展的目标。

对于大学生来说最重要的是就业指导。大学生的心理发展还不够成熟，对自己和社会缺乏准确的认识和足够的心理准备，加上近年来高校扩招，大学生就业越来越艰难，大学生极其需要职业辅导。

第四节　大学生心理健康教育的主要途径和方法

心理健康教育应贯穿在一切教育活动之中。大学生由于社会经验与社会阅历较缺乏，心理成熟度还不高，身处大学这个人才集中、竞争激烈的环境中，更容易出现心理适应不良甚至心理疾病。因此，各高校应根据自身的实际情况选择使用最佳的途径和方法开展心理健康教育，使大学生掌握一些增强心理健康的方法是非常必要的。

一、创设符合大学生心理健康要求的环境

环境对个体心理的发展起着潜移默化的作用。对于正在茁壮成长中的大学生群体，学校环境是促进他们心理健康发展不容忽视的重要环节。大学生一年之中的大部分时间都是在学校度过的，学校的环境与气氛塑造着他们的心理素质，直接影响着他们的心理健康。因此，学校的环境是影响学生心理发展的根源，不管采用何种教育途径和方法，最重要的一点就是要创设一个有利于他们心理健康发展的学校环境，为他们的心理发展提供良好的基础和条件，使学生在学校中有安全感，并获得愉快的情绪体验。这样，才能减少各种心理与行为问题的出现，促进和提高学生的心理健康水平。心理学的大量研究表明，民主、平等的师生关系，开放、宽松、积极的学习气氛，有利于学生心理的健康发展；相反，专制、紧张的师生关系，学习压力过大，过分溺爱或干涉，均不利于学生心理的健康发展。

创设符合学生心理发展需要的学校环境，需从心理环境和物理环境两个方面着手。学校的物理环境应该干净整洁，令人赏心悦目，空气通畅，给人以美的享受。更重要的是心理环境，其中，人际关系是最为重要的一个方面，师生关系对学生的心理健康具有举足轻重的作用。民主、平等的师生关系能让学生得到受尊重的感觉，获得充分的安全感和对教师的信赖感，而师生关系紧张往往会使学生产生厌学情绪，甚至对学校产生恐惧感。学习是学生的主要任务，创设有利于满足学生心理发展需要的环境，就是要使每个学生在学习中都体会到学习成功的喜悦，从而热爱学习、学会学习。要真正营造一个有利于学生心理健康的环境，需要每一位教育工作者付出努力，把全面提高学生素质作为教育的最终目标。

二、提供面向全体大学生的心理健康教育

提供面向全体大学生的心理健康教育，是实施高校心理健康教育的主要途径。心理健康教育的目的就是要提高全体学生的心理素质。因此，面向全体大学生的心理健康教育是建立在学校的普遍需要之上的，不仅要面对已经出现心理与行为问题的学生，更要面对广大的正常学生。目前，世界上许多国家已经将心理健康教育列为学校教育的常规工作之一。心理健康教育应该贯穿于学校教育的全过程和教育的各个阶段，并纳入有目的、有计划、有组织的学校教育体系中。心理健康教育可以采用多种方式进行，如开设心理健康选修课，在学科教学中渗透，结合学校团队活动、班级活动和班主任工作进行等。

心理健康选修课是运用心理学的基本理论，通俗、系统地介绍心理健康基础知识，帮助学生树立心理健康意识，系统地认识自己的身心发展状况和特点，及时觉察自身存在的心理与行为问题，通过自我调适或寻求帮助来解决问题，保证身心健康，促进全面发展。心理健康选修课强调学生的参与、自我教育与自主活动，可根据学校的具体情况采用灵活多样的形式，但要有合适的学生用书和教学参考资料，还要有合理的实施纲要、实施要点、活动设计和管理评价系统。学生对心理健康选修课的热情较高，从目前不少高校的实施情况来看，心理健康选修课的效果是比较好的。但是应注意，开设心理健康选修课不能流于形式。

班级、团队活动和班主任、辅导员工作是促进学生全面发展的重要教育途径，在这些活动中，也可以渗透心理健康教育。班级是学校的基本组成单位，班级活动的目的是要创建一个良好的班集体，营造和谐的班级气氛，使学生在集体生活中塑造良好个性，培养高尚的品德，提高社会适应能力。丰富多彩的班集体活动，如各种竞赛、班级间的联谊活动、集体劳动、外出旅游等，只要我们有意识地把这些活动和学生心理健康教育的内容联系起来，就可以在这些活动中陶冶学生的情操，磨炼其意志，锻炼其生活和社会适应能力。心理健康教育也可以渗透到团队活动中，如有的学校利用电视台、通讯社和其他各种宣传工具如板报、广播等，采用专栏的形式指导学生如何与人交往，如何控制自己的情绪，产生心理与行为问题时如何寻求帮助等。开展形式多样的团队活动，在这些活动中，学生思维活跃，不仅学会了与人合作，锻炼了自己的能力，也抑制了不良的心态，达到了提高心理健康水平的目的。班主任和辅导员的日常工作对学生的品德和心理发展有十分重要的作用，班主任在日常工作中应注重对学生的心理健康教育，要用教育心理学和发展心理学的理论来指导自己的教育教学工作，促进学生心理的健康发展。

三、开展面对个别大学生的心理健康教育

心理健康教育除了要面向群体，还要针对个体差异，以及对个别大学生已经出现的各种心理与行为问题进行心理辅导和干预。面向个别大学生的心理健康教育，可以分为发展性和补救性两种类型。发展性的个别心理健康教育主要是针对个别大学生中存在的个别差异，为使不同特点的受教育者获得最好的发展而进行的个别心理辅导。比如，对智力超常和智力一般的大学生，对不同认知风格的大学生，对不同性格特点的大学生，要采取不同的心理教育方法，有的可以在课堂上及时解决，有的则要通过个别面谈来进行。补救性的个别心理辅导就是通过一对一的沟通方式，由教育者运用心理健康的原理和方法，对教育对象在学习、生活中出现的问题给予直接的指导，帮助他们排解心理困扰，并对有关的心理与行为问题进行

诊断、矫治的一种助人活动。例如，大多数高校开设心理咨询室，由经验丰富的心理咨询员进行心理辅导，或建立"心理咨询热线"等与学生沟通，就是进行个别心理辅导的很好方式。心理咨询活动是心理健康教育的重要组成部分，当求助者在学习、人际关系、自我、社会适应等方面遇到问题，感受到强烈的心理困扰时，就需要个别化的帮助和指导。这时，专业咨询人员正好可以提供及时的服务，有效地防止问题的进一步发展，促进他们心理健康发展。

补救性的个别心理辅导一般可以分为三个基本阶段。首先是心理诊断阶段，这一阶段主要收集教育对象本人及其心理问题的有关资料，然后根据掌握的资料，进行系统分析，判断可能存在问题的类型、性质和程度，并在此基础上确定辅导目标。其次是辅导的实施阶段，先选择既适合双方的条件，又有成功可能性的解决方案，然后按方案对求助者实施帮助。最后是检查和巩固阶段。值得注意的是，开展面向个别教育对象的心理咨询和心理辅导，对咨询和辅导人员有一定的要求，他们必须受过专门的心理咨询和治疗训练，懂得心理咨询的原则和方法。在心理咨询过程中要与求助者建立一种充满信任、尊重和理解的辅导关系，遵循心理咨询的一般原则。心理咨询的主要方式是交谈，其他辅助性的工作还有游戏、训练、测量等。

四、鼓励大学生进行自我教育和自我调节

自我教育是主体在自我意识的基础上，为了形成良好的心理素质而自觉进行心理调节和行为控制的活动，是个体主观能动性的表现，也是心理健康发展的内在力量。自我教育、自我调节是心理健康教育中的关键环节，起着决定性作用。那么，大学生应从掌握必要的心理卫生知识、建立合理的生活秩序、保持健康的情绪、学会合理宣泄、注意运动和学会睡眠、寻找精神寄托等方面进行自我教育、自我调节，不断提高自己的心理健康水平。

1. 掌握必要的心理卫生知识

掌握必要的心理卫生知识，就等于把握了心理健康的钥匙，在必要时就可以用来进行自我调节，也就掌握了心理健康的主动权。

2. 建立合理的生活秩序

大学生要增强心理健康，必须建立合理的生活秩序。

（1）合理安排学习、娱乐时间。大学生的主要任务是学习，很多心理活动都与学习有关。大学生的学习应有一定的压力，这种压力对于其心理健康及学业的完成是必要的，但这种压力必须适中，否则就会影响到心理健康。也就是说大学生在学习时间安排上要有张有弛，合理恰当。大学校园生活是丰富多彩的，积极参加各种文体活动既可以调剂紧张的学习生活，又可开阔视野，广交朋友，发现自己在各方面的潜力，这样才能体验到大学生活的快乐。

（2）科学用脑。作为大学生，要学会用脑卫生，改进学习方法，科学地支配时间，劳逸结合，戒除死记硬背和疲劳战术。要运用心理学的原理来组织自己的学习过程，提高学习能力和学习效率。

3. 保持健康的情绪

情绪对于心理健康来说，是至关重要的。几乎每一种心理疾病都有其情绪上的表现，稳定而良好的情绪状态，使人心情开朗、精力充沛，对生活充满乐趣与信心。大学生情感丰富而冲动，更应学会保持健康的情绪。

4. 学会合理宣泄

在大学生活中遇到一些挫折是难免的，大学生受挫后，心理上处于焦虑、愤怒、冲动的应激情绪状态之中，如得不到妥善地化解，大学生可能表现出攻击、轻生等种种消极的行为反应。这将给大学生本人或社会带来不良的后果。因此采取一些合理的宣泄方式恢复心理平衡，对于大学生来说是十分必要的。

大学生可采用自我疏导、情绪宣泄、运动宣泄、心理咨询等几种方式来缓解自己的心理紧张和冲突。自我疏导是指通过语言或文字主动地向亲朋好友倾诉，消除紧张心理，恢复心理平衡。情绪宣泄则是指大学生不要一味地压抑自己的情绪，而是选择一些适当的场合、适当的方式，将自己的不良情绪宣泄出来。运动宣泄则是指通过积极参加各种体育运动消除消极情绪，激发积极进取的信心。大学生应排除对心理咨询的误解，将心理咨询当作是帮助自己克服消极、悲观情绪，宣泄紧张心理，解除心理困惑，取得心理平衡的重要途径。

学会自我疏导的方法。对于消极情绪应掌握一些自我疏导的方式。如忧郁的时候，找朋友或亲人倾诉使不良情绪得以发泄，甚至大哭一场也是一种调整机体平衡的方式。还可用一些转移的方式，如听听音乐、看看电影电视、阅读一些自己感兴趣的书籍等。这些都是调节和保持心理健康的好方法。

资料窗

如何克服忧郁

忧郁症的克服，可以采用以下几种方法：

一是学会将自己的忧伤、痛苦以恰当的方式宣泄出来，以减轻心理上的压力。例如，倾诉、写日记、哭泣等，都可以减少心理负荷。

二是多与其他同学交往，尝试从另一个角度看待自己所面临的问题，开阔视野。

三是有意识地参加一些实实在在的活动，如体育锻炼、文化娱乐活动等，将自己从苦恼中解脱出来。

5. 合理运动和休息

（1）运动的学问。运动能显著松弛人们紧张的神经，改善人们的自我感觉，消除失望或沮丧情绪。科学研究发现，经常参加体育运动是减缓精神紧张的有效手段。大学生应在条件许可的情况下选择一些有效的运动，这对自己的身心都是很有好处的。专家认为有效的运动应具备三项基本要素：一是运动项目应与自己的生活习惯及生活节奏相适应；二是运动项目应与自己的体力和生理情况相适应，不要让自己感到过度疲劳；三是至少每天做一次并坚持长期锻炼。

（2）学会睡眠。睡眠是人的生理需要。睡眠对于恢复人的体力、脑力，对于调节人的情绪有非常重要的作用。大学生要掌握自己的睡眠周期和一些必要的睡眠控制技巧。

6. 寻找健康的精神寄托

我们所处的时代是一个千变万化、飞速发展的时代。在这个世界里，人们要做到完全与之适应是不可能的。我们无法改变生活，却可以改变应对生活的方式。最有效的方法是，在多变的生活中，保持一块平静安宁的稳定区，作为精神寄托的港湾。各种信仰即精神寄托、友谊、爱情、亲情等都可作为精神寄托的港湾。一个人要有精神寄托，生活才有理性，才有稳定感。对于大学生而言，在同学中交朋友，获得同学真诚的友谊是非常重要的。同时，作为大学生，要正确处理好爱情与事业、学业的关系。

第五节　大学新生的心理调适

每个大学新生进入大学之后，面临的都是一个全新的世界。无论其个人目标还是社会期望，都可能与预想中的不太一样。譬如，中心地位的失落和强烈的自卑心理等都可以成为大学新生适应困难的重要因素。要在短期内尽快调整自己的身心，转变个人的角色，适应大学生活，是大学新生面对的第一个问题。当前大学生的入学适应问题，主要包括心理的适应、环境的适应、日常生活的适应、学习的适应、经济状况的适应等。

一、大学新生面临角色冲突

进入大学后，各种环境和条件发生了很大变化，同学之间、师生之间彼此都不熟悉，需要一个相互了解，相互磨合的过程。这个过程对于大学生个体来说，就是一个角色寻找与定位的过程。因为环境变了，一些同学未必能够找到自己原来在中学所承担的角色，甚至一些原来在中学群体中处于中心地位的好学生，有可能到了新的群体中被边缘化。当然，也有些同学因条件的变化和自身的努力，改变原来的边缘化地位而成为新集体中的重要角色。因此，在这个过程中往往容易产生角色冲突，如果这种冲突解决不好，很可能导致一部分同学出现不同程度的心理不适和心理障碍，如悲观、失望、自卑、嫉妒，与老师和同学形成对立情绪，甚至表现出很强的攻击性、破坏性行为。这既影响到自己的健康成长，也影响集体的安定团结。

二、大学新生常见的心理问题

1. 失衡心理

这是一种对自己某种行为后果或境遇与预期相差甚远而感到失望的一种消极心态。产生的主要原因是：理想与现实的差距，这是一种较普遍存在的、影响新生情绪的消极心理。自认为未考好或志愿未填好，对高考结果产生失落。认为上此学校是一种无奈，带着沮丧、遗憾等复杂情绪入学，有的还产生了退学或转系的意念，更谈不上学习的目标与动力了。由于对录取学校所学专业不接纳、不认同，导致对前途的茫然、失望，心理上的抵触情绪和失落感比较严重。

入学前将大学生活过分理想化，把大学生活想像得浪漫、神秘和多姿多彩，对所上学校充满憧憬，而入学后却发现或感到并非完全如此，使得他们产生了很大的心理落差。过高的期望值与大学的现实生活反差，导致部分新生入学出现情绪波动和失落。

2. 补偿心理

高中时期高度紧张的生活体验是学子们终身难忘的"黑色的六月"，三年超负荷的拼搏，使身心能量过度透支，入学后一时难以恢复，再加上老师、家长和朋友当时为了激励他们考上大学，几乎把大学说成是"天堂"……诸多因素导致很多新生产生"进大学等于享受"的错误想法。整天沉湎于交朋友、认老乡、玩游戏、看小说、谈恋爱等活动中。

3. 茫然心理

高中阶段的具体学习目标是考进大学。已经进入大学了，怎么办？大学是一个自由天地，有的是轻松的课程安排，自己支配的自由时间。如何选择确定自己的发展方向成了一个主要的课题。有的同学很快找到了位置，明确了目标，制定了周密的计划，然后立即开始行动，有的人则是彷徨的、徘徊的，找不到自己的生活目标。因为目标具有动力、导向和激励作用，中学阶段奋斗目标非常明确与强烈，即一切围绕高考而拼搏。面临严峻的升学压力，每个学生的生活都是高效、专注、充实的，个体的潜能被最大限度挖掘。考入大学后实现了目标，如不及时建构新的目标，就会导致意志减退，行为懒散，内心空虚。

4. 自卑心理

自卑心理是自己在与别人比较中产生己不如人的一种心理状态，产生这种心理的原因有很多，如成绩、能力、出身、外貌、气质、经济、社会地位、所在环境等。例如，一些大学生在高中阶段属于学习上游者，甚至是尖子生，得到的光环较多，经常被老师赞扬，自我感觉良好，进入大学后，却发现"山外有山，天外有天"。这种学习和能力位置的重新排列造成一部分大学生很大的心理落差，如果对角色地位的变化缺乏足够的认识和准备，就会导致他们自我评价失真，从而产生自卑心理。

三、大学新生心理适应不良的调适

1. 角色扮演

角色扮演需要创设某种特定情景和题材，让大学新生扮演某种角色，练习某种行为方式，身临其境地去体验他人的情绪和情感。如对一些攻击性强的学生，让他们扮演挨打者，让他们体验被人欺负的滋味，从而减少其欺负弱小同学的行为。角色扮演是一种生动、活泼、有吸引力的方法，学生在主动参与、积极创造角色的过程中，加深了对某一问题的理解和认识。

2. 自我评价

自我评价是心理学中自我意识的一个方面，是指人对自身条件、素质、才能等各方面情况的一种判断。大学新生的自我评价得当与否，将直接影响到大学生活中的学习效能、职业选择和事业奋斗中的自信心。

正确地进行自我评价一般可以通过两种渠道：直接的自我评价和间接的自我评价。进行直接的自我评价，首先要认识到自己的自然条件，包括健康情况、心理状态、情感特点、兴趣倾向、知识水准、专业特长、智力情况、能力特点，还可以测定一下自己的生物节律周期、智商指数、气质类型、性格类型等作为参考。其次，要用自己在不同领域的实践中（如对各个科目的学习）取得的不同成绩相比较，以发现自己的长处，确定奋斗的目标。

间接的自我评价，是指通过与他人行为的对照及情况的对比而对自己做出的评价。"不识庐山真面目，只缘身在此山中"，这是一些人不能对自己做出正确的自我评价的原因之一。当局者迷，那么就不妨用与他人相比较的方法鉴别一下。

"尺有所短，寸有所长"，每个人都有自己的长处和短处。有的人可能不辨音律，但却有高超的组织才能；有的人也许不解数字之谜，但却心灵手巧，长于工艺；有的人可能不会琴棋书画，但酷爱大自然，精于文学；有的人或许记不住许多外语单词，但有一副动人的歌喉，擅长文艺。

3. 增强自信心

在大学的校园生活中，人总会有失意的时候。当你在学习、生活上遭受挫折的时候，怎样才能重新建立自信心呢？英国心理学家克列尔·拉依涅尔提出了 10 条帮助你增强自信心的规则：

（1）每天照三遍镜子。清晨走出宿舍之前，对着镜子修饰仪表，整理着装，务必使自己的外表处于最佳状态。午饭后，再照一遍镜子，修饰一下自己，保持整洁。晚上就寝前洗脸时再照照镜子。消除对自己的仪表的不必要的担心，更有利于你将注意力集中到工作、学习上。

（2）不要总想着自己的身体缺陷。每个人都有各自的身体缺陷，完美无缺的人是不存在的。对自身的缺陷不要念念不忘，其实，人们往往并没有那么在意你的缺陷。只要少想，自我感觉就会更好。

（3）你感觉明显的事情，其他人不一定注意得到。当你在众人面前讲话感到面红耳赤时，你的听众可能只是看到你两腮红润，令人愉快而已。事实上你的窘态并没有那么容易被其他人发现。

（4）不要过多地指责别人。如果你常在心里指责别人，这种毛病就可能成为习惯。应逐渐地克服这种缺点，总爱批评别人的人是缺乏自信的表现。

（5）多数人喜欢的是听众。因此，当别人讲话时，你不要急于用机智幽默的插话来博得别人对你的好感。你只要认真地倾听别人的讲话，他们就一定会喜欢你。

（6）为人坦诚，不要不懂装懂。对不懂的东西坦白地承认，这不仅不会损害你的形象，还会给人以诚实可信的感觉；对别人的魅力和取得的成就要勇于承认，并表达钦佩和赞赏。

（7）在自己的身边找一个患难相助、荣辱与共的朋友。这样在任何情况下你都不会感到孤独。

（8）不要试图用酒来壮胆提神。如果你害羞腼腆，那么就是喝干了酒瓶也无济于事。只要你潇洒大方，滴酒不沾也会受到大家的欢迎。

（9）拘谨可能使某些人对你含有敌意。如果某人不爱理你，则不要总觉得自己有错。对于有敌意的人，不讲话虽不是最好的方法，但却是唯一的方法。

（10）一定要避免使自己处于一种不利的环境中。否则，当你处于这种不利情况时，虽然人们会对你表示同情，但他们同时也会感到比你地位优越而在心里轻视你。

4. 学会自我调节

（1）积极参加新生入学教育。参加新生入学教育是十分必要的，通过听报告、座谈等活动，对自己可能遇到的困难，出现的问题，有个思想准备。对校园环境要熟悉，多参加有益、健康的集体活动，在活动中增加了解，增进友谊，尽快适应新环境。

（2）明确学习目标。许多新生入学后，往往会有意放纵自己，导致目标、理想、方向的迷失，这是诱发心理问题的病灶。因此新生入学熟悉环境后，应立即确立一个新的学习、奋斗目标。从心理学角度来说，有一个明确的目标，会使心理指向集中于一处。特别是制定一些近期目标，这样就会集中注意力，削弱心理问题对自己的影响，摆脱因不适应而带来的心理困惑。有了明确目标，就有了内在驱动力，可促使人变得积极向上，从而有利于克服各种心理问题和疾病。

（3）学会面对挫折。挫折对人来说是一种打击，更是一种挑战。一个人能否经受得起挫折,关键在于增强挫折承受力。大学生如何提高挫折的适应能力,学会理性地对待挫折和积极化解挫折,是大学期间必须认真面对和思考的人生课题。大学生只有掌握一些挫折心理的自我调适方法,才能够及时摆脱不良情绪的困扰,恢复心理平衡,更好地适应环境。常用的自我心理调适方法有自我暗示法、放松调节法、想像脱敏法和呼吸调节法等。

（4）学会与人相处。首先,与人相处应本着诚实的原则,以自己的诚心换取他人的诚心。其次,要了解自己和他人的优缺点和性格特性,找到相同点,交往起来就较容易方便。与人交往时,既要自尊,不要为了交往而有意委屈自己,同时也要尊重别人。在与同学交往时,应讲信用,学会谦让,积极关心别人。对一些不拘小节的人,要学会容忍,不要过于敏感。与同学发生不快和矛盾时,应通过换位思考,冷静处理。关心热爱集体,正确处理个人与集体间的关系。总之,要以一种平和、平等的姿态与人交流、沟通、相处。

（5）积极寻求社会支持。大量的研究结果表明,在同样的负性情境下,那些受到来自家人或朋友等较多支持的人比很少获得类似支持的人心理的承受能力更高,身心也更健康。英国著名哲学家培根曾说:"当你遭遇挫折而感到愤懑抑郁的时候,向知心挚友的一席倾诉可以使你得到疏导。否则这种积郁会使人致病……只有对于朋友,你才可以尽情倾诉你的忧愁与快乐,恐惧与希望,猜疑与劝慰。总之,那沉重地压在你心头的一切,通过友谊的肩头而被分担了。"大学生在遇到问题和困惑时,不要把自己封闭起来,应尽快找自己的好友或家人进行沟通,寻求他们的支持和帮助。当受挫后陷入极端恶劣的情绪中不能自拔,亲朋好友也无能为力时,大学生应该主动放弃偏见,学会寻求心理咨询的帮助,在专业咨询人员指导下及时疏导负性情绪,维护身心健康。

团体辅导与自助

一、团队活动

1.微笑握手。全体同学起身离开座位,面带微笑,伸出右手走向你想认识的同学,对着他说"你好",并相互握手,在5分钟内尽可能多地跟更多的人握手,老师喊"停",大家站在原地不动,看谁握手人数最多,看谁握手人数最少,请他们谈感受。

2.滚雪球。微笑握手活动中最后握手的两位同学组成两人一组自我介绍,每人3分钟。介绍的内容包括:姓名,所在院系,身份,性格特点,个人兴趣爱好,家庭情况,以及个人愿意让对方了解的有关自我的资料。两人一组自我介绍完毕后,临近的两组组成4人一组互相介绍,每位成员将自己刚才认识的朋友向另外两位新朋友介绍,每人2~3分钟。例如A向C和D介绍B。然后4人一起自由交谈几分钟。接着两个4人小组组成8人组互相介绍,时间5分钟。

二、自我放松训练

身体与心灵是紧密相关的,我们感到不安时,身体也会作出相应的反应,长此下去,我们会被烙上印记,变得僵硬、不适。下面我们进行自我松弛的练习。

这种方法是要求被训练者记住指导语,或是把指导语做好录音。松弛时,找个舒适的姿势躺下或坐下,闭上双眼,不要动,让身体和精神平静下来。把记住的指导语在心里默默地念给自己听，或者是放录音给自己听。松弛的指导语如下：

（1）我要休息。我摆脱了一切紧张，我在放松。我感到轻松自如，我是平静的。我什么也不期待。我在摆脱压力和紧张，全身都轻松了。我感到轻松愉快。我在休息。

（2）腿脚的肌肉放松。脚的肌肉放松了，脚是轻松而自如的。左腿的肌肉放松了，右腿的肌肉放松了。腿是轻松自如的。我是安静的。我感到温暖了。我很舒服。我已经排除了一切紧张。我是非常安静的。

（3）手臂的肌肉放松。手臂的肌肉放松了。左手的手指的肌肉放松了，左臂肌肉放松了。肩部、前臂的肌肉都放松了。整个左手臂都放松了。右手和手指的肌肉都放松了。整个右手臂都放松了。

（4）躯体的肌肉放松。两臂是自然下垂的。背部的肌肉放松了。胸部的肌肉放松了。腹部的肌肉放松了。感到全身都放松了。

（5）头部的肌肉放松。头颈部的肌肉放松了。面部的肌肉放松了。双眉自然地分开了，额部是自然舒展的。眼皮下垂，柔和地闭住，鼻翼放松了。口部的肌肉放松了。两唇微开，颈部的肌肉放松了，感到颈部是凉爽的。

（6）我已摆脱了紧张。我全身都放松了。我感到轻松自如。我感到呼吸均匀而平衡，我感到清爽的空气舒服地通过鼻孔，肺部感到舒服，我是安静的。我的心脏跳得很缓慢，我已经不感到心跳。我感到轻松自如。我很舒服。人休息好了。

（7）我已休息好。我感到爽快，感到浑身轻松、舒服。感到精神倍增。我在睁眼。我想起来立即行动。我精力充沛了。起立。

（资料来源：谢丙炎，等.大学生心理健康教育与指导.长沙：湖南大学出版社，2005）

心理自测

心理健康测试

心理健康与身体健康同等重要，它直接影响人们的学习、工作和生活。因此任何人都希望自己拥有一个健康的心理。那么你的心理健康状况如何呢？下面是一个帮助你了解自己心理健康状况的测试。测试共有 70 个问题，对照自己的情况，基本符合的在[ ]中记 2 分，有点符合的记 1 分，不符合的记 0 分，不清楚的也记 0 分。回答时不必仔细考虑，要尽快回答。好，现在开始。

问题：

[ ] 1. 如果周围有喧闹声，不能马上睡着。

[ ] 2. 常常怒气陡生。

[ ] 3. 梦中所见与平时所想的不谋而合。

[ ] 4. 习惯于与陌生人谈笑自如。

[ ] 5. 经常的精神萎靡。

[ ] 6. 常常希望好好改变一下生活环境。

[ ] 7. 不愿意破除以前的规矩。

[ ] 8. 稍稍等人一会儿就急得不得了。

[ ] 9. 常常感到头有紧箍感。

[　　] 10. 对周围很小的声音也会注意到。

[　　] 11. 很少有哀伤的心情。

[　　] 12. 常常思考将来的事情感到不安。

[　　] 13. 孤独一人时常常心烦意乱。

[　　] 14. 自以为从不对人说谎。

[　　] 15. 常常有一着慌便完全失败的情形。

[　　] 16. 经常担心别人对自己的看法。

[　　] 17. 经常以为自己的行为受别人支配。

[　　] 18. 做以自己为主的事情，常常非常活跃，全无倦意。

[　　] 19. 常常担心发生地震和火灾。

[　　] 20. 希望过与别人不同的生活。

[　　] 21. 自以为从不怨恨他人。

[　　] 22. 失败后，会长时间地陷于颓丧的心情。

[　　] 23. 兴奋时常常会突然神志昏迷。

[　　] 24. 即使最近发生了什么事故，也往往毫不在乎。

[　　] 25. 常常为一点小事而十分激动。

[　　] 26. 很多时候天气虽好却心情不佳。

[　　] 27. 工作时，常常为一点小事而十分激动。

[　　] 28. 不希望别人经常提起自己。

[　　] 29. 常常对别人的微词耿耿于怀。

[　　] 30. 常常因为心情不好而感到身体的某个部位疼痛。

[　　] 31. 常常会突然忘却以前的打算。

[　　] 32. 睡眠不足或者连续工作都毫不在乎。

[　　] 33. 生活没有压力，意志消沉。

[　　] 34. 工作认真，有时却有荒谬的想法。

[　　] 35. 自认为从没有浪费时间。

[　　] 36. 与人约定事情常常感到头痛。

[　　] 37. 看什么都不顺眼时常常感到头痛。

[　　] 38. 常听见他人听不见的声音。

[　　] 39. 常常毫无缘由地快活。

[　　] 40. 一紧张就直冒汗。

[　　] 41. 比过去更厌恶今天，常常希望最好出些变故。

[　　] 42. 自以为经常对人说真话。

[　　] 43. 往往漠视小事而无所长进。

[　　] 44. 紧张时脸部肌肉常常会抽动。

[　　] 45. 有时认为周围的人与自己截然不同。

[　　] 46. 常常会粗心大意地忘记约会。

[　　] 47. 爱好沉思默想。

[　　] 48. 一听到有人说起仁义道德的话，就怒气冲冲。

［ ］49. 以为从没有被父母责骂过。

［ ］50. 一着急总是担心时间，频频看表。

［ ］51. 尽管不是有病，常常感到心脏和胸口发闷。

［ ］52. 不喜欢与他人一起游玩。

［ ］53. 常常兴奋得睡不着觉，总想干些什么。

［ ］54. 尽管是微小的失败，但总是归咎于自己的过失。

［ ］55. 常常想做别人不愿意做的事情。

［ ］56. 习惯于亲切和蔼地与别人相处。

［ ］57. 必须在别人面前做事情时，心就会激烈地跳动起来。

［ ］58. 心情常常随当时的气氛变化很大。

［ ］59. 即使是自己发生了重大事情，也好像不是自己的事那样思考。

［ ］60. 往往因为极小的愉悦而非常激动。

［ ］61. 心有所虑时常常情绪非常消沉。

［ ］62. 认为社会腐败，不管怎么努力也不会幸福。

［ ］63. 自认为没有与人吵过架。

［ ］64. 失败一次后再做事情时非常担心。

［ ］65. 常常有堵住嗓子的感觉。

［ ］66. 常常视父母兄弟如路人一般。

［ ］67. 常常与初次见面的人愉快交谈。

［ ］68. 念念不忘过去的失败。

［ ］69. 常常因为事情进展不如自己想像的那样而怒气冲冲。

［ ］70. 自认为从未生过病。

评析：

按照下面的心理健康自我鉴定记分表，根据"类型号码"每种类型分数按照表中所列的题号横向相加起来，分别填入合计栏中。例如，"类型1"各题的得分分别是：1题2分，8题1分，15题0分，22题0分，29题1分，36题2分，43题1分，50题2分，57题1分，64题1分，则 2＋1＋0＋0＋1＋2＋2＋1＋1＋1＝11 分，这个11分就填在第一类型的合计栏里。其他各种类型依次类推。

心理健康自我鉴定记分表

问题号码										合计得分	类型号码
1	8	15	22	29	36	43	50	57	64		1
2	9	16	23	30	37	44	51	58	65		2
3	10	17	24	31	38	45	52	59	66		3
4	11	18	25	32	39	46	53	60	67		4
5	12	19	26	33	40	47	54	61	68		5
6	13	20	27	34	41	48	55	62	69		6
7	14	21	28	35	42	49	56	63	70		7

　　心理症状指数的计算：除去第 7 项虚构症外，将"心理健康自我鉴定记分表"合计得分一栏中前 6 项的得分相加，然后将总分数乘以 3，所得分数即为心理症状指数。例如，第一横行合计得分为 5，第二横行为 2，以后依次为 2、1、3、2，则前 6 项的合计为 $5+2+2+1+3+2=15$，心理症状指数则为 $15 \times 3=45$。

　　心理症状指数 32 以下的人心理健康状况良好，没有什么不良征兆。

　　心理症状指数 33～47 的人心理健康状况较好，但要检查一下，某种症状类型的得分如果过高，就要再一次地自我检查一下某一心理方面的健康状况，找出病因再对症治疗。

　　心理症状指数 48～61 的人心理健康状况一般，说不上健康。要调整自己的健康状况。特别要积极找出得分稍高的症状类型的原因，及时治疗。

　　心理症状指数 62～76 的人有心理疾病的征兆，最好去做心理咨询，以便进行缜密的分析，在做自我评价时，自我检查一下哪一项症状最严重，以便采取治疗方法。

　　心理症状指数 77 以上的人已经患有某种程度的心理疾病，一定要接受心理医生的诊断和治疗。当然，心理异常大都是自己造成的，所以自救是非常重要的。

　　（资料来源：马志国. 男人心·女人心——来自心理咨询热线的报告. 北京：中国轻工业出版社，2002）

思考与练习

　　1. 谈谈你所理解的心理健康。请根据心理健康的标准评价自己的心理健康状况，并将自己的评价与心理自测的结果相对照。

　　2. 作为一个大学新生，你认为应该做好哪些方面的适应才能避免产生心理困惑？

第二章　有效应对挫折与压力

挫折和压力即人在追求自己人生目标过程中所遭遇到的困难和阻力。挫折和压力的产生既是必然的，又是偶然的。在人生旅途中，人们总是或多或少地遇到各种不同的挫折和压力，每个人可能遇到什么样的挫折压力、什么时候挫折压力来临是很难预料的。承受压力是生活中不可避免的，但过度的压力会破坏人的心身平衡，损害人的心身健康。当代大学生中每个人都会在不同程度上感受到心理压力的存在。过度的心理压力会影响大学生的精神面貌，削弱其学习兴趣，甚至损害大学生的心理健康和影响平时正常的学习和生活。本章主要介绍有效应对挫折与压力的有关基本知识，以及应对挫折和压力的方法；了解心理压力的形成原因、表现方式以及怎样对待人生挫折。

第一节　挫折与压力

一、挫折概述

（一）什么是心理挫折

挫折（frustration）是指个体在通往目标的过程中遇到难以克服的障碍或干扰，使需要无法满足、目标不能实现时所产生的不愉快的情绪反应。紧张、焦虑、沮丧、困惑、愤懑，甚至迁移、攻击等都是心理受挫时常见的情绪反应。挫折普遍存在，任何人都无法避免。涉世不深、正在成长过程中的大学生，常常会因为各种原因而体验到令人失意的挫折感。

挫折的产生有两个基本要素：挫折情境和挫折感受，两者密切关联。挫折情境是引发挫折感受的条件，挫折感受是受挫折者心理需求不能满足的一种内心体验。但两者之间并不是必然的关系，同样的（挫折）情境，由于不同的人的需求不同、心理承受力不同，所产生的心理感受也不同。如同样考上一所普通大学的甲、乙两个学生，甲学生的抱负远大，立志考重点大学，而现在只考上了普通大学，这一结果对甲学生来说就会产生挫折感；乙学生的抱负本来就不大，现在考上了大学这一结果已经让他感到很满足，甚至还有些喜出望外，对他来说不但没有挫折感，反而还有较强的成就感。所以，挫折也叫心理挫折，心理挫折的产生，不取决于挫折情境，而是取决于个体的内在心理感受。

挫折包括三个方面的含义：①挫折情境：指个体的需要不能得到满足的内外障碍或干扰等情境因素。如失恋、考试不理想等。②挫折认知：指个体对挫折情境的认知与评价。这种认知既可以是对实际遭遇的挫折情境的认知，也可以是想像中可能出现的挫折情境的认知。③挫折反应：指个体伴随着挫折认知，对挫折情境产生的情绪和行为反应。如紧张、焦虑、愤怒等。

大学生的年龄一般在18～24岁之间，处在青年中期，这时期的学生生理已经成熟。生理的成熟，使大学生产生了强烈的成人感，但涉世不深，经验不足使得大学生的心理显得幼稚，行为容易冲动。羽毛初丰，使大学生踌躇满志，对未来充满憧憬与期待；不谙世事，使大学生对前进路上的曲折坎坷估计不足。需求的多样性与心理的脆弱性使大学生成为一个心理容易受伤的群体。

由此，我们可以把挫折理解为一种情境，以及与此情境相应的一种心理与情绪状态，并包括个体对此所作的相应的行为表现。挫折是我们生活中的一个必然组成部分，适当或适量的挫折，尤其是当人们具备了应对挫折的正确手段，能够积极地面对挫折的时候，挫折本身也会产生某种积极的意义和作用。

> ## 资料窗
>
> ### 华罗庚的经历
>
> 初中毕业后，华罗庚曾入上海中华职业学校就读，因学费而中途退学，故一生只有初中毕业文凭。此后，他开始顽强自学，他用5年时间学完了高中和大学低年级的全部数学课程。1928年，他不幸染上伤寒病，靠妻子的照料得以挽回性命，却落下左腿残疾。20岁时，他以一篇论文轰动数学界，被清华大学请去工作。
>
> 从1931年起，华罗庚在清华大学边工作边学习，用一年半时间学完了数学系全部课程。他自学了英、法、德文，先后在国外杂志上发表了多篇论文。1936年夏，华罗庚被保送到英国剑桥大学进修，两年中发表了十多篇论文，引起国际数学界赞赏。1938年，华罗庚访英回国，在昆明郊外一间牛棚似的小阁楼里，他艰难地写出名著《堆垒素数论》。

（二）挫折的作用

生活中的挫折有正向和负向两个方面的功能。挫折既可使人走向成熟、取得成就，也可能破坏个人的前途，关键在于你怎样面对挫折。

1. 挫折的积极作用

主要表现在三个方面：第一，挫折能够增长人的聪明才智。一个人在遭遇挫折后，如果他想要再一次站起来，那他就会去认真总结经验教训，探究导致失败的原因，寻找摆脱困境的办法。正是在这样一个思考、总结、探索、创造的过程中，提高自己的认识、增长自己的才智，使自己变得比以前更加聪明起来。另外，挫折还能使人真正懂得人生的意义而变得更加高尚。心灵大师卡内基在青年会中执教的时候，曾因自己失败的演讲而被解雇；正当他对自己不抱什么信心的时候，他收到了一位名叫伊利莎白·康妮女士寄来的一封信，正是这封信使他看清了自己，最终找到了发挥自己才智的地方。第二，挫折可以激发人的进取精神。对于一个有志者来说，挫折往往会唤起他的自信心，激发他的进取心。失败只能说明某一时间、某一地点的情况。许多失败与挫折可能连着成功；此时的失败与挫折也许正孕育着将来的成功。如果你拒绝了失败与挫折，实际上你也就拒绝了成功。如果你是一个害怕失败与挫折的人，那你就不会成功。成功的人是在失败与挫折中产生的。第三，挫折还能磨砺人的意志。有的人渴望成为强者，却经不住失败的打击，他们经过一段时间的拼搏，如果遭到一次乃至几次的失败后，便会偃旗息鼓，鸣金收兵。这不是对意志的磨砺，只是弱者的一事无成。"自古英雄多磨难，从来纨绔少伟男。"真正出类拔萃的人，大多是那些历尽艰辛，在挫折中磨炼出坚强意志的人，是在逆境中不懈地奋斗的人。

2.挫折的消极作用

如果不能有效地对待挫折，挫折就可能导致一个人自信心降低，自我效能感水平下降，长期处于挫折的心境中，就会产生情感和人格障碍，自卑、冷漠、焦虑、恐惧，导致一系列心理疾病。

总之，挫折对造就人才和促进事业的成功有着极大的推动作用。但是，挫折毕竟是人生道路上的逆流，与人生前进的方向背道而驰。所以，不提倡挫折越多越好。正确的态度应该是尽量避免，争取向成功转化。

(三)挫折的种类

关于挫折的类型，有许多种划分方法，一般来说挫折可分为如下几种：

1.需要挫折

需要挫折是指因为各种原因而造成行为者的需要无法得到满足时的情绪状态。需要挫折又可以分为需要冲突与需要受挫。前者是指行为者在特定条件下，因若干种需要发生矛盾冲突又未能妥善解决，而造成挫折；后者是指行为者认为自己的合理需要被外界条件阻碍不能满足而体验到挫折感。

2.行为挫折

行为挫折是指行为者在一定动机支配下，并且有了行为的意向，但是因各种条件的影响，行为无法付诸实现时的情绪状态。

3.目标挫折

目标挫折是指行为者在行为过程中，由于遇到无法克服的障碍，不能达到目标时的情绪状态。目标挫折与行为挫折是有区别的：行为挫折实质是行为意向或行为的准备状态受到了挫折，挫折发生在行为之前；而目标挫折则是行为本身受到了挫折，挫折发生在行为过程中。

4.丧失挫折

丧失挫折是指行为者自认为本来应是自己之所有，却在一定条件下丧失了的一种情绪状态。前三种挫折都是行为者自认为应得到而未得到，因而受挫；丧失挫折则是自认不应丢掉的却丢掉了，因而受挫。

(四)挫折产生的原因

挫折产生的原因是多方面的，具体可以从客观和主观两方面加以分析。

1.客观原因

造成挫折的客观原因，即外在原因，又可分为自然原因和社会原因两种。

(1)自然原因。造成挫折的自然原因包括各种非人为力量所造成的时空限制、自然灾害和各种事故以及人世间的生老病死等。当人们对自然原因导致的挫折还不认识、不理解或无能为力时，往往容易乞求虚幻的"上帝"来摆脱，这也是唯心主义产生和存在的重要原因。随着科学的发展，人们对自然原因造成的挫折是可以认识、理解和战胜的。

(2)社会原因。包括个人在社会生活实践中遭受来自政治、经济、法律、道德、习惯、风俗以及人际关系等方面的挫折。此外，还应包括管理方式的不妥、教育方法的不当以及缺乏良好的设施等。例如，得不到领导的正确理解、信任，个人才能无从发挥；政治上受到他人的打击陷害，正义得不到伸张，长期蒙受冤屈等。社会环境对个人动机产生的障碍，有时比自然环境引起的还要多，影响还要大。战胜这方面的挫折不但需要个人主观努力，而且也需要提高全社会的文明程度。

2. 主观原因

造成挫折的主观原因，即内在原因，可以从生理原因和心理原因两方面来分析。

（1）生理原因。造成挫折的生理原因，是指个体与生俱来的身体、容貌、健康情况、生理缺陷等先天素质所带来的限制。例如，近视眼者要求当飞行员，或身材矮小者想成为优秀的篮球运动员，必然受到限制；患高血压或心脏病者难以到空气稀薄的高原地带工作；年迈体胖者难以适应长途奔波或繁重的体力劳动等。

（2）心理原因。心理原因更为复杂，产生挫折的心理原因主要有以下几种：第一，自我估计不当。如果一个人自我估计远远超过实际能力，就会目空一切，不自量力，去追求一些根本无法实现的目标，必然造成挫折。当然，一个人自我估计过低，畏缩不前，就会错过成功在望的目标，也会造成挫折。第二，抱负水平过高。一个人是否受挫折，与他自己对成功所规定的标准有密切关系。如前所举例子，两个同时被普通高等院校录取的新生，一个为能够考上大学而欣喜，另一个可能为未被重点院校录取而懊丧。由此可见，抱负水平过高，往往也是遭受挫折的一个原因。第三，动机冲突。在人的现实生活中，往往会同时出现两个或两个以上的动机，而这两个动机又是互相排斥的，如果其中一个动机得到满足，其他动机就必然遭受挫折，由此而产生难于抉择的心理状态。如果这种心理矛盾持续得太久、太激烈，或其中动机受阻都会造成挫折。如在大学期间想充分利用各种时间培养自己的专业技能，同时又想积极参加各种校园文化活动和社会实践活动，努力提高自己的综合素质，但时间上非常有限，两者之间必然会产生动机冲突，这种冲突持续过久，将会产生挫折的体验。第四，不合理的、不切实际的需要。正确合理、健康的需要得不到满足，会使人产生挫折感，这往往是客观原因造成的。但是，有些挫折往往是由于个人某些不合理、不切实际的需要，如享乐主义、绝对民主、绝对平均主义等得不到满足而产生的。

因此，我们在日常工作中，要认真分析挫折产生的内因和外因，属于客观方面的原因，应积极地采取措施加以改进，属于主观方面的原因则应积极开展思想政治工作，引导人们正确认识事物的发展规律和自身的特点，避免不必要的挫折。

（五）影响挫折的因素

1. 抱负水平

抱负水平是指一个人对自己所要达到的目标规定的标准。规定的标准高，抱负水平就高，反之，则低。抱负水平高的人比抱负水平低的人更容易体验到挫折。譬如在我们的课业学习中，获得80分对于以60分为目标的同学而言，已经是很大的成功了；但对于平时是以90分为目标的同学来讲，则属于失败，就会产生挫折的体验。也就是说在挫折产生以及挫折体验的过程中，个体的欲求水准和其主观态度起着十分重要的作用。因此，正确对待自己，从个人实际情况出发，正确把握自己的欲求水准，才能使自己的进步持之以恒，尽量减少过重的心理压力。

2. 挫折反应程度的个别差异性

不同人对挫折反应是不一样的。在同样的条件下，不同的人对挫折反应不一样，有的人反应强烈、痛苦万状；有的虽然失败，但百折不挠，顽强拼搏；有的人反应微弱，若无其事。

在时间上也表现不同，有的当时如暴风骤雨、雷鸣电闪，但是时过境迁，转瞬风平浪静；有的人矢志不忘。不同个性修养亦有不同的反应。

3. 挫折容忍力

挫折容忍力是指个人遭受打击后免于行为失常的能力，即个人承受环境打击或经得起挫折的能力。挫折容忍力低的人遇到很小的挫折也会意志消沉、沮丧、精神萎靡，甚至出现行为失常或心理疾病。挫折容忍力高的人即使遭受重大挫折，也会坚忍不拔、百折不挠，保持心理平衡。影响一个人的挫折容忍力的因素有：

（1）遗传及生理条件。高级神经活动属于强型的人比弱型的人容忍力要强，身体强壮的人比体弱多病的人容忍力要强。

（2）社会经验。在生活道路上历尽艰辛、饱经风霜、久经磨练的人与有教养且具有坚强性格，并掌握了应对挫折技巧的人受到挫折时容忍力较强；而从小受到溺爱、很少受到挫折、一帆风顺的人与从小缺乏爱抚，受到压力太大、挫折太多，性格变得冷漠、孤独、自卑的人受到挫折时容忍力较差。

（3）认知因素。指个人对挫折的主观判断。由于对挫折情境的认识不同，因而不同的人对相同的挫折情境所产生的主观心理压力不尽相同。心理健康的人能够将生活中体验到的挫折视为现实生活中的正常现象，能通过努力予以克服，能忍受挫折的打击而保持自身人格完整和心理平衡。

二、压力概述

（一）什么是心理压力

压力是心理压力源和心理压力反应共同构成的一种认知和行为体验过程。压力（stress）是一个外来词，来源于拉丁文"stringere"，原意是痛苦。现在所写的单词是"distress（悲痛、穷困）"的缩写。有"紧张、压力、强调"等意思。压力会影响人们的身心健康，早已被公认。心理学家汉斯·塞尔斯（Han Selye）是第一个使用术语"stress（压力）"的人。通俗一点讲，心理压力又称精神压力，是指个体在面对难以适应的外界环境要求或威胁时产生的心理体验，是人们的需求和满足需求的能力之间存在不平衡时所产生的一种生理和心理上的反应。

（二）压力类型

1. 一般单一性生活压力

在生活的某一时间阶段内，经历某种事件并努力适应，而且其强度不足以使我们崩溃，我们称这类压力为一般单一性生活压力。单一性生活压力后效往往是正面的，大多有利于人们应对未来的压力。

2. 叠加性压力

同时性叠加压力：在同一时间内有若干可构成压力的事件发生，此时所体验的压力称同时叠加压力。

继时性叠加压力：两个以上能构成压力的事件相继发生，前者产生的压力效应尚未消除，后继的压力又已发生，此时所体验的压力称继时叠加压力。

3. 破坏性压力

又称极端压力，包括战争、大地震、空难，以及被攻击、绑架、强暴等。破坏性压力的后果可能会导致创伤后压力失调（PTSD）、灾难症候群、创伤后压力综合征等。在强烈的压力经历过去后一段时间才出现的压力反应，是一种延缓压力反应，常见的有情绪沮丧、易激怒、噩梦、注意力难以集中，以及人际关系疏远等。灾难症候群指强大自然灾害后的心理反应，可分为惊吓期、恢复期及康复等三个阶段。

资料窗

放松心理压力的食物

食物不但能满足我们的生理需求，让我们的身体得到能量，也可以帮助我们放松心理压力，调整不良情绪。下面我们就来看一下，帮助我们放松心理压力，调整不良情绪的食物有哪些？

1. 香蕉：香蕉是色胺酸(一种必须氨基酸，是天然安眠药)和维生素 B6 的良好来源，帮助大脑制造血清素。香蕉含的生物碱也可以调节情绪和提高信心。

2. 葡萄柚：葡萄柚含有丰富的维生素 C，在制造多巴胺时，维生素 C 是重要成分之一。多巴胺是一种神经传导物质，用来帮助细胞传送脉冲讯息；多巴胺会影响大脑的运作，传达开心的情绪，恋爱中男女的幸福感，与脑里产生大量多巴胺的作用有关。

3. 蔬果：叶酸存在于多种蔬果中，含量较丰富的有芦笋、菠菜、柑橘类、番茄、豆类等，当叶酸的摄取量不足时，会导致脑中的血清素减少，易引起情绪问题，包括失眠、忧郁、焦虑、紧张等。叶酸还能促进骨髓中的幼细胞发育成熟，形成正常形态的红血球，避免贫血；妇女怀孕期间缺乏叶酸，会影响胎儿神经系统的发育。

4. 全麦面包：碳水化合物有助于增加血清素，睡前 2 小时吃点富含碳水化合物的食物，如蜂蜜全麦吐司，有安眠药的助眠效果，但没有像药物产生依赖性的副作用，不会上瘾。

5. 深海鱼类：根据哈佛大学的研究报告，鱼油中的 Omega－3 脂肪酸，与抗忧郁成分有类似作用，可以调节神经传导，增加血清素的分泌量。血清素是一种大脑神经传递物质，与情绪调节有关，如果血清素功能不足、分泌量不够或作用不良时，会有忧郁的现象发生，因此，血清素是制造幸福感的重要来源之一。

(三)压力源

压力源(stressor)是指引起压力反应的因素，包括生物性压力源、精神性压力源、社会环境性压力源、文化性压力源。

1. 生物性压力源

生物性压力源又可称作躯体性压力源，是指直接阻碍和破坏个体生存与种族延续的事件，包括躯体创伤和疾病，饥饿、性剥夺、睡眠剥夺、感染、噪声、气温变化等。

2. 精神性压力源

精神性压力源又可称作心理性压力源，是指直接阻碍和破坏个体正常精神需求的内在和外在事件，包括错误的认知结构，个体不良经验，道德冲突以及长期生活经历造成的不良个性心理特点(易受暗示、多疑、嫉妒、自责、悔恨、怨恨等)。

3. 社会性压力源

社会性压力源是指直接阻碍和破坏个体社会需求的事件，包括纯社会性的(重大社会变革、重要人际关系破裂等)和由自身状况造成的人际适应问题(如社会交往不良)。

4. 文化性压力源

文化性压力源是指从一种语言环境或文化背景进入另一种语言环境或文化背景中，人们面对新的生活环境、不同的风俗习惯、不同的生活方式而产生的压力。即人们通常所说的文化性迁移。如一个没有一定外语水平的人出国考察，在没有翻译时无法与人交流、难以沟通而感受到的压力。

造成心理问题的压力源绝大多数是综合性，在分析求助者的心理问题的根源时，必须把四种压力源作为有机整体来加以考虑。往往在生物性或社会性压力源的背后，还隐藏着深层的精神性压力源。

（四）大学生常见的心理压力来源

1. 不愉快经历

在校期间大学生经历的一些不愉快的事件，如专业成绩不理想、对大学生活的不满意、未取得学位证书及受过处分等，会随着毕业时间的临近而引起内心情绪，使心理不平衡，在一定程度上给大学生带来了压力。

2. 学习与考研

在科技高速发展的今天，大多数大学生希望在大学里学到更多的知识和技能，给将来就业增加砝码，于是在学习之余，他们纷纷采取各种措施给自己充电，有的悄悄为考研做准备。部分学生承受不起超负荷的学习，自己又没有掌握减压的技巧或没有及时释放这些压力，因此，学习和考研成了大学生在校的主要压力。

3. 人际关系紧张

部分大学生在校期间由于人际关系不和谐，生活在不愉快的环境中，心情总是不舒畅。因此，紧张的人际关系是造成心理压力的重要来源之一。

4. 突发事件

大学生在校期间，学校或家庭的一些突发事件也会给他们造成一定的心理压力。

5. 体制改革

大学生是社会的"晴雨表"，是最敏感、最活跃的群体，大学生对经济体制和政治体制改革的压力反应最强烈，这种反应在择业阶段更为突出。

6. 经济条件

部分大学生的家庭经济条件不好，对他们完成学业和参加各种活动产生影响，这也是造成心理压力的原因之一。

7. 就业准备

严峻的就业形势给大学生造成了很大的压力，这是无法回避的事实，特别是女大学生就业难的问题更加突出。

8. 恋爱分合

在校期间恋爱的大学生，在即将毕业时却面临着分合的问题，为了今后能在一起工作所做的艰难努力和不得不分手的恋人们所忍受的巨大痛苦，这些都给大学生造成了一定的压力。

9. 离别感伤

离别对每一个即将毕业的大学生来说都是一件痛苦的事情，他们时刻体验着失落、痛苦、怀念、后悔等一系列复杂的情感。这种体验无论是高兴还是难过，都使大学生承受着心理压力。

（五）压力反应

当人们遭受压力时，机体会出现应激。应激作为一种心理状态或心理反应，往往具有一定的生理和生化基础，并伴随着一定程度上的心理和行为上的反应和变化。如感到紧张、焦虑、害怕、恐惧、心跳加快、血压升高等。

1. 压力的心理反应

压力的心理反应包括三个方面。

（1）情绪反应：指人们在受到挫折时，伴随强烈的忧郁、紧张、焦虑、恐惧等情绪所作出的反应。

（2）认知反应：一般情况下，压力引起的机体心理反应有助于个体应付环境，这种适应的心理反应有警觉、注意力集中、思维敏捷、精神振奋等。当某个压力来源被个体认定为对其产生威胁时，人的认知方面的功能会受到影响。

（3）行为模式：在不同程度的压力面前，个体会表现出不同的行为。轻度压力时，机体的生理性行为较多，此时，机体出现的是正向的行为适应；中度压力对机体各部分协调的复杂行为影响较多；高度压力机体可能会产生压抑行为，也可能会产生攻击行为。这种攻击行为多数情况下表现为攻击他人，个别情况下表现为攻击自己。

2. 压力的生理反应

压力的生理反应包括两个方面。

（1）突发状况下的反应：当个体遇到突如其来的威胁时，在出现心理反应的同时，生理上会出现应激反应。即个体会立即进入紧急应变状态，并调动机体所有的力量以维护生命安全。此时机体出现心率增加、血压升高、肾上腺素分泌增加、皮质醇增加、血糖增加、血液循环加快等一系列生理改变。这种反应对于自我保护有实际意义。此时，人的身体对"应激"所做出的反应是有助于人的行动的，使人能够更有力量，更为果断、敏捷。

（2）长期压力下的反应：在压力作用下，个体的生理反应可以调动机体的潜能，提高机体对外界刺激的感受和适应能力，从而使机体更有效地应付变化。但人的承受能力是有限的，如果心理压力过大、过重、过久，则会降低人的防护和抵抗疾病的能力，造成生理上或心理上的疾病。加拿大学者舍利（Hans Selys）曾研究持续高度压力对身体的影响。他认为长时期高度压力会使身体产生一种非特定性的适应性生理反应。包括三个阶段：警觉反应阶段、抗拒阶段及耗竭阶段。在警觉反应阶段，由刺激的突然出现而产生情绪的紧张和注意力提高，体温与血压下降、肾上腺素分泌增加，开始进入应激状态；在持续的压力下，机体进入抗拒阶段，机体力图对自身受损的部分加以维护修复，于是产生大量激素来调节身体；当压力过久地存在，机体应付压力的精力耗尽，各部分功能会缓慢下来，适应能力减弱和丧失。

（六）压力与挫折的关系

个体的心理压力跟受到的挫折密不可分。一个人一生总会碰到各种各样的挫折，因此心理压力也是难免的。挫折是构成心理压力的主要来源之一。而挫折又总是与困难、失败、愿望不能得到满足等有关，带有明显的消极因素。

第二节　大学生常见的挫折及原因

一、大学生挫折的特点

1. 频度和强度特点

就频度而言，大学中期比大学前期和后期遭遇到的挫折要多。就强度来说，大学生的挫折强度随入校时间的增加、年龄的增长、知识的增多、能力的增强而减弱。

2. 内容特点

大学生遭受一般性挫折比遭受严重性挫折的概率大。大学生遭受的挫折主要是日常生活方面的，包括学习、经济问题、人际关系、娱乐活动、意外事故、择业、个人感受、心身健康状态等。

3. 态度特点

多数大学生能正确认知挫折，但有部分大学生对遇到挫折缺乏全面认识，心理承受力比较弱。具体表现在：有较强的挫折感，对待挫折持消极悲观的态度，认为挫折给他们造成了不良影响等。

二、大学生挫折的原因

大学生产生心理挫折的原因是多方面的，可从客观和主观两方面的原因来加以概括。客观原因通常是指个人意志和能力所不能左右的因素，如学生不能决定自己的家庭出身，不能选择自己的父母，不能左右教师考试考什么内容等。客观因素可能引发心理挫折，但不是心理挫折产生的决定性因素，如同样是出生在贫困家庭的学生，有些学生因自己的家庭贫困而产生挫折感，有些学生则能坦然接受，并因此而自强不息，终有所成。所以，心理挫折产生的关键不在客观因素，而在主观因素。主观因素主要是指心理因素，包括个体对客观事物的看法不当以及个体的心理需求不当等。挫折形成的原因多种多样，并且因人而异。大学生遭受挫折主要有以下几个方面的原因：

（一）抱负水平过高

抱负水平是指个体对自己所要达到的目标所规定的标准。一个人是否受挫折，与个体能否根据自己的实际情况，给自己合理定位、确定恰当的成功标准有关。一个人如果对自己的能力估计过高，抱负自然高，成功的可能性就低，挫折就容易产生。相反，如果对自己的能力估计过低，缩手缩脚，抱负水平过低，就算事情成功了，也可能会产生挫折感。

（二）学业方面的问题

1. 学习上的不适应

大学生的学习任务、学习方法等都不同于中学阶段。进入大学后，部分大学生不适应大学复杂的课程设置和灵活的学习时间安排，面对新环境无所适从，稍遇挫折即消极逃避、推卸责任。

2. 激烈竞争的压力

激烈的竞争迫使他们普遍对自己的学习提出了较高的要求，而人们习惯于以成绩高低论英雄的评价方式，加之他们大多数具有自信、好强的心理特点，部分大学生因为没有学习优势，其优越感和自信心也随之丧失，部分人陷入了自我否定的泥潭中，表现出强烈的挫折感。

（三）动机冲突

大学生的需求很多，而且都渴望得到满足，于是便产生了多种动机。但在现实生活中，有些动机往往是相互冲突的，非此则彼，不可能是所有的需求都能得到满足，这时就常常会产生挫折感。如大学生既想做学生干部，又不想影响自己的专业学习，两者之间，若不能平衡，冲突便会产生，长此以往，便产生挫折感。

（四）人际关系方面的问题

大学生的人际关系主要包括师生关系、同学之间的关系、朋友之间的关系等。造成大学生人际关系不协调的原因主要有：

1. 生活习惯、性格、爱好等差异

大学生来自四面八方，不同的生活习惯、不同的性格、不同的爱好给大学生的人际交往带来了一定的压力，加之大学生阅历少、社会经验不足、交往能力不强等易使大学生产生不协调的人际关系。

2. 人际交往认知障碍

在人际交往中表现出来的有失偏颇的思想观点。大学生在人际交往中不能客观地认识自我、理性地分析问题等都易造成人际不协调。

（五）不合理和不切实际的需要

学生正确合理的需要得不到满足，会产生挫折感，但往往是由于客观因素造成的，学生内心可以接受，正常情况下对学生的心理健康危害不大，可使学生吃一堑长一智。但是有些挫折往往是由于学生不合理、不切合实际的需要造成的，如攀比、高消费、绝对平均等，这种心理如果得不到调适，将会严重影响学生的心理健康。

（六）经济方面的问题

经济方面的问题使大学生产生挫折的表现主要有：

1. 自卑心理

经济困难的大学生担心被他人瞧不起，变得敏感和多疑。

2. 无助感

虽然部分经济困难的大学生能通过勤工俭学等方式获得经济收入，但主要的经济来源还是要依靠父母等长辈。经济与学业的双重压力，使得经济困难的大学生觉得无能为力。

3. 愧疚感

特困大学生的经济来源有的是靠全家人省吃俭用或外出打工等挣来的，他们为自己不但不能帮助家人，而且还要给家人带来负担而感到愧疚。

（七）恋爱方面的问题

处于青春期的大学生对爱情满怀美好憧憬，但由于各种因素的影响，部分大学生会遭受失恋和单恋的痛苦。同时其自尊心也会受到打击，因而悲观失望，有的甚至自暴自弃。

（八）理想与现实之间的差距

大学生理想校园的生活是浪漫、充满激情及富有活力的，但现实并非如此，当现实与理想差异甚远时便会引起困惑、迷茫等不良心理。

（九）个性方面的因素

自私、固执、敏感、多疑、自卑、自负的个性是产生挫折的原因之一。既会影响大学生的学习生活，还会影响大学生的人际交往。

（十）生活自理能力方面的问题

1.独立生活能力较差

当代大学生中大部分是独生子女，父母对子女宠爱有加，他们养育孩子的过程中，经常有意无意地替孩子抵御那些本应由孩子自己面对的困难和挫折。这种父母对子女的生活事情包办过多，使得孩子养尊处优，一旦远离父母和家乡到外地学习，在生活上便感到无所适从、不知所措。

2.适应环境的能力较差

部分大学生已经习惯了中学时代的生活，而到了大学以后，不能适应新的校园、新的同学和生活方式，常常留恋中学时代的学习与生活环境，特别是遇到某些不愉快的事情时，更容易沉浸到对过去美好生活环境的幻想中，造成心理紧张、焦虑，甚至束手无策，导致心理负担加重，因而不能把精力集中到学习中。

（十一）挫折承受力方面的问题

部分大学生对生活中的常见挫折不能正确对待。如因入选学生干部失败而自暴自弃，因演讲失败而产生强烈的自卑感，因依恋父母而经常请假回家，因失恋或单相思而酗酒闹事等。心理挫折承受力不好的学生表现出来的这种紧张、焦虑和不安对于他们的学习、生活乃至今后走上工作岗位都会有消极的影响。

三、大学生挫折反应的主要表现

人要生存和发展，就一定有需求，但在现实生活过程中，人的需求不可能都得到满足，挫折产生就不可能避免。人在产生挫折时，总会有一些外在行为反应，通过观察，可了解到人处在挫折状态，及时给予帮助，可使受挫者尽快从困境中解放出来，促进他的健康发展。人们遭受挫折后，情绪和行为都会出现改变，从而产生种种表现。且各种行为反应往往以综合的形式出现，互相掺杂或以一种形式为主，其他形式为辅。主要表现如下：

1.攻击

个人遭受挫折时，易愤怒，出现攻击性行为。由挫折引起的攻击行为有两种表现形式：一种是直接攻击。指攻击行为直接指向造成挫折的对象，如怒视、骂人、打人等。一般来说，对自己各方面自信的人，易将愤怒的情绪向外发泄。另一种是转向攻击。由于各种原因不能对造成挫折的对象直接发泄时，便把攻击的矛头转向其他代替物或将攻击性行为转向自身，自我惩罚。一般来说，对自己要求过高或自卑的人，易将情绪发泄于自身。大学生攻击的表现是当他们在学习、生活等问题上出现挫折后将愤怒的情绪转化为讥讽同学、谩骂老师或损坏公物等行为。

2.冷漠

有些人多次受挫后，对改变现状感到无能为力时，常会出现心灰意冷、麻木不仁的现象，这就是冷漠。冷漠是受挫者对现状不满时表现出来的一种无奈，也有可能隐含着愤怒。如一些人因失恋而看破红尘，一些大学生因屡次英语考级不过关而出现精神沮丧的现象。这种冷漠的心态如果得不到解除，将会对受挫者的心理产生严重的伤害，严重者还有可能出现自杀的现象。

3. 抗争

抗争是当个体受到挫折后所表现出的积极应对挫折、更加奋发向上、永不言败的一种精神状态。大学生抗争的表现是更加努力学习，取得优异成绩。

4. 倒退

倒退是指个体对挫折的反应不以攻击的方式表现，而以退缩的方式来适应挫折情境。有以下几种表现形式：一是冷漠，指受挫折的个体对挫折情境表现出漠不关心的态度，是一种比攻击更复杂的反应。大学生冷漠的表现是指部分大学生在长期遭受挫折后无法引起对挫折对象进行攻击的行为，又看不到希望，而表现出对挫折情境无动于衷的态度。二是幻想，指个体在受到挫折后企图以自己想像的虚幻情境来应付挫折，以此脱离现实。三是退化，指个体受到挫折后以与自己年龄不相称的幼稚而简单的行为方式来应付挫折情境。某些大学生遇到挫折后像孩子一样哭闹、耍赖。四是受暗示性，指个体遭受挫折后盲目地相信他人，盲目地执行他人的指示，以此来应付挫折情境。

5. 固执

固执是指个体受到挫折后，重复某种呆板的、无效的动作，不能采取更适当的行为方式。一般情况下，个体处于惊慌失措状态时，常表现出这种行为。部分大学生受到挫折后，采取刻板的方式盲目重复某种无效的动作，不能适应已经变化了的情况，且对老师的教导和同学们的劝告置之不理，依然一意孤行，固执己见。

6. 焦虑

焦虑是指个人对自己或被自己关心的人的各方面完美状态受到威胁时，所引起的一种说不出对象和原因的不愉快的情绪状态。遭受过多次挫折的大学生失去了自信，产生焦虑反应，在生活中时刻担心可能遇到挫折时的紧张、彷徨不安的情绪状态。

> ### 资料窗

抗挫折能力是最重要的

心理素质的锤炼是大学里一个非常重要的课题。我特别担心从大学里出来的人是这样的：表面上无所不能，既能得科学大奖，又能设计高精尖的产品，但是稍有挫折，吃 60 片安眠药也不能平静。走出大学校园，我们会发现生活并不像我们想像的那么绚丽多彩，生活中最精彩的事占 5%，最痛苦的事占 5%，剩下的 90% 全是平淡。每个人都是被 5% 的精彩勾引着，熬过了 90% 的平淡，然后忍过了 5% 的痛苦，这就是生活。

从大学走出来的人才，我最看重的就是他是否有一个抗打击和抗胜利的心理素质，他能不能始终以一个宽厚、平静、从容的态度来面对人生中随时出现的各种各样的变故。

（资料来源：白岩松.抗挫折能力是最重要的.南方日报，2011 - 04 - 27）

第三节　学会应对压力与挫折

一、常见的心理防卫机制

个人受到挫折后，为了减轻或避免挫折可能带来的不愉快与痛苦，在生活经验中应学会某些应对挫折情境的方式。这种保持情绪活动的平衡和稳定的心理机能称为心理防卫机制。弗洛伊德认为，人寻找满足的过程通常是不顺利的，往往与社会文化相冲突，冲突必然会导致焦虑。人为了缓解焦虑，就会不自觉地形成心理防卫机制。心理防卫机制很多，主要有：

1. 合理化或文饰作用

合理化或文饰作用，是指个人无法达成其追求的目标或其表现的行为不符合社会的价值标准时，给自己找出适当理由来解释，这个理由未必是真理由，而且很可能是不合乎逻辑的，但本人却能以此说服自己，感到心安理得。合理化有多种形式，如"知足常乐""比上不足，比下有余"等；"酸葡萄心理"和"甜柠檬心理"是其中最典型的两种。如有的同学当不上班干部，却安慰自己"当了学生干部耽误学习，没啥意思"。有的大学生失恋了，尽挑对方的毛病，以弥补内心的失落。

2. 逃避

个人不敢面对自己预感的挫折情境，而逃避到较安全的地方。一是逃向另一种现实。如逃避自己没有把握的工作，而埋头于无关的其他工作、嗜好或娱乐，以排除心理上的焦虑。二是逃向幻想世界。从现实的困境中退出而逃到幻想的自由境界，这样既能避免痛苦，又能使许多欲望获得满足。幻想可偶尔使用，但不可过度，以免难于将幻想与现实分清。三是逃向生理疾病。个人借生理上某种机能的障碍以避免面对困难，这种疾病的产生往往是无意识的。如临上考场或进入人才市场时出现肠道易激综合征或神经性皮炎等。

3. 压抑

压抑是把不愉快的经历和体验压抑到潜意识中，不再去提及，努力忘记。压抑作用的结果虽然使个体暂时减轻焦虑，获得安全感，但长此以往会影响心理健康。如有些人因爱情发生变故而发誓终身不嫁（娶），这种现象不能说受伤者没有了爱情欲望，只是害怕再度受伤才出现这种心理。合理的需求长期被压抑，会使人产生心理失常，性情孤僻等异常心理现象。

4. 退行

个体的行为发展是有一定规律的，即随着年龄的增长，行为逐渐成熟起来。有些人出现挫折后，表现出与自己的年龄和身份不相称的幼稚行为，如有些成年人遇上挫折时，表现出大吵大闹，失去了成人应有的沉着与冷静，这种现象就叫退行。有些大学生在考试不及格时，到老师面前哭哭啼啼，苦苦哀求，这种现象就是退行的表现。

5. 反向

反向作用是个体为了防止某些不好的动机呈现于外表行为，而采取与动机相反方向的行为，以掩盖自己的本意，避免或减轻心理应激。如一个经常夸耀自己的人，在他的内心可能存在严重的自卑感。这是种"矫枉过正"的心理防御机制。"此地无银三百两"的故事就是一种典型的反向机制。通俗地讲，就是以与真实愿望相反的方式行事。如有些大学生本来很想接近某个异性，在对方出现时却表现出回避或疏远。

6. 投射

投射又称推诿，是指把自己的不当行为、失误，或不良的思想观念、动机、欲望转移到别人或物体上面，以此来减免自己的内疚和焦虑，逃避心理上的不安。如一个人对别人抱有成见却说别人对自己有成见，即所谓的"以小人之心，度君子之腹"。其次，我们很多的俗语、诗句都表达了这种投射作用，如"人不为己，天诛地灭"，"我见青山多妩媚，料定青山见我亦多情"。或可这样认为，就是将自己内心不为社会认可的欲望加在别人身上，认为别人也有这种欲望。如有些人不承认自己对别人有非分之想，反说别人诱惑自己。

7. 转移

所谓转移，就是将对某对象的强烈情感转到另一个对象上。即当一个人因限于理智或社会的制约，将对某一对象的情绪、欲望或态度，在潜意识中转移到另一个可替代的对象身上。平常所指的"迁怒于人"就是一例。例如丈夫在单位被批评指责，内心一肚子委屈，但又不能向领导发泄，结果一回家里就对妻子发脾气、打孩子。如有些大学生在看足球时，当看到自己喜欢的球队失败时用砸水壶、扔杯子来进行发泄；一些大学生刚和恋人分手，马上又找一位异性来填补等均属转移现象。

8. 补偿

补偿是替代作用的一种，是指个体在行为受到挫折，或因其他方面的缺陷而无法达到目标时，自己便努力发展其他方面的特点，以其他方面的成功来弥补因失败而丧失的自尊与自信。"失之东隅，收之桑榆"便是这种心理。如盲人的触觉非常灵敏，这是生理上的补偿作用。又如容貌平庸或生理有缺陷的女子，通过发奋读书，以学业上的成就来获得容貌所不能赢得的崇敬和声望。再如一些大学生的学习成绩平平，不能满足自己的内心需求，便发展自己的特长，用特长的成功来弥补内心的缺失。

9. 升华

升华是一种高级的替代作用，是一种富有建设性的心理防卫机制。即将潜意识中某种不能直接表达、不为社会所认同的动机、欲望和感受，导向能被社会广泛认同和接受的目标和方向上去，这就是升华机制。《少年维特之烦恼》是歌德年轻时自身失恋的升华之作。"盖西伯拘而演《周易》；仲尼厄而作《春秋》；屈原放逐，乃赋《离骚》；左丘失明，厥有《国语》；孙子膑脚，《兵法》修列；不韦迁蜀，世传《吕览》；韩非囚秦，《说难》《孤愤》。"周文王演绎《周易》，孔子作《春秋》，屈原赋《离骚》，左丘明撰《国语》，孙膑作《孙子兵法》，吕不韦撰《吕氏春秋》，韩非子撰《说难》《孤愤》，这都可以说是圣贤之人升华的表率。再如有些学生因生理上的缺陷而转向发奋学习，终于在学业上取得突出的成绩，也是升华的表现。

10. 认同

认同作用常见有两种表现，一种是个人为了迎合供给需要满足的保护者，将自己与他们视为一体，在思想及行为上模仿他们，以此减少挫折，如模仿父母或师长等；另一种是个人在现实生活中无法获得成功或满足时，模仿某一成功者的言行和打扮，以此分享其成功的喜悦。如殷切期望成为电影明星的人，在发型、举止上模仿某一电影明星，感觉自己也当上了人们羡慕的明星。

11. 否定

这是一种比较简单、原始的心理防御机制，是把已经发生的痛苦事实加以否定，认为它根本没有发生过，以减轻心理上的不安和痛苦。个体在日常生活中突然面对亲人亡故等重大生活事件，或者在医学临床上面对某些严重疾病的诊断如癌症、心肌梗死等，常常会对这些消息加以否认，拒绝接受残酷的现实，以保持暂时的心理平衡。

12. 抵消

用某种象征性的活动或事件来抵消已经发生的不愉快的事情，为了忘却而忘却，以求得心理上的平衡。必须指出，抵消这种心理防御机制只是一种被动的消极的应对压力和挫折的方法，要真正应对挫折与压力还要掌握积极的应对策略和方法。

13. 幽默

处于尴尬的境地时，有的人常会自发地以发笑、说俏皮话等幽默方式进行自我解嘲，既无伤大雅又可解除难堪的局面，使自己摆脱困境。人格比较成熟的人，都懂得在适当的场合，运用合适的幽默打破窘境改变困难局面，故幽默有益于心身健康，是一种成熟的积极的防御机制。

总之，心理防卫机制是多种多样的。一般地说，心理防卫机制的作用具有两重性。从积极方面说，心理防卫机制有助于适应挫折，化解困境，缓解内心的冲突，使心理获得暂时的平衡。从消极方面说，心理防卫毕竟是对内在心理需求的一种掩饰，内在的心理冲突并没有得到彻底解决，长期掩饰、压抑、隐藏会给自己的心理健康带来隐患。如一些因爱情挫折而发奋学习、升华到社会有利高度的人，可能会错失自己的爱情发展时机，给自己以后的情感生活带来许多负面影响。所以，在遭受挫折之后，正确的方法是能直面挫折。

资料窗

生活是美好的

生活是极不愉快的玩笑，不过要使它美好也不很难。……为了不断地感到幸福，甚至在苦恼和愁闷的时候也感到幸福，那就需要：善于满足现状；很高兴地感到"事情原来可能更糟呢"。这是不难的：

要是火柴在你的衣袋里燃了起来，那你应该高兴，而且感谢上苍：多亏你的衣袋不是火药库。

要是有穷亲戚上门来找你，那你不要脸色发白，而要喜气洋洋地叫道："挺好，幸亏来的不是警察！"

要是你的手指头扎了一根刺，那你应该高兴："挺好，多亏这根刺不是扎在眼睛里。"

要是你有一颗牙痛起来，那你应该高兴："幸亏不是满口的牙痛起来。"

要是你挨了一顿桦木棍子的打，那就该蹦蹦跳跳，叫道："我运气多好，人家总算没有拿带刺的棍子打我！"

要是你的朋友对你变了心，你也该庆幸，多亏她（他）背叛的是你，而不是祖国。

依此类推……朋友，照着我的劝告去做吧，你的生活就会欢乐无穷了。

二、大学生心理压力与挫折的应对方式

（一）正确认识挫折与压力

人生犹如天气，有阳光灿烂，也有狂风暴雨；有风和日丽，也有雾霭风沙。遭遇挫折和压力是不可避免的。雨果说："尽可能少犯错误，这是人的准则，不犯错误，那是天使的梦想。"一个在生活中充满幸福感的人，不是他在生活中不遭遇挫折、面临压力，而是能坦然面对挫折和压力，并能客观地分析挫折压力产生的根源，尽可能不再犯同样的错误。

事实上，任何事情都有两面性，既有积极的一面，也有消极的一面，挫折也是如此。从消极方面看，一个人在遭遇挫折时，就挫折事件而言，是令人痛苦的。从积极方面看，人在挫折面前若能冷静下来，沉着面对，挫折就有可能成为激发人上进的力量，在与挫折的抗争

过程中，自己的性格和意志得到磨炼，使自己在挫折中成熟起来，挫折就可能成为事情的转机。相反，一个人总是生活在顺境中，可能会使人过于安逸，在真正遇到困难时反而会使人措手不及。所以，挫折是一种困境，但也是一个机会，只要能坦然面对，并树立起战胜挫折的信心，就可能从困境中解放出来。要知道，不经风雨，怎见彩虹？

（二）客观分析挫折原因

正确认识挫折，只是战胜挫折的心理基础，要能战胜挫折，还必须对挫折产生的原因进行客观分析。如前所述，挫折的产生，有客观的原因，也有主观的原因。若不能正确分析挫折产生的原因，找不到挫折的根源所在，对挫折就不会有针对性的应对策略，就会深深地陷入挫折的泥潭，不能自拔。

大学生在挫折的归因问题上常会出现两种倾向：极度的外部归因和极度的内部归因。极度的外部归因就是指把挫折归因于外部的、不可控的因素，而不考虑自身的因素。极度的内部归因正好相反。如一些大学生考试失败后，认为是老师出题太难，评分过于严格，而不是努力克服困难和改变失败的处境，这就是极度的外部归因。有的学生则往往把失败归因于自己，认为是自己能力有限、学习不够努力、太笨等，过多地责备自己。这两种归因如果得不到纠正，可能会导致大学生的自我效能感的丧失，对其学习将会产生严重的负面影响。因此，大学生在遇到挫折后，要冷静分析挫折产生的原因：是客观原因，还是主观原因，是可控原因还是不可控原因，或者兼而有之等。只有找到造成挫折的真实原因，才有可能找到"症结"，才有可能战胜挫折。

（三）根据实际情况调整抱负水平

抱负水平是指人在从事活动之前，对自己要达到的目标所规定的标准。从本质上说，目标只是一种愿望，与活动的实际结果不一定是相符合的，但若抱负水平不当，可能会引发挫折感。由于抱负水平不当引发的挫折感通常有两种情况：一是抱负水平过高。抱负水平过高的人，常对自己的目标追求力求尽善尽美，但由于目标的实现往往并不取决于个人的因素，还有许多不可控的因素，尽管个人为实现目标倾尽了全力，最后的结果可能是远远低于自己的预定目标，这样就会产生挫折感。要知道，希望越大，失望可能也就越大。另一种情况是抱负水平过低。抱负水平低的人，目标容易实现，似乎不会出现挫折感，事实不然。抱负水平过低，虽然容易实现目标，但这目标的实现不会给他带来真正的满足感，对他的自信心、自尊的增强没有太大的帮助，反而难以激发他的潜能，压抑他的个性。当前不少大学生感到"郁闷"，常常是由于抱负水平过低造成的。

抱负水平过高过低都不行，是不是意味着折衷的目标是最好的呢？其实不然。抱负是个人自己对未来发展的一种期盼，应体现出个人的特点。所以，在确立抱负水平之前，个人首先应对自己的情况和从事的活动进行审慎的分析，了解自己之所长和所短，了解所从事的活动的性质特点，根据自己的特点和活动的实际情况来确定目标。知己知彼，才能百战不殆。例如，大学生在确定自己的学业成绩目标时，就要充分考虑自己的情况和学科的特点，如你的能力特点是擅长记忆，动手能力稍弱，而学科突出的是程序性知识，你在学习目标的确定上就不应过高；相反，如果学科是以描述性知识为主，你就可把目标定高些。抱负水平切合实际，既可增强事情的成功率，又能发挥抱负水平应有的激励作用，从而减少因目标不能实现所引发的挫折感。

（四）合理运用心理防卫机制以缓解心理压力

挫折不可避免，人在遭遇挫折时原有的平衡心理必然会遭到破坏，这时会出现焦虑、烦躁、痛苦、郁闷等负面的心理反应，这都是正常的心理现象。在没有找到克服失败的方法之前，适度的宣泄是有必要的。为了避免挫折给自己带来更大的伤害，这时就要适当运用心理防卫机制。

心理防卫机制有积极的，也有消极的，但无论是积极的还是消极的，都不一定能针对引发挫折的根源，用心理防卫机制来寻求解脱，多少会有些自欺欺人的色彩。但它对个体缓解心理压力、减轻焦虑和紧张情绪、维护个人的自尊、保持心理的相对平衡是有很大价值的。如学生遇到情感挫折时大哭一场；在与人交往发生矛盾时去打一场球；在情绪激动时去听一段优美的音乐；在心中有烦恼自己又无法排解时去找人倾诉等。这些心理防卫机制的运用，使自己的焦虑情绪得到一定的宣泄，对心理压力的缓解是有帮助的。相反，如果这些不良情绪不能得到合理的宣泄，在过度的焦虑状态下，人的注意范围会变窄，思维的灵活性会降低，这时反而会使事情变得更糟，甚至会越陷越深，不能自拔。

但我们应该清楚，心理防卫机制只是"止痛药""麻醉剂"，不是根治挫折的"良药"。要使自己能从挫折的困扰中彻底解放出来，在用一些积极的心理防卫机制进行宣泄、使自己在冲动中平静下来之后，自己就应冷静下来，客观地分析挫折产生的原因，找到症结所在，再找到出路，从而轻装前行。

（五）注重自身修养以提高思想境界

孔子说："君子坦荡荡，小人常戚戚。"君子之所以坦荡，是因为君子修养高，对名利淡泊；小人之所以"常戚戚"，是因为小人对蝇头小利也不放过，对鸡毛蒜皮的小事也耿耿于怀。这说明，一个修养高的人，对挫折的承受能力也随之提高。郑板桥有两幅很有名的条幅：一幅是"难得糊涂"；另一幅是"吃亏是福"。"难得糊涂"说明一个人要生活得自在，对一些小事不应太过于精明，该糊涂时就糊涂。"吃亏是福"说明一个人做事不要斤斤计较，不怕吃亏，要勇于吃亏，善于吃亏，在吃亏中展精神，在吃亏中长智慧。这两个条幅体现了郑板桥较高的思想境界。高的修养，高的思想境界是增强挫折抵御能力的重要法宝。为了提高挫折承受力，就必须提高自身的修养。个人修养的提高来源于两条基本途径：一是学习书本知识，二是积极参加各种社会实践。

对于书本知识的学习，大学生除了要学习专业知识外，更要重视对我国传统文化的学习。我国的历史悠久，文化源远流长，不少经典名著对提高为人处世的能力是大有帮助的，大学生应善于从我国的传统文化中汲取营养，学会扬弃，古为今用。

积极参加社会实践，也是提高自身修养的重要途经。当代的大多数大学生，从小学到中学，再从中学到大学，有家长铺路，有老师搭桥，一帆风顺地走过来，没遭受过大挫折，这在很大程度上降低了学生抵御风险、承受挫折的能力。没有这些能力作为支撑，会给学生以后适应复杂的社会生活留下隐患。所以，大学生在大学求学期间应多参加各种社会实践活动，在实践中磨炼自己。学生志在学，在实践中，无论是得是失，对自己来说都是一笔难得的财富。"自古雄才多磨难，从来纨绔少伟男。"只有经得起磨难，才能使自己成为雄才。

三、应对压力与挫折的具体方法

一个人在现实生活中不可能没有压力与挫折，而且也难以回避，必须正确面对。一个人不能让社会适应自己，只能让自己适应社会。因此，首先我们不能轻视生活中的压力与变化，要及时调整自己的行为以适应变化，这就需要花时间和精力，并且还要勇于承担责任。其次，要将压力变动力，学会放松和控制紧张与压力，提高应对能力。针对大学生出现的压力和挫折，介绍几种应对压力与挫折的方法：

1. 改善挫折情境

挫折情境是产生挫折和挫折感的主要原因，如果挫折情境得以消除和改善，则挫折感自然会随之发生变化，乃至不复存在。对挫折情境的改善，可以注意这样几个方面：

首先，要预防挫折的产生。如果能预见到挫折的产生，从而采取及时有效的防范措施，尽量将可能发生的挫折在发生之前予以消除。这就要在事前对可能发生的事情有所预测，对一件事情的成败能作出正确的估计。

其次，挫折发生以后，经过认真分析，如果引起挫折的原因和挫折情境是可以改变或消除的，则应通过各种努力，设法将其改变、消除或降低它的作用程度。可以暂时离开当时的挫折情境，到一个新的环境中去。比如，恩格斯年轻时曾失恋过，他一度感到痛苦和心灰意懒，后来他去阿尔卑斯山旅行，在新的环境里，看到世界如此宏大、生活如此多彩，很快达到了心理平衡，摆脱了痛苦，旅行归来又以新的热情迎接新的工作。

最后，就是要减轻挫折引起的不良影响。有些挫折情境一旦发生，是无法消除或一时无法改变的，如天灾人祸、生老病死、能力不济等。这时，就应设法降低和减轻挫折所引起的不良影响，尽快从挫折中脱身，不要老是盯住它不放。鲁迅笔下的祥林嫂，在心爱的儿子被狼叼走后，痛苦得心如刀剁，她逢人就诉说自己的儿子的不幸。起初，人们对她还寄予同情。但她一而再、再而三地讲，周围的人就开始厌烦，她自己也更加痛苦，以致麻木了。老是盯住自己的遭遇，就会使自己长久地不能忘记这些痛苦，长久地受到痛苦的折磨。

2. 学会冷静和放松

情绪的过分紧张和焦虑，会影响人的解决问题的能力，而生活中常常会遇到一些意想不到的事。遇到挫折时要学会放松，学会调节自己的情绪，保持规律的生活和充足的睡眠，从容面对挫折，并从主观、客观、目标、环境、条件等方面找出受挫的原因，采取有效的补救措施。在本书第四章所涉及的各种克服考试焦虑的放松方法，对于缓解、应对压力和挫折也同样适用。

3. 进行自我鼓励

在感到自己将要产生或已经产生了自我挫败感的时候，可以用自我鼓励的方法校正，也就是用生活中的哲理或某些明智的思想来安慰自己，鼓励自己同忧虑和痛苦进行斗争。这要依靠坚强的意志力量，把挫折对个人的打击当成磨练自己的机会。这种方法是通过自我激励来摆脱失败情境的纠缠，解除由挫折而产生的不良情绪的困扰，鼓励自己振作精神，恢复乐观、积极的态度，唤起自己的自信心，获得平静、欢愉的心境。比如在忧愁时劝说自己："愁也没有用。"在恐惧时给自己壮胆："不要怕，没什么可怕的！"在担心失败时激励自己："失败算什么，我有坚毅的精神，我不次于别人！"在焦虑、烦恼时，把其表现一一写出来，再找出原因，调整思想和行为，寻求解决办法，就能使胸中的焦虑、烦恼情绪化为书面语言，从而使心情逐渐平静，重新树立起自信等。

4. 坚持正确态度

生活并非像镜面一样平坦，生活就像大海的波浪，既有波峰，也有波谷。遇到挫折和处于波谷之时要有一个辩证的挫折观，要充分认识到挫折和教训可使自己变得聪明和成熟，经常保持自信和乐观的态度，失败能最终造就成功。

5. 学会适当的发泄

遇到挫折和难以自我解决的问题之时，应向家人、朋友寻求帮助，这实际上是一种情感的宣泄和痛苦的分担过程。学会倾诉和寻求帮助，并非软弱和无能，更不必担忧被人讥笑。找亲戚朋友倾诉你遭受挫折时心中的痛苦和应对措施，把胸中的积郁和苦闷适当地发泄出来，能够驱赶压抑和焦虑，以改变内心的压抑状态、保持轻松的身心。

6. 学会自我调剂

当遇到挫折时要学会自我调控、自我超越，要能容忍挫折，并通过自己的能力及时疏散和排解心中的抑郁与不快，使自己总是处在轻松愉快的心境之中，满怀信心去争取成功。

7. 改进应对策略

挫折不可避免，回避只是暂时的解脱，只有面对，才能使自己走向成熟。在面对现实的同时要学会使用补偿。当预期的目标受挫时，改用其他的途径达到目标或者变换新的目标，取得新的胜利，以此应对面临的挫折。

8. 改变认识

在遇到挫折后要学会换个角度看问题，有时会使沮丧、绝望的人看到希望，如同俗语所说"塞翁失马，焉知非福"。化悲痛为力量，将自己的情感和精力转到有益的事情上去，并从中取得成功，获得满足。

9. 学会愉快和有意义地生活

学会愉快和有意义地生活，无论在家、学校，还是在娱乐场所，都要热爱生活、享受生活，并学会克制冲动。学会确立生活中小而具体的目标，通过努力去实现，并不断地修正和确立新的切合实际的目标与追求。

10. 建立和谐的人际关系

遇到挫折时，朋友亲人的帮助支持也是提高挫折承受力的重要因素。人际交往遵循互惠互利原则。你要想在困难时得到朋友精神上的支持和其他帮助，那么在别人困难时，你应主动伸出援助之手。此外，应多与亲人、朋友交流思想，沟通感情。

总之，在社会生活中人们总会遇到各种来自生活中的压力与挫折，不可能风平浪静。因此，正确面对压力，相信自己、依托朋友和家人的支持，以及运用心理学的基本知识和技能，正确地对待压力和挫折，完善心理品质，不断战胜学习和日常生活中的各种挫折，以适应将来所面临的各种挑战和竞争。在不断完善自我和提高自己的适应能力的同时，每个人都可以接受任何挑战与承受挫折，最终充分展示和发挥自我的才华与潜能，实现个人理想。

团体辅导与自助

一、团体活动

1. 互动内容：人生"五步曲"

全班同学集体参与，只要从蛋（双手抱膝下蹲）到小鸡（双手下伸半蹲）到小鸟（双手侧伸站立）到猴（双手前举站立）到人（退出坐到座位上），连赢五次就是胜利者。起初所有同学都是平等的"蛋",请所有的"蛋"与身边的人猜拳(剪刀、锤子、布),赢的变成小鸡,输的仍然是蛋。再以猜拳决定以后的身份,继续寻找同类猜拳,赢者,进化;输者,退化。在最后一轮猴变成人的过程中,赢的进化为人,退出坐到座位上,输者被打回到蛋,从头再来。

2. 问题设置

(1)你在做这个活动的时候是如何表现的?

(2)从这个活动中,你受到了什么启发?

(3)在进化过程中,如果你始终不能进化成长,你会怎么办?你会选择放弃吗?

(4)当你在猴子变人那一关,多次被打回到蛋时,有什么想法?你能一直坚持重新再来吗?

3. 活动分享

要求参与活动的同学分组交流活动体会。

二、心理自助:与同学的相处之道

你与你的老师、辅导员或者其他同学的关系,是评估你学习、工作的重要因素。如果与其中之一有了摩擦,那么你可能会感到很大的压力。有时候,学习中糟糕的人际关系是很难修复的,你不妨采取下列方法尝试一下改变:

(1)暂停和倾听:有时当我们听对方说话时,由于我们自己的反复辩解,而忽略了对方所表达的内容,由此导致的误解可能使我们情绪激动或生气。

(2)要求反馈:反馈意味着要求对方表达对你所做之事的感受。

(3)主动沟通:误会及不和之所以持续着,很大程度上是由于双方都好面子而谁也不愿迈出第一步。

(4)恰当的沟通:在适当的时间,选择适宜的地点交流。

(5)学习磋商:将问题写在纸上,谈些随意的话题,不要立即切入正题。

心理自测

挫折承受能力测试

测试说明:

人生难免会遇到挫折,没有经历过失败的人生不是完整的人生。没有河床的冲刷,便得不到耀眼的钻石;没有挫折的考验,也成就不了坚强的人格。每个人都曾遇到过挫折,反应却截然不同。你是直面挫折、不屈不挠的勇士吗?测试以下试题便可揭晓(以下试题请在5分钟内完成)。

测试试题:

1. 白天工作不顺利,会影响我整晚的心情。

A. 非常符合   B. 不符合   C. 无法确定

2. 有人擅自动用我的东西,我会生气一段时间。

A. 非常符合   B. 不符合   C. 无法确定

3. 汽车经过溅了我一身泥水,我生一会气就过去了。

A. 非常符合   B. 不符合   C. 无法确定

4. 如果我不是有几次运气不好的话，我一定比现在更有成就。
A. 非常符合　　　　　　　　B. 不符合　　　　　　　　C. 无法确定

5. 落在最后，叫我提不起竞争信心。
A. 非常符合　　　　　　　　B. 不符合　　　　　　　　C. 无法确定

6. 我想，我一定接受不了被解雇的羞辱。
A. 非常符合　　　　　　　　B. 不符合　　　　　　　　C. 无法确定

7. 如果我向我所爱的人求婚被拒绝的话，一定会精神崩溃。
A. 非常符合　　　　　　　　B. 不符合　　　　　　　　C. 无法确定

8. 我忘不了过去的错误。
A. 非常符合　　　　　　　　B. 不符合　　　　　　　　C. 无法确定

9. 生活中常常有些令人沮丧气馁的日子。
A. 非常符合　　　　　　　　B. 不符合　　　　　　　　C. 无法确定

10. 负债累累的日子叫我心寒。
A. 非常符合　　　　　　　　B. 不符合　　　　　　　　C. 无法确定

11. 如果周末不愉快，会影响我下周的工作。
A. 非常符合　　　　　　　　B. 不符合　　　　　　　　C. 无法确定

12. 在我的经历中，有过失败的教训。
A. 非常符合　　　　　　　　B. 不符合　　　　　　　　C. 无法确定

13. 我对侮辱很敏感也很在意。
A. 非常符合　　　　　　　　B. 不符合　　　　　　　　C. 无法确定

14. 丢失钥匙会让我在很长时间内感到不安。
A. 非常符合　　　　　　　　B. 不符合　　　　　　　　C. 无法确定

15. 我已经达到了能够不介意大多数事情的境界。
A. 非常符合　　　　　　　　B. 不符合　　　　　　　　C. 无法确定

16. 想到我无法按时完成某项重要的事情，我会感到非常紧张。
A. 非常符合　　　　　　　　B. 不符合　　　　　　　　C. 无法确定

17. 我很少为昨天发生的事情而烦心。
A. 非常符合　　　　　　　　B. 不符合　　　　　　　　C. 无法确定

18. 我很少心灰意懒。
A. 非常符合　　　　　　　　B. 不符合　　　　　　　　C. 无法确定

19. 我对一个人的仇恨会铭记很久。
A. 非常符合　　　　　　　　B. 不符合　　　　　　　　C. 无法确定

20. 偶然的失败我是可以接受的。
A. 非常符合　　　　　　　　B. 不符合　　　　　　　　C. 无法确定

各题计分标准

题号	被选答案及计分			题号	被选答案及计分		
	A	B	C		A	B	C
1	1	3	2	11	1	3	2
2	1	3	2	12	1	3	2
3	3	1	2	13	1	3	2
4	1	3	2	14	1	3	2
5	1	3	2	15	3	1	2
6	1	3	2	16	1	3	2
7	1	3	2	17	3	1	2
8	1	3	2	18	3	1	2
9	1	3	2	19	1	3	2
10	1	3	2	20	3	1	2

测试分析：

①20~33分的人：心理承受能力较差。正因为有挫折，才有勇士与懦夫之分。

记住："天将降大任于斯人也，必先苦其心志，劳其筋骨，饿其体肤，空乏其身，行弗乱其所为，增益其所不能。"

②34~47分的人：心理承受能力较好。

③48~60分的人：心理承受能力极好。

（资料来源：卢秀安等.教与学心理案例.广州：广东高等教育出版社，2002）

思考与练习

1. 试述挫折和压力的涵义。

2. 想想你面临着哪些压力，它们属于哪方面的压力源？

3. 常见的心理防卫机制有哪些？

4. 说说在现实生活中，你是如何应对压力和挫折的？

第三章 大学生人际交往谋略

对于一个大学生来说，当他走进高等学府的时候，不仅需要适应学习和生活环境的变化，还面临着融入新的群体、适应新的人际关系的问题。有人说，没有沟通，世界将成为一片荒凉的沙漠。心理学家的研究表明，在正常情况下，一个人除了睡眠以外，其余时间的70%以上花在直接或间接的人际交往上。人类的一切实践活动都是在人际交往过程中完成的。置身于改革开放和市场经济大潮背景中的大学生更是有着强烈而迫切的交往意识。但是，由于涉世不深，经验缺乏，又常常被人际交往中产生的种种困惑所羁绊。因此，我们必须在了解大学生人际交往的基本情况、人际交往的心理误区的基础上，有针对性地引导大学生进行自我调节，掌握交往艺术，只有这样才能帮助大学生走出交往困惑，构建和谐的人际关系。本章主要阐述大学生人际关系的特点、类型以及人际交往的形式，分析大学生人际交往的障碍及其调适方法，提出建构良好人际关系的具体策略，使大学生学会协调与改善人际关系。

第一节 大学生人际交往概述

一、人际交往的概念

人际交往包括两个方面的含义。从动态角度而言，是指人与人之间的信息沟通和物质交换。人与人之间一切直接或间接的相互作用，都属于信息沟通和物质交换的范围。信息沟通是人与人之间交往的重要形式，是一个人与他人建立联系，并通过这种联系丰富和拓展自身素质的主要途径。从静态角度来说，是指人与人之间通过动态的相互作用形成起来的情感联系，也就是通常所说的人际关系。它是人与人之间相对稳定的情感纽带。人是有意识、有情感的动物。无论是什么样的人，只要彼此之间有直接的交往，都会导致一定的、性质不同的人际关系产生。正因为如此，人际关系或人与人之间的情感联系，是人与人之间最具有普遍性的联系，它对人的生活与发展有着根本性的影响。

由于人是社会历史的产物，人际关系必然属于社会关系的范畴。社会关系包括生产关系、意识形态关系和人际关系三个层次，其中，人际关系是社会关系中最基础的层次，是直接同个人及其社会行为相联系的。但由于人际关系的社会属性，决定了它的存在并不是也不可能是孤立的，而是与其他的社会关系形态相互影响、相互渗透的。一方面，在不同的社会形态中，人际关系总是反映着生产关系、政治关系等其他各种客观存在的社会关系的性质；另一方面，人际关系的具体内容丰富和充实了社会关系。这两个基本的观点，是我们正确认识人际关系的实质基础，也是我们恰当分析人际关系与交往的必要前提。

社会是一个大群体，在这个大群体中，个体不是独立存在的，它总是借助一定的系统与他人发生作用，建立一定的关系。这种在社会活动中，个体运用一定的符号系统与他人交流信息、沟通情感、建立一定关系的过程，就是人际交往。人际关系是人与人之间心理上的关系。它表现为人与人之间心理上的距离，反映着人们寻求满足需要的心理状态。

二、大学生人际交往的意义

1. 人际交往有益于大学生身心健康

美国心理学家马斯洛认为，人有五种需要，即生理需要、安全需要、归属和爱的需要、尊重需要、自我实现需要。良好的人际交往能满足大学生交往、友谊、归属、安全等的需要，提高其自尊和自信，使其获得友谊和帮助，增强自我价值感，有助于降低挫折感，缓解内心的冲突和苦闷，宣泄愤怒、压抑和痛苦，减少孤独、寂寞、心虚、恐惧等。相反，则会增加大学生的挫折感，加剧内心矛盾冲突，从而产生一系列不良情绪。这些不良情绪又会作用于生理活动从而影响人的身心健康，导致生理、心理疾病。大学生中某些抑郁症、焦虑症、神经衰弱、溃疡病常常与人际关系失调及各种心理压力有关。因此，良好的人际交往有益于大学生身心健康。

2. 人际交往有助于大学生自我认识

人的自我认知和自我完善的过程是在一定的文化环境中，通过个人和他人相互作用、相互认知而完成的。具体地说，就是指从他人对自己的评价和态度，从和他人关系中认识自我形象，从与别人的比较中认识自我，也就是我们常说的"以人为镜"。只有正确认识自己和周围的环境，才能形成良好的自我形象，促进完美人格的塑造。同时，恰当的自我认识，既能使人避免夜郎自大，又能使人摆脱自卑感。

3. 人际交往有助于大学生的社会化进程

每个人的社会化进程都是在人际交往中进行的，人际交往是社会化的起点。随着人的成长，交往范围不断扩大，交往内容逐渐深化，交往形式也日趋多样化。积极的人际交往有助于大学生获得丰富的信息，保持与社会的联系，明确社会责任，促进成熟。

4. 人际交往有助于大学生才智的发挥

人际环境和谐程度与人的才智发挥是成正比的。和谐、融洽的人际环境，会使一个人的智力得到正常、甚至超常发挥，使人有安全感而永葆旺盛的精力。相反，一个互相猜疑、冷漠、排斥、矛盾、冲突的人际环境，不仅会使人分散精力、浪费时间，还会造成毫无价值的心力消耗，这必将影响智力的发挥。

人际交往的信息沟通的作用，对于一个人的才智发挥是至关重要的。人际交往较之书本上获得的信息具有内容更广泛、渠道更直接、速度更迅捷的特点。英国作家萧伯纳曾非常形象地说："如果你有一个苹果，我有一个苹果，彼此交换，那么每个人只有一个苹果。如果你有一种思想，我有一种思想，彼此交换，我们每个人就有两种甚至多种思想。"著名物理学家李政道与杨振宁合作打破的宇宙守恒定律，就是在吃饭时解决的。同学们也常有此种感受，一道难题，一个人往往苦思冥想不得其解，但若经几个人讨论，片刻间便迎刃而解了，这就是互相交换思想、互相启迪心智的结果。可见，人际交往有利于智力的倍增。

三、大学生人际关系的特点

大学生的人际交往无论在愿望、内容方面，还是在方式上都同他们的社会知识经验相对应。主要表现在：

1. 交往愿望迫切

随着大学生年龄的增长，生活空间的扩展，社会阅历的不断增加，他们有急于了解社会和他人的强烈愿望。他们普遍希望通过交往获得友谊。特别是新生，由于环境的改变，初次离开家庭，容易使他们产生孤独感。为摆脱孤独，他们急于与人交往。在交往中十分注重情感的交流，有时甚至以感情代替理智，说明大学生已自觉意识到了良好的人际关系对于学习和生活的重要性，他们不愿意把自己封闭在一个狭小的个人小圈子里，而是迫切希望能够建立良好的人际关系。人际关系又是使大学生开阔视野，早日成熟，适应社会的重要途径。因此，大学生表现出比以往更加迫切的交往愿望。

2. 交往动机复杂

大部分大学生的交往功利色彩较少，感情色彩浓厚。他们之间的交往显得真诚、自然。也正因为如此，造作、虚伪和世故的交往每每为大学生所唾弃。这种与人交往的单纯性使得交往带有极大的理想性，从而遇到一些挫折。另外，大学生与不同的对象交往，抱有明显不同的目的。与同性朋友和与异性朋友的交往，目的比较复杂，有利己的，也有利他的，还有互利的。随着社会的发展变化，大学生在社交目的上趋于理性化，选择什么样的人交朋友，并不纯粹是出于情感和志同道合，交往的动机也变得很复杂。可以说，大学生的人际交往在注重情感交流的同时，也越来越注重与自身社会利益相关的务实性，呈现出情感型交往与功利型交往并重的趋势。

3. 交往观念自主

大学生日益增强的自我意识水平和独立思考的能力，使得他们为人处事不墨守成规，无论在交往方式、交往内容与交往对象的选择上，都更加重视自己的意见和主张，喜欢用自己逐步形成的观念和尺度去评价社会事物，交往观念具有明显的自主性。因而他们在社会活动中敢于大胆发表自己的见解，不愿意简单地接受信息、人云亦云，而希望通过交流思想、感情，探讨共同感兴趣的问题。

4. 交往系统开放

大学生的求知欲与好奇心强，最容易接受新鲜事物，加之他们来自五湖四海，家庭状况、生活经历各异，加之有高等学府中信息灵通的特点，决定了大学生的社会交往是一个多层次、多方位的开放性系统。

5. 交往方式多样

大学生的人际交往多以寝室为中心，社会工作和网络社交占主导。大学生虽然主动追求开放式的人际交往，但由于时间、精力、生活环境、经济条件等方面的限制，交往的主要场所仍然在校园内，中心是学生的寝室。QQ 聊天、微信等新兴社交方式正逐渐被大学生接受并渗入到他们的生活中，但新兴社交方式所发挥的作用有些学生不怎么看好。不少学生表示：网上交流，再怎么也没有面对面交流那样让人感觉亲切和真实。

6. 交往内容丰富

大学生交往的内容除了专业知识以外，人际交往频繁，内容丰富多彩，涉及文学、艺术、体育、政治、外交、人生、理想、爱情和社会问题等各个方面。大学生交往频率提高，由偶尔的相聚、互访发展到较为经常的聊天、社团活动、聚会、体育活动、娱乐、结伴出游以及其他一些集体活动。交往方式、手段更多，由原来的互访、通信等转向使用一切现代化的通讯设备、交往工具、交往场所等交往手段。利用现代化手段仍离不开人与人的交流，但在大学这个教学、科研中心，其内容的广度和深度都还远远不能满足大学生的需要，形式化的东西不仅不能促进大学生人际交往，反而打消了一部分同学的积极性。大学生广泛的兴趣、丰富的情感、充沛的精力、活跃的思想，使得他们对各种自然的、社会的现象都十分关注，同时希望自己见多识广，也使得他们交往的内容变得更加丰富。

三、大学生人际关系的结构

大学生与教师、亲属、同学之间建立了不同形式和不同规模的联系，这种联系也就是大学生的人际结构。通常大学生人际关系的结构表现出以下几种情况：

1. 师生之间的人际关系

现代教育中，师生关系是一种业缘关系。师生之间心理距离小，相容程度高，教师对学生充满着关怀与爱护，学生对教师充满着尊敬与爱戴。师生关系是一种无私、纯洁的人际关系。应当说，教师和学生之间是很容易建立一种"良师益友"关系的。但是，从调查的情况来看，大学生与教师的关系还存在许多不尽如人意的地方，如仅有12％的大学生回答对授课教师"尊敬但交往不多"，还有45％的大学生则回答对授课教师"不喜欢主动交往"。造成这种情况的主要原因是教师与大学生接触的时间短，教学任务一完成，交往也随之中断。虽然有的教师也注意保持与学生的联系，但往往仅限于少数或个别学生，这就使大多数学生没有与教师充分接触的机会。

2. 学业方面的人际关系

大学生在学业方面的人际关系即同学关系主要有三种类型：同班级的学业型人际关系、同系同专业的学业型人际关系和相关专业的学业型人际关系。大学生重视同学交往，由于成人感和独立性增强，大学生喜欢与同学交往。其原因是因为他们在生理上、心理上有更多的相似之处，有共同的理想爱好，能相互理解和帮助，可共同探讨人生，分担忧愁。希望通过交流思想感情，探讨共同感兴趣的问题。尽管大多数同学之间关系处理得很好，但人际关系问题仍是有些同学之间最棘手的问题。从入学开始，有些大学生的矜持孤傲，目空一切，独来独往，狭隘自私的缺陷开始在人际关系中暴露出来了。交往失调，交往嫉妒，交往自卑，社交恐惧等问题纷至沓来，高傲、自卑、孤独、无聊、无望、恐惧等心理体验频频光顾。不少同学带着良好的人际关系期望与同学来往，但往往几个回合下来，便失去了耐心和宽容，一再抱怨：太自私了，太难相处了。常常数落与别人交往中的缺点与不是，几乎大家都感到大学的人际关系复杂。

3. 大学生宿舍的人际关系

大学宿舍的人际关系是目前比较复杂的关系，它有三种基本类型：友好关系型、一般关系型和冷漠关系型。

（1）友好关系型的宿舍特点是：同宿舍成员之间以相互吸引为主，彼此具有好感，人际关系融洽。宿舍像一个和睦友好的大家庭，无论哪位同学成功，大家都与他分享喜悦；无论哪位同学失败或受到挫折，大家都为他分担痛苦和忧愁。同学之间团结友爱，常常以宿舍集体名义开展一些有益的活动。

（2）一般关系型的宿舍特点是：同宿舍大学生之间表面上还能和睦相处，但感情上冷漠，思想上彼此不交流，相互不关心。宿舍成员或者各自只顾"自我设计""自我奋斗"，或者分别形成几个小团体，团体之间比较隔膜，而团体内部关系密切。

（3）冷漠关系型的宿舍特点是：同学们互不团结，分裂为对立排斥的小团体。彼此有意见，往往为日常琐事而争吵。同学之间缺乏温暖，宿舍里不时笼罩着情绪对立、关系紧张、心情沮丧、压抑烦闷的心理气氛。这种关系类型的宿舍虽然不多，但其不良影响却不容忽视。

4. 亲人交往的人际关系

大学生和父母的交往是一种最亲密的交往关系。亲子之间的交往带有浓厚的感情色彩。尽管多数大学生已离开父母赴异地上大学，较少与父母接触，但这只是表面上的自立，父母的教养方式仍旧时时影响着大学生的发展。他们从家庭中走出，尝试独立，经历心理上的断乳，与同龄人的交往上升到了主要地位，但一般在经济上仍依赖父母。大学生"情书长，家书短"的现象普遍存在，甚至有的大学生的家书干脆就是一张"催款单"。真正的成熟与独立，绝不意味着对父母和家庭的冷漠，而是在摆脱心理上依赖的同时，懂得对父母报以理解、尊重和关切，并懂得以适当的方式处理两代人之间可能存在的隔阂或矛盾。

5. 业余生活方面的人际关系

（1）地域方面的人际关系。各高校的大学生大多来自全国各地，由于远离家乡，来自同一省份或同一地、市、县的大学生很容易建立起一种老乡型的人际关系，特别是在一年级，大学生彼此不熟悉，老乡关系能够缩短双方的心理距离，为更深入的交往提供了条件。但随着时间的延续，大学生参与了多种业余活动，纯粹老乡之间的交往便逐渐减少而被其他人际交往所取代。

（2）情绪方面的人际关系。大学生精力旺盛，兴趣广泛，他们往往会因经常在一起参加跳舞、打球、摄影等活动而建立起一种情趣型人际关系，而且由于大学生社团的存在，一些有相同兴趣爱好的大学生有更多的机会在一起切磋技艺，交流体会，容易形成较为稳定的人际关系。

（3）异性之间的人际关系。由于性意识的正常发展，大学生已不像中学生那样对异性交往有一种矛盾的心理，而是倾向于与异性进行交往。这是一种正常的人际交往，对于大学生人格健全和全面发展有着非常重要的意义。大学生的异性交往有三种形式：一种是群体式异性交往，即一般是四人以上在一起交往；二是个别的异性交往，这是一种比较纯真的异性交往；三是恋爱式异性交往，这便是人们所说的谈恋爱了。其实大学生恋爱已经非常普遍，现在对大学生谈恋爱不提倡、不反对。大学内的爱情问题是大学生人际关系的重要方面。爱情是一种美好的感情值得我们去珍惜，但是如果遇上这样一段感情，不能好好地把握，出现问题找不出好的解决办法，就会在恋爱问题上造成一些心理困惑。因此需要大学生正确对待恋爱问题。

四、大学生人际交往的方式

交往方式是人与人相互作用的形式和表现。人们交往的性质、范围、密度、程度等是极其复杂的。就目前情况来看，大学生人际交往的主要方式有如下几类：

1. 直接交往与间接交往

这是根据交往的媒介不同进行的划分。直接交往是交往双方借助语言、表情等本身固有的属性进行面对面的交往，如同学之间面对面讨论、谈话；间接交往是指交往双方借助某种身体之外的媒介进行的不见面的交往，如借助电话、书信、网络等个人媒介或电视、报刊等大众媒介进行的交往。

直接交往包括言语和非言语形式的交往，言语交往是用语言作为符号系统的交往；用非言语形式如表情、姿态、行为进行的交往称非言语交往。人际交往中，主要是言语交往，因为这种交往简便、迅速、准确，能使人的思想很快得到交流。非言语交往包括：目光注视、面部表情、身体状态、空间距离、衣着步态等。

2. 正式交往与非正式交往

这是根据联结主客体的中介的性质进行的划分。正式交往是在社会群体内部的个体之间的交往或群体代表之间的交往，如双向选择中的学生与用人单位之间的谈判；非正式交往则是既不代表群体利益也不代表他人的私人间的交往，如同学、朋友之间私下的聊天。

3. 注意交往和随意交往

注意交往，即交往的对象、目的都十分明确、具体，如朋友之间的交往等。随意交往，即交往的对象、目的不明确、不具体，如公共场所的交往，大家偶尔走到一起，既可以倾心相谈，也可以淡然处之。随意交往可以转化为注意交往。

4. 适度交往和超度交往

在学校的环境中，大学生之间的交往，由于双方关系的深度以及各自个性、习惯等方面的限制，具有相对稳定的规范，这些规范制约着交往的频度，适应这一频度的交往为适度交往，超过一定的频度即为超度交往。除频度外还有向度（和哪些人交往）、深度（交往到什么程度）、广度（交往的范围有多大），不同人之间的交往有不同的度。比如和异性朋友交往要准确把握爱情和友谊的界限。在交往过程中要做到自爱而不骄傲，尊敬别人而不流于谄媚。这里都有一个"适度"的问题。

5. 吸引交往与排斥交往

在人际交往中，有时双方的态度都很积极，吸引双方都把对方当作知音，都有加深了解、倾吐衷肠的强烈渴求。人们常说"物以类聚，人以群分"，在兴趣、地位、经历、观点、志趣相似时，交往双方相似之处越多，就越能相互吸引，产生亲密感。另外有一种情况是一方积极，另一方不积极，如一方对另一方很客气，可另一方对你却冷若冰霜、爱理不理。还有一种情况是双方对交往都持一种消极态度，但由于工作或生活需要却又不得不进行交往。这两类属于排斥交往。

6. 近距交往与远距交往

这里所说的近距，是指人面对面交往时的空间距离。每个人都有属于自己的空间，这是保持独立、安全和隐私的需要。心理学家把人与人之间的交往范围分为四个区：亲密区、个人区、社交区和公众区。处于亲密区时，相互间的距离约为1英尺半，如果谈话双方少于这个距离，要么关系十分亲密，要么双方会感到不自在。1~4英尺的距离为个人区，朋友之间非正式接触时一般保持在这个距离。4~12英尺为社会区，在办公室一起工作的人们总是保持这种距离交谈。12英尺以上则是公众区的距离，非常正式的公开讲话或者人们之间极生硬的谈话往往保持这个距离（1英尺=0.3048米）。当然，交往者的距离与个体的社会地位、彼此双方的关系以及不同民族的传统和文化习惯都有很大的关系。

7.横向交往与纵向交往

这是根据交往主客体的层次划分的。横向交往指同辈、同级等同一层次的交往，如同学、同龄人之间的交往；纵向交往则指上下级或代际之间等不同层次的交往，如父母与子女、老师与学生、上级与下级之间的交往。

另外，大学生交往的方式还可以按内容分为精神交往和物质交往，按交往的基础分为亲缘交往、地缘交往、业缘交往、趣缘交往，按交往的领域分为经济交往、政治交往、文化交往、娱乐交往等。

大学生处于青年阶段，进入了人际交往高峰期，对于这个阶段的大学生由于身心的急剧变化，不仅对异性表现出新的兴趣，而且对同性、同龄人也表现出较大的交往热情。他们不断地扩大自己的社会活动范围和人际圈层，逐渐将原有的上下人际交往关系转为平行人际交往关系，从亲缘交往为主转向以社会交往为主，如大学生中自发形成的各种兴趣小组，跨系、跨校的"同乡会"等。显然，这种转换是自然合理的，有利于青年大学生的成长。但是，这种转换又潜伏着危机，往往产生不良交往互动，形成有害交际的契机。因为在交往互动中，容易交叉感染不良的思想、情感、行为，以至于形成劣迹群体，做出有损于社会公德、违反社会规范和国家法纪，败坏社会道德、风尚的事情，如近年来大学生中形成的跨系、跨校的盗窃团伙、赌博团伙等。这需要引起学校和学生本人的警惕和重视。

第二节　大学生人际交往中的障碍及其调适

一、认知障碍及其调适

相对于自身，他人是一种客观存在，也就是认知的对象。对于客观事物，人们都知道只有全面、深入地了解认识清楚，才能准确地反映事物；在认知过程中，由于与事物的情感联系不多，因而较少加入主观成分。而主体在认识他人时则不然，主观能动作用表现得十分明显。人总是在一定的心理倾向和一定的方法原则作用下，整理外部输入的他人的信息，形成对他人的印象，然后把这个印象加到认知对象身上，认为这就是此人所具有的实际特征；可见主体的认知带有浓厚的主观色彩。如果能充分意识到这一点，并且掌握主观心理因素对认识他人的作用和规律，就能在人际交往中自觉发挥其积极作用，克服其消极影响，消除由此可能产生的一系列人际交往障碍，正确处理好人际关系。大学生的自我意识迅速增强，但其社会经历的有限性和心理上的不成熟，使其不能全面了解他人的整体面貌，对人的认知往往带有理想化色彩。这主要表现在以下几个方面：

1.首因效应的调适

首因即最先的印象。首因效应是指初次对人的知觉所形成的印象往往最鲜明最牢固，对以后的人际知觉及人际交往产生深刻的影响。首因效应产生的根源在于人类知觉的恒长性。知觉恒长性保证了人对事物相对稳定的认识，避免对于同一事物的多次反复认识，从而使人们可以根据已有的知识和经验去认识层出不穷的新事物，但同时也容易导致认识上的偏差。在人际交往中，首因效应往往带有片面性、表面性。首因效应在大学生人际交往中比较普遍。有些大学生往往仅凭第一印象就轻易地对他人下结论。第一印象好什么都好，第一印象差，就不屑与之交往。这种先入为主的认知方式容易使人陷入人际交往的误区，应当避免。所以大学生在人际交往中如能坚持多了解、多观察、多留心，就不会在对他人的认识上产生"一叶障目"而"不见泰山"的错误了。

2. 晕轮效应的调适

晕轮效应是指对某个人的整体印象直接影响到对此人的具体特征的认识评价的一种心理现象。通俗地讲，就是对某人的印象不好，就会觉得此人一无是处；对某人印象好时，就会觉得一好百好，即所谓"爱屋及乌"。晕轮效应是一种明显的以偏概全的认知现象，往往会歪曲一个人的形象，造成交往的异常，导致交往障碍。

晕轮效应使人对交往对象产生认知偏差，并导致错误的反应。在大学生中，诸如以貌取人之类的行为倾向便是晕轮效应的直接表现。研究表明，晕轮效应对不同的人影响程度不一样。独立性强、灵活的人受其影响小；情绪不稳定、适应性差的人则受其影响较大。无论做什么事，只有在正确判断的基础上才能做出正确的反应。人际交往中应时时注意克服晕轮效应的影响，尤其应防止喜欢一个人某一点便认为他（她）一切都好；讨厌一个人某一点，便认为他（她）一切都糟，即使做了好事也是假惺惺或别有所图这类倾向。为了克服晕轮效应的影响，大学生应有意识地训练自己从不同角度、不同方面去观察、评价他人，便可较好地纠正晕轮效应造成的偏差。另外，在防止自己受晕轮效应影响的同时，还应在交往中利用该效应的影响。如注意自己的谈吐举止，培养良好的外在形象等，以便于自己在交往中获得更大的成功。

资料窗

晕轮效应实验

心理学家哈罗德·凯利曾做过一个实验。他告诉一班大学生有一位讲师要来为他们上课，要求他们听课结束后对该讲师做出评价。接着，他简要地介绍了这位讲师的情况。他把班里学生分成两组，对一组说这位教师是"相对温和的人"，对另一组学生说这位教师是"相当冷淡的人"。当这位讲师上课结束后，凯利要求学生们在一组"态度量表上"评价这个教师。虽然全班学生在同一时间听同一个人的课，但每一个学生的评价却明显地受到了原先暗示的影响。听说该教师"相当温和"的学生更倾向于把他看成一个不拘小节、和蔼可亲、受欢迎的人，而听说该教师"冷淡"的学生则相反。并且前一部分学生有56%在课堂讨论中积极与该教师接触，而后一部分学生中只有32%参与班级讨论。

晕轮效应使人对交往对象产生认知偏差，并导致错误的反应。在大学生中，诸如以貌取人之类的行为倾向便是晕轮效应的直接表现。

3. 刻板印象的调适

刻板印象，也可叫作定型化效应。指人们对社会上某一群体或某一类人所形成的一种比较固定、概括而笼统的看法。刻板印象的形成，一般不是以直接的经验为依据。因为个人所能接触的范围毕竟有限，更多的情况往往要通过大众媒体及社会舆论、小道消息等传播方式获得。人们在获得某一群体或某一类人的若干信息的基础上，根据自己已有的经验，得出一种带有概括性的普遍性结论。当关于某一群体或者某一类人的特点被概括反映到人的认识过程当中，并被固定化时，就形成了刻板印象。刻板印象使我们对每一类人都有一套固定看法，而这些看法具体到某人时未必是正确的，如人们通常认为北方人厚道，南方人精明等。刻板印象虽有积极的认知作用，但会造成对交往对象的偏见或成见，影响人际交往。

克服刻板印象，首先应从思想上认识到，人们对各类团体的一般特征的概括，常常是相对的，甚至是虚假的。其次，个人虽有与其所属团体趋同的特征，更有自己的独特的人格品质。应时时提醒自己把交往对象看成一个独特的人，以此为基础进行交往，便会大大弱化刻板印象。

4. 投射效应的调适

投射效应是指把自己所具有的某些特质加到他人身上的心理倾向，即以己度人。如心地单纯善良的人会以为别人也都是善良的，一个经常算计别人的人会觉得别人也在算计他。投射效应包括情感投射和愿望投射。情感投射是指认为别人与自己的好恶相同；愿望投射是指把自己的主观愿望投射于他人，认为他人也如自己所期望的那样，把希望当成了现实。这样往往对他人的情感、意向做出错误评价，歪曲他人，造成交往障碍。克服这种心理倾向的关键是认清别人与自己的差异，不能总是以己心度人腹。另外，需要客观地认识自己，既要接受自己，又应不断完善自己。

资料窗

投射效应实例

某校有位女生，内心喜欢上一位小伙子，希望他也看上自己，她把对方在舞场上请自己跳舞，平时与自己开玩笑等一些言行都看成是对方富有情意的举动，以为对方也爱自己。当她听说对方早已有相好的女友时，非常烦恼，感到对方在耍弄她。

这种投射效用使内在心理外在化，即以己度人，把自己的情感、意志、特征投射到他人身上，强加于人，以为他人亦如此。结果往往对他人的情感、意向作出错误评价，歪曲了他人，造成交往障碍。

---

5. 近因效应的调适

近因即最后的印象。近因效应是指最后印象对以后的认知具有强烈的影响。在人们相识、交往的过程中，第一印象固然很重要，而最后的印象也很重要。一般来说，在对陌生人的认知过程中，首因效应比较明显；而在对熟人或对久违的人的认识中，近因效应所起的作用更为明显。近因效应在大学生的人际交往中普遍存在。在人际交往中，大学生应注意克服近因效应所带来的认知偏差，要用动态的、历史的、发展的眼光看待他人，处理人际关系。

二、情绪障碍及其调适

在我国目前的心理学著作中，一般将情绪及情感定义为：情绪和情感是人对客观事物是否符合自己的需要而产生的主观态度体验，是由具有某种关联的客观事物所引起的。一般来说，凡符合并满足人的需要的客观事物往往使人产生满意、愉快、喜爱等情绪和情感。反之，凡不符合、不能满足人的需要的客观事物则会使人产生不满意、不愉快、憎恨、忧愁等情绪和情感体验。人际交往是一种人与人之间的心理沟通和情感、行为上的相互影响，突出的是人与人之间彼此情感关系及心理距离的远近。情感成分是人际交往的主要特征,对人的情感好恶决定着交往者今后彼此间的行为。因此,人际交往的情感障碍也很常见。

1. 愤怒及其调适

或许我们都有过这样的体验,当不顺心时,很容易产生愤怒情绪,并有一种欲将其发泄出来的强烈的冲动。研究表明,人在愤怒时意识范围变小,考虑问题偏激,主观化严重,自控能力也随之下降,结果平时许多不起眼的小事都被无限放大,成为爆发冲突的导火索。在这种情况下发生的人际冲突往往无益于问题的解决,反而导致许多有害的后果。有人将这种发泄愤怒的方式比作用仙人掌碰人,在刺伤别人的同时,也伤及自己。所以这种方式对人际交往具有很大的破坏性。另一种处理愤怒的方式则是抑制,把怒气压在心底,甚至不承认其存在。压抑愤怒的做法虽不会导致直接的冲突,但却损害了个人的身心健康,同时也给人际关系带来隐患。习惯性压抑会使人形成冷漠、残酷或退缩的人格特征。总之,无节制地发怒或是压制愤怒都是不合适的情绪反应,不利于良好稳定的人际关系的建立。对待愤怒,健康而有效的方式是化解和有分寸地表达。

2. 嫉妒及其调适

心理学家弗洛伊德曾经说过:"一切不利影响中,最能使人短命夭亡的,是不好的情绪和恶劣的心境,如忧虑和嫉妒。"嫉妒,是指在意识到自己对某人、某物品的占有或占有意识受到现实的或潜在的威胁时产生的一种心理体验。嫉妒可使人产生痛苦、忧伤,甚至产生攻击性言论和行为,从而导致人际冲突和交往障碍。克服嫉妒一方面要从增加自信入手,相信自己有能力赶上别人。另一方面应调整自我价值的确认方式,以自我内在标准为主,即自我定向(心理健康水平高的人主要以内在标准为主)。简单地与别人比较,往往导致片面的看法。因为每个人表现价值的方面很多,每个人都有自己的优点和缺点,以一种统一的标准衡量人的价值并不准确。所以,人们主张倡导自我定向的心理品质。

3. 恐惧及其调适

恐惧是指人们在面临某种危险情境,企图摆脱而又无能为力时所产生的担惊受怕的一种强烈压抑情绪体验;是人类的一种心理活动状态。恐惧心理就是平常所说的"害怕"。特别是当这种情景可使人具有重大意义的需要遭到剥夺时,如威胁到人的生命安全、名誉、前途和经济的利益时,恐惧的情绪就会支配人的整个身心。大学生的恐惧范围是多方面的,包括身体和社会心理方面。如害怕考试不及格,担心学业不佳,害怕寂寞孤独等。恐惧使一个人的生活黯淡失色,会带来一系列不良的心理反应,容易拉大自己和周围人的心理距离。克服恐惧要强化自信,扩大交往面,进行一些行为训练等。

三、人格引起的交往障碍及其调适

由于人格方面的原因而导致的交往障碍,也是常见的交往障碍。所谓人格主要指人在各种心理过程中经常地、稳定地表现出来的心理特点,包括气质、性格等。人格的差异可能造成交往中的误解、矛盾与冲突,人格不健全则可直接造成人际冲突。由人格原因引起的交往障碍,具体表现为由气质差异所导致的交往障碍,由性格不同导致的交往障碍,由人格不健全所导致的交往障碍。

1. 猜疑心理调适

猜疑是由主观推测而产生的不信任的复杂情感体验,表现为言行敏感,总以为别人在议论自己，看不起自己。猜疑往往带着以邻为壑的心理，把无中生有之事强加于人，有时甚至把别人的好意曲解为恶意。在人际关系上受过重大挫折的人更容易产生这种心理。多疑是大学生人际交往的大敌，它不仅不利于团结，还可能会使同窗好友因疑心作祟而产生裂痕。

猜疑心理的调适：一是培养理智，切忌感情用事。当出现猜疑信号后，需要督促自己去寻找证据，消除猜疑。二是学会知人知己，以防止猜疑心的出现。猜疑有时是在不了解的情况下产生的。如果一个人能够在短时间内认真观察、了解他人，把握其性格特征、处世方法等，你就不易无端地去怀疑他人。三是自我解脱。产生猜疑心理时，可暗示自己：人生在世，怎能不受他人议论，走自己的路，让别人去说吧！这种暗示可使人从中得到解脱。此外，还要注意不听信流言。对小道消息或通过不正当渠道传来的、似是而非的信息，只能抱着参考的态度，不能以此作为判断依据。要避免偏听偏信，才不会引起误会和猜疑。

2. 自卑心理调适

自卑产生于自身的不足（包括生理和心理）以及挫折。其实，人无完人，与他人相比总有或多或少的缺憾，难免会产生自卑，这是很正常的。克服自卑心理，主要是保持心理上的健康与平衡，正确的认识和评价自我。

首先，要正确认识和评价自己。战胜自卑，要从改变自我认识着手，要实事求是地看待自己，树立"天生我材必有用"的信念，对他人和自己的优缺点能够正确地比较。其次，对自己要有信心。如果失去了自信，在社会中就会无所适从。克服自卑就要找回自信，从具体的小事做起，每一次成功都会增强自信，成功体验多了，自卑感就会逐步被克服。再次，要勇敢地面对生理与心理的缺陷，正确对待挫折。如前所说，一个人在某些方面的缺陷总是不可避免的，问题是怎样看待它。正确的态度是要承认和接受事实，接纳自我（这些缺点否定不了你自己），扬长避短，坦荡面对人生。人生道路上总有许多愁和苦，困难和挫折谁都会遇到，问题不在于有无挫折，而在于如何克服。要学会对挫折进行冷静分析，找到解决问题的办法，增强自信。与自卑相反的还有自负，所不同的是，自负是过高评价自我，目中无人，轻视、看不起他人，自以为是。自负导致人际交往困难。克服自负的办法同样是正确认识和评价自己，有一个实事求是的认识态度。

3. 偏执人格调适

性格中有某种偏执的人喜欢争论，这类人很固执，爱钻牛角尖，对问题看法偏激。这种人爱猜疑，有些神经质，常常会从他人的言行中挑些"不正确"的信息加以反驳，很难与人相处。要克服偏执人格，应学会接纳、宽容异己。学着去理解，主动与他人交流，不要总想着以击败对方为快。学会制怒，培养幽默感。因为大学生人格尚未定型，还具有很大的可塑性，所以进行自我完善，建立和谐的人际关系显得十分重要。

4. 害羞心理调适

过分的害羞使大学生在交往中处处约束自己的言行，不能有效地表达自己的情感和意愿，与人无法沟通，妨碍人际交往。害羞的主要类型有气质性害羞（生来内向）、认知性害羞（过分关注自我、患得患失）、创伤性害羞（经历挫折、变得小心）。孤僻也会导致与人交往的难以进行。具体表现为：自命清高，与人不合群，孤傲立世；或由于行为习惯上的某种怪异使人难以接受，在心理与行为上与他人有着屏障，自己将自己封闭起来。克服害羞与孤僻的办法，首先要有意识地挖掘生活中的美好的事物，其次要强迫自己以热情的方式待人，逐步开放自己的心灵。在行动中培养兴趣，面对社交不逃避，努力正视它，就一定会最终征服它。

第三节　建构良好人际关系的艺术

一、人际交往的原则

要构建良好的人际关系,既需要具备健全的人格、正确的认知方式和正常的情绪反应,还需要有相应的交往技能、技巧和艺术,更需要遵循一定的人际交往原则。尽管每个人可能都有不同的交往动机,对朋友的要求与期望也不尽相同,但是,心理学家仍然从研究中得出了帮助人们赢得朋友、保持友谊、避免人际关系破裂的一般原则。

（一）信用原则

信用即指一个人诚实、不欺骗、遵守诺言,从而取得他人的信任。人离不开交往,交往离不开信用。要做到说话算数,不轻许诺言。与人交往时要热情友好,以诚相待,不卑不亢,端庄而不过于矜持,谦逊而不矫饰作伪,要充分显示自己的自信心。一个有自信心的人,才可能取得别人的信赖。处事果断、富有主见、精神饱满、充满自信的人就容易激发别人的交往动机,博取别人的信任,产生使人乐于与你交往的魅力。

（二）交互原则

研究表明,人际关系的基础是人与人之间的相互重视、相互支持。任何人都不会无缘无故地接纳我、喜欢我。别人喜欢我往往是建立在我喜欢他们、承认他们的价值的前提下。人际关系交往中的喜欢与厌恶、接近与疏远都是双向交互的。喜欢和我接近的人,我才喜欢和他们接近;疏远我的人,我也倾向于疏远他们。只有那种真心接纳、喜欢我的人,我才会接纳、喜欢他们,愿意同他们建立和维持良好的人际关系。这就是人际交往中的交互性原则。

（三）相互尊重原则

尊重别人等于尊重自己。寻求尊重,是人们的一种需要。一个人得到社会和他人的尊重,才会感受到自我存在的价值。因此,能否尊重他人和受到他人尊重也是人际交往的重要条件之一。譬如,听别人讲话时应认真倾听并伴随亲切的微笑和目光,了解对方话语大致的内容和要旨后给予恰如其分的表现。相互尊重,主要是尊重他人的人格、爱好及习惯。在人际交往中,一个人对他人如果不能平等相待,不尊重他人的人格、爱好、风俗和习惯,而总想强迫他人、嘲笑他人,甚至侮辱他人的人格,则必然造成人与人之间的冲突与矛盾。实际生活中,如果学会相互尊重,人际交往的天空定会十分广阔。

（四）社会交换原则

社会心理学家霍曼斯（G. C. Homans）提出,人际交往本质上是一个社会交换的过程。人们在交往中总是在交换着某些东西,或是物质,或是情感,或是其他。在这种社会交换中,人们都希望交换对于自己来说是值得的,希望在交换过程中得大于失或至少等于失。不值得的交换是没有理由去维持的,不值得的人际交互关系更没有理由去维持,不然就无法保持自己的心理平衡。所以,人们的一切交往行动及一切人际关系的建立与维持,都是依据一定的价值尺度来衡量的。对于值得的或得大于失的人际关系,人们就倾向于建立与保持;而对于不值得的或失大于得的人际关系,人们就倾向于逃避、疏远或中止这种关系。

（五）情境控制原则

对于一个新的情境,人们总会有一个适应的过程。这个适应过程的本身,就是一个逐渐地对情境实现自我控制的过程。情境的不明确，或不能达到对情境的把握，会引起机体的强烈焦虑，并处于高度紧张的自我防卫状态，使人们倾向于逃避这样的情境。如新入学的大学生由于对周围的人和周围的环境都缺乏了解，会在相当长的一段时间内都处于高度紧张的自我防卫状态，直到他们熟悉了周围的环境，了解了经常发生联系的同学、老师，才真正比较放松，真正适应。

（六）自尊保护原则

研究证明，他人在人们的自我价值感确立方面具有特殊的意义。别人的肯定会增加人们的自我价值感，而别人的否定会直接威胁到人们的自我价值感。因此，人们对来自人际关系世界的否定信息特别敏感，别人的否定会激起强烈的自我价值保护的倾向，表现为逃避别人或者否定那些否定自己的人，以维护自己的自尊心。每个人都有自尊心，都希望别人的言行不伤及自己的自尊心。自尊的高低是以自我价值感来衡量的。自我价值感强烈，则自尊水平较高；自我价值感不强，则自尊水平较低。大量的心理学研究证明，任何人在人际交往过程中都有明显的对自我价值感维护的倾向。如当考试取得好成绩时，我们会解释为这是自己的能力优于别人的缘故；当别人比我们考得好时，我们又会解释为别人仅仅是机遇好而已。因为这样解释就不至于降低自我的价值感，伤及自尊心。

上述这些人际交往的基本原则，是处理人际关系不可分割的几个方面。运用和掌握这些原则，是处理好人际关系的基本条件。

二、建构良好人际关系的意义

良好的人际交往能力以及良好的人际关系是人们生存和发展的必要条件。人际关系的好坏往往是一个人心理健康水平、社会适应能力的综合体现。现代社会是一个开放的社会，开放的社会需要开放的社会交往。对于正在学习、成长中的大学生来说，人际交往是生活的基本内容之一。培养良好的人际交往能力，不仅是大学生活的需要，更是将来适应社会的需要。建构良好人际关系具有非常重要的意义。

（一）有助于大学生的信息交流

当今时代是信息的时代、知识的时代，科学技术日新月异，各种新知识层出不穷。而一个人的信息量、知识面毕竟很有限，单枪匹马很难博闻广记。孔子说："独学而无友，则孤陋寡闻。"明确指出了封闭式做学问的弊端。作为当代大学生，只有依靠师生群体，纵横交织，广泛交流，才能加深理解，拓宽知识面。

（二）有助于大学生的智力开发和技能的提高

大学生的智力包括观察力、注意力、记忆力、思维力、想像力等；大学生的能力包括学习能力、操作能力、创造能力、表达能力、管理能力和交往能力等。无论是智力的开发，还是能力的提高，都离不开人际交往。大家都有这样的体验，在与人交谈时，思维比平时活跃，灵感频现，不断闪现智慧的火花，这时某些消失了的记忆或从未考虑过的问题、见解竟然从脑海中涌现出来，连自己都感吃惊。此外，譬如有些难题，无论怎样苦思冥想都找不到解决的办法，但经人一点拨，顿时豁然开朗，问题迎刃而解。华裔科学家、诺贝尔奖获得者李政道教授曾说过，他和杨振宁教授合作打破宇称守恒定律，就是在一起吃饭交谈时解决的。由此可见，人际交流对人的智力开发有着重要意义。人际交流与能力提高的关系也同样如此。

（三）有助于提高大学生的学习效率

很多大学生都有这样的体验：生活在一个不团结的集体里，关系紧张，人情冷漠，互相嫉妒，学习效率不会高；反之，在一个班级或宿舍里人际关系健康、和谐，大家自然感到心情舒畅，生活管理人人抓，学习进步有人夸，遇到困难有人帮，谈心互勉如在家，生活在这样一个有向心力、凝聚力的群体里，学习效率自然会与日攀升。

（四）有助于提高大学生的心理健康水平

交往是人类社会的本质特征。生活中的每个人都处在各种各样的社会关系之中，人际关系的好坏，不仅仅是一个人的心理健康水平、社会适应能力的综合体现，而且在很大程度上影响一个人的生活质量和事业的拓展。一个没有交际能力的人，会产生更多的烦恼和难以排除的苦闷。无论我们愿意交往还是不愿意交往，都不能避开它。而且，对大学生所处的人生阶段来说，交往需要在其心理构架中占更为突出的位置。大学生渴望爱与被爱，渴望得到他人的尊重，渴望得到社会的承认，渴望得到好的归属。因此，帮助和辅导大学生建立良好人际关系，不仅是现实生活之必需，更是将来适应社会、走好人生路之必需。

三、建构良好人际关系的具体策略

大学生面对的不仅仅是几年大学生活，而且还要走向社会，适应社会，接受新的挑战。所以，要想让社会尽快地接受自己，只掌握大学校园内特定的人际交往方法是不够的，还要学会运用一般的人际交往技巧。

（一）克服不良的人际交往心态

1. 克服封闭心理

现实中，一些学生心理较为封闭，人际交往能力较弱。进入大学后，如何与周围同学友好相处，建立和谐的人际关系，是大学生面临的一个重要课题。由于每个人待人接物的态度不同、个性特征不同，再加上青春期心理固有的闭锁、羞怯、敏感和冲动，大学生在人际交往过程中不可避免地遇到各种困难，从而产生困惑、焦虑等心理问题，严重影响他们的健康成长。对于心理封闭的同学，最重要的是要努力改变自我，自强不息。大家要以更大的热情关心、帮助他们，不能简单予以责备，甚至孤立他们。

2. 克服冲动心理

大学生处于特定的生理发展期，自制能力较弱，遇事容易冲动，或者有些自认为做事爽快，实则也是冲动的表现。如骑车相撞以及类似的许多事情，是大家都不愿意发生的，有时也很难断定谁是谁非，双方谦让一下就相安无事了。即使自己有理，也可以忍让一点，好言相对。然而大学生往往一时冲动，气势汹汹，把事情搞糟。

3. 摆正面子心态

大学生的许多人际冲突，都是发生在没有什么原则问题的小事情上，往往是一种无意的碰撞、不经意的言语伤害或区区小利等，本来只要打个招呼，说声道歉，也就没事了，但双方都"赌气"，甚至出言不逊，结果争吵起来。更有甚者，一个不让，一个挥拳相向，直至头破血流，事后却懊悔不迭。从心理学角度讲，这是双方都在用不适当的方法维护自尊，即典型的面子心理。仿佛谁先道歉就伤了面子，谁在威胁面前低了头，谁就是孬种，于是层层升级，以悲剧而告终。

社会中的人总是处于一定的社会关系之中，大学生同样离不开与人交往。和谐的人际关系既是大学生心理健康不可缺少的条件，也是大学生增进心理健康的重要途径。

（二）构建良好人际关系的技巧

1. 注重第一印象

第一印象在人际交往中具有重要作用。人们会在初次交往的数分钟内形成对交往对象的一个总体印象，如果这个第一印象是良好的，那么人际吸引的强度就大；如果第一印象不是很好，则人际吸引的强度相对就小。而在人际关系的建立与稳定的过程中，最初的印象同样会深刻地影响交往的深度。因此，在人际交往中成功地树立良好的第一印象是十分重要的。

第一，仪表端庄。第一印象首先来自于外部特征。不难发现，在公众场合人们总是趋近于外表英俊、衣着整洁、仪表端庄的人，并且无意中从一个人的仪表风度去推断他的身份、修养、品德等。良好的仪表风度，能适应不同的场合、不同的文化氛围。

第二，称谓适当。称谓选得好，就会很快缩短交往双方的心理距离，使交往得以顺利进行。另外，谈话中尽量以"我们"代替"我"，使对方感到你把他当成自己人看待，容易促进彼此情感上的交流。"我"字用得太多并过分强调，就会给人突出自我、标榜自我的印象，使对方在心理上筑起一道防线，给"接近"设置了障碍，使交往无法深入。

第三，了解对方。当我们与陌生人尤其是与上级交往时，要尽量提前了解到交往对象的年龄、性别、文化程度、兴趣爱好，见面后才能选准话题、把握分寸、找到共鸣点，才能在不知不觉中达成共识，逐步达到情感交融。

2. 积极主动交往

很多人之所以缺乏成功的交往，仅仅是因为他们在人际交往中总是采取消极的、被动的退缩方式，总是期待友情和爱情从天而降。这些人，只做交往的响应者，不做交往的主动者。然而我们知道，根据人际交往的交互性原则，别人是没有理由无缘无故对我们感兴趣的。因此，如果想与别人建立良好的人际关系，就必须积极主动交往。

3. 认可取悦他人

美国哲学家杜威认为：人类天性中最深的动机就是做重要人物的欲望。美国心理学家威廉·詹姆士也说："渴望被人赏识是人最基本的天性。"因此，当你认可他人的同时，你也就得到了与人接近的机会。要实现良好交往，可从以下两点做起：

第一，多虚心请教。一般年长者或上司因其社会阅历深，经验丰富，总希望别人能尊重他或向他请教。你了解这种心理以后，在与年长者或上司进行交往时，就应自始至终以谦虚的态度请教对方并倾听对方的讲话，这样你就可能得到对方的青睐，使关系变得融洽，这将有助于你事业的成功。

第二，多赞美褒扬。适时适度赞扬他人是人际关系的润滑剂。赞扬能使人释放出潜在的积极性。赞扬能使衰弱的躯体变得强壮，能给恐怖的内心以平静，能让受伤的神经得到抚慰，能给身处逆境的人寻求成功的决心，能使自卑者变得自信。几乎所有成功的人都是善于赞扬别人的人。赞美人的原则是抓住特点、把握准确。既可赞美他人风度仪表等外在的东西，也可以赞美他人的文化、知识、修养、气质等内涵的东西。如果你能发现被赞扬者自身及他人都没有注意到的优点，那么效果会更佳。赞美别人时，要有发自内心的真诚。

4. 多多移情换位

人际关系从本质上说是人与人在情感上的联系。这种情感联系越密切，双方所共有的心理世界的范围也就越宽，人际关系也就越亲密。而移情恰恰是沟通人们内心世界的情感纽带。所谓移情换位，就是指站在别人的立场上，设身处地为别人着想，用别人的眼睛来看这个世界，用别人的心来理解这个世界。积极地参与他人的思想感情，意识到"我也会有这样的时候"，"我遇到这样的事情会怎么样？"这样才能实现与别人的情感交流。这种积极地参与别人思想、情感的能力可以把自己和他人拉得更近，并能化解很多矛盾和冲突。

（三）大学生人际交往的技巧

1. 尊重他人

尊重他人是指尊重他人的人格、意见、隐私及劳动等。事实上，每个人无论在什么地方——家庭、学校、单位等都是渴望得到别人的尊重和认可的。若此愿望得到了满足，对方就会在你所希望的方面表现得更加完美。但人际交往是双向的、互感的、互惠的。所以，要想得到他人尊重，首先要学会尊重他人。

（1）尊敬老师。对于任何一个人来说，尊师都是做人的一个最起码的要求。人来到世上除了父母的养育之恩，就是老师的培育之德。人类文明的传承和延续，首推老师之功。老师对学生"传道、授业、解惑"，毫无私心和保留。教师在培养造就人才的事业中乐于做"人梯"，让学生踩着自己的肩膀攀登科学高峰，用自己心灵的火花去点燃学生的心灵之灯。这种对人类文明的无私奉献值得我们去尊敬。

（2）尊重同学。同学之间难免会有亲有疏，有远有近。有的人威信高，人缘好，往往容易赢得别人的尊重，而有的人威信低，人缘差，往往被人嫌弃。其实，每个人都想得到别人的尊重，但要赢得别人的尊重，却不是件容易的事情，最起码要在言谈举止方面予以注意。不要自视清高，吹嘘自己。保持应有风度，不要乱发脾气。不要取笑别人，学会给别人"下台阶"。不要强加于人，有道是"己所不欲，勿施于人"。注意倾听。大学生由于自我意识提高，形成了强烈的自尊心，特别注重人格平等，希望得到别人的尊重。任何以强欺弱，盛气凌人的做法，都将严重阻碍人际交往的进行。在交往中不干涉他人的私事，特别是对同学隐私的保密，对同学信件、日记的保护。同时，还要做到自尊、自重。要在交往中建立良好的第一印象，这也是尊重对方的需要。注意仪表美，人的仪表，包括相貌、穿着、仪态、风度等，都是影响人际交往的因素。人们总是倾向于觉得仪表有魅力的人更活泼愉快，更友善合群。衣着整洁、大方，仪表举止自然，会给人一种亲近感，反之，过分修饰，油头粉面，浓妆艳抹，则会给人一种不合宜的印象。

2. 热情助人

热情给人以温暖，能促进人与人之间的相互了解，增强人际吸引。助人，是给朋友提供支持和帮助。助人的出发点应是：己助予人，不索以求；人助予己，必酬予人；贫贱相扶，患难与共；救人于危难之时，助人于困难之中。这样的相助会使人永生难忘。当然，人们交往的动机在于使社会了解自己，承认自己，同时获得个体应有的利益。交往所追求的目的就是维持一种"我为人人，人人为我"的互利关系。交往双方若在满足对方需要的同时，也得到了对方的报答，人际关系就能继续发展。若交往只想获得而不给予，人际关系就会中断。互利互惠性越高，交往双方的关系就越稳定和密切；反之，交往双方就疏远。因此，交往双方都必须尊重互利互惠的原则。互利互惠包括物质、精神、文化三个方面。对大学生来说，主要的是在精神、情感、文化方面的互相奉献。

3. 诚实守信

诚实守信是中华民族的传统美德，建立在此基础上的人际交往是可靠、持久的。其目的是促进人与人之间的交流、友谊与合作，求得共同进步。而建立在虚伪应酬上的人际关系是以互相利用为目的，最终很难有好的结局。交友诚实守信的准则有四个方面：一是守信，有约按时到，借物按时还；二是信任他人，不乱猜疑；三是不轻易许诺，要避免说大话，说到就要做到，做不到的宁可不说；四是待人诚实，不搞虚假，不做表面文章，更不背后搞小动作。

4.宽厚待人

宽厚待人即宽容，是指在承认人与人之间差异的基础上，尊重他人的存在方式。中国有句古语叫做"将军额头能跑马，宰相肚里能行船"。也就是对于人际交往中非原则性的问题，遇到的冲突、矛盾持忍让态度，过分争执无益自己且又有失涵养。通常，在这种情况下不要急于表明自己的态度或发表意见，谨慎的沉默就是精明的回避。同学之间坦诚相待，有利于增进彼此友情，减少不必要的摩擦、冲突。但是，如果你和同学交流时遇到意见分歧，或对方有错误时，站到对方的立场上想一想，委婉地让对方接受你的意见，会产生完全不同的效果。另外，培养幽默感有助于把本来紧张的局面缓和得轻松自如，几句俏皮话能使一个窘迫的场面在笑话中消逝。更不要用"放大镜"来照对方的不足之处，而应以豁达、宽容和开阔的胸怀来容纳别人的缺点。社会越是发达，社会中的价值体系越是多元化，必然引起人的个性发展的丰富性，必然引起个体间的冲突增多，要想求同，只能"兼容并蓄"、存异求同，也就是相容。

5.态度真诚

待人要真诚热情。一般情况下，交往双方总是先接受说话的人，然后才会接受对方陈述的内容。因此，对人讲话时，态度应该诚恳，要避免油腔滑调，高谈阔论，哗众取宠，垄断话题，否则会使人感到不愉快。实事求是，态度热情，往往给人一种信赖感、亲近感，这有利于交往的继续深入。反之，如果言不由衷，转弯抹角，态度冷淡，则给人一种虚假、冷淡的感觉，交往很难深入下去。每个人都有自我表现的欲望。在初次交往中，有效地表现自己固然重要，但做一个耐心的听众，鼓励别人多谈他们自己，同样是不可少的。当然，要给别人留下良好的第一印象，还受其他许多因素的影响，比如讲信用、守时间、文明礼貌等。以真诚的方式让别人感到他很重要，对别人感兴趣、微笑，多提别人的名字，鼓励别人谈他自己感兴趣的话题。

6.善于理解

在现实社会中，由于各人的性格、禀赋、生活背景等的不同而产生思想上的一定隔阂，这是正常的，可以理解的。倘若在学习或生活中，与所有的人都合不来，那就不正常了，需要作自我调整并加以改变。要搞好同学关系，就要学会从多角度来考虑问题，善于做出适当的自我牺牲。多与同学合作，不要花太多精力在杂事上，要维护好同学间的关系。不要炫耀自己，否则别人将会对你感到乏味。学习别人的长处，弥补自己的不足。把朋友当作老师，将有用的学识和幽默的言语融合在一起，你所说的话定会受到赞扬。决不自高自大，因为这在无形之中贬低别人而抬高自己，其结果反倒使别人更看轻你。

7.角色意识

在人际交往过程中，每个人都充当着一定的社会角色。这种社会角色规定了他在人际交往中的职能及其行为规范，同时也体现了他所具有的个性心理特征。因此，捕捉准确的"角色"，严格地把握角色的定位，并能适时因地制宜地进行角色变换，是人们彼此相互理解、相互谅解的前提。

8.把握尺度

正确的人际交往应该具有四度：向度——交往的方向性和目的性；广度——交往的范围和对象；深度——交往双方情感投入的量度；频度——交往次数的量度。这四度是人际交往的一般行为规范。我们必须根据不同的交往对象，采用不同的交往向度、广度、深度及频度。

9.决不抱怨

抱怨会使你丧失信誉。自己做的事没成功时，要勇于承认自己的不足，并努力使事情做圆满。适度地检讨自己，并不会使人看轻你；相反，总强调客观原因，抱怨这，抱怨那，才会使别人轻视你。维护好朋友之间的关系，总有一天你会看重现在看来似乎并不重要的人或事。在取得成绩之后，能够与人分享，同时为他人提供成功的经验，帮助其实现既定目标。替他人着想还表现在当他人遭遇困难、挫折时，伸出援助之手，给予帮助。良好的人际关系往往是双向互利的。你给别人的种种关心和帮助，当你自己遇到困难的时候也会得到回报。要胸襟豁达，善于接纳别人。要不失时机地给别人以真诚的表扬。但须注意的是要掌握分寸，不要一味夸张，而给人留下一种虚伪的印象，失去别人对你的信任。此外，要掌握交谈的技巧。在与同学交谈时，要注意倾听他的讲话，并给予适当的反馈。聚神聆听代表着理解和接受，是连接心灵的桥梁。在表达自己思想时，要讲究含蓄、幽默、简洁、生动。含蓄既表现了你的高雅和修养，同时也起到了避免分歧，说明观点不伤关系的作用，提意见，指出别人的错误，要注意场合，措辞要平和，以免伤人自尊心，产生反抗心理。幽默是语言的调味品，它可使交谈变得生动有趣。简洁要求在与人谈话时掌握该说的说，不该说的不说。与人谈话时要有感情的投入，这样才会以情动人。当然，要掌握好表达的技巧，需要不断的实践，并不断地增加自己的文化素养，拓宽自己的知识视野。要多抽时间和同学打成一片，培养自己多方面的兴趣，以爱好结交朋友。搞好人际关系是一门艺术，所有的人都需要不断的学习和实践，才能趋于成熟。

团体辅导与自助

一、优点轰炸

目的：学习观察和发现别人的优点，并且直接表达对他人的欣赏，增强人与人之间的良性互动；同时，学习接纳他人的欣赏，体验被表扬的愉悦感，增强自信心。

操作：5～10人一组围圈坐，请一位成员坐或站在团体中央，其他人轮流说出他的优点及欣赏之处（如性格、相貌、处事……），然后被称赞的成员说出哪些优点是自己以前觉察到的，哪些是不知道的。每个成员到中央戴一次高帽。

规则：必须说优点，态度要真诚，努力去发现他人长处，不能毫无根据地吹捧，这样反而会伤害别人。参加者要注意体验被别人称赞时的感受如何，怎样用心去发现别人的长处，怎样做一个乐于欣赏他人的人，练习结束时，大家心情愉快，相互接纳性增高，自信心提高。

二、人际关系中的我

主题：自我探索
目标：认识自己

设计依据：要适应社会生活，建立良好的人际关系，前提是必须首先了解自己、接纳自己，进而认识别人、接纳别人。

活动安排：回答下列问题：

父母眼中的我。

兄弟姐妹眼中的我，朋友眼中的我，自己眼中的我。

同学眼中的我，爱人恋人眼中的我，自己理想中的我。

目的：促成团体成员全面的自我认识

操作：成员各自写出上面问题的答案。指导者注意观察，回答的过程会反映出不同的心态。写完后固定小组内交流。指导者要特别注意：成员对哪一个人的看法最重视？为什么？最难填写的是什么？为什么有人填写不出来？

心理自测

人际关系自测

(一)指导语

本测试共有36道题目。根据自己的实际情况，对其中的每个问题做出回答。符合你的情况的，则在该问题前面的"[ ]"上打"√"；不符合你的情况的，则在该问题前面的"[ ]"上打"×"。

[ ]1. 你平时是否关心自己的人缘？

[ ]2. 在食堂里你一般都是独自吃饭吗？

[ ]3. 和一大群人在一起时，你是否会产生孤独感或失落感？

[ ]4. 你是否时常不经同意就使用别人的东西？

[ ]5. 当一件事情没做好，你是否会埋怨合作者？

[ ]6. 当你的朋友有困难时，你是否时常发现他们不打算来求助你？

[ ]7. 假如朋友们跟你开玩笑开过头了，你会不会板起面孔，甚至反目？

[ ]8. 在公共场合，你有把鞋子脱掉的习惯吗？

[ ]9. 你认为在任何场合下都应该不隐瞒自己的观点吗？

[ ]10. 当你的同事，同学或者朋友取得进步或成功时，你是否为他们高兴？

[ ]11. 你喜欢拿别人开玩笑吗？

[ ]12. 和自己兴趣爱好不相同的人相处在一起时，你也不会感到兴味索然，无话可谈吗？

[ ]13. 当你住在楼上时，你会往楼下倒水或扔纸屑吗？

[ ]14. 你经常指出别人的不足，要求他们去改正吗？

[ ]15. 当别人在融洽的交谈时，你会贸然地打断他们吗？

[ ]16. 你是否关心和常人谈论别人的私事？

[ ]17. 你善于和老年人谈他们关心的问题吗？

[ ]18. 你讲话时常出现一些不文明的口头禅吗？

[ ]19. 你时而会做出一些言而无信的事吗？

[ ]20. 当有人与你交谈或对你讲解一些事情时，你是否时常觉得很难聚精会神地听下去？

[　]21. 当你处于一个新的集体中时，你会觉得交新朋友是一件容易的事吗？

[　]22. 你是一个愿意慷慨地招待同伴的人吗？

[　]23. 你向别人吐露自己的抱负，挫折以及个人的种种事情吗？

[　]24. 你告诉别人一件事情时，你是否试图把事情的细节都交代得很清楚？

[　]25. 遇到不顺心的事，你会精神沮丧，把气出在家里人、朋友或同事身上吗？

[　]26. 你是否经常不假思索就随便发表意见？

[　]27. 你是否注意赴约前不吃大蒜大葱，以及防止身上带酒气吗？

[　]28. 你是否经常发牢骚？

[　]29. 在公共场合，你会很随意地喊别人的绰号吗？

[　]30. 你关心报纸，电视等信息渠道中的社会新闻吗？

[　]31. 当你无意中做错了事或损害了别人，你会很快地承认错误或道歉吗？

[　]32. 有闲暇时，你是否很喜欢跟别人聊天？

[　]33. 你跟别人约会时，是否常让别人等你？

[　]34. 你是否有时会与别人谈论一些自己感兴趣而他们不感兴趣的话题？

[　]35. 你有逗乐儿童的小手法吗？

[　]36. 你平时告诫自己不要说虚情假意的话吗？

（二）评分与评价

请把你的答案和下面的答案逐个对照：

1 √　2 ×　3 ×　4 ×　5 ×　6 ×　7 ×　8 ×　9 ×　10 √

11 ×　12 √　1 ×　14 ×　15 ×　16 ×　17 √　18 ×　19 ×　20 ×

21 √　22 √　23 √　24 ×　25 ×　26 ×　27 √　28 ×　29 ×　30 √

31 √　32 √　33 ×　34 ×　35 √　36 √

评分标准：

如果某题你的答案与上面所列的这道题的答案相同，就得 1 分，如果不相同，就不得分，把全部得分加起来。得分越高，表明你的人际关系越好，最高得分为 36 分，看自己的得分是在评价表中的哪个得分范围内，便能大致判断出自己的人际关系好坏。

结果评价：

总分	人际关系情况
30 分以上	很好
25～29 分	较好
19～24 分	一般
15～18 分	较差
15 分以下	很差

（资料来源：徐海涛. 21 世纪心理健康测评. 呼和浩特：内蒙古少年出版社，2000）

思考与练习

1. 什么是人际交往？人际交往对大学生有哪些重要意义？

2. 大学生的人际交往有何特点？人际交往中的障碍是什么？

3. 人际交往应当遵循的原则有哪些？说说你是如何处理人际关系的？

第四章　大学生如何建立长效学习机制

学习是相伴人类生活始终的一项活动。学习、求知以滋养人的精神和意识，如同水和食物维系人的肉体生命一样重要。学习也是一种非常复杂的心理过程，这一过程不仅与感知、观察、记忆、思维、想像等智力因素有关，还涉及人的动机、情绪、态度、意志、个性等非智力因素。大学生的主要任务是学习，培养健康的学习心理不仅是心理健康的主要内容，而且对于提高大学生的学习质量和效果有着极为重要的意义。本章主要介绍有关学习的含义，大学生学习的主要特点；着重阐释大学生常见的学习困惑及其调适策略，包括学习适应不良及其调适，学习动机过强或过弱的调适、学习疲劳及其调适以及考试焦虑与克服方法等。

第一节　大学生学习心理概述

一、学习的概念

(一)广义的学习

对于大多数人来说，学习是一个相当熟悉的术语，然而迄今为止，在心理学界还没有一个公认的学习定义。学习是一种十分复杂的心理现象，一般说来，学习的概念有广义和狭义之分。

广义的学习是指有机体由后天获得经验而引起的比较持久的行为和行为倾向的变化。这里所说的有机体既可以指动物也可以指人类，即广义的学习是人类与动物共有的现象。经验是学习的必要条件，也就是说凡非由后天获得的经验或练习而引起的行为变化，都不能叫学习。如由生理成熟而引起的行为变化，由疾病引起的体力减弱以及由药物引起的行为减弱或增强都不是学习。所谓比较持久的行为变化，是指学习所得结果可以长时间地影响有机体，成为有机体的第二天性。当个体表现出一种新的技能，如游泳、驾车等，我们就认为学习已经发生了。然而有些学习引起的变化并不是立刻就表现出来的，它甚至要经过很长时间才能显现出来，如对艺术的鉴赏或对某种新思想的接受，这类观念、态度的学习并不一定在人们的当前行为中立即表现出来，但却可以长久地影响着人们的行为或行动。因此，只要是由经验而引起的个体行为或行为倾向的持久变化就可以认为学习已经发生了。

(二)学生的学习

狭义的学习是指学生的专门学习，它是人类学习中的一种特殊形式，是在教师的指导下，有目的、有计划、有组织、有系统地进行的是在较短的时间内接受前人所积累的文化科学知识，并以此来充实自己的过程。学生的学习不但要掌握知识经验和技能，还要发展智能，培养行为习惯，以及修养道德品质和促进人格的发展。因此，其学习内容大致可分为三个方面：一是知识的掌握和技能的形成；二是智能的开发和非智力因素的发展；三是行为规范的学习和道德品质的培养。本章要讲述的主要是狭义的学习。

（三）学习的特点

其一，学生的学习快速高效。学生在有计划、有目的的系统学习过程中，仅仅需要十几年时间，就可以快速高效地博览人类积累的基本知识，掌握基本技能，乃至深攻一、二个专业的精深学问。

其二，拜师求学是学生学习的必经之路。"古之学者必有师"，"师者，传道、授业、解惑"，这是唐代韩愈的名言，概括了学生学习求师的必要和教师在学生学习中的传授和指导作用。学生的学习为什么必须拜师呢？首先，人类数千年积累的文化科学知识，思想意识观念无以穷尽。教师可以指导和帮助学生选择那些在十几年中就能学会的最基本、最必要的东西，循序渐进地进行学习，免走弯路而迅速成才；其次，学生所学的各科知识多以语言、符号的形式加以传递。怎样才能将语言、符号所包含的内容很好地领会进而理解呢？学生往往是在教师画龙点睛地"授业"和循循善诱地"解惑"以及教师对学生学习方法的指点之中茅塞顿开的。学生只要有心并善于从师而学，肯定受益匪浅。

其三，学生的学习须有一定的学习方法，并培养一定的学习能力。"铁杵磨成针，功到自然成"是说勤奋、刻苦的学习精神对成功的作用。"一目之笭，不可以得鸟；无饵之钩，不可以得鱼。无猎枪之猎人，不可以得兽……"这是说明，没有良好的学习方法，就不能获得学习的效益。

二、学习的心理基础

学习心理是指人们在学习过程中的心理反应、心理特点及其活动规律。大学生的学习心理基础主要包括学习动力、智力、能力以及自我评定力等内容。它们可以概括为智力因素和非智力因素两大类。

（一）智力因素

智力因素是学习的必要心理条件。智力因素又叫认知因素，是一种以脑的神经活动为基础的偏重于认识方面的潜在能力，是影响人的反映效率、反映效果的重要个性心理特征。它表现出人脑对客观事物的反映深度、广度、速度和准确度。通俗地讲，智力就是指一个人是否聪明，头脑灵不灵活。

心理学认为，调节认识的心理过程包括感知、注意、记忆、思维和想像等多种成分，所以智力也主要由观察力、注意力、记忆力、思维力、想像力五个要素构成。在学习活动中，它们相互区别，又相互联系和贯通，作为一个整体发挥作用。一般说来，智力水平的高低直接影响学习的效率和质量。存在智力障碍的人，学习的困难比其他人要大得多，因此，智力是学习的必要心理条件，也是大学生成才的基本要素。

人的智力是在遗传的基础上，在环境影响和教育的主导作用下，通过人积极主动的实践而形成和发展的。良好的遗传素质是人发展的生物前提和自然条件，离开了这个物质基础就谈不上智力的发展。然而遗传因素是智力发展的自然基础，但不是智力本身，"天赋"作为先天生成的解剖生理机制，不能现成地决定智力。研究表明，人类的智力是随着大脑的活动而发展起来的，而大脑的活动是在外界各种信息刺激下进行的。人的观察力、注意力、记忆力、思维力、想像力等，都是在多看、多想、多实践中培养和发展起来的，最后将它们转化为一种创造力。所以，先天因素决定一个人的智力潜能有多大，后天因素决定一个人能否充分开发自己的智力潜能，达到自己的智力潜能的上限。即使智力潜能较高的人，如果不注重后天的开发，其智力水平也不一定高。

大学生正值智力发展的高峰期，所以要借助良好社会条件，充分发展自己的智力。发展智力，也就是发展集中的注意力、敏锐的观察力、良好的记忆力、丰富的想像力、敏捷而有创造性的思维力。这些智力因素如果能够得到充分的发展，学习的效率和质量就会得到很大的提高，知识就会学得深、学得透、学得活、学得牢。

（二）非智力因素

非智力因素是学习的重要心理条件，非智力因素又叫非认知因素。广义的非智力因素是指学生在学习时除智力以外的心理因素、环境因素、生理因素。狭义的非智力因素则指那些不直接参与认识过程，但对认识过程起直接制约作用的心理因素，主要包括动机、兴趣、理想、信念、世界观、情感、意志、需要、个性（气质、性格）等。非智力因素在学习过程中的作用主要表现在以下几个方面。

1. 定向作用

非智力因素对学习活动起着定向作用。它帮助学生选择学习目标并把学生的学习活动引向既定的目标。在非智力因素中，动机与目的有着密切联系，动机使学习者认识为什么要这样发展智力，并推动他们去怎样进行学习，这也就是学习者确立学习目的，并为此目的而发奋学习的过程。有些学生学习成绩不好，不是智力不如人，而是学习目的不明确所造成。

2. 动力作用

非智力因素是大学生学习的动力，是学习积极的心理机制，对学习活动起着启动和助推作用。非智力因素（情态、意志、态度、目标、抱负）能促进大学生的智力健康发展，学习积极性高、态度端正、求知欲旺盛、注意力集中、自制能力强则有助于大学生学习成绩的提高，促使智能发展和发挥。因此，每个人都要注意培养自己认真负责、刻苦学习的态度，不断激发自己的求知欲和探索精神。

3. 调节作用

学习是个复杂而艰苦的过程，伴随有多种多样的心理变化。有时信心百倍、劲头十足；有时心灰意懒、沮丧厌倦，这就需要兴趣、意志和性格等非智力因素及时、正确地调整自己的心理状态，保持正确的学习态度、进取的学习精神，在成功面前不沾沾自喜，在失败面前不丧失信心，以良好的心态适应变化着的学习情境。

4. 维持作用

非智力因素有助于激励、支持学生始终如一地从动机走向目标，这种激励和支持作用集中地表现在恒心上。荀子《劝学》中说："锲而舍之，朽木不折；锲而不舍，金石可镂。"非智力因素的维持作用，指的就是此种"锲而不舍"的精神。

5. 补偿作用

由于先天与后天的客观原因，学习者的智力会存在这样或那样的弱点，而非智力因素能对其起到补偿作用，"笨鸟先飞""勤能补拙"就是这个道理。如科学家居里、大发明家爱迪生，从小被人斥之为笨蛋，没出息的人，但偏偏是他们为人类做出了杰出贡献。智力低下的卡尔·威特，在非智力因素的促进下，16 岁成为柏林大学的教授。

　　总之，在学习活动中，智力因素决定一个人能干不能干；非智力因素决定一个人肯干不肯干；至于干得好不好则由智力与非智力因素共同决定。而对于一般人来讲，主要由非智力因素决定。因为一个对学习不感兴趣，又缺少刻苦、勤奋学习精神的人，他的智力水平再高，也不会取得好的学习成绩。

三、学习的生理基础

　　学习心理形成的物质基础是大脑，学习心理的注意、观察、记忆、思维和想像，以及动机、兴趣、方法和习惯，都在这里产生、进行和完成。所谓科学用脑，就是要求根据大脑的生理特点及其运动规律，既能使大脑运动灵活，又能保证大脑的健康，从而发挥更大的潜力。

　　（一）大脑的结构与功能

　　现代人脑的相对重量约为体重的 1/50，绝对重量约为 1500 克。人脑中有 2 千亿个脑细胞、可储存 1 千亿条信息，思想每小时游走 300 多里、拥有超过 1 百兆的交错线路、平均每 24 小时产生 4000 种思想，是世界上最精密、最灵敏的器官。研究发现，大脑中蕴藏着无数待开发的资源，而一般人对脑力的运用不到 5%，剩余待开发的部分是脑力与潜能表现优劣与否的关键。人的脑部构造分为大脑与小脑。人体的大脑拥有世界上最复杂的结构，左半球和右半球各司其职。大脑左半球负责数学、语言、逻辑、分析、书写等类似的支配能力，把进入左脑内的"五感"（视觉、听觉、触觉、嗅觉、味觉）信息转换成语言来传达，相当费时。而右半球则负责空间、想像、颜色、音乐、节奏、无拘无束的"胡思乱想"等类似的支配能力，和潜意识有关。一般人右脑的"五感"都受到左脑理性的控制与压抑，因此很难发挥即有的潜在本能。而懂得活用右脑的人，听音就可以辨色，或者浮现图像、闻到味道等。心理学家称这种情形为"共感"，这就是右脑的潜能。如果让右脑大量记忆，右脑会对这些信息自动加工处理，并衍生出创造性的信息。也就是说，右脑具有自主性，能够发挥独特的想像力，把创意图像化，同时具有作为一个故事述说者的卓越功能。如果是左脑的话，无论你如何地绞尽脑汁，都有它的极限。但是右脑的记忆力只要和思考力一结合，就能够和不靠语言的纯粹思考、图像思考连接，而独创性的构想就会神奇般地被引发出来。伟大的人都是左右脑灵活运用的人。爱因斯坦不仅左脑的数字、逻辑、分析能力出色，右脑的音乐、想像直觉也相当出色。

　　虽然人脑结构精巧，但一旦某部位受损，却不像电脑那样可以替换；而它在运动中消耗的是人的有限的体力和精力，需要时间才能得以补偿和恢复。可见，人脑毕竟不是电脑，人脑的无限创造潜力是通过个体大脑的有限开发而实现的。面对信息的轰炸，人脑优于电脑的地方，不在它的量而在它的质。从这个角度看，"学会学习"的生理基础正在于人脑构造的这种有限与无限的对立统一。

　　（二）大脑功能的兴奋与抑制

　　脑神经细胞活动的基本规律是兴奋与抑制相互作用、相互转化、相互诱导的过程。所谓兴奋，是指神经细胞的活动状态。所谓抑制，是指神经细胞处于暂时性的减弱和停止活动状态。

　　人脑活动时必然伴随能量的消耗，从而使大脑皮质抑制，这时大脑处于"休息"状态，进行能量的补充和储备，为下一个兴奋做准备。兴奋和抑制的过程，是相互诱导的。由兴奋过程引起的加强周围或同一部位的抑制过程称为负诱导；反之，由抑制过程引起的加强周围或同一部位的兴奋过程称为正诱导。如上课时专心听课，对周围事物的干扰视而不见，听而不闻，抑制这种干扰就是负诱导。学习心理中的注意正是这种负诱导作用的结果。反之，学生听课时东张西望、注意力分散，就是正诱导。所以，掌握高级神经活动规律，有益于提高学习效率。

四、科学合理使用大脑

(一)劳逸结合，适度用脑

脑不可不用，也不可多用。不用脑会使大脑懒惰甚至老化，但用脑太多，又会"伤脑筋"，不利于人的身体健康。所以，用脑要适度。每个人大脑兴奋时间、周期不一样，大学生要分清某门学科对自己的难易程度，要注意学习和休息张弛有度，不懂得休息的人也不懂得学习。连续不间断学习不仅降低效率，还容易导致神经衰弱等躯体病症。因此，在学习疲劳时，要进行适当的户外运动，接受适量的阳光照射。

(二)转换区域，充分用脑

左脑和右脑分工不同，如果长时间利用一种方式学习一门功课，就会使大脑的有关部门处于疲劳状态，所以要调节适当的学习内容和相应的方式，来减轻大脑的负担。如果能调动两侧大脑配合工作，就会有这样奇妙的结果：左右半球的工作效益，要超出原来效益的 1 倍以上。因此，大学生应该学会开辟信息输入大脑的新渠道，充分利用大脑的各种功能。比如看、听、读、忆、做、写等方法，穿插交替或同时使用，会起到调节大脑的积极作用。切忌同内容、同频率、同环境下长时间地刺激大脑。

(三)增加营养，健康大脑

营养对大脑来说，是十分重要的，平衡全面的营养有利于大脑的健康。作为脑力消耗较多的大学生，应在条件许可的情况下，注意食物的营养，摄入足够多的营养食物，并力求营养的平衡。

(四)保证睡眠，有节律用脑

要让大脑发挥出最佳潜能，首要的是睡眠。一要睡足，二要睡好。切忌苦熬长夜，重负荷持久用脑。作为大学生，一般应以每天睡 8 小时左右为宜，若晚上睡眠不足，可在午休时间小睡一会儿，但午睡时间不宜过长，一般以 1 小时以内为宜。另外，还应注意起居有规律，要有基本固定的作息时间。在某些特殊场合，如复习迎考或周末，晚上可以多花一些时间学习或娱乐。对年轻力壮的大学生来说，短短一段时间的起居不按规律尚不会对大脑造成太大的影响，但若长期这样，则势必会产生不良影响，其后果可能不会马上看到，但这种影响是潜移默化的，迟早会显示出其不利的一面。

五、大学生学习的特点

(一)学习内容上的特点

大学和中学虽然都是人生求学的重要阶段，但中学主要是学习基础知识，而大学是在继续巩固基础知识的同时，重点学习某一个专业的知识，它与中学学习相比，具有专业性、探索性、职业定向性、社会服务性等更高的要求。

每个大学生都必须学好自己的专业，也就是说，大学生的学习具有较高层次的职业定向性。实际上，大学生一入学就面临职业定向的问题，并围绕一定的职业定向学习基础课和专业课。各专业课程的设置，将影响大学生的知识结构和智力结构，影响他们将来对工作的适应性。在大学期间，大学生应培养对专业的热爱，形成对本学科知识的浓厚兴趣，即要在本专业所涉及的学科领域内博览群书，又要对本专业的某一方面有深入的了解和钻研。

（二）学习方法上的特点

1. 自主学习理念基本形成

随着主体意识萌芽，大学生自我意识和学习意识也基本成熟，自主学习的理念基本形成。这种理念主要表现为热爱学习、自觉学习和创造性地学习，学习方式由依赖老师转为学生自己主动安排学习。表现出更强的独立性、自主性和可控性。如对学习内容主动选择程度的提高，对学习时间安排上较大的自主支配，尤其是自学能力已成为他们学习效果好坏的主要因素，这是学会学习的关键。

2. 学习动机发展到了核心层

大学生学习动机的一般发展进程是：直接性学习动机随学习年级的升高而加强，专业性的学习动机也随着学习年级的升高而日益巩固和发展。这表明，大学生的学习动机是不断向以学习的社会意义、人生意义为内容的深层动力的核心层发展。

3. 学习途径具有多样性

课堂教学或听课依然是大学生学习的主要途径，但已不是学习的唯一方式了。课外阅读、同学讨论、参与实践、听各种学术报告和讲座，利用影视和网络等，也是大学生进行学习、获取知识的重要方式。重要的是大学生要通过这些方式锻炼自己的实践能力和社交能力，为日后走向社会获得职业成功打下坚实的基础。

4. 学习具有探究的性质

爱因斯坦曾说：“高等教育必须重视培养学生具备会思考、探索问题的本领。”大学生的学习具有研究和探索性质，不仅表现在他们完成学年论文和毕业论文，以及参加学术报告会、讨论会上，而且表现在所学课程内容上。大学生的学习不单是掌握知识的结果或结论，而且要掌握科学知识的形成过程、科学的研究方法，了解各学科存在的问题及其解决的可能性。

5. 自我评定力日益增强

随着知识的丰富、能力的提高，大学生的自我评定力也不断增强，他们能对自己的学习效果进行合理评价，包括对学习动机的性质、内容、方向、动力大小的自我评定，对智力、能力活动及效率的自我评定，以及对知识、技能掌握程度的自我评定，并据此制定出一套适合自己智力和能力发展的计划，对学习活动进行调节和控制。

第二节　影响学习的主要非智力因素

在现实生活中，有些学生在学校读书时，曾被认为是智力出众的学生，毕业后却没有什么作为。这一事实证明，智商高的未必一定能成才，隐藏在事实后面的一条真理是，人的成才除了一定的智力因素和社会条件外，更重要的是取决于非智力因素。和智力因素一样，非智力因素也是人的高级心理活动，它对智力因素有重要的促进或阻滞作用，是“潜在”智力。非智力因素虽不能提高一个人的智商，但良好的非智力因素可使人的智力潜能得到充分发挥，促进人的智力发育及成才，成语“勤能补拙”讲的就是这个意思。影响学习的非智力因素主要有需要、动机、态度、目标期望、归因、态度与价值观、自我效能感等。

一、学习需要

需要是有机体的某种缺乏而力求获得满足的一种不平衡心理状态，它反映了有机体的生存和发展对于客观条件的依赖性。如人的生存对生理条件的依赖表现为饥、渴、休息、睡眠、性欲等欲求；人的发展对社会条件的依赖表现为归属、认可、人际交往、爱、成就、社会名望、自尊、求知、探索等的企盼和追求。

学习需要是学生在学习活动中感到有某种缺乏而力求获得满足的一种不平衡状态。学习愿望或学习意向就是这种需要在学生身上的主观体验，表现为好奇、兴趣、爱好、学习的理想和信念等。正是这种对学习对象的好奇、对学习内容的兴趣、对学习活动的爱好，以及对学习的理想和信念构成了学生学习行为的内部驱动力。也可以说，学习需要是使学生产生某种学习、维持某种学习行为的根本动力，是学生学习的内在驱力，简称为学习驱力。但是，仅有学习需要还不足以使学生产生学习行为，只有学习需要转化为学习动机之后，学习行为才会产生。

二、学习动机

动机是直接推动并维持有机体活动以满足某种需要的内部状态，是行为的直接原因和内部动力。产生动机有两个基本条件：内驱力和诱因。内驱力是由有机体需要所驱动的一种内部推动力。内驱力引起行为反应，行为导致需要的满足。诱因是指满足有机体需要的外在对象，包括物体、情境或活动，是有机体趋向或回避的行为目标。使有机体趋向、接近的行为目标是积极（正）诱因，如饥饿时的食物、社交时的称赞；使有机体回避、远离的行为目标是消极（负）诱因，如给人带来痛苦的电击、给人带来不愉快的批评。有机体通过对诱因（目标）的趋向和回避而使需要得以满足。

学习动机是由学习需要所激起，并指向一定的学习目标的内部心理状态；是直接推动并维持学生的学习行为以满足其学习需要的一种内在过程。也就是说，无论是学生产生某种学习行为还是调整、维持或停止某种学习行为，都是学习动机作用的结果。一个学生是否想学习，为什么学习，喜欢学习什么，以及学习的努力程度、积极性、主动性等，都能够通过学习动机得以体现。

一般而言，学习动机和学习效果是一致的。学习动机可以促进学习，提高成绩。学习动机不同，学习效果就不一样，不同层次学生的学习动机的差异就说明了这一点。学习优秀生的学习动机不但内容较广，而且水平较高，他们既有近期的具体目标，又有远期目标，两种目标有机结合从而取得好成绩；优良的成绩又强化了原有的学习动机，成为进一步进行学习的动力，使学生更加积极进取。学习不良学生的学习内容较窄，水平较低，往往只有近期目标，或者只有空泛的远大目标，两种目标的脱节造成学习成绩不良；不良的学习成绩，导致学生丧失学习兴趣和信心，原有学习动机削弱或消退，出现厌学或自暴自弃等现象。

动机强度和学习效率之间也存在明显的相关，但并不是简单的直线关系。对于难度适中的学习课题，中等强度的动机水平最佳，学习效率最高。在动机强度低于最佳水平时，随其强度的增加，学习效率不断提高；而动机强度超过最佳水平时，随其强度的增加，学习效率不断下降。可见，高强度的学习动机和低强度的学习动机一样会降低学习效率。这是因为，在过分强烈的动机状态下，焦虑水平也过高。在焦虑状态下，个体的注意力和知觉范围变得过分狭窄，思维效率降低，因此，正常的学习活动受到限制，学习效率下降。对于容易或简单的课题，其最佳水平为较高的动机强度。对于比较复杂或困难的课题，其最佳水平为较低的动机强度。

资料窗

阿特金森的研究

根据动机心理学家阿特金森（J. W. Atkinson）的研究，成就动机可以分为两类，一是力求成功的动机，二是避免失败的动机。力求成功的动机是人们追求成功和由成功带来的积极情感的倾向性；避免失败的动机是人们避免失败和由失败带来的消极情感的倾向性。根据这两类动机在个体的动机系统中所占的强度，可以将个体分为力求成功者和避免失败者。在力求成功者的动机中，力求成功的成分比避免失败的成分多一些；在避免失败者的动机中，避免失败的成分比力求成功的成分多一些。力求成功者的目的是获取成就，他们会选择有些难度的任务，且成功概率为50%的任务是他们最有可能选择的，因为这种任务能给他们提供最大的现实挑战；当他们面对完全不可能成功或稳操胜券的任务时，动机水平反而会下降。相反，避免失败者倾向于选择非常容易或非常困难的任务，如果成功的概率大约是50%时，他们会回避这种任务。因为选择容易的任务可以保证成功，使自己免遭失败；而选择极其困难的任务，即使失败，也可以找到适当的借口，得到自己和他人的原谅，从而减少失败感。针对这种情况，在教育实践中，对力求成功者，应采取给予新颖且有一定难度的任务、安排具有竞争性的情境、严格评定分数等方式激起他们的学习动机；对于避免失败者，要安排少竞争性或竞争性不强的情境，如果取得成功，要及时表扬，给予强化，确定分数时，要求要稍稍放宽，尽量避免在公众场合指责其错误。

（陈琦，刘儒德. 当代教育心理学. 北京：北京师范大学出版社，1997.）

三、态度和价值观

（一）态度

态度是指人们对某一对象所持有的评价、体验和行为倾向。这里所指的对象包括人、物、事件、行为、团体、制度、观念等。态度由认知、情感和行为倾向三要素构成。认知因素是人们对某一对象带有评价意义的叙述。如认为学习可以丰富人的知识、提高人的本领、改变人的命运，因此非常重要。叙述中有对学习的认识与理解，也有对学习的评价。情感因素是人们对某一对象的情感体验，如对学习感到好奇、感到有趣，对学校感到有吸引力。行为倾向是人们对某一对象的行为准备，即心理定势，如总是留心观察，总是想到学校，总是企图挤时间阅读和思考，总是力求寻找机会锻炼和提高自己。

（二）价值观

价值观是人们对周围事物的是非、善恶和重要性的估价，是人们评价事物的内在尺度。当人们针对某一对象出现多种认知、彼此矛盾的体验和对行为倾向难以定夺时，价值观在这里就会起决定性的作用。由于价值观的作用，人们才会对这某一对象作出最终的评价，产生稳定的体验，导致明确的行为倾向。由于价值观的作用，人对事物的认知、情感和行为倾向三者才会协调，针对这一对象的态度才会稳定。若一个人的价值观出现混乱，就会造成其态度的认知因素、情感因素和行为倾向彼此混乱和冲突，最终表现为对某一对象的态度暧昧和自相矛盾。因此，价值观是态度的核心。

态度和价值观是影响学习的重要的非智力因素。态度和价值观控制着学习需要向学习动机的转化。在人的众多需求中，最终什么需求成为主导行为的动机，取决于人们对这些需求的不同价值认同和态度。越认识到学习的价值，学习趋向的态度越鲜明，学习动机就越强；学习的态度越暧昧，学习动机就越弱。态度和价值观也影响着学习目标的确定。当人们选择某种学习需要作为行为动机后，满足这种学习需要的对象和途径同样也是多种多样的，最后确定把什么对象作为学习动机所指向的目标，在很大程度上也取决于态度和价值观。

四、情感与意志

（一）情感

人对客观事物的态度和体验叫情感。情感是人对客观现实的一种特殊反映形式。它对学习有较强的调节作用，与认知过程相互促进，相互干扰，与需要相互制约。积极向上的情感推动人的智力发展，特别是理智感，能使人不断地探索新的知识，保持学习的主动性、积极性，努力克服困难。

孔子将学习分为三个不同层次认识，"知之者不如好之者，好之者不如乐之者"。三个层次呈递进状态，乐学是最高层次的学习。教育家苏霍姆林斯基也说过："情感如同肥沃的土壤，知识的种子就播种在这个土壤上。"可见，积极向上的情感是推动学习的强大动力，消极无为的情感会阻碍学习。因此，大学生应该注重情感与学习的关系，努力培养正性的、积极的情感，在学习中保持适当的激情、良好的心境和饱满的热情，把握最佳学习状态，从而获得最佳的学习效果。

情商（emotional quotient）即情感智商，是指一个人管理自我和他人情绪的综合能力。学习活动是由情商和智商共同参与的。认识自身情绪是情商的基石，随时认识自己在学习中的感受非常重要。大学生应该经常了解和反思自己的学习感受，适时调整学习情绪，摆脱脆弱的情感和自卑心理，承受各种学习压力，使自己拥有健康的学习理念和人生目标。

（二）意志

意志对大学生学习的影响，比天资聪明重要得多。因为，创造发明和事业的成功，一般都不是一帆风顺的，总要经历千辛万苦，克服重重困难，才能实现。俗话说：宝剑锋从磨砺出，梅花香自苦寒来。对于意志在学习中的作用，古今中外的学者都有深刻认识。荀子提出过"骐骥一跃，不能十步；驽马十驾，功在不舍；锲而舍之，朽木不折，锲而不舍，金石可镂"。苏轼也说过"古之成大事者，不惟有超世之才，亦必有坚忍不拔之志"。可见，在学习活动中，光有智力不行，有了学习热情也不够，还必须有坚持到底的意志，有时还要克制自己的欲望、爱好，去做自己不喜欢但又必须要做的事，即我们常说的——战胜自己，这样，才能克服困难，取得学业上的成功。如果把成功比作大厦，那么顽强的意志、坚忍不拔的毅力，就是人学习成功的柱石。原子说的创立者道尔顿说："如果我有什么成绩的话，那不是我有才能的结果，而是勤奋和毅力的结果。"有人对大学生的学习曾做了这样的描述，大学生差别最小的是智力，差别最大的是毅力。

智力因素在很大程度上由先天遗传决定，智力的培养只能开发智力的潜能，并不能取得实质性的突破，智力超常的人很少（大约2%），绝大多数人都是属于智力正常范围内的。而非智力因素则主要是后天"习得"的，是完全可以通过教育培养来改善提高的，而且往往是决定一个学生学习成绩好坏的主要因素。作为大学生，如何激发和培养自己正确的学习动机和浓厚的学习兴趣，以及通过意志和个性的锤炼形成良好的学习习惯并掌握好的学习方法，显得尤为重要。

第三节　创造性思维与创造性学习

一、创造性思维概述

(一)创造性思维的内涵

创造性思维，是一种具有开创意义的思维活动，即开拓人类认识新领域、开创人类认识新成果的思维活动。广义的创造性思维是指思维主体有创见、有意义的思维活动。每个正常人都有这种创造性思维。狭义的创造性思维是指思维主体发明创造、提出新的假说、创建新的理论，形成新的概念等探索未知领域的思维活动，这种创造性思维是少数人才有的。总之，创造性思维是指有创见的思维，它不墨守成规，奇异求变，表现为创造性地提出问题和创造性地解决问题。它不仅能揭示客观事物的本质及内在联系，而且能指引人们去获得新知识或以前未曾有过的对问题的新解释，从而产生新颖、前所未有的思维成果。它给人们带来新的、具有社会价值的成果，所以创造性思维是思维能力的高级形态，是智力水平高度发展的表现。

(二)创造性思维的特点

1.独创性和新颖性

思维不受传统习惯和先例的禁锢，超出常规。在学习过程中对所学定义、定理、公式、法则、解题思路、解题方法、解题策略等提出自己的观点、想法，提出科学的怀疑与合情合理的"挑剔"。

思维标新立异，"异想天开"，出奇制胜。在思路的选择上、思考的技巧上或者在思维的结论上，具有前无古人的独到之处，在前人、常人的基础上有新的见解、新的发现、新的突破，从而具有一定范围内的首创性和开拓性。比如，学生在学习过程中，对一些知识领域中长期以来形成的思想、方法，不信奉，特别是在解题上不满足于一种求解方法，谋求一题多解。

2.灵活性和联想性

创造性思维没有现成答案，没有现成的思维方法和程序可循，人可以自由地海阔天空地发挥想像力。

面临某一种情境时，思维可立即向纵深方向发展；觉察某一现象后，思维立即设想它的反面，思维步骤、思维跨度较大或呈跳跃性思维。这实质上是一种由此及彼、由表及里、举一反三、融会贯通的思维的连贯性和发散性。

3.求实性和批判性

迷恋和目的指向性是创造性思维的重要成分，它善于发现社会的需求，发现人们在理想与现实之间的差距。敢于用科学的怀疑精神,对待自己和他人的原有知识,包括权威的论断。善于从满足社会的需求出发,拓展思维的空间。

4.综合性

创造性思维往往详尽地占有大量的事实、材料及相关知识,运用智慧杂交优势,多种思维方式的综合运用,发挥思维统摄作用,深入分析,把握特点,找出规律,创造出新成果。

创造性思维有着十分重要的作用和意义。首先,创造性思维可以不断增加人类知识的总量;其次,创造性思维可以不断提高人类的认识能力;再次,创造性思维可以为实践活动开辟新的局面。此外,创造性思维的成功,又可以反馈激励人们去进一步进行创造性思维。正如我国著名数学家华罗庚所说:"'人'之可贵在于能创造性地思维。"

二、创造性思维的特殊形式

创造性思维并非游离于其他思维形式而存在,它包括了各种思维形式。但心理学家研究证明,创造性思维的内核是非逻辑思维方式,下面介绍两种与此相关的特殊形式。

(一)发散思维

发散思维又称辐射思维或求异思维,指的是个体从多方面、多思路、多层次、多因素去寻找解决问题答案的思维方法和速度。就是充分发挥人的想像力,突破原来的知识圈的束缚的一种思维方法,主要是指想像、推测的过程。它包括正向发散思维、侧向发散思维、反向发散思维和多向发散思维等具体形式。发散思维的主要特点是灵活多变,它与单一死板的直线思维方式形成鲜明的对照和反差,它仿佛有许多"触角",奋力冲破单一、刻板的思维外壳,向四面八方延伸、放射,使思路交错,构成多姿多彩的"思维网络"。

美国心理学家吉尔福特认为发散思维是创造性思维的基础,由发散思维表现出来的行为,代表一个人的创造力,这种能力具备变通性、独创性、流畅性和精致性四个特征。所谓思维的变通性,是指具有创造能力的人,其思维变化多端、举一反三、一题多解、触类旁通。所谓思维的独创性,是指对问题能够提出不同寻常的独特、新颖的见解,具有与众不同的想法和独出心裁的解决问题思路。所谓思维的流畅性,是指思维的敏捷性或速度,也就是说,创造能力高的人,思维活动则多流畅、少阻滞,能在短时间内表达众多的观念。所谓精致性,是指能想像与描述事物或事件的具体细节。

(二)逆向思维

逆向思维法是相对于习惯思维而言的,也就是从相反的方向来考虑问题的思维方法,它常常与事物常理相悖,但却达到了出其不意的效果。因此,在创造性思维中,逆向思维是最活跃的部分。如历史上被传为佳话的司马光砸缸救落水儿童的故事,实质上就是一个逆向思维的例子。由于司马光不能通过爬进缸中救人的手段解决问题,因而他就转换为另一手段,破缸救人,进而顺利地解决了问题。近年来比较流行的逆反健身就是悖逆常规的一种表现。逆反健身是指一种反人体正常状态的锻炼方法,如倒立、倒吊、倒走等。人们平常大都处于直立状态,此时头脑供血受阻,氧气、养分供应不足,以至于神经系统易疲劳;同时,长时间直立行走、正坐容易造成下肢静脉曲张及疝气、痔疮等疾病。有人通过练习倒立、倒吊,居然效果显著。一方面,倒立使头脑供血增多,新陈代谢加快,疲劳随之消除;同时此举还能强化胸腹腔内脏周围的支持组织的功能,防止胃下垂、肾下垂、下肢静脉曲张、疝气、痔疮等因重力影响形成的疾病。

三、创造性思维的训练技巧

创造性思维不是简单的模仿,机械的重复,而是在已有经验的基础上进行新的独创,通过想像、推理、实践从而得到再创造。创造性思维不能传授,但可以通过训练创造性思维来提高自己的创新能力。创造性思维能力的具体训练方法举不胜举。据文献记载,现在已有几百种创造技法应用于世界各国。大学生应该学习、研究这些使人聪明的办法,并通过创造性思维训练来帮助我们打开思路,走出思维的僵化状态,从而让创意悄然降落我们的心中。

（一）发散思维训练

发散性思维训练的方法很多,主要有以下几种:

（1）以某种材料作为扩散点,设想它的多种用途。如尽可能多地写出或说出回形针的各种用途。把纸或文件别在一起,作发夹用,等等。

（2）以某种事物的功能作为扩散点,设想出获得该功能的各种可能性。如怎样达到照明的目的? 开电灯,手电筒,等等。

（3）以某种事物的结构为扩散点,设想出利用该结构的各种可能性。如尽可能多地说出含圆形结构的东西。太阳,盆子,等等。

（4）以某种事物的特征为扩散点,设想出利用某种特征的各种可能性。如利用红色可做什么? 交通信号灯,红墨水,等等。

（5）以人们解决问题或制造物品的某种方法为扩散点,设想出利用该种方法的各种可能性。如说出用"吹"的方法可能做的事或解决的问题。吹气球,吹蜡烛,等等。

（6）从某一事物出发,以此为扩散点,尽可能多地设想与另一事物联结成具有新事物的各种可能性。如尽可能多地说出与钥匙圈可以组合的东西。指甲刀,小剪刀,等等。

（7）以某事物发展结果起因为扩散点,设想出这一结果的原因或这一原因可能产生的结果。如推测"玻璃杯碎了"的原因。手没抓住掉落地上碎了,被某物碰碎了,等等。

（8）以一个词为基础连接或组成更多的词或句子。如学生—生活—活力……

（二）设问训练

设问训练是培养和发展创造性思维的一种极好的办法。它可以帮助人们突破旧的框架,使人们从固定化想法中解放出来,在思考、解决问题的过程中学会大胆想像,敢于"标新立异""异想天开"。

（三）摆脱习惯性思维训练

习惯性思维有时可能阻碍我们的思路,摆脱习惯性思维训练,可打破某种固定不变的思维框架,使思维具有流畅、变通、灵活、独创等特点。如有一个人的衬衣纽扣掉进了已经倒入咖啡的杯子,他连忙从杯子里拾起,不但手不湿,连纽扣都是干的,他是怎样取出来的? 答案很简单:已经倒入的咖啡是固体粉末。在人们的观念里,总以为咖啡是一种"液体饮料",而导致解决问题的障碍。

（四）愿望列举

愿望列举也称希望点列举。人们对美好愿望的追求,往往成为创造发明的强大动力。如人们希望烧饭能自动控制,结果就发明了电饭锅。愿望列举就是将对某个事物的要求——"如果是这样该多好"之类的想法列举出来。提出积极的希望比仅仅克服缺点会产生更好的创意。如什么样的电视机才理想? 看起来像立体的,具有每个人都可以分开看的装置,想看的频道节目会自动出现，能看到全世界的节目……

（五）缺点列举训练

对某事物存在的某个或某些缺点产生不满，往往是创造发明的先导。只要把列举出来的缺点想办法加以克服，那么就会有新发明创造。如尽可能多列举出玻璃杯的缺点：易碎，较滑，盛了开水时手摸上去很烫，有小缺口会划破手……

（六）"幻想"的训练

想像是思维的翅膀，是一种特殊的思维。我国著名美学家朱光潜指出："再平凡的想像也有几分创造。"爱因斯坦断言："想像比知识更重要。"爱因斯坦的"狭义相对论"就是从他幼时幻想人跟着光线跑，并能努力赶上它开始的。世界上第一架飞机，就是从人们幻想造出飞鸟的翅膀而开始的。幻想不仅能引导我们发现新的事物，而且还能激发我们做出新的努力、探索，去进行创造性劳动。当代大学生爱幻想，我们要珍惜自己的这一宝贵财富，要敢于标新立异，敢于奇思妙想，甚至敢于"胡思乱想"。

（七）头脑风暴法

头脑风暴法是现代创造学的创始人——美国学者阿历克斯·奥斯本于1938年首次提出的。头脑风暴法原指精神病患者头脑中短时间出现的思维紊乱现象，病人会产生大量的胡思乱想。奥斯本借用这个概念来比喻思维高度活跃，打破常规的思维方式而产生大量创造性设想的状况。

四、创造性学习概述

（一）创造性学习的内涵

有人认为，学习只是接受前人的知识，学习书本上的知识，不是什么创造发明，根本谈不上什么创新。我们则认为，学习固然不同于科学家的研究，但也要求学生敢于除旧，敢于创新，敢于用多种思维方式探讨所学的东西。所谓创造性学习就是从被动地接受知识转变为主动地选择、整理、吸收和创造知识，并形成一系列问题的学习。大学生在学习过程中，往往具有独特、发散和新颖的思维特点，这是创造性思维的一种表现，所以，大学生要善于把在学习中发现问题、提出问题、解决问题、有所创新和创造等作为创造性学习所追求的目标。

（二）创造性学习的方法

学习有法，但无定法。任何一种学习方法都有它的局限性，万能法是没有的。下面介绍的只是对创造性学习思路的部分提示，并不是创造性学习方法的模式，更何况，再好的学习方法，那是他人创造的，只能借鉴而不能照搬，真正的有效的创造性学习方式，只能由自己通过实践去创造。

1. 问题式学习

爱因斯坦说："提出一个问题往往比解决一个问题更重要，因为解决一个问题也许仅是一个科学上的实验技能而已。而提出新的问题，新的可能性，以及从新的角度看旧的问题，却需要有创造性的想像力，而且标志着科学的真正进步。"问题是获得知识的突破口，是新知识涌现的源泉。当你在学习中始终把提出新问题放在第一位，作为每一天每一次学习的首要问题时，那么创造性地学习就会时刻伴随你。提什么问题？如教师讲解中不明白的问题，自学中多问为什么出现的问题，解题中发现的新问题等。怎样提问题？一方面可以从大问题向小问题方向分解，最终找到问题的关键，问题越小越易找到恰当的解决方法。另一方面，也可从小问题向大问题方向不断综合。提问题时多用求异思维、逆向思维和发散思维，尤其是提出具有独到见解的问题时，就表明具备了一定的创新性。

2. 系统化学习

系统化学习就是将知识浓缩，形成体系。系统科学的理论认为"整体大于部分之和"，这里的"大于部分"就是创造性学习的收获。怎样将知识系统化？一要在教师的指导下，在不同的阶段将一节、一章、一单元以至一本书的知识重新分析、比较和归纳，使知识条理化，整体化和网络化。二要将所学各科知识从相关联的地方出发进行类比联想和迁移，使其融合为一个整体，成为你知识宝库中的一部分。三是在以上两个方面的基础上善于将知识升华，如多用辐射思维，寻找知识的内涵及新关系、新规律，跳出书本和老师的讲授，延伸发展，将所发现的问题和创造联系在一起，在不断综合中使知识产生质的飞跃。

3. 求变式学习

这里说的变不是乱变，而是在具备一定的知识基础上来求变。一是变知识的结构。从不同角度重新对知识进行分类，特别是在复习时，应针对自己所学内容的不足对知识分类，进行再分析、归纳，以提高复习效果。二是变条件，实现一题多变、一题多解，一文多变和多题归一等，达到对相关知识的新理解的目的。对于实验，则可以设计不同的条件，观察其结果变化。三是变方法，学习方法很多，应因人制宜，如对常用方法加以改进，找出更具体更实用更有效的方法。

4. 探究式学习

爱因斯坦说："科学就是探索，探索使人快乐。"知识是人类智慧的结晶，是人类在漫长的探索中不断创新的结果。要创造性的学习，就应从事物的联系中思考，探求偶然发现的起因，在掌握知识的同时，追寻导致前人发现与发明定律、定理和公式的思路。从寻找事物的各种原因中，探索创新的思维方式，激发自己主动地发现问题，然后通过观察、实验以及分析、比较、归纳、想像、概括等思维过程来解决问题，从而学会发现和创造知识的基本方法。在创新活动中，还要敢于挑战权威、名人，敢于挑战自我，在挑战中实现自我。

五、大学生创造性学习的途径

（一）树立正确的学习观

创新的含义是"抛弃旧的，创造新的"。这里"抛弃旧的"，绝对不能视为对旧的东西全盘抛弃。任何新事物的生成都不是空穴来风，都是在旧事物中孕育、发展的，都不能完全离开旧事物。学习也是如此，只有在掌握了基本的理论与知识之后，才有可能谈创新，在进行创造性思维时，也必须以经典的理论与知识为起点，正确处理好创造性思维的继承性与创新性的关系，在继承的基础上，进行科学的创新。

（二）制定正确的学习策略

无论做任何事情，都必须讲究策略，如打仗要制定克敌致胜的军事策略；国与国之间的交往要注意外交策略；市场竞争要采取正确的商业策略；等等。大学生的学习，同样也要有正确的学习策略。事实上，大学生中学习好与不好的重要区别就在于他们是否有正确的学习策略。

1. 培养学科或专业学习的兴趣

没有学习兴趣的学习是枯燥的，也是不可能获得成功的。一个人能否自觉地去学习，主要取决于兴趣，只要有兴趣就会有信念，有了信念就会执著地去追求，就会有学习的动力。因此，每个大学生都要认真检查一下，自己到底是为什么而学习。是受父母之命或是为了赶时髦而学习，还是为了好找工作而学习？如果仅仅是为了赶时髦或找一份好工作，那你们就不可能学好。因此，希望每个大学生认真地考虑一下，你们现在所学的专业是不是自己所喜爱和感兴趣的，如果是，那就要执著地去追求它；如果不是，那就要培养学习的兴趣；条件允许就去选择自己所喜爱的专业。

2. 树立明确的学习目标

无论做什么事都必须要有明确的目标，正确地选择目标是使自己立于不败之地的重要策略。美国伊利诺依大学社会学研究中心通过研究发现，有明确目标与无目标的人相比，其学习与工作效力可以提高 10% ~ 40%。

3. 调动全部的学习感官

众所周知，人有耳、眼、口、鼻、身。它构成了人们认识客观世界的感官，这就是听觉、视觉、味觉、嗅觉和触觉。人对客观世界的认知，无论是直接的知识还是间接的知识，无不都是通过这五种感官而获取的。研究发现，听觉信息能记忆 15%，视觉信息能记忆 25%，而视听联用，则是 65%，而不是 40%。这要求我们学习要充分运用多种感官，发挥大脑的整体功能。

4. 坚韧持久的信念和动力

学习本身是一份苦差事，要进行学习创新更是不易。没有锲而不舍、永不放弃的信念和不达目的不罢休的精神作为动力，就很难取得成绩。还须强调一点，学习的过程是非常寂寞的，只有静下心，才能真正投入进去，然而很多人往往因忍受不了寂寞，思想浮躁、急功近利，而功亏一篑。只有耐得住寂寞，才能潜下心来勤学苦研；只有耐得住寂寞，才能在一次次失败后又一次次奋起；只有耐得住寂寞，才能谱写出成功之曲！

第四节　大学生常见的学习心理问题及调整

一、学习适应不良及其调适

踏入大学之门，认真考虑一下如何适应大学生活，迈好人生的重要一步，的确是值得我们深思的问题，也是需要我们不断探索的问题，更是一个要我们用实际行动去实践的问题。

(一)学习适应不良的主要表现及原因

1. 对专业学习的困惑

与中学相比，大学学习具有更多的自主性、灵活性和探索性，进大学后，学生们大多一时无所适从。有些学生感觉一下子从中学的严格管教中"松了绑"，但又不知如何安排学习，以致心中忧郁、焦虑；加之有些大学生在报考专业的志愿时，带有很大的盲目性，所学非所愿，专业不合兴趣，更多的是因日后就业前途未卜而产生了"考上了，但选错了"的抵触和忧虑。这种适应不良集中体现在学生专业思想不稳定，不知道怎样建立专业知识结构，培养专业技能，学习带有盲目性。

2. 对生活环境的不适应

进入大学后，由原来依赖父母的小家庭过渡到相对自立的大学集体生活，心理上产生一种孤独、空洞感。

综上所述，大学生背负着沉重的思想包袱，承载着学业紧张、就业严峻的多重压力，如果未能及时排解，必将困扰学习。一旦持久体验必将影响其心理健康。如无奈、失意、混文凭向父母交差等心态的存在严重影响到学生的自信心。

（二）学习适应不良的自我调节

1. 发现和培养学习兴趣

兴趣是求知的动力，成功的起点，但兴趣不是天生就有的，还需要在学习中善于发现激发自己兴趣的事情，努力培养这种乐趣。快乐学习才能持久，效率才会提高。

2. 提高独立意识和生活能力

从一定意义上说，进入大学就意味着独立走向社会，走向生活。因此，大学生要从过去依赖他人逐步学会自我管理，养成良好的生活习惯，培养独立、自主意识，勇于面对社会和生活，这是一个人健康心理素质的重要内容。

3. 不断积累大学生活的经验

任何能力都是在实践中积累起来的，都有一个从不会到会、从不熟练到熟练的过程。人们常说，"生活是最好的老师"，意思是说，只有在生活的实践中不断磨砺，才能逐渐提高独立生活的勇气和能力。大学里有着众多的不同专业和不同层次、不同年龄的师生员工，众多的学生社团，来自全国各地的学友，这是一个高文化品位的环境，对于人才的锻炼成长是一个极为有利的条件。适应这种人际环境的变化，学会与这些不同的人进行沟通、相处与交往，不仅对完成学业十分有利，而且对今后自立于社会，以至参加社会交往也是大有益处的。

4. 树立新的学习理念

学习，既是未来事业的基础，也是未来事业的准备。大学和中学虽然都是人生求学的重要阶段，但大学的学习无论是内容、形式，还是要求都有明显的不同，因此，必须树立新的学习理念，自主学习、全面学习、创新学习和终身学习。

5. 培养优良的学风

优良的学风是大学生终身受益的宝贵财富，养成良好的学风，应在勤奋、严谨、求实、创新上下功夫。勤奋是永恒的学习秘诀，是走向成功的法宝。失败的原因五花八门，成功却无一不是勤奋的结晶。严谨就是一丝不苟，认真负责。严谨为学，诚信做人，是一个人走向胜利之本，任何一个人不可能在粗枝大叶、马马虎虎中得到真理。俗话说："差之毫厘，失之千里。"如果没有了严谨，工作将会纰漏百出，最终一事无成。求实就是要脚踏实地，求真务实，不弄虚作假，不贪图虚名，"知之为知之，不知为不知"。一个人一生之中能否学到真实有用的知识，能否做出重要的发明创造，往往取决于他的创新意识。当代大学生的创新意识，主要体现在从被动地接受知识转变为主动地选择、整理、吸收和创造知识，即学会学习。

二、学习动机不当及其调适

有一部分大学生的学习成绩不够理想是因为学习动机水平过低或过强。研究表明，学习者在学习中动机水平太强或太弱都会对学习产生不利影响。一般说来，当学习比较容易的课程时，学习效率会因动机强度的增强而提高；当学习比较困难的课程时，学习效率会因动机强度的增强而下降；在一定范围内，动机增强有利于学习效率的提高，特别在学习力所能及的知识时，其效率的提高更明显。

（一）学习动机不当的主要表现及原因

学习动机不当包括学习动机不足和学习动机过强，这二者都会影响大学生的学业效能感。学习动机不足的主要表现：无明确的学习目标，为学习而学习甚至厌倦学习和逃避学习；学习动机过强的主要表现：成就动机过强，奖励动机过强，学习强度过大。

1.学习动机不足的原因

造成大学生学习动机不足的原因是多方面的。包括社会、学校、家庭和个人的原因。如外面精彩世界的众多诱惑，大学生择业机制的不健全，学校专业课程设置不够合理，课程内容陈旧，教师讲课缺乏新颖性和艺术性，父母不恰当的期望等，都会导致大学生学习动力缺乏。但主要还是个人的原因：

（1）缺乏目标和理想。理想是一个人至关重要的精神支柱。人与动物的区别在于动物只有一个物质的世界，人则既有物质世界，又有精神世界，而精神世界的核心就是理想信念。如果失去理想，失去信念，那就叫行尸走肉，就会形成大学几年混一混的心理，只追求享乐和潇洒，得过且过，做一天和尚撞一天钟，没有进取心和上进心。

（2）缺乏学习兴趣和学法不当。有的大学生由于所学的专业并不是自己选择（如填报的专业是父母或老师的意思），入校后因专业和兴趣不对口，往往有"明珠暗投"之感，对专业学习缺乏热情。有的因学习方法不当导致学习困难。如几门课程不及格，索性破罐破摔，放松对自己的要求，不愿再努力奋起。

（3）归因偏差。归因是指个体寻求导致其行为结果的原因的一种心理倾向。如某大学生考试失败了，他往往会去分析导致失败的原因：是自己努力不够？或是能力不及？还是老师教学不当？研究表面，习惯于外部归因的大学生具有较低的成就动机，他们把学习的成败归之于外界因素，如把学业成功归因为猜对了答案，碰到好运气等；把失败归之于他人，如教师教得不好，题目太难等。

資料窗

归因理论

归因理论最早由美国社会心理学家海德（F. Heider，1958）提出。他认为，人们都具有理解世界和控制环境这两种需要，使这两种需要得到满足的最根本的手段就是了解人们行为的原因，并预测人们将如何行动。他认为，对行为的归因有两种，一种是环境归因（situatial attribution），即将行为原因归为环境，如将行为的原因归为他人的影响、奖励、运气、工作难易等都是环境归因。海德认为，如果把行为原因归为环境，则个人对其行为结果可以不负什么责任。另一种是个人归因（personal attribution），即将行为的影响归于个人，如将行为的原因归为自己的人格、动机、情绪、态度、能力、努力因素等的影响。海德认为，如果把行为原因归于个人，则个人对其行为结果应当负责。

美国社会心理学家罗特（T. B. Rotter，1966）根据"控制点"（locus of control）把人划分为"内控型"和"外控型"。内控型的人认为自己可以控制周围的环境，不论成功还是失败，都是由于个人能力和努力等内部因素造成的；外控型的人感到自己无法控制周围的环境，不论成败都归因于他人的压力以及运气等外部因素。

美国心理学家韦纳（B. Weine）在吸收海德和罗特理论的基础上对行为结果的归因进行了

系统的探讨，并把归因分为三个维度：内部归因和外部归因，稳定性归因和非稳定性归因，可控归因和不可控归因。同时将人们活动成败的原因即行为责任归结为六个因素，即能力高低、努力程度、任务难易、运气(机遇)好坏、身心状态、外界环境等。

2. 学习动机过强的原因

(1)成就动机过强。个体学业期望过高，自尊心强，对自己的学习能力缺乏恰当的估计。由于心理压力太大，最后多半导致失败，而失败的体验又会挫伤自信心和自我效能感，最后可能会使抱负和期望变得很低。

(2)不恰当的认知模式。"只要我付出了努力，我就一定会成功"，从而把努力和勤奋看成成功的唯一条件，这是产生过强动机的基础。事实上，任何成功都与自身能力和环境因素有关，努力是成功的必要条件，非唯一条件。

(3)外部的奖罚诱因过强。这主要指各种具体的外部环境，如家庭、社会等。社会文化倾向于赞扬发奋者，大多数人更会支持那些动机强者，称赞他们学习劲头足、刻苦、有志向，并期望他们做得更好，从而对他们进行了不适当的强化，使他们看不到动机过强的危害，等到造成身心困扰时已难以自拔。

此外，个体的某些个性特征，如自尊心过强，做事过于认真，追求完美，好强，固执，严厉的家庭教育方式和父母期望值过高，等等，也往往导致子女的学习动机过强。

(二)学习动机不当的自我调适

1. 学习动机不足的自我调适

首先，正确认识学习的价值与目标，重新规划学业与人生。只有把自己的学习与社会的需要密切联系起来，看到自己学习的价值时，才会有责任心和使命感，学习动机也会更为强烈。其次，培养学科兴趣。美国教育学家卡尔·罗杰斯说："我只知道只有一个人想学，他才会去学。"兴趣是最好的老师，大学生只有对某专业的学习产生了浓厚的兴趣，才会主动地学习，发掘课本上没有的知识，提高学习的积极性。第三，调整心态，以良好的心态对待学习中遇到的挫折与困难，以顽强的意志战胜惰性。第四，改进学习方法，提高学习效率。科学的学习方法，有利于提高学习效率，从而使大学生获得成功的喜悦而强化学习动机。

2. 学习动机过强的自我调适

首先，正确认识自己的潜质，制订恰当的学业目标与学业期望，调整成就动机，与此同时，脚踏实地，循序渐进，不急于求成和好高骛远。其次，转换表面的学习动机为深层学习动机，淡化外在奖励特别是学业成就的诱因，正确对待荣誉与学业成绩。第三，端正学习态度，树立远大理想，保持旺盛的学习热情，坚持不懈，便会取得预期效果。

三、学习注意力不集中及其调适

注意力是心理活动对一定对象的指向和集中。它具有指向性和集中性两个基本特征。在正常情况下，注意力使我们的心理活动朝向某一事物，有选择地接受某些信息，而抑制其他活动和其他信息，并集中全部的心理能量用于所指向的事物。良好的注意力能提高工作与学习的效率。

(一)注意力不集中的主要表现及原因

注意力不集中，主要表现为无法将心理活动指向某一具体事物，或无法将全部精力集中到这一事物上来，同时无法抑制对无关事物的注意。具体表现有五个方面：

首先，注意力漂浮不定，专注的目标经常转移。如上课不能专心听讲，上课讲话、走神、东张西望或发呆，盯着黑板却心猿意马，与他说话时，心不在焉，似听非听。其次，容易分心，易受环境干扰。如听见任何外界声音都要去探望，而且长时间不能静心。第三，参加活动如参加体育运动或看一场电影后，久久沉浸在情节的回忆之中。第四，不注意细节，粗心大意。如做作业拖拉，作业又脏又乱，常掉字、错字，考试时看错题、丢题。第五，做事难以持久，常常一件事没做完，又去干别的事，总是丢三落四。

造成注意力不集中的原因比较复杂，许多较严重的心理障碍都可以引起注意力障碍。大学生注意力不集中的原因主要有：

第一，心理压力过大，高度紧张和焦虑。特别是由于恋爱、性幻想等更容易引发注意力障碍。第二，对所学科目不感兴趣，导致学习动机不足，缺少压力与紧迫感。第三，生活事件导致心理应激，如重要丧失、考试失败、家庭生活发生重大变故、经济困难、评优失败、失恋、宿舍关系失和等造成的思想负担重、精力分散。第四，睡眠不足，大脑没有得到充分休息。第五，习惯形成的一种心理品质的缺陷，如没有良好的活动习惯、维持注意力的技巧欠缺等。

（二）注意力不集中的自我调适

注意力不集中并不是生理疾病，很多较严重的心理障碍都能引起注意力障碍，更多的则是由于不良习惯导致的心理品质缺陷，是心理缺乏定性和意志的表现。因此，当你因注意力无法集中而影响学习时，不妨采用以下方法来培养自己的意志力和耐心，这样就可以逐渐改掉注意力不能集中的读书习惯。

1. 明确学习目的和任务

注意分为无意注意和有意注意，学习活动主要需要的是有意注意，而对学习对象的任务和目的理解得越透彻，有意注意的自觉性和意志力就越高，完成任务的愿望也就越强烈。这时，与完成任务有关的事物越能成为注意的中心。如课前对重点、难点的了解，必然使你对听课的目的和任务更明确而具体，注意力就容易集中。

2. 培养广泛稳定的兴趣

任何注意都依赖于兴趣。广泛的兴趣虽是扩大知识面的前提，但如果见异思迁，朝三暮四，仅凭兴趣，终将一事无成。因此，应该培养既有广泛的爱好，又有追求的中心，形成以学习为焦点的浓厚的兴趣中心。当然，有些同学可能对背外语单词、做某些枯燥的习题没有直接兴趣，但却对当科学家感兴趣，这就要将兴趣转化为直接兴趣。

3. 克服干扰以集中注意力

注意力集中不仅体现在没有干扰的情况下可以做到，更主要体现在有各种干扰的情况下也能做到。内部干扰主要指疲劳、疾病以及和学习无关的思想情绪等。克服内部干扰除了培养健康的思想、情操外，还要提高自己承受挫折和应对挫折的能力，并避免用脑过度，学会科学用脑。外部干扰主要指对感官具有吸引力的如无关的声音、视觉刺激物等。克服外部干扰除尽量避免外界刺激外，还要有意识地锻炼意志，培养"闹中求静"的本领，使注意力高度集中且具有韧性。

4. 劳逸结合以提高注意力

学习疲劳也是注意力不集中的原因之一。我们要学会劳逸结合，科学安排作息时间，保证充足的睡眠。学习与休息时间的安排应根据自己的生物钟节律变化，有效防止学习疲劳的发生。同时，单调而重复的刺激易使人疲劳而注意力涣散，多样化的学习活动则能使人保持充沛的精力，从而提高注意的稳定性。学习中的科目交替，看、读、听、写的交叉，都有利于大脑优势兴奋中心的保持，从而有效地维持注意力的质量。

5. 减少与学习无关的活动

大学生大多过着集体生活，当无法选择环境和排除干扰时，需要提高抗干扰的能力。适当减少与学习无关的活动，比如大量的交友、娱乐活动、谈恋爱等。以顽强的意志力，克制散漫的生活作风，遵守学校的学习纪律，提高自我控制能力，将注意力逐渐集中到学习中来。学习情境对注意力有较大影响。良好的学习环境可使人在学习活动中身心舒畅，注意力集中，从而提高学习效率；嘈杂、脏乱的学习环境则使人心烦意乱，焦躁不安，注意力涣散，从而降低学习效率。由于每个人的心理特征不同，个人所喜好的学习环境也不同，如有的人必须在绝对安静的环境下才能集中注意力，而有的人在轻柔的音乐声中更能集中注意力。因此，大学生应根据个人的不同情况，选择适合于自己的学习环境。

6. 养成良好的注意习惯

良好的习惯，首先要从对小事的注意开始，包括良好的坐姿。可进行"闹中求静"的有意训练，可以经常进行一些精细的工作，如绘画、剪纸、制作航模等，还可用内部语言进行经常的"自我提问"或自我提醒等，以提高注意力。所谓"习惯成自然"，是指持之以恒地做有意注意的训练，再逐渐由有意注意过渡到无意注意。

四、记忆力减退及其调适

记忆是对既往事物经验的重现。衡量记忆力的强弱主要有四个指标，即记忆的敏捷性（速度）、记忆的持久性（时间）、记忆的正确性（需要时准确再现）、记忆的备用性（需要时迅速回忆）。记忆在学习中具有极为重要的作用，学习新知识离不开记忆，智力活动离不开记忆，提高学习效率也离不开记忆。

（一）记忆力减退的表现及原因

大学生记忆力减退的主要表现为识记能力差，记忆速度慢，保持时间短；遗忘快，记不住或再认产生错误；反应迟钝，集中力差等。记忆力减退的原因主要有：

1. 学习动机不足

学习目的不明确，学习动机不足，学习兴趣不浓，对学习缺乏信心等会使大脑对知识的记忆缺乏积极主动性，大脑皮层活动不活跃甚至处于抑制状态，使人的智力下降，这是引起记忆障碍的主要原因之一。

2. 记忆方法不当

一是不了解记忆规律，不是在理解的基础上记忆，而是死记硬背，从而影响记忆效率；二是长时间单调的学习使大脑相应功能区域处于疲劳状态，兴奋与抑制失衡，新陈代谢功能失调，从而产生保护性抑制，记忆效率必然下降；三是学习材料间的互相干扰，不良的生活和学习习惯等也会引起记忆力减退，造成遗忘。

3. 情绪影响

急躁、烦恼、紧张、压抑、焦虑或抑郁等，引起神经功能紊乱，破坏记忆功能。

（二）记忆障碍的自我调适

1. 保持良好的情绪状态

心理学家研究认为，愉快的心情会引起人体内的一系列生理变化，如肌肉舒适放松，心脏有规律地跳动，体温略上升等。这些愉快的感觉会引起身体的快感，在这种状况下学习，记忆效果会显著提高；而在不愉快心情下，心率加快，血压升高，结果使人的精神不集中，记忆效果也不佳。

2. 掌握最佳的记忆时间

人体的各种生理和心理功能每天随时间推移做规律性的运动。根据苏联科学家研究，人在一天中，生物机能上午7～10时逐渐上升，10时左右精力充沛，处于最佳工作和学习状态，之后趋于下降；下午5时再度上升，到晚上9时又达到高峰，11时过后便又急剧下降。然而具体到每个人，又不完全相同，因为每个人每天学习的最佳时间与其长期养成的学习、生活习惯有很大关系。如有的人早晨学习效果最好，有的人深夜精力最充沛。为了提高记忆效果，大学生应注意观察自身特点，了解自己最佳的用脑时间，然后对学习内容进行适当的分解，把重要的内容放到最佳时间去学习。

3. 选择恰当的记忆方法

（1）目的记忆法：心理研究表明，有目的记忆比无目的记忆效果好、效率高。对那些必须记忆的知识，要给自己提出明确的记忆目的和任务，以便提高记忆效果。

（2）选择记忆法：每个人的记忆都各有特点，有长处便有短处，效果不同。选择记忆法就是一个人对自己的特点有正确、清楚的认识，从而能做到取长补短地锻炼自己的记忆能力。

（3）过度记忆法：现代记忆理论认为，进入脑中的信息开始时是一种神经冲动的回路活动，经过一段时间以后，记忆痕迹才得以固定。在此过程中需要多次强化才能记忆牢固，所以要反复记忆。有实验证实，识记50个外文单词，反复次数在4次以内时记忆效果一般，超过4次记忆量就有一个突增，到7次时差不多可以全记住。可见，适当的过度记忆，多反复几次，记忆效果大不一样。

（4）理解与联想记忆法。理解有利于记忆，由于要对新知识进行理解，必然使之与头脑中原有的知识建立起暂时的神经联系，这种联系一旦建立，不仅有助于新旧知识的整合，也有助于对它的记忆。而建立在新旧知识联系基础上的产物就是联想。对知识的理解越多，联想的能力就越强，进而，知识的储存也就越大。这是一个良性循环过程。具体联想的方法有接近联想、类似联想、对比联想、奇特联想等。

（5）删繁就简的记忆法：大学生学习科目多，因而要学会删繁就简，使记忆材料由厚变薄，由长变短，由大变小，从而优化记忆容量，减轻记忆负担，提高记忆效率。删繁就简的主要方法有概括记忆、重点记忆、提纲记忆、网络记忆、列表记忆、图示记忆等。

另外，大学生还可根据自己的记忆特点，采取一些针对性的特殊的记忆技术，如规律记忆法、协同记忆法、特征记忆法、比较记忆法、歌诀记忆法、谐音记忆法、趣味记忆法等，往往可收到事半功倍之效。

4. 了解遗忘规律及时巩固

记忆与遗忘总是相伴出现的，在记忆的同时，遗忘就已经开始发生。要保持最佳记忆，就必须克服遗忘。德国心理学家艾宾浩斯的研究表明，遗忘的规律是先快后慢，先多后少。

因此，要克服遗忘就必须及时复习。艾宾浩斯还做过这样的试验：让被试者记无意义音节和诗歌，达到成诵；第二天再复习，达到成诵；如此持续，以至达到成诵需要复习的次数越来越少，到第五天对于诗歌不复习也能背诵了。大量实验表明，为了使信息保持巩固，就必须多复习，随着信息巩固程度的提高，复习次数可以逐渐减少，间隔时间可以逐渐增长。

5. 克服两种抑制的干扰

在记忆中常常会出现前摄抑制与倒摄抑制对记忆的干扰现象。前摄抑制是指先前的学习与记忆对后继的学习与记忆的干扰。如刚看完电影，紧接着做作业，结果脑子里尽是电影画面，影响了作业的正确率和效率。倒摄抑制是指后继的学习与记忆对先前学习材料记忆的干扰。因此，大学生在学习过程中，一方面，要注意劳逸结合，在学习一段时间之后，要作适当休息，使大脑神经得到放松，以防止前摄抑制的干扰；另一方面，应尽量将相类似学科的学习时间隔开，将难度大的学科与较容易的学科交替安排，以克服倒摄抑制的干扰。

五、考试焦虑及其调适

(一)大学生考试焦虑的表现

焦虑是一种复合性情绪状态，包括焦虑反应、过度焦虑和焦虑症等三个由轻到重的层次。焦虑反应是人们对一些即将来临的紧张事件进行适应时，在主观上产生的紧张、不安、着急等期待性情绪状态；焦虑症是神经症的一种，主要特点是紧张、不安等症状比较严重，但对产生这些不适的原因不很明确。考试焦虑介于两者之间，属于过度焦虑，其特点是焦虑已明显地影响正常学习和生活，但患者对引起焦虑的原因十分明确，考试一旦解除，多能迅速恢复。绝大多数考生在临考前都有一定程度的紧张或焦虑，它属于焦虑反应，是正常现象。适度紧张可以维持考生的兴奋性，增强学习的积极性和自觉性，提高注意力和反应速度等，也就是说，在考试及其准备过程中，维持一定程度的紧张是有必要的。但是，过度的考试焦虑则会有害身心健康，导致一系列的生理反应和情绪反应。可见，焦虑是客观存在的，问题的关键是把握好它的度，即使之适度而不过度。

过度的考试焦虑可有以下表现：①情绪上表现出担忧、焦虑、烦躁不安。如担心考不好，担心对个人评价不利，担心未来前途，担心考试准备不足等。②认知上表现为注意力不集中、记忆力下降、看书效率低、思维僵化。③行为上表现为坐立不安、手足无措。④身体上表现为头痛、食欲下降、恶心、心慌、睡眠不好等。具有高度考试焦虑的学生在考前还会出现明显的生理心理反应，如：过分担忧、恐惧、失眠健忘、食欲减退、腹泻等症状；在临考时心慌气短、呼吸急促、手足出汗、发抖、频频上厕所、思维肤浅、判断力下降、大脑一片空白；个别学生在考场上出现视力障碍，如看不清题目、看错题目、漏题丢题、动作僵硬、手不听使唤、出现笔误等。

(二)考试焦虑的原因

考试焦虑的产生是内因和外因相互作用的结果。外因来自于学校、家庭和社会；内因与个体的个性、抱负、早年经历、认知水平和心理承受能力等有关。考试焦虑是后天习得的心理障碍，它是个体在不良的教育环境下主客观因素共同作用而形成的。客观上，学生面临的考试相当重要，考试难度过高；主观上，学生自认为应付考试的把握不大，预感个人自尊心会受到威胁。

1.客观因素

造成大学生考试焦虑的客观因素主要有：一是考试本身。如考试的重要性、难易程度、竞争程度等。越是重要的考试，越容易产生考试焦虑；题目越难，越容易产生考试焦虑；竞争程度越激烈，越容易引发考试焦虑。二是学生的学业期望。一般而言，学业期望越高的学生，对学习投入的精力越多，越看重学业成绩，因而对考试失败的恐惧越高，越容易产生考试焦虑；而那些学业期望较低的学生，满足于60分，一般不会产生考试焦虑；但当学业期望较低的学生面临学业失败时，也可能会激发其考试焦虑。三是知识掌握程度。我们经常说："难者不会，会者不难。"考试的难易是相对的。现在有一部分学生上课不认真，下课不复习，推崇考前一周效应，平时学习不努力，临阵磨枪，匆忙上阵，面对考题，感到任务太难，便产生考试焦虑。四是考试压力的传递。学生间的相互影响也会造成考试焦虑。

2.主观因素

造成考试焦虑的主观因素主要有四方面：一是个性气质特点。那些敏感、易焦虑、过于内向、缺乏安全感和自信心、做事追求完美的学生在考试中容易出现考试焦虑。二是考试经验。大学生多数在中学时代都有考试成功的经验，而进入大学后，偶然的考试失败会加剧其考试焦虑；如果将过去考试成功归于题目容易、运气好，而将大学的考试失败归结为自己不聪明、能力差，就会对自己失去信心，面临考试就会紧张焦虑。三是知识掌握与复习准备。如果复习准备不足，对考试没把握，自然会产生考试焦虑。四是对考试外在价值的过分重视。考试成绩与大学生学业荣誉如奖学金，政治前途如入党，学业前途如专升本等密切相关，因而，大学生会对考试成绩看重，特别是学业成绩优异的大学生，恐惧考试失败的心理压力更大，更容易出现考试焦虑的症状。

(三)考试焦虑的自我调适

考试焦虑是一种心理障碍。出现考试焦虑，通过自身的积极调适，通常是可以消除的。

1.正确对待考试

首先，应正确认识考试重要性，考试不是学习的目的，而是检验学习效果的手段，而且并非唯一手段。对考试结果要正确对待，分数不是衡量学习质量的唯一标准。即使考试失败，也不要灰心，只有将失败看作成功的起点才不是真正的失败。其次，要正确认识考试的难度，并对自己的应试能力有正确估计。就学业考试来说，基本上就是考基本知识和基本技能，很少会有特别的难题、偏题。至于选拔性的考试，考试面广一点，深度大一点，但你觉得难，别人也会觉得难，何必自己跟自己过不去呢？相信人可以用理智和意志来控制和调节情绪。再次，要将考试不仅看成是对学习效果的检验，还要看成是对自己心理素质的锻炼。积极、乐观的心理状态可以减弱过强的焦虑，而自信心的提高可使焦虑保持在适中的程度。

2.正确评价自我

确立恰当的学业期望，既要相信自己的能力水平，又要实事求是，正确估计自己，降低求胜动机和过高的学习目标，保持恰当的学习压力，重视学习的过程而不是考试结果。

3.认真学习和复习

部分大学生的考试焦虑是由复习准备不充分引起的，因此平时学习做到刻苦勤奋，考试时就会"艺高胆大"，充满信心；考前全面复习，尽量熟悉考试题型、时间、地点、要求等，带足、带全考试用具，做到心中有数，胸有成竹。

4. 劳逸结合

充足的睡眠、适当的运动和娱乐不仅有助于情绪的稳定和调节，而且有利于心理潜能的激发。所以，应注意科学用脑，加强营养，劳逸结合，保证睡眠，以维护神经系统的正常机能和良好身心状态。

5. 学会放松

实践证明焦虑和放松是不会同时存在的，当你感到焦虑时，就不会放松，而当你完全放松时，你就不会感到焦虑。因此经常进行放松训练，可以消除紧张状态，克服考试焦虑，使人身心得到充分的休息和恢复。放松有许多方法，我们介绍几种：

（1）以舒服的姿势坐好，保持身体两边的平衡；

（2）用鼻子深深地、慢慢地吸气，再用嘴巴慢慢地吐出来；

（3）想像放松，可以放轻音乐，自己想像在轻柔的海滩上，暖暖的阳光照在身上，赤脚走在海滩上，海风轻轻吹拂，听海浪拍打海岸，将头脑倒空，达到放松的目的。

团体辅导与自助

学习是一项复杂的脑力劳动，学习的效果要受到多种因素的制约。如何提高学习效率和学习效果是每个大学生都关心的话题。

学习中不仅要吸收前人的知识，还要敢于怀疑，敢于创新，敢于打破思维定势，而不是墨守成规。不仅如此，学习还要讲究学习策略，学习过程中还要学会与人分享交流，善于吸收他人的智慧，这样不仅有助于自己的人际关系和谐，还让人的视野更开阔，学习的效果更持久深刻。"于无声处"即让学生体验到心静的感觉，学会集中注意力，懂得聆听。

一、于无声处

（一）活动目的

1. 让学生体验心静的感觉，学会集中注意力，懂得聆听。

2. 用心感受通过眼神和身体接触（如手、背）彼此间传递及交流信息。

（二）活动时间

大约需要 20 分钟。

（三）活动道具

《天籁之声》的音乐。

（四）活动场地

以室内为宜。

（五）活动程序

1. 将全班学生分成两组，围成两个同心圆，里圈和外圈的人面对面坐好。轻轻地闭上眼睛，做 5 个深呼吸，慢慢地放松，静静地感受来自周围的声音……2 分钟后睁开眼睛，交流听到的声音；

2. 让里圈和外圈的人面对面坐好，轻轻地闭上眼睛，做 3 个深呼吸，聆听《天籁之声》，慢慢地睁开眼睛注视对方，默默地去体会对方此时此刻的心情和想要表达的心境……

3. 让里圈和外圈所有的学生面对面坐好，轻轻地闭上眼睛，做 3 个深呼吸，聆听《天籁之声》，慢慢地伸出双手与对方的手轻轻地贴在一起，去感受对方要传达的信息……

4. 让里圈和外圈的人背对背坐好，轻轻地闭上眼睛，做 3 个深呼吸，聆听《天籁之声》，慢慢地背靠背，去体会对方通过背脊要传达的信息……

5. 全班交流，分享感受。

（六）注意事项

1. 本游戏需要有非常安静、没有干扰的环境，在温度、湿度十分舒适的情况下，才能让人进入用心聆听、用心说话、用心体验的境界。

2. 本活动的感觉是细微和敏感的，所以对大学生来说，以同性学生一组为宜。

3. 音乐的选择非常关键，以聆听大自然的声音为宜，如流水声、雨声、涛声、虫鸟鸣叫声。

二、脑力激荡法

运用"脑力激荡法"探讨如何进行有效的学习。

目的：发挥想像，提高创新能力、思辨能力和学习能力。

原则：充分发挥自己的想像力，不受任何思维限制，彻底放松，思维自由驰骋；不要早下结论，要等到全部同学讲完了以后才整理讨论，以免束缚着讨论者的才能与智慧，评判允许有肯定也有否定。

操作：学生分组，以 8～10 人为 1 组，设主持人 1 名，记录员 1 名，主持人维持讨论秩序，引导学生围绕"如何进行有效学习"为主题充分展开讨论，启发思考，记录员详细记录全部发言，最后进行分析加工整理，作出评价。

心理自测

一、考试焦虑综合诊断量表

说明：

1. 仔细阅读每一道题，看看这种陈述是否反映出你在应试时的真实情况。如果该题目符合你的真实情况，或者你对该题目所陈述的问题表示赞同，那就请你在该题目左边[　]内画上"√"；如果不符合或不赞成，则不用做任何标志；如果觉得难以确认，则在该题目左边的[　]内画"0"。

2. 当你答题的时候，不需花太多的时间反复思考，要尽可能按照你看完题目后的第一印象来回答。

3. 如果你真想了解你在考试情境下的思想、行为与感情，那就请你一定如实回答。

测试题：

[　]1. 我希望不用参加考试便能取得成功。

[　]2. 在一次考试中取得好分数，似乎不能增加我在其他考试中的自信心。

[　]3. 人们（像家人、朋友等）都期待我在考试中取得成功。

[　]4. 考试时间，有时我会产生许多对答题毫无帮助的莫名其妙的想法。

[　]5. 重大考试前后，我不想吃东西。

[　]6. 对喜欢向学生冷不防进行考试的教师，我总感到害怕。

[　　]7. 在我看来，考试过程不应搞得太正规，因为那样容易使人紧张。

[　　]8. 一般来说，考试成绩好的人，将来必定在社会上取得更好的地位。

[　　]9. 重大考试之前或考试期间，我常常会想到，其他一些应试者比自己强得多。

[　　]10. 如果我考糟了，即使我不会老是记挂着它，也会担心别人将如何看待我。

[　　]11. 对考试结果的担忧，在考试前妨碍我准备，在考试中妨碍我答题。

[　　]12. 面对一项必须参加的重大考试，我紧张得晚上睡不好觉。

[　　]13. 考试时，如果监考人来回走动注视着我，我便无法答卷。

[　　]14. 如果考试能够被废除，我想我的功课实际上会学得更好。

[　　]15. 当了解到考试结果会在一定程度上影响我的前途时，我心烦意乱。

[　　]16. 我知道，如果自己能集中精力，考试便能超过大多数人。

[　　]17. 如果我考得不好，人们将怀疑我的能力。

[　　]18. 我似乎从来没有对应试进行过充分准备。

[　　]19. 考试前，我的身体不能放松。

[　　]20. 面对重大考试，我的大脑好像凝固了一样。

[　　]21. 考场中的噪音(如日光灯的响声，暖气或冷气装置发出的声音，其他应试者的声音，等等)使我烦恼。

[　　]22. 考试之前，我有一种空虚、不安的感觉。

[　　]23. 考试使我对能否达到自己的目标产生了怀疑。

[　　]24. 考试实际上并不能反映出一个人对知识掌握得究竟如何。

[　　]25. 如果考试得了低分数，我不愿把自己的分数确切地告诉给任何人。

[　　]26. 考试前我常常感到还需要再充实一些知识。

[　　]27. 重大考试之前，我的胃不舒服。

[　　]28. 有时，在参加一次重要考试的时候，一想起某些消极的东西，我似乎觉得就要垮了。

[　　]29. 在即将得到考试结果之前，我会感到十分焦急或不安。

[　　]30. 但愿我能找到一个不需要考试便能被录用的工作。

[　　]31. 如果在这次考试中我考得不好，我想那就意味着自己并不像原来所想像的那样聪明。

[　　]32. 假如我的考试分数低，我的父母将会感到非常失望。

[　　]33. 对考试的焦虑简直使我不想进行充分准备，而这种想法又使自己更加焦虑。

[　　]34. 考试时，我常常发现自己的手指轻轻颤动，或者双腿在轻轻摇晃。

[　　]35. 考试完毕，我常常感到本来我应考得更好一些。

[　　]36. 考试时，我情绪紧张，注意力不集中。

[　　]37. 在某些试题上我考虑得越多，脑子也就越乱。

[　　]38. 如果我考糟了，且不说别人可能对我有看法，就连我自己也会失去信心。

[　　]39. 考试时，我身上某些部位的肌肉很紧张。

[　　]40. 考试前，我感到缺乏自信，精神紧张。

[　　]41. 假如我的考试分数低，我的朋友们将会对我感到失望。

[　　]42. 在考前，我所存在的一个问题就是不能确知自己是否做好了准备。

[　　]43. 当我不得不参加一次确实很重要的考试时，我常常感到十分恐慌。

[ ]44. 我希望主考人能够觉察，在参加考试时一些人比另一些人更紧张；我还希望在评价考试结果的时候能够考虑这一事实。

[ ]45. 我宁可写一篇论文，也不愿参加考试。

[ ]46. 公布我的考分之前，我想打听打听别人考得怎样。

[ ]47. 假如我得了低分数，某些人将会感到快活，这使我心烦意乱。

[ ]48. 我想，如果能为我单独举行考试，或者没有时限压力的话，我的成绩将会好得多。

[ ]49. 考试成绩直接关系到我的前途和命运。

[ ]50. 考试期间，有时我非常紧张，以至于忘记了自己本来知道的东西。

结果分析：

该测查表由两大部分组成，一部分内容是测查你的考试焦虑的来源或原因，其中又包括四个方面：①担心考糟了他人对你的评价(所属题号是3，10，17，25，32，41，46，47)；②担心你的自我意象受到伤害(2，9，16，24，31，38，40)；③担心你未来的前途(1，8，15，23，30，49)；④担心对应试准备不足(6，11，18，26，33，42)。另一部分内容是分析你的考试焦虑的表现，其中又包括两个方面：①身体反应(5，12，19，27，34，39，43)；②思维障碍(4，13，20，2，28，35，36，37，48，50)。此外还有一小部分内容是测量你的一般性考试焦虑状况的(所属题号是7，14，22，29，44，45)。一般性考试焦虑是由其他原因引起的，可作为应试时缺乏自信心的信号。为防止你在答题时具有倾向性，测查题的编排各部分内容的题号作了混合。以上说明详见下表。

把你对测查题的选择情况即把打"√"号的题号依次填入考试焦虑自我诊断表内，题号属于哪种类别就填入该类别后的题号一栏里。填完后你便可以对照测题作进一步的分析判断。例如：①我对考试焦虑的第一种来源或原因反应最强烈的方面是："我不想使我父母失望。"②我对考试焦虑的第二种来源或原因反应最强烈的方面是："我期望在考试中得到最高分，我不能忍受在考试成绩上没有名列前茅。"根据答题情况和自己的概括依次类推，就以找出导致你考试焦虑的主要原因，同时也就能抓住你考试焦虑的主要表现，从而得出一个准确的诊断结果，为下一步的自我调控和治疗条件打下一个可靠的基础。

考试焦虑自我诊断表

类　　别	测查内容	所选择的题号
考试焦虑的来源	(1)担心考糟了他人对你的评价	
	(2)担心你的自我意象受到危害	
	(3)担心你未来的前途	
	(4)担心对应试准备不足	
考试焦虑的表现	(1)身体反应	
	(2)思维障碍	
其　　他	一般性考试焦虑	

(资料来源：宋专茂，陈伟．心理健康测量．广州：暨南大学出版社，1999)

二、请根据自己的情况回答如下的问题,和本人情况相似的打"√",相反的或者不同的打"×":

(1)在表达自己的思想的时候,常采用比喻的方法,把抽象事物形象化。(　　)

(2)在观察或者做事的时候,总是专心致志,很少因为遗漏而误事。(　　)

(3)尽量自己完成任务。(　　)

(4)在解决难题以后常有一种兴奋感。(　　)

(5)刨根问底好像是我的一种嗜好。(　　)

(6)常在别人的言行中发现问题。(　　)

(7)娱乐也是全神贯注的。(　　)

(8)思考问题时能在显然不相关的概念间找到联系。(　　)

(9)追求目标有时使我不顾其他,甚至敢于冒险。(　　)

(10)好学好问。(　　)

(11)从不迷信谁,采用的方法是分析、吸收。(　　)

(12)遇到急迫情况时紧张,但不怕。(　　)

(13)面对失败挫折不曾气馁过。(　　)

(14)从不满足于眼前的答案。(　　)

(15)总是试图预测事情的结果。(　　)

(16)善于提出各种问题。(　　)

(17)进行创造性工作时,有忘记时间的倾向。(　　)

(18)喜欢艺术和哲学。(　　)

(19)总是坦率地又恰当地把自己的看法说出来。(　　)

(20)爱想像,想像过程中常有一些新点子出现。(　　)

评分标准:

如果打的"√"在18个以上,说明被测者的创造心理是很优越的;如果打的"√"在15～17,则是良好,在12～15个则属于一般;11个以下则显得差些。

思考与练习

1.简述学习的心理基础和大学生学习的特点。

2.根据学习动机理论,制订适合自身特点的学习动机激励方案。

3.在学习过程中,你经常碰到的学习困难有哪些?你是怎样处理的?

第五章 大学生的情绪与调节

情绪是人们日常生活中最常见的心理现象，也是心理健康的重要指标。胡夫兰法曾说过："在一切对人不利的影响中，最能使人短命夭亡的，就数不好的情绪与恶劣的环境。"可见，情绪与人身心健康之间的重要关系。本章主要介绍有关情绪和情商的概念、特征、功能等基本知识，大学生的情绪所具有的发展特点，阐述情绪对人的积极与消极两方面的影响，分析大学生几种常见的情绪困扰，指导大学生学会如何对不良情绪进行管理，以及怎样培养良好情绪。

第一节 情绪概述

一、情绪的概念

情绪是人对客观事物是否符合自己的需要而产生的主观态度体验。人之所以会产生情绪体验，是因为一些事物符合或满足了人的需要，而另一些事物不符合或不能满足人的需要，甚至违背或阻碍了人的需要。也就是说情绪与认识不同，认识是对客观事物的反映，情绪则是人对客观事物与人的需要之间关系的反映。人非草木，孰能无情，在日常生活中，我们每个人都会对客观事物产生不同的心理体验。如顺利完成任务能使人愉快和轻松；生活中遇到知己会感到欣慰；找到了志同道合的伴侣会感到幸福；无端遭到攻击会感到愤怒；失去亲人会感到悲哀和痛苦；遭遇危险会感到惊慌和恐惧等。面对大千世界中人们还会产生各种欲念，所有这些喜、怒、哀、乐、爱、欲都是情绪的不同表现形式。

当然，情绪有积极和消极之分，当客观事物满足人的需要时，就会产生积极的情绪体验，如高兴、喜悦、满意等；反之，则会产生消极的情绪体验，如悲痛、愤怒、生气等。人类的需要是多种多样的，既有物质需要又有精神需要，涉及方方面面，因而也会产生出复杂多样的情绪。总之，客观事物只有与人的需要相关联，才能引发人的情绪；情绪是人对客观事物与人的需要关系的反映。

二、情绪的表达

人的情绪产生后，必然会有所表达，为自己和他人所察觉。情绪的表达有言语表达、面部表情和肢体语言三种方式。

(一)言语表达

言语表达就是通过说话的声调、音色、音量、节奏、速度等方面的变化表达不同的情绪。

如语调低沉、言语缓慢、断断续续表示悲哀，语调高昂、速度较快，语调高低差别大表示喜悦。言语表情比言语本身所传达的情绪信息更多更复杂。

（二）面部表情

人的面部表情指以眉、眼、口、鼻、舌等面部器官及面部肌肉的活动表达内在情绪，是情绪表达的主要方式。特别是眼睛，代表着心灵的窗户，最能表达出情绪变化。如成语眉飞色舞、眉目传情、愁眉苦脸、横眉竖眼、喜形于色等都是通过描写人的眼和面部特征来表达人的不同情绪。在网络时代，用电脑、智能手机等通讯工具上网，如QQ、微信等，有着表示信息发送者情绪类型的图像，寥寥几笔就勾画出人的各种不同类型的表情，十分传情。

（三）肢体语言

肢体语言是指通过身体，特别是四肢的动作代替语言，借以表达情绪。身体及四肢的姿势变化，流露着主人不同的不必或不可言说的情绪，如鼓掌、点头表示鼓励和兴奋，捶胸顿足表示痛苦和悔恨，垂头丧气表示失望和悲哀，坐立不安表示烦躁和焦虑等。

三、情绪的三种状态

情绪多种多样，依据其发生的强度、持续性、紧张度可分为三种状态，它们在人的生活中都有重要意义。

（一）心境

心境是一种强度比较微弱，能持久地影响人整个精神活动，而且具有一定渲染性的常见情绪状态。心境不是关于某种事物的特定体验，而是具有弥散性的特点。如高兴的时候看什么都高兴，俗话说"人逢喜事精神爽"，似有"万事称心如意"之状态。这种被喜事引起的愉快心情按其强度来说并不强烈，但这种情绪状态并不在事过之后立即消失，往往会持续一段时间。烦闷、不高兴时，看什么都不顺眼，如林黛玉看见落花也伤心，看见月缺也流泪。

影响心境的原因是多方面的，但多与其物质的和精神的需要满足状态的变动有关。客观方面，社会生活条件的变化是影响心境的根本原因。还有时令季节的气候变化也会影响心境，如"秋风秋雨愁煞人"即是这种体验。主观方面，如事业的成败、工作顺利与否、人际关系、健康状况、对自然环境的适应程度等，都是影响心境的原因。当然，一个人的心境还与其气质、性格有一定的关系。同一事件对某些人的心境影响较小，而对另外一些人的影响则较大。性格开朗的人往往能很快忘掉不愉快的过去，而性格内向的人则容易耿耿于怀。

心境有积极和消极之分。良好的心境能使人精神振奋，有助于积极性的发挥和工作效率的提高；不良心境则可使人颓丧、悲观、厌倦、消沉，不利于学习和工作的顺利进行。因此，人们必须学会把握自己的心境，使自己经常处于良好的心境之中。

（二）应激

应激是在出乎意料的危难或紧迫情况下所引起的高度紧张的情绪状态。如在人们遇到意外的自然灾害、紧急事故时，可能出现应激状态。某一事件是否引起应激反应、应激的程度以及每个人对待应激反应的方式，不仅受应激源（引起应激的刺激）的性质和强度的影响，更取决于人当时的心理状态、过去的经历、遗传因素、后天学习训练等因素。例如，同样是在激烈残酷的战场上，久经战斗考验或训练有素的军人与初次参战的新战士应激的方式就不一样，前者会行动果断，急中生智，奋起杀敌；后者则往往可能会目瞪口呆、手忙脚乱，甚至丧失战斗力。

　　能引起应激的因素有很多。有自然因素，如水灾、瘟疫、海啸、台风、雪崩、洪水、地震、火山爆发等；社会因素，如战争、政治迫害、种族歧视、宗教冲突、难民迁移、经济萧条等；生活中的重大事件，如亲人亡故、离婚、刑罚等。

　　在人们的生活中，不可能不产生应激反应。据统计，日常医疗工作中有 50% ~ 75% 都是处理与应激有关的疾病，如头痛、高血压、意外事故、酒精中毒、溃疡病、心脏病及精神病等。人若长期处于应激状态，对健康不利。应激状态的延续能击溃一个人的生物化学保护机制，使人的抵抗力降低，以致被疾病所侵袭。因此，在生活和学习中要进行应激调节，这是消除应激的最有效途径。这里主要是指在营养、睡眠、运动和生活规律等方面进行自我调节。在营养方面，要根据自身身体状况，合理安排自己的饮食，保证充足的睡眠，养成良好的作息习惯；在运动方面要养成体育锻炼的好习惯，这有助于消除生活、工作和学习中的疲劳；在学习方面，要根据自身的身体状况、精神状态，合理安排学习时间。

　　（三）激情

　　激情是一种强烈的、短暂的、爆发性的情绪状态，如狂喜、愤怒、惊恐、绝望等都属于这种情绪状态。在激情状态下，人的理解力、自制力降低，甚至失去自我控制力。激情时人们很难掩饰内心强烈的情绪体验，总是伴随有机体状态的剧烈改变和明显的表情动作。如愤怒时全身发抖，紧握拳头；恐惧时毛骨悚然，面如土色；狂喜时手舞足蹈，欢呼雀跃等。

　　引起激情的原因很多。一般来说，与一个人在生活中遇到的重大事件有关。另外，意外的冲突和过度的抑制也可能会引起激情。例如，对某种痛苦忍耐过久、抑制过度就容易引发激情状态。

　　激情有积极和消极之分。积极的激情与理智、坚强的意志相联系，它能激励人们克服种种困难。例如，在战场上军人对侵略者充满仇恨的激情，激励军人冲锋陷阵，所向披靡地完成任务；又如文艺工作者需要激情去创作。消极的激情对机体的活动具有抑制作用，使人的自制力下降。如绝望时常目瞪口呆，丧失勇气；激怒时引起冲动行为，伤人毁物，甚至置法律与纪律于不顾，一旦事过境迁，情绪平稳后又后悔莫及。因此，要有意识地调节和控制自己的激情状态，可以在发生之前加以控制，运用自己的意志转移注意力，以减弱激情爆发的程度；此外，加强对激情不良后果的认识，也有利于控制激情。

四、情绪的生理和心理意义

（一）情绪是适应生存的心理工具

　　在低等动物种系中，几乎无情绪可言。即使在低等脊椎动物中，所有的只是一些具有适应价值的行为反应模式。如搏斗、逃跑、哺喂和求偶等行为。这些适应行为在它们与特定的生理唤醒相对应中发生，当动物的神经系统发展到皮质阶段时，生理唤醒在脑中产生相应的感觉（感受）状态并留下痕迹，就是最原始的爱、怒、怕等情绪。因此，情绪是进化的产物。

　　当特定的行为模式、生理唤醒及相应的感受状态出现后，就具备了情绪的适应性，其作用在于发动机体中能量使机体处于适宜的活动状态；将相应的感受通过行为（表情）表现出来，以达到共鸣或求得援助。所以，情绪自产生之日起便成为适应生存的心理工具。

　　人类继承和发展了动物情绪这一高级适应手段。人类个体发育几乎重复了动物种系发展的过程。人类婴儿在出生时，由于脑的发育尚未成熟，还不具有独立行动和觅食等维持生存的基本能力，他们靠情绪信息的传递，得到成人的哺育。成人正是通过婴儿的情绪反应体察他们的需要，并及时调整他们的生活条件的。

因此，情绪的适应功能从根本上说是服务于改善和完善人的生存和生活条件的。无论是儿童还是成人，通过快乐表示情况良好；通过痛苦表示急需改善不良处境；通过悲伤和忧郁表示无奈和无助；通过愤怒表示行将进行反抗的主动倾向。同时，由于人生活在高度人文化的社会里，情绪的适应功能的形式有了很大的变化，如人用微笑向对方表示友好，通过移情和同情来维护人际联结，掩盖粗鲁的愤怒行为等，情绪起着促进社会亲和力的作用。但是人们也看到，在个人之间和社会上挑起事端引起的情绪对立，有着极大的破坏作用。总之，各种情绪的发生，时刻都在提醒着个人和社会，去了解自身或他人的处境和状态，以求得良好适应。社会有责任去洞察人们的情绪状态，从总体上作出规划去适应人类本身和社会的发展。

（二）情绪是心理活动的组织者

情绪是独立的心理过程，有自己的发生机制和操作规律；作为脑内的一个监测系统，情绪对其他心理活动具有组织的作用（A. Sroufe，1976、1979）。情绪的组织作用包括对活动的瓦解或促进这两个方面，一般说来，正性情绪起协调的、组织的作用，负性情绪起破坏、瓦解或阻断的作用。

有研究证明，情绪能影响认知操作的效果，其影响效应取决于情绪的性质及强度。中等唤醒水平的愉快和兴趣情绪为认知活动提供最佳的情绪背景。愉快强度与操作效果曲线呈倒"U"型，过低或过度的愉快唤醒均不利于认知操作。这些研究结果符合关于不同唤醒水平的情绪对手工操作的不同效应的叶克斯——道森规律（A. Welford，T. 1974）。而对负情绪来说，痛苦、恐惧的强度与操作效果呈直线相关，情绪强度越大，操作效果越差。与痛苦、恐惧不同的是，由于愤怒情绪具有自信度较强的性质和指向于外的倾向，中等强度的愤怒一旦爆发出来，有可能组织个体倾向于面对的任务，导致较好的操作效果。这些研究结果则补充了叶克斯——道森曲线。上述结果表明，情绪执行着监测认知活动的功能，不同性质和不同强度的情绪起着不同程度的组织或瓦解认知活动的作用。

情绪的组织功能也体现在对记忆的影响方面。鲍维尔（G. Bower）的研究表明，当人处在良好的情绪状态时，更容易回忆那些带有愉快情绪色彩的材料；如果识记材料在某种情绪状态下被记忆，那么在同样的情绪状态下，这些材料更容易被回忆出来。这说明情绪具有一种干预记忆效果的作用，使记忆的内容根据情绪性质进行归类。

情绪的组织功能还表现在影响人的行为上。人们的行为常被当时的情绪所支配。当人处在积极、乐观的情绪状态时，倾向于注意事物美好的一面，态度和善，乐于助人，并勇承重担。而消极情绪状态则使人产生悲观意识，失去希望与渴求，也更易产生攻击性。

（三）情绪左右人的认知和行为

我们都有过这种体验：在情绪良好时思路开阔，思维敏捷，学习和工作效率高；而在情绪低沉或郁闷时，则思路阻塞，动作迟缓，创造性低下，学习工作效率低。强烈的情绪改变会使正在进行的思维中断；持久而炽热的情绪，则能激发无限的能量去完成任务。当你对某人、某事、某物产生强烈的爱或恨的情感时，你的认知和行为都会相应地有所改变，如常说的"情人眼里出西施"等。具体表现在如下几方面：

1. 改变行为效率

情绪可以激励人的行为，改变人的行为效率，发挥重要的动机作用。积极的情绪可以提高人们的行为效率，对动机起到正向推动作用；消极的情绪则会干扰、阻碍人的行动，降低活动效率，对动机产生负面影响。研究发现，适度的情绪兴奋性会使人的身心处于最佳活动状态，能促进人积极地行动，从而提高活动效率。

2. 调控智力活动

情绪、情感是心理活动的组织者。它可以影响人们对事物的知觉选择，维持稳定的注意或重新分配注意资源到更重要的刺激上，对人的记忆和思维活动也会产生明显的影响。例如，人们往往更容易记住那些自己喜欢的事物，而对不喜欢的东西记起来则比较吃力。人在高兴时思维会很敏捷，思路也很开阔，而悲观抑郁时则会感到思维迟钝。

3. 影响人际交流

情绪不仅仅是一种内心体验，而且具有外部表现，它可在人与人之间进行传递，因而成为人类信息交流的一种重要形式。情绪的外部表现主要有面部表情、体态表情、言语声调三种形式。高兴时眉开眼笑，手舞足蹈，讲起话来眉飞色舞、神采飞扬；发怒时横眉立目，握紧拳头，大声斥责；悲哀时语言哽咽，悔恨时捶胸顿足；等等。所有这一切，都作为一种信号被赋予特定意义，传达给别人，而他人亦会在接受信号的同时发出反馈信号。表达自己的感受，了解他人的感受是人际交往中重要的能力。人们通过彼此细微的，有时甚至是难以觉察的情绪信号来彼此传递和获取信息，并在此基础上进行下一步的交流。情绪的交流协调着人们的日常生活，传送着有时言语所难以直接表达的细微信息。

（四）情绪主宰人的健康

1. 不良情绪危害身心健康

不良情绪主要有两种情况：一是过度的情绪反应，二是持久的消极情绪。过度的情绪反应是指情绪反应过分强烈，超过了一定的限度，如狂喜、暴怒、悲痛欲绝、激动不已等。持久的消极情绪是指在引起悲、忧、恐、惊、怒等消极情绪的因素消失后，仍数日、数周甚至数月沉浸在消极状态中，不能自拔。

过度的情绪冲击，会抑制大脑皮层的高级心智活动，打破大脑皮层中兴奋和抑制之间的平衡，使人的意识范围变得狭窄，正常的判断力、自制力被削弱，甚至有可能使人精神错乱、神志不清、行为失常。许多反应性精神病就是这样引发的。而持久性的消极情绪常常会使人的大脑机能严重失调，从而导致各种神经症和精神病，例如焦虑症、抑郁症、强迫症、神经衰弱等。心理问题和心理疾病大多与长期消极情绪有密切关系。

不良情绪还会严重损害人的生理健康。我国古代医学中很早就有关于不良情绪影响人的生理功能的记述，如喜伤心、怒伤肝、忧伤肺、思伤脾、恐伤肾。这里的喜、怒、忧、思、恐都是指情绪反应超过了一定限度，或过分强烈，或持续过久。强烈或长久的消极情绪会造成心血管机能紊乱，引起心律不齐、心绞痛、高血压和冠心病等，严重时还可导致脑栓塞或心肌梗塞，以致危及生命。消极情绪还会影响消化系统的功能。如人在恐惧或悲哀时胃粘膜变白、胃酸分泌减少，引起消化不良；而在焦虑、愤怒、仇恨时，胃粘膜充血、胃酸分泌增多，从而引起胃溃疡。消极的情绪常引起肌肉收缩甚至引发痉挛疼痛。不良的情绪还会影响内分泌系统，强烈的情绪刺激会导致内分泌失调，使皮肤灰暗无光，在女性身上还表现为月经不调，甚至发生闭经。长期消极情绪还会削弱人的免疫力，从而造成人体抗病能力下降。现已知不良情绪与癌症、糖尿病、风湿病等严重危害人类生命的疾病的发生、发展密切相关。

2. 良好的情绪能促进身心健康

欢乐、愉快、高兴、喜悦、乐观、恬静、满足、幽默等都是良好的情绪体验。这些情绪的出现能提高大脑及整个神经系统的活力，使体内各器官的活动协调一致，有助于充分发挥整个机体的潜能，有益于身心健康和学习工作效率的提高。

良好的情绪能增强机体免疫力，提高机体抗病能力。曾有许多癌症患者都是以乐观向上的情绪，创造了战胜死神的奇迹。长寿者的最大共同点就是能够保持心情愉快、乐观豁达或心平气和。心情愉快还会使人容光焕发、神采奕奕，正所谓"人逢喜事精神爽"。良好的情绪可使血压稳定、心跳舒缓、胃张力上升、消化液分泌增强，还能促进心血管、消化等系统的正常运行。

从某种意义上来讲，心理障碍就是情绪障碍，因而保持积极、健康的情绪、情感对增进心理健康有着重要的意义。

资料窗

人类对情绪的认识误区

情绪是与生俱来的——"我天生就是多愁善感的"。

情绪是无可奈何、无法控制的，既无从预防，来了又无法驱走——"不知何时才能没有这份惆怅"。

虽然认为情绪是无法消除的，但同时又要求别人把情绪抛掉——"不要把情绪带回家"。

情绪的原因是外界的人、事、物——"一见他那个模样我就生气！"

情绪有好坏之分：愉快、满足、安静就是好的；愤怒、悲哀、焦虑就是修养不够——"不准在客人面前这个样子！真丢脸！"

坏的情绪，只有这两个方法处理：不是忍在心里，就是爆发出来——"我有什么办法？不忍，难道发火？"

情绪控制人生——"最近没有心情，什么都不想做。还是等心情好的时候再说吧！"

事情与情绪牢不可分——"每次他这样我都生气，这十年我过得真辛苦！"

尽管当今世界上有很多人处于这样的一些状态，感到无力、无助和无望，陷于种种情绪中而不能自拔，但这些都是错误的见解。

（资料来源：李中莹. 重塑心灵. 北京：世界图书出版公司，2006）

第二节　大学生的情绪问题

一、情绪健康的标准

当客观环境中出现的事物与我们自身的需要相一致时，就会产生愉快的情绪，当客观环境中出现的事物与我们自身的需要不一致时，就会产生不满意或焦虑的反应。在现实当中，我们要设法保持积极情绪，避免出现消极的情绪。积极情绪又称健康的情绪，它是我们每个人追求的目标。下面即是一种情绪健康的标准，请对照此标准确认你的情绪健康水平。

（一）情绪活动必须事出有因

一定的事物能引起相应的情绪体验是情绪健康的评判标准之一。人不可能不产生情绪反应，产生情绪反应是人的一种正常的心理特点。关键在于你所拥有的情绪是否事出有因，如果在某些时候，莫名其妙地产生悲伤、恐惧、喜悦、愤怒、愉悦等情绪，这就是一种不健康的情绪反应。健康的情绪应当是事出有因，也就是"世界上没有无缘无故的爱，也没有无缘无故的恨"。例如，沮丧的情绪，它产生的原因应当是挫折；悲哀的情绪，产生的原因应当是不幸的事件。

（二）情绪反应与情绪产生原因一致

健康的情绪应当是情绪反应与产生情绪反应的原因的一致，也就是不能出现矛盾的反应。当自己的愿望获得满足，或者遇到喜事时，我们的反应应当是愉悦、高兴和幸福；当我们遭遇意想不到的危险时，就会产生紧张、恐怖的反应；当我们想去做一件事情，经常受到干扰时，就会产生挫折的反应。假如情绪反应与大多数人的反应不一致，该悲哀的不悲哀，该快乐的不快乐，说明情绪健康上存在一定的问题。

（三）情绪反应适度

情绪反应适度是指情绪的强度应当与引起情绪的原因相一致，也就是，强烈的刺激应当引起强烈的情绪反应，较弱的刺激应当引起较弱的反应。但是，这并不是绝对的，因为情绪反应除了受刺激的影响以外，还要受其他因素的作用，同一种刺激强度，不同的人会有不同的反应。总体上说，情绪的反应要适度，特别是要避免出现强烈的情绪状态。

（四）情绪持续稳定

情绪稳定表明个人的中枢神经系统活动处于相对的平衡状况，反映了中枢神经系统活动的协调。健康的情绪应当是稳定的情绪。当我们受到源自于外界的刺激时，刚开始，情绪反应比较强烈，以后随着时间的推移，情绪反应逐渐减弱，并趋于稳定。如果愤怒的情绪无法随时间的推移而弱化，或者时高时低，就是情绪不稳定了。

（五）心情愉快平静

心情愉快是情绪健康的重要标志。愉快表示人的身心活动和谐，愉快表示一个人的身心处于积极的健康状态。一个人经常情绪低落，总是愁眉苦脸，心情苦闷，则可能是心理不健康的表现，要注意进行自我调节。

（六）善于自我控制

健康的情绪应当是能够进行自我调节和控制的，这种自我控制与调节尤其表现在危机时刻。当遭遇到危险时，应当沉着冷静，积极调控自己的情绪，使紧张激动的情绪趋于缓和，动员全身的力量去应对面前的危险情境。情绪健康的人应当是个人情绪的主宰者。

二、大学生的情绪特点

大学生正处在青春期，在生理发育基本成熟的同时，心理却经历着急剧变化，尤其在情绪体验上也有自身的特点，具体表现在以下几个方面：

（一）丰富性和复杂性

从生理发展分段来看，大学生正处于多梦的年龄阶段，几乎人类所具有的各种情绪，都可在大学生身上体现出来，并且各类情绪的强度不一，例如有悲哀、遗憾、失望、难过、悲伤、哀痛、绝望之分；从自我意识的发展来看，大学生表现出较多的自我体验，自我尊重的需要强烈，易产生自卑、自负等情绪体验；从社交方面来看，大学生的交际范围日益扩大，与同学、朋友及师长之间的交往更细腻、更复杂，有的大学生还开始体验一种更突出的情感——爱情，而恋爱活动往往又伴随着深刻的情绪体验，这种特殊的体验对大学生有十分重要的影响；在情绪体验的内容上，大学生的情绪呈现出相当丰富多彩的特征，以惧怕的情绪来说，大学生所怕的事物，主要与社会的、文化的、想像的、抽象复杂的事物和情况有关，诸如怕考试、怕陌生人、怕惩罚、怕寂寞等。

（二）波动性和两极性

大学时期是人生面临多种选择的时期，学习、交友、恋爱等人生大事基本在这一阶段完成。社会、家庭、学校及其他生活事件，都会对大学生的情绪产生影响。尽管大学生的认识水平有了一定的提高，对自己的情绪已有了一定的控制能力，情绪亦趋于稳定，但同成年人相比，大学生相对敏感，情绪仍带有明显的波动性，一句善意的话，一个感人的故事，一支动听的歌曲，一首情理交融的诗歌，都可以使青年情绪骤然发生变化。特别是在社会转型过程中，社会的变迁、体制的变革，新旧价值观的更替，种种复杂的社会现象更容易使大学生感到困惑和迷茫，从而产生情绪上的困扰与波动。同时，由于大学生正处于情绪表现的"动荡"时期，由于自我认知、生涯发展及心理发展还未成熟等原因，他们的情绪起伏较大，带有明显的两极化特征：胜利时得意忘形，挫折时垂头丧气；喜欢时花草皆笑，悲伤时草木流泪。他们情绪的反应摇摆不定、跌宕起伏。有人对大学生进行调查，发现大学生70%的情绪都是经常在两极间波动的，也就是像"波动曲线"一样，忽高忽低，忽愉快忽愁闷。

（三）冲动性与外发性

心理学家霍尔认为青年期处于"蒙昧时代"向"文明时代"演化的过渡期，其特点是动摇的、起伏的，他把这一时期称为"狂风暴雨"时期。由于知识水平和认知能力的提高，大学生对自己的情绪能够有所控制，但由于他们兴趣广泛，对外界事物较为敏感，加之年轻气盛和从众心理，因而在许多情况下，其情绪易被激发，犹如疾风骤雨，行为不计后果，带有很大的冲动性。他们往往对符合自己信念、观点和理想的事件或行为迅速产生热烈的情绪；对于不符合自己信念、观点和理想的事件或行为，则迅速出现否定情绪。个别的有时甚至会盲目的狂热，而一旦遇到挫折或失败又会灰心丧气。情绪来得快，平息得也快。大学生情绪的冲动性常常与爆发性相联系。大学生的自制力较弱，一旦出现某种外部强烈的刺激，情绪便会突然爆发，借助于冲动的力量驱使，以至于在语言、神态及动作等方面失去理智的控制，忘却了其他事物的存在，极易产生破坏性的行为和后果。

（四）阶段性和层次性

大学阶段由于不同年级培养目标和培养重点不同，教育方式和课程设置有所区别，各个年级所面临的问题不同，大学生的情绪特点也不同，呈现出阶段性和层次性特点。大学新生所面临的是环境适应、学习方法改变、熟悉了解新的交往对象以及确立新的目标等问题。新生自豪感和自卑感混杂，放松感和压力感并存，新鲜感和恋旧感交错，情绪波动大。二年级经过了一年级的适应过程，能够融于校园生活中，情绪较为稳定。毕业班学生面临毕业论文（毕业设计）及择业等多方面的重大问题，压力大情绪波动大，消极情绪多。另外，由于社会、家庭及自身要求、期望不同，能力、心理素质的差别，也会体现出不同的情绪状态。

（五）外显性与内隐性

大学生对外界刺激反应迅速敏感，喜、怒、哀、乐常形于色，和成年人比，比较外露和直接；但比起中小学生，大学生会掩饰、隐藏或抑制自己的真实情感，表现出内隐、含蓄的特点。一般而言，大学生的很多情绪是一眼就能看出的，如考试第一名或赢得一场球赛，马上就喜形于色。但由于自制力的逐渐增强，以及思维的独立性和自尊心的发展，他们情绪的外在表现和内心体验并不总是一致的，在某些场合和特定问题上，有些大学生会隐藏或抑制自己的真实情感，有时会表现出内隐、含蓄的特点。例如对学习、交友、恋爱和择业等具体问题，他们往往深藏不露，具有很大的内隐性。另外，随着大学生社会化的逐渐完成与心理逐渐成熟，他们能够根据特有条件、规范或目标来表达自己的情绪，使得自己的外部表情与内部体验具有不一致性。例如有的学生对异性萌生了爱慕之情，却往往表现出贬低、冷落对方的假象。

三、大学生的情绪问题

（一）大学生的情绪问题的定义

风华正茂的大学生，本该是最健康的一族，但许多调查资料显示，我国大学生心理障碍和疾病的发病率高达20%，因各种疾病而休学、退学的比例也呈上升趋势。造成学生身心不健康的原因是多方面的，但与大学生的情绪关系最为密切，特别是一些强烈而持久的情绪问题，对大学生的危害更大。

大学生的情绪问题，一般是指大学生消极情绪，指因生活事件引起的悲伤、痛苦长时间持续不能消除的状态。情绪问题一方面导致大学生大脑神经活动功能紊乱，使情绪中枢部位的控制力减弱，使其认识范围缩小，自制力、学习效率降低，不能正确评价自我，甚至会产生某些失去理智的行为，造成心理障碍和心理疾病；另一方面，情绪问题又会降低大学生的免疫功能，导致其生理平衡失调，引起心血管、消化、泌尿、呼吸、内分泌等系统的疾病。

（二）大学生情绪问题的主要表现

1. 焦虑

焦虑是十分常见的现象，是一种类似担忧的反应或是自尊心受到潜在威胁时产生担忧的反应倾向，是个体主观上预料将会有某种不良后果发生而产生的不安感，是紧张、害怕、担忧等混合的情绪体验。人们在面临威胁或预料到某种不良后果时，都有可能产生这种体验。焦虑不仅存在于大多数人的生活中，而且也是引起其他心理障碍共有的因素，如抑郁症与恐惧。焦虑作为一种情绪感受，可以通过身体机体反应体现出来，如肌肉紧张、出汗、嘴唇干裂和眩晕等，焦虑也伴随认知成分，通常由多种成分构成，主要是以为将来会发生不愉快的事情。由于焦虑与恐惧、担心、惊慌等相关，也有人将担心看作焦虑的认知成分。

焦虑是大学生常见的情绪状态，当他们在学习、工作、生活各方面遭遇挫折或担心需要付出巨大努力的事情来临时，便会产生这种情绪。焦虑对大学生的影响是复杂的，既可以成为大学生成才的内驱力，起促进作用，也可能起阻碍作用。实验证明，中等焦虑能使学生维持适度的紧张状态，注意力集中，学习进步。但过度焦虑则会给学生带来不良的影响。如有的大学生在临考前夜的失眠或考试时"怯场"，在竞赛中不能发挥正常水平等，多是高度焦虑所致。被过高的焦虑困扰的大学生，常常会感到内心极度紧张不安、惶恐害怕、心神不定、思维混乱、注意力不能集中，甚至记忆力下降，同时还容易产生头痛、失眠、食欲不振、胃肠不适等不良生理反应。焦虑的大学生在内心深处有一种无法解脱、不愿正视的心理问题，焦虑只是矛盾、冲突的外显，借此作为防御机制以避免更深层次的困扰。

大学生常见的焦虑有自我形象焦虑、学习焦虑与情感焦虑。自我形象焦虑是担心自己不够漂亮、没有吸引力，体貌过胖或矮小等，也有的因为粉刺、雀斑等影响自我形象而引起焦虑。这类焦虑主要与自我认知有关，需要通过调整自我认知重新接纳自我，建立新的自我形象来进行调适，与学习有关的焦虑，如学习焦虑、考试焦虑，在学生情绪反映中最为强烈。我们在大学生学习心理中专门谈及考试焦虑，需要引起重视。情感焦虑多数是由于恋爱受挫而引发自我否定，认为自己不具备爱与被爱的能力，因而过度担心，引起焦虑。

帮助大学生克服焦虑的方法主要是：在了解大学生焦虑背后深层次的潜在冲突的基础上给予支持性的专业心理辅导。

2. 抑郁

抑郁症状不单指各种感觉，还指情绪、认知和行为特征。抑郁症最明显的症状是压抑的心情，表现为仿佛掉入了一个无底洞或黑洞之中，正被淹没或窒息。其他表现包括容易发火，常感到愤怒或充满负罪感。抑郁常常伴随着焦虑，对所有活动失去兴趣，渴望一个人独居。抑郁也伴随着个体思维方式的转变，这些认知改变可以是一般性的，比如注意力不集中、记忆力衰退或者很优柔寡断。在思考中可能有更多的心境转变，消极地看待世界、自我和未来，因此，抑郁的人很难回忆起美好的过去。不适当地责备自己，认为他人在消极地看待自己，对未来感到悲观。与此同时，还伴随身体症状，如常常感到乏力，起床变得困难，更严重的连睡眠方式都将改变，睡得太多或者早晨醒得太早，并且不能再次入睡。也可能出现饮食紊乱，吃得过多或过少，随之而来的是体重激增或剧减。抑郁是一种持续时间较长的低落、消沉的情绪体验，它常常与苦闷、不满、烦恼、困惑等情绪交织在一起。

抑郁症的主要症状：压抑的心情，兴趣减退、闷闷不乐；消极的自我观念：自我抱怨与负罪感，体重激增或剧减；睡眠困扰（很难入睡或早醒来），易激动或行动迟缓；注意力不集中，想死或自杀。

一般来说，这种情绪多发生在性格内向，好孤僻、敏感多疑、依赖性强、不爱交际，生活遭遇挫折，长期努力得不到回报的大学生身上。那些面对不喜欢所学专业，或人际关系处理不当、失恋等问题的大学生也会产生抑郁情绪。

资料窗

习得性无助

美国心理学家塞利曾在 1967 年做过一个实验：起初把猫关在笼子里，笼门装有电击装置。只要猫试图出笼门就会受到难以忍受的电击。多次实验后，即便撤掉了电子装置，猫也不再尝试出笼门，弱弱地躲在笼子一角。

心理学家由此得出了"习得性无助"的实验结果。也就是说，猫的绝望并不是生存境遇的绝望，而是内心习得的绝望。猫在多次的电击后习得了一种无助感，它认识到自己无论怎么努力都不能避免被电击，最终放弃了所有的努力和挣扎。

想一想，你的人生是不是也有"猫"的影子？从小到大，我们可能遭受过批评、指责、困难，等等，这犹如生活给我们的电击，带给我们内心的伤痛。逐渐地，我们是不是也形成了这样的认知，"我就是笨"、"我就是比人家差"，弱弱地躲在了生活的角落呢？

记住，即便是死胡同也不可怕，因为，推开死胡同的那面墙，对面又是一条街！

3. 愤怒

愤怒是由于客观事物与人的主观愿望相违背，或因愿望无法实现时，人们内心产生的一种激烈的情绪反应。心理学研究表明，当产生愤怒情绪时，人体会出现心跳加快、心律失常、高血压等症状，同时自制力会减弱甚至丧失，思维受阻，甚至干出一些后悔不迭的蠢事以至造成不可挽回的损失。

愤怒是大学生常见的一种消极情绪。正是精力充沛、血气方刚的青年大学生，在情绪情感发展上好激动、易动怒的特点。有的大学生因一句刺耳的话或一件不顺心的小事而暴跳如雷；有的因人际协调受阻而怒不可遏、恶语伤人；有的因别人的观点或意见与自己相左而恼羞成怒；有的因暂时的挫折或失败而悲观失望，痛不欲生。如此种种，遇事缺乏冷静的分析与思考，图一时之快，逞一时之勇的好激动、易动怒的不良情绪特点，在一些大学生身上时有体现。这种情绪对大学生的消极影响是极大的，因而有人说："愤怒以愚蠢开始，以后悔结束。"

克服愤怒，我们可以采用以下方法：一是学会使用转移、压抑怒火、深思、独处、逃避、宣泄等缓冲方法；二是全面思考，检视诱因，提高觉悟，划清责任，改变思考的角度；三是谅解。其实怒火和火灾的处理过程极为相似。要想灭火，首先要控制火势，不让怒火蔓延，然后实行降温手段，再逐渐去除着火条件，最后是采用免疫手段，即安全防火。而在克服愤怒的过程中，谅解的心就是最佳的灭火剂，良好的心态则为克服愤怒修起一道防火墙。

4. 嫉妒

嫉妒是指由于他人在某些方面胜过自己而引起的不快甚至是痛苦的情绪体验。西班牙作家塞万提斯说："嫉妒是万恶的根源，美德的蟊贼。"黑格尔也曾说，嫉妒是"平庸的情调对于卓越才能的反感"。在日常生活中，嫉妒的存在是很普遍的。英国科学家培根说："在人类的一切情欲中，嫉妒之情恐怕要算是最顽强、最持久的了。"当看到别人比自己强时，心里就酸溜溜的不是滋味，于是就产生一种包含着憎恶与羡慕、愤怒与怨恨、猜疑与失望、屈辱与虚荣以及伤心与悲痛交织的复杂情感，这种情感就是嫉妒。嫉妒者不能容忍别人超过自己，害怕别人得到自己无法得到的名誉、地位等，在他看来，自己办不到的事别人也最好不要办成，自己得不到的东西别人也不能得到。

嫉妒是自尊心的一种异常表现，在大学生中普遍存在。具体表现为当看到他人学识能力、品行荣誉甚至穿着打扮超过自己时内心产生不平、痛苦、愤怒等感觉；当别人身陷不幸或处于困境时则幸灾乐祸，甚至落井下石，在人后恶语中伤、诽谤。嫉妒是一种情绪障碍，它扭曲人的心灵，妨碍人与人之间正常真诚的交往。

嫉妒对人的心理健康极为不利。一是破坏人际关系的和谐。当一个人嫉妒另一个人的时候，就不会对那个人表示友善、热情，两个人的关系必然冷淡。嫉妒的对象越多，关系冷淡的对象越多，这就给人际交往带来极大的妨害，甚至还会破坏集体的团结和良好的心理氛围。二是造成个人的内心痛苦。一个嫉妒心强的人，常常陷入苦恼之中不能自拔。时间长了产生自卑，甚至可能采取不正当的手段去伤害别人，使自己陷入更恶劣的处境。法国文学家巴尔扎克曾经说过："嫉妒者比任何不幸的人更为痛苦，因为别人的幸福和他自己的不幸，都将使他痛苦万分。"

克服嫉妒，首先，要视野开阔，心胸开阔，懂得"天外有天，人外有人"，"强中自有强中手"的客观规律。真正做到豁达开朗并非易事，但如果能在愤怒、兴奋或消极的情态下，较平静、客观地面对现实,是能达到克服嫉妒的目标的。其次,要学会转移注意力,这需要积极进取的心态,使生活充实起来,从而取得成功,赶超竞争对手。培根说过,"每一个专注于自己事业的人,是没有工夫去嫉妒别人的"。因此,积极参与各种有益于身心健康的活动,使大学生活真正充实起来,嫉妒的毒素就不会滋生、蔓延了。为了缓解失败带来的心理上的不平衡感,可以找一些理由,使自己不再嫉妒别人。三是学习并欣赏别人的长处,化嫉妒为动力。一个人在嫉妒别人时,总是过分关注别人的优点,而忽视自己的优点。一般而言,嫉妒心理较多地产生于周围熟悉的年龄相仿、生活背景大致相同的人之间。因此,只有采取正确的比较方法,将人之长比己之短,而不是以己之长比人之短,有意识地想一想自己比对方强的地方,才会使自己失衡的心理天平重新恢复到平衡的状态。四是建立正确的自我意识,提高自我意识水平,正确地评价自己和别人。嫉妒是一种突出自我的心理表现。在这种心理支配下,待人处事常常以自我为中心,无论什么事,首先考虑到的是自身的得失,因而极易引起一系列的不良后果。在出现嫉妒苗头时,若能即时进行自我约束,摆正自身位置,努力驱除嫉妒心,便会感到"心底无私天地宽"。

5. 冷漠

冷漠是指人对外界刺激缺乏相应的情感反应,对生活中的悲欢离合都无动于衷。具体表现为凡事漠不关心、冷淡、退让的消极情绪体验。如有的大学生对周围的人和事漠不关心,对集体和同学态度冷淡,对自己的前途命运、国家大事等漠然置之,似乎自己已看破红尘、超凡脱俗。于是,把自己游离于社会群体之外,独来独往,对各种刺激都表现得无动于衷。这种冷漠的情绪状态,多是压抑内心情感情绪的一种消极逃避反应。具有这种情绪的人从表面上看虽然很平静、冷漠,但内心却往往有强烈的痛苦、孤寂和压抑感。如果大学生长时间地处于这种情绪状态,巨大的心理能量不能得到及时释放,超过了一定限度时,就会以排山倒海的形式爆发出来,致使心理平衡遭到破坏,影响身心健康。

冷漠与退缩一样,是一种消极情绪的内化而非外显的行为。事实上,冷漠比攻击更可怕。冷漠会带来责任感的下降、生活意义的缺失与自我价值的放弃,可以说是有百害而无一利的消极情绪体验。冷漠的形成多数与人生重大生活事件有关,也与个体的生活经历有关。

克服冷漠最根本的办法是改变认知,发现生活的意义,发现自我的价值,改变长期以来形成的对人生消极的看法;积极投身各种有意义的活动中,融入到集体中,进行积极的自我暗示;正确认识自我与他人、个体与社会的关系,并不断矫正自己的非理性观念。

6. 自卑

自卑心理是指由于不适当的自我评价和自我认识所引起的自我否定,自我拒绝的心理状态。自卑,并不是指客观上看来自己不如别人,而是人主观上认为自己不如别人,认为自己不够好,自己不值得别人对自己好,自己一文不值。自卑者有的经常叹息自己不够好,别人都比自己好;有的上课的时候,不敢举手发表自己的意见,因为害怕自己的回答不够好;有的想做很多事情,但是又害怕去做,因为害怕自己做不好;有的做任何事情都会小心翼翼的,因为害怕别人说自己不行。

大学生产生自卑心理的原因主要是理想自我和现实自我差距太大,这种差距是怎么形成的呢?主要有家庭原因、社会原因和学校原因。大学生从高中到大学,经历了非常大的转变:生活上,从依靠父母转变成依靠自己,学习上,从老师的督促转变为自主,在这个适应的过程中会碰到各种坎坷,一旦碰到不如意,便容易产生挫败感。

第三节　情商与大学生的情绪培养及调适

一、情商(EQ)及其与大学生的综合发展

(一)情商的涵义

情商,是情绪、情感商数(Emotional Quotient,EQ)的简称,由美国心理学家丹尼尔·高尔曼提出。他认为:与其利用智力测验或标准化的成就测验来衡量一个人的智力,并以此预测其未来的成败,不如利用情绪的特质来衡量它更有意义。情商是相对于智商(Intelligence Quotient,IQ)而言的一个概念,也是情绪评定的量度。情商高,才能情绪稳定、意志坚强、乐观豁达,从而有利于自身学习、工作及人际关系的调整。

情商与智商的关系。长期以来,智商一直作为测量与衡量一个人智力的指标。但是,大量事实表明,高智商不等于就踏上了成功的坦途,而智商平平的人中也不乏卓越超群的成功者。于是,越来越多的心理学家对智商的权威性提出了质疑与挑战。

其实,情商与智商并不冲突,每个人都是两者的综合体。智商高而情商低或情商高而智商低的人很少见。一般而言,多数人都是情商与智商协调发展。很多研究表明:情商仍然是影响大学生人格健全、完整发展的重要因素。专家发现,学业上的领悟程度与情绪的控制关系不大,再聪明的人也可能因情绪失控而铸成大错。情商是发自内心的智慧,不仅决定着现实智力水平的发挥,还能预示智力的发展趋势。

(二)情商包含的五种能力

1.认识自己情绪的能力

认识情绪的本质是情商的基石,当人们出现了某种情绪时,应该承认并认识这些情绪而不是躲避或推脱。只有对自己的情绪有更大的把握才能成为生活的主宰,从而更好地指导自己的人生,更准确地决策婚姻、职业等大事;反之,不了解自身真实情绪的人,必然沦为情绪的奴隶。

2.妥善管理情绪的能力

情绪管理是指运用自我安慰等手段,调控自我情绪,使之适时、适地、适度。这种能力具体表现在通过自我安慰和运动放松等途径,有效地摆脱焦虑、沮丧、激怒、烦恼等因失败而产生的消极情绪,不使自己陷于情绪低潮中。这方面能力较弱的人常需与低落的情绪交战;而这方面能力强的人则可以很快从人生挫折和失败中走出,重整旗鼓,迎接新的挑战。

3.自我激励的能力

指能将情绪专注于某项目标上,为了达成该目标而调动、指挥情绪的能力。任何方面的成功都必须有情绪的自我控制——延迟满足、控制冲动、统揽全局。拥有这种能力的人能够集中注意力、把握自我、发挥创造力、积极热情地投入工作,并更容易取得杰出的成就。缺乏这种能力的人,则易半途而废。

4.认知他人情绪的能力

即移情的能力,是在自我认知的基础上发展起来的最基本的人际技巧。具有这种能力的人,能通过细微的社会信号敏锐感受到他人的需要与欲望,能分享他人的情感,对他人的处境感同身受,又能客观分析、理解他人情感。这种能力较强的人,特别适合从事监督、教学、

销售与管理类工作。

5. 管理人际关系的能力

大体而言，人际关系管理就是调控他人情绪反应的技巧。这种能力包括展示情感、富于表现力与情绪感染力，以及社交能力（组织能力、谈判能力、冲突能力等）。人际关系管理可以强化一个人受欢迎程度、领导权威、人际互动等的效能。能充分掌握这项能力的人，常是社交上的佼佼者；反之则易于攻击别人、不易与人协调合作。因此，一个人的人缘、领导能力及人际和谐程度，都与这项能力有关。

（三）情商与大学生的发展

社会发展要求人才必须具备较高的综合素质，既要有较高的思想政治素质，又要有健康的身心素质；既要有合理的知识结构，又要有多样化的综合能力；既要有竞争意识，又要懂得与人交往，与人合作。情商作为当代大学生综合素质的重要组成部分，并在一定程度上影响着大学生综合素质中其他方面的提高。

1. 情商与大学生的智力发展

大学生正处在智力增长期和高峰期交接之际，是智力发展的黄金时期。当代社会已进入知识经济时代，知识更新速度越来越快。这就要求大学生不仅要有学习、储存新知识的能力，更重要的是要有可贵的开拓创新精神，进行创造性思维。在大学生进行思维活动时，情商起着重要的促进作用。首先，情商对大学生的思维活动具有选择和引导功能；其次，情商对思维活动具有促进和支持功能，能使大学生的大脑处于最佳活动状态，思路开阔，并能从多个角度进行思考，打破定势，发挥潜能，进行创造性思维。

2. 情商与大学生的身心健康

大学时期是大学生逐渐向成人过渡的重要时期，是其身心发展的重要时期。健康的身心是大学生成才的保证。情绪与大学生的身心健康有着密切的关系。良好的情绪则使大学生全身各系统、器官的功能更加协调、健全，有利于其身体健康，并有助于大学生更好地与他人相处，对学习、对工作、对生活更富有激情和创造力，更有力量去克服挫折与困难。不良情绪不仅会造成大学生生理机能的紊乱，从而导致各种躯体疾病，而且会抑制大学生大脑皮层的高级心智活动，使他们的意识范围变得狭窄，正常判断力减弱，甚至使人精神错乱、神志不清，导致各种神经症和精神病。情商能使大学生通过对自己情绪的认知、调控来保持良好的情绪，促进其身心健康。

3. 情商与大学生的人格完善

人格是个人素质的重要组成部分，是由许多相互作用、不断变化着的部分组成的。大学阶段正是人格发展、重组、完善的重要时期。情商会在一定程度上促使大学生形成成熟的自我意识，帮助大学生在积极、良好、稳定的情绪状态下正确认识自我发展中的变化与挑战，获得自我一致的心理感受；情商有利于大学生良好性格的塑造，有助于大学生培养乐观向上、积极进取、百折不挠、真诚友好、宽厚大度、善解人意等良好性格；情商也有利于增强大学生的挫折承受力，它能针对受挫以后产生的种种消极情绪进行不同的调节、控制，并使其向积极、健康的情绪转化，提高大学生对挫折的免疫力和抵抗力。

4. 情商与大学生的人际关系

人是社会的人，人必须在与别人的交往中才能生存下去。积极的人际交往，多方面、多层次的和谐的人际关系，有助于大学生获得社会生活所必需的人格品质、价值取向、理想信念以及社会赞许等，从而加快社会化进程；有助于大学生与他人进行交流、比较、深化对自我的认识；有助于大学生获得友谊、理解和支持，增强自我价值感和安全感，降低挫折感，保持身心健康。情绪在人际关系中起着信号作用，是人际交往的重要手段。对自我情绪的认知、表达和调控，对他人情绪的觉察和把握，有助于大学生处理好人际交往问题，建立和谐的人际关系，增强自身的人际交往和社会适应能力。

二、培养大学生的积极情绪

在所有的情绪中，快乐是最具有积极意义的。法国作家乔治·桑认为："心情愉快是肉体和精神的最佳卫生法。"愉快的心境来自于乐观的态度，来自于宽广的胸怀，来自于对未来生活的美好希望，来自于对生活的热爱。因此，大学生应自我培养积极的情绪，保持乐观愉悦的心境。具体做法如下：

（一）保持乐观的态度

乐观的人总能看到事物积极的一面，而悲观的人总是看到消极的一面。如对于一个渴极了的人，当他发现自己的水杯中只有一半水时，乐观的人会想还"有"一半，而悲观的人则会想只"剩"一半了。看到落日有人悲叹"夕阳无限好，只是近黄昏"，而乐观的人则道出"老夫喜作黄昏颂"。

（二）对未来充满希望

每个人的一生中总会遇到这样或那样的困难和挫折，面对这些困难和挫折，可能会有暂时的失望和恐惧，但要学会在自我调节的过程中，消除恐惧和忧虑，相信"车到山前必有路，柳暗花明又一村"。只有对未来充满希望，我们才能更好地憧憬未来，才能克服对前途的过度忧虑。

（三）要有宽广的胸怀

有人曾说："世界上最宽广的是海洋，比海洋更宽广的是天空，比天空更宽广的是人的胸怀。"人在遭受挫折时往往会意识狭隘，陷入自我的小天地中不能自拔，贬低自己，嫉恨他人，这样只能陷入无休止的恶性循环之中。而心胸宽阔、达观的人则能很好地排除不良情绪的干扰。在对问题归因时，应"大是大非，清清楚楚；小事小做，难得糊涂"，对于一些非原则性的错误不必斤斤计较。"海纳百川，有容乃大"。任何挫折在心胸宽广的人面前都会春风化雨，烟消云散。

（四）热爱并投身生活

热爱生活的人会善待自己、善待他人、善待生命，并能全身心地投入到社会生活中，发展自己的兴趣爱好，陶冶自己的情操，全面发展自己。

三、大学生情绪的调适

由于不良情绪会妨碍人的身心健康，因此，心理学家都提倡对大学生的情绪进行科学指导，并鼓励大学生进行自我调节。

（一）情绪调节的一般原则

1.时限性原则

时限性原则即表达情绪要选择恰当的时间。如对方正在生气时不要表达，以免激怒对方，导致火上浇油的后果；不要等到时过境迁了再表达，这样不但不能引起对方反省，还会认为你爱记仇。此外，自己正处在气头上时也不要表达，以免言语过激，节外生枝。可以给自己和对方一个情绪缓冲期，待大家都平静下来后再表达，这有利于双方理性处理问题。

2. 承受性原则

每个人的心理承受能力是不同的，我们在处理问题时不能机械地一视同仁。譬如，同样是犯了某个错误，由于性格内向的人对外界的反应比较敏感，内心也比较脆弱，因此只需要用一个眼神、一个表情，就可以影响其行为；而性格外向的人不那么敏感，如果不明确指出他的问题，他可能感觉不到，显得有些迟钝。因此，对前者要委婉表达，以免对方产生被伤害感；对后者要严肃地批评，以引起他的重视。

3. 就事论事原则

要求所表达的情绪与激起你情绪的事件内容一致。譬如，如果别人当众出你的丑，让你很生气，你可以严肃、认真地告诉他："我对你这种不尊重别人的行为感到很愤怒，请你以后不要再这样。"一定不要把过去的、与此无关的事情扯进来，避免问题复杂化，导致事态扩大。

4. 同水平原则

表达情绪的强度尽量与引起情绪的刺激强度相吻合。不可因芝麻点小事而大怒不止，也不要对原则性问题轻描淡写。因为前者容易激起敌意、激化矛盾；后者容易使人觉得你好欺负，导致日后轻视你。

5. 无伤害原则

无伤害原则即表达情绪时既不要伤害到自己，也不要对他人、环境造成伤害。表达情绪主要有三个目的：一是引起对方的情感触动，使他能体会到我们的心情；二是希望对方对自己的行为进行反思，避免类似事件再次发生；三是为了促成当前问题的解决，而不是单纯地发泄自己的不满。因此，不能借问题攻击对方，更不能制造出新的问题。

6. 成长性原则

通过表达情绪，促成问题的解决和事态向好的方面转化。同时，应学会在各种情绪的诱发事件面前，保持内心的宁静，并灵活运用情绪表达的各项原则，合理、恰当地处理不同问题诱发的各种情绪，达到促进心灵成熟和成长的目的。

另外，要培养乐观向上、积极进取的人生观；培养广泛的兴趣爱好与主观幸福感，热爱生活；注重沟通的艺术，学会与人合作，建立宽厚的人际关系；悦纳自己，用赞赏的目光看待自己；宽容待人，不过分苛求别人；学会忘记过去的失败并避免其对自己产生不必要的伤害；避免过分自责；善于控制自己的情绪并学会消化负性情绪；不要随意扩大某事的严重性，尽可能做到"大事化小，小事化了"；学会忽略对自己不利的事情，以避免因此引起的负性情绪体验。

（二）情绪调适的方法

1. 自我暗示法

心理暗示，从心理学角度讲，就是个人通过语言、形象、想像等方式，对自身施加影响的心理过程。这个概念最初由法国医师库埃于1920年提出，他的名言是"我每天在各方面都变得越来越好"。自我暗示分消极自我暗示与积极自我暗示。积极自我暗示，在不知不觉之中对自己的意志、心理以至生理状态产生影响，积极的自我暗示能使我们保持好的心情、乐观的情绪、自信心，从而调动人的内在因素，发挥主观能动性。心理学上所讲的"皮格马利翁效应"即期望效应，就是讲的积极的自我暗示。而消极的自我暗示会强化我们个性中的弱点，唤醒我们潜藏在心灵深处的自卑、怯懦、嫉妒等，从而影响情绪。

与此同时，我们可以利用语言的指导和暗示作用，来调适和放松心理的紧张状态，使不良情绪得到缓解。心理学的实验表明，当个人静坐时，默默地说"勃然大怒""暴跳如雷""气死我了"等语句时心跳会加剧，呼吸也会加快，仿佛真的发起怒来。相反，如果默念"喜笑颜开""兴高采烈""把人乐坏了"之类的语句，那么他的心里面也会产生一种乐滋滋的体验。由此可见，言语活动既能唤起人们愉快的体验，也能唤起不愉快的体验；既能引起某种情绪反应，也能抑制某种情绪反应。因此，当我们在生活中遇到情绪问题时，我们应当充分利用语言的作用，用内部语言或书面语言对自身进行暗示，缓解不良情绪，保持心理平衡。比如默想或用笔在纸上写出下列词语："冷静""三思而后行""制怒""镇定"等。实践证明，这种暗示对人的不良情绪和行为有奇妙的影响和调控作用，既可以松弛过分紧张的情绪，又可用来激励自己。

2. 转移注意力

注意力转移法就是把注意力从引起不良情绪反应的刺激情境转移到其他事物上去或从事其他活动的自我调节方法。当出现情绪不佳的情况时，要把注意力转移到使自己感兴趣的事上去，如外出散步、看看电影电视、读读书、打打球、下盘棋、找朋友聊天、换换环境等，有助于使情绪平静下来，在活动中寻找到新的快乐。这种方法，一方面中止了不良刺激源的作用，防止不良情绪的泛滥、蔓延；另一方面，通过参与新的活动特别是自己感兴趣的活动而达到增进积极的情绪体验的目的。

3. 适度宣泄法

过分压抑只会使情绪困扰加重，而适度宣泄则可以把不良情绪释放出来，从而使紧张的情绪得以缓解。因此，遇有不良情绪时，最简单的解决办法就是"宣泄"。宣泄一般是在背地里，在知心朋友中进行的。采取的形式或是用过激的言辞抨击、谩骂、抱怨恼怒的对象；或是尽情地向至亲好友倾诉自己认为的不平和委屈；或是通过体育运动、劳动等方式来尽情发泄；或是到空旷的山林原野，拟定一个假目标大声叫骂，发泄胸中怨气。必须指出，在采取宣泄法来调节自己的不良情绪时，必须增强自制力，不要随便发泄不满或者不愉快的情绪，要采取正确的方式，选择适当的场合和对象，以免引起难以预料的不良后果。

4. 自我安慰法

当一个人遇有不幸或挫折时，为了避免精神上的痛苦或不安，可以找出一种合乎内心需要的理由来说明或辩解。如为失败找一个冠冕堂皇的理由，用以安慰自己；或寻找理由强调自己所有的东西都是好的，以此冲淡内心的不安与痛苦。这种方法，对于帮助人们在大的挫折面前接受现实，保护自己，避免精神崩溃是很有益处的。比如，对于失恋者来说，想到"失恋总比结婚后再离婚要好得多"，便可减轻因失恋带来的痛苦。因此，当人们遇到情绪问题时，经常用"胜败乃兵家常事""塞翁失马，焉知非福""坏事变好事"等词语来进行自我安慰，可以摆脱烦恼，缓解矛盾冲突，消除焦虑、抑郁和失望等消极情绪体验，达到自我激励、吸取经验教训的目的，有助于保持情绪的安宁和稳定。

5. 交往调节法

某些不良情绪常常是由人际关系矛盾和人际交往障碍引起的。因此，当我们遇到不顺心、不如意的事而有了烦恼时，能主动地找亲朋好友交流、谈心，比一个人独处冥想、自怨自艾要好得多。因此，在情绪不稳定的时候，找人谈一谈，具有缓和、抚慰、稳定情绪的作用。

另一方面，人际交往还有助于交流思想、沟通情感，增强自己战胜不良情绪的信心和勇气，更理智地去对待不良情绪。

6. 情绪升华法

升华是改变不为社会所接受的动机、欲望而使之符合社会规范和时代要求的一种方式，是对消极情绪的一种高水平的宣泄，是将消极情感引导到对人、对己、对社会都有利的方向去的一种行为。如一同学因失恋而痛苦万分，但他没有因此消沉，而是把注意力转移到学习中，立志做生活的强者，证明自己的能力。还有很多文艺作品都是作者把内在的冲动加以升华，而以社会能接受的方式加以表现的结果，如屈原激愤而赋《离骚》，司马迁忍辱而成《史记》等。

7. 寻求帮助法

如果上述方法都失效，也不要灰心，我们还可以寻求帮助。一是寻求亲朋、师长帮助，既可缓解情绪，又可获得新的看待问题的视角和思路，走出习惯的思维模式，重新评价困境，找出新的出路。二是在有条件的情况下，去找心理医生进行咨询、倾诉，在心理医生的指导帮助下，克服不良情绪。

资料窗

快乐情绪五字诀

动——多运动多活动。慢跑、跳舞等都能增强自信心，改善情绪，有提高活力的作用。每周坚持体育运动 3 ~ 4 次，每次历时 20 分钟即可有明显效果。

娱——多参加娱乐活动，多放声大笑。心由境生，欢快环境必然产生快乐心境。

说——把心中不满说出来。可以找亲人、朋友倾诉，也可以向陌生人诉说，还可以自言自语。

听——音乐是医治忧郁的良药。可以先听使人忧郁的曲子，3 ~ 4 小节之后逐渐改变所听乐曲，直到与你所需要情绪相似的曲调，不要一开始就找欢快曲调。

吃——吃高蛋白质食物。贝壳类、鱼、鸡、瘦肉等高蛋白质食物，可以使人振奋起来，食用少量即有效果。

团体辅导与自助

一、开列快乐清单

生活并不缺少快乐，只是缺少发现快乐的眼睛。也许我们习惯抱怨有太多的烦恼、烦躁、仇恨、愤怒、沮丧、失望、伤感的情绪，但可曾想过快乐的含义？快乐就是用阳光的心态将生活着色，用感恩的心留住生活的美好。

1. 发现快乐

请你回想生活中自己开心的事情，列出自己的"快乐清单"（至少 10 项）。

我的快乐清单是：

2.传递快乐

和身边的人交换"快乐清单"，彼此分享、传递快乐，让自己的快乐增值。

你的感触是：

3.微心情，微主张

发挥创意，写出自己的"微"快乐心情，定期大声朗读。

我的微心情是：

也许，每个人的"快乐清单"和"微心情"不同，不过没关系，保留好这些，适时重复，足以让我们每个人发现，那些朴素而容易获得的日常事物便是我们的快乐之源。

二、思绪轻松自我暗示方法

我非常安静……什么也不能使我激动，什么也不能打搅我
任何刺激物也起不了作用
我已经完全摆脱了白天的印象
我的全身都放松了，觉得沉甸甸的
我觉得安乐、温暖、舒服、满足
舒适的重力占有了我
什么都不想也不去想
身心的安静越来越深沉

心理自测

情绪稳定性测验

情绪稳定一般被看作一个人心理成熟的重要标志。所谓情绪稳定，主要是指一个人能积极地调节、控制自己的情绪，在短时间内没有大起大落的变化，不大会时而心花怒放，转瞬又愁眉苦脸。当然，一个人的情绪与他先天的神经类型有关系。一般说来，黏液质的人情绪生来比较稳定，而胆汁质的人情绪生来不太稳定。因此，可以说，情绪稳定的人不一定心理成熟，心理成熟的人其情绪必然是稳定的。

你的情绪是稳定的吗？如果希望知道结果，不妨完成下面的题目。请将中意答案的标号填在每题后的括号中。

1.我有能力克服各种困难（　　）

A.是的　　　　　　　　　　B.不一定　　　　　　　　C.不是的

2.猛兽即使是关在铁笼里，我见了也会惴惴不安（　　　　）

A.是的　　　　　　　　　　B.不一定　　　　　　　　C.不是的

3.如果我能到一个新环境，我要（　　　）

A.把生活安排得和从前不一样　　B.不确定　　　　　　　　C.和从前相仿

4.整个一生中，我一直觉得我能达到所预期的目标（　　　）

A.是的　　　　　　　　　　B.不一定　　　　　　　　C.不是的

5.我在小学时敬佩的老师,到现在仍能令我敬佩(　　)

A.是的　　　　　　　　　　B.不一定　　　　　　　　C.不是的

6.不知为什么,有些人总是回避我或冷淡我(　　)

A.是的　　　　　　　　　　B.不一定　　　　　　　　C.不是的

7.我虽善意待人,却常常得不到好报(　　)

A.是的　　　　　　　　　　B.不一定　　　　　　　　C.不是的

8.在大街上,我常常避开我所不愿意打招呼的人(　　)

A.极少如此　　　　　　　　B.偶然如此　　　　　　　C.有时如此

9.当我聚精会神地欣赏音乐时,如果有人在旁高谈阔论(　　)

A.我仍能专心听音乐　　　　B.介于A、C之间　　　　C.不能专心并感到恼怒

10.我不论到什么地方,都能清楚地辨别方向(　　)

A.是的　　　　　　　　　　B.不一定　　　　　　　　C.不是的

11.我热爱所学专业和所从事的工作(　　)

A.是的　　　　　　　　　　B.不一定　　　　　　　　C.不是的

12.生动的梦境,常常干扰我的睡眠(　　)

A.经常如此　　　　　　　　B.偶然如此　　　　　　　C.从不如此

13.季节气候的变化一般不影响我的情绪(　　)

A.是的　　　　　　　　　　B.介于A、C之间　　　　C.不是的

计分方法:

根据计分表,查明你每题的得分,并求出总分。

计分表

得分 题号	A	B	C
1	2	1	0
2	0	1	2
3	0	1	2
4	2	1	0
5	2	1	0
6	0	1	2
7	0	1	2
8	2	1	0
9	2	1	0
10	2	1	0
11	2	1	0
12	0	1	2
13	2	1	0

此测验 26 分为满分。总分解析：

（一）17～26 分：情绪稳定

你的情绪稳定，性格成熟，能面对现实。通常能以沉着的态度应付现实中出现的各种问题。行动充满魅力，能振作勇气，有维护团结的精神。有时，也可能由于不能彻底解决生活的一些难题而强自宽解。

（二）13～16 分：情绪基本稳定

你的情绪有变化，但不大，能沉着应付现实中出现的一般性问题。然而在大事面前，有时会急躁不安，不免受环境支配。

（三）1～12 分：情绪激动

你的情绪激动，容易产生烦恼。通常不容易应付生活中遇到的各种阻挠和挫折。容易受环境支配而心神动摇。不能面对现实，就会常常急躁不安，身心疲乏，甚至失眠等。要注意控制和调节自己的心境，使自己的情绪保持稳定。

思考与练习

1. 情绪有哪些基本形式与基本状态？

2. 情绪对身心健康有哪些影响？

3. 说说你所受到的情绪困扰，该如何克服这些不良情绪的困扰？

第六章　大学生的自我意识及其完善

自我意识是人的意识发展的最高阶段，是心理健康的一个标志。进入高校的大学生，其自我意识获得了高度发展，并影响到他们的道德判断和人格形成，同时关系到他们人生观、价值观的确立。本章在阐明自我意识与自我发展的含义和相关内容的基础上，对大学生自我意识的发展过程、特点进行较为详细的论述，并探讨大学生自我意识的完善途径，同时对大学生自我意识的偏差、矛盾冲突进行分析，帮助大学生了解自我意识的形成及发展规律，正确认识自我、评价自我，并控制和调整自己的行为，促进自身健康成长。这对形成大学生良好的自我意识有着很好的指导意义。

第一节　自我意识及其心理功能

一、自我意识概述

（一）自我意识的概念

自我意识是人对自己以及自己与周围环境关系的认识，也是认识自己和对待自己的统一。它是意识的最高级形式。一般认为它是以人自己为特定对象的意识，即自我意识是人对自身的内外部活动、特性、状态以及人我关系（社会关系）和物我关系（客观情境关系）的自觉意识。它不是单一的心理品质，而是知、情、意三方面的融合体。知，即自我认识，如自我观察、自我感知、自我评价等；情，即指自我情感体验，如自爱、自尊、自我悦纳等；意，即自我意志，如自制、自强、自我监控等。这三者的不同配置，构成了不同的个性，对保证人格的完整与统一具有重要作用。

（二）自我意识的结构

自我意识一般包括自我认识、自我体验、自我控制三层含义。自我认识是其中最基础的部分，决定着自我体验的主导心境以及自我控制的主要内容；自我体验又强化着自我认识，决定着自我控制的行动力度；自我控制则是完善自我的实际途径，对自我认识、自我体验都有调节作用。三方面整合一致，便形成了完整的自我意识。

1. 自我认识

即对自己的认识，包括自我认知和自我评价。前者是个体对自身各种状况的了解，后者则是对"自我"各方面的评估。在"自我认知"的基础上，自己对自我各方面作出一个评价，然后给自己下一个结论，即"自我评价"。

要想认识自己，必须学会在产生自我的生活情境中去认知自己，包括现在的以及过去的，甚至是将来的。因此，自我认识非一种状态性的了解，而是跨越时空的动态的过程分析、比较与综合评价。在这一过程中，我们会发现有很多个"我"的存在。

首先，是因"自省"而来的"主观的我"，这里所要解决的就是"我如何看我"。简单地说，认识自我就必须了解产生和形成自我的生活、文化、社会背景，正是在具体的氛围中我才成其为我，成其为现在的我，任何一个环境的改变都可能铸就不同的我。

其次，是因"人言"而来的"客观的我"，"人言"即他人的反馈，包括外显性反馈与内隐性反馈，这将解决"我在他人的眼里是个什么样的人"的问题。

2. 自我体验

自我体验是自我认识基础上的一种情绪体验，即自己对自己是否满意的问题，"满意"则自我肯定，信心十足；反之，自我否定，垂头丧气。自我认识决定自我体验，而同时自我体验往往强化自我认识并影响自我控制。

两对交织的矛盾：其一，客观自我与主观自我的矛盾，源于自省与"人言"的差异。其二，现实的我与理想的我的矛盾，前者综合了自我评价和他人评价后的存在于现实中的"我"，后者则是综合了自我要求与他人要求的虚拟的令人向往的"我"。

3. 自我控制

自我控制就是自己对自己的控制。自我认识了解"我"，自我体验感受"我"，自我控制则是要表现"我"。这包含两层含义，即自己对自己的设计和自己对自己的指导。广义的自我控制，不仅是对自我行为的控制，也是对自我认识、自我体验的控制，通过主观能动性，选择认识角度，转变自我观念，调整自我评价系统，修正自我形象，而积极感受自我。

总之，自我认识、自我体验与自我控制是自我意识中三个不可分割的部分，相互作用、相互影响，它们协调一致，积极互动正是自我意识发展的动力所在。

（三）自我意识的分类

按照不同的标准，自我意识有不同的分类。

从自我意识的内容来看，可以横向分为物质自我、精神自我、社会自我。物质自我是对身体、对服饰等物质特征的觉察，是"自我"最原始的形态。新生婴儿没有物质自我。1岁以后的婴儿对自己身体有了认识后才产生物质的自我。青春期开始后，个体特别关注自己的躯体及其变化，并对之进行评价，产生为之自豪或自卑的体验。物质自我还包括自我的衣着打扮及家族的所有物。精神自我是对自己的意识状态、心理倾向和能力的认识。精神自我是"自我"的核心，它使个体依据主客观需要，评估自己的心理和性格状态，调节和控制自己的情绪和行为。社会自我即个体自己在社会生活中的名誉、地位、人际关系、处境等，也是自我在群体中的价值和作用，别人对自我的大致评价等。纵向又可分为过去的自我、现在的自我、未来的自我。

以存在方式来看，可以分为现实自我、投射自我和理想自我。现实自我指一定的社会环境下，交往中以习惯行为表现的当前的自我；投射自我也称镜中自我，是指个体想像自己在他人心目中的形象或他人对自己的基本看法；理想自我则指个人因为生活环境和生活阅历以及个人的人格特征等对自己期待的想像中的自我。一般说来，现实自我和理想自我大致相同时，自我表现为一定的心满意足；当两者发生矛盾时，自我表现为一定欲望和追求。

从自我意识的发生发展过程来看，自我意识可以分为生理自我、社会自我、心理自我等。生理自我是指个体对自己生理状态的认识，使个体把客观事物与自己区分开来，意识到生存是寄托在自己的躯体上，包括占有感、支配感和爱护感，这是自我意识的最原始形态。社会自我是指个体对自己在社会关系中的角色、地位的意识，对自己所承担的社会义务和权利的意识等。它是在个体社会化进程当中，角色实践而产生的，三岁至青春期是社会自我形成的重要时期。心理自我是个体对自己心理活动的意识，它包括对自己性格、智力、态度、信念、理想和行为等的意识。青春期至青年后期是心理自我发展的时期。由于自我概念的发展，个体在实现自我价值与自我理想的过程中，逐渐表现出其主动和独立的特点，同时也发展和建立起了自尊和自信。

从自我意识的表现形式上来看，自我意识可分为自我认识、自我体验和自我控制。

尽管从不同的角度可以将自我意识的结构分成诸如上述类型，但其各种类型的内容交织、重叠，是一复杂的结合体，并且不是一成不变的概念。

二、自我意识的心理功能

1. 个体自我认知一致性程度影响个体的行为及行为方式

个体现实行为方式受诸多社会因素影响，更与自己的自我意识有着密切的关系。当一个人对自己有积极清晰的认识并维持对自我认识的一致性时，就能保证他的行为持续性和目标性。也就是说，个体的行为具有自觉能动性和独立自主性。只有在具有自觉能动性的情况下，人才能进行意识活动，以取得成效。也只有在独立自主性下，人才能自由地支配自己，按自己的意愿、目标行动。现实中那些自我意识积极的学生，其成就动机、学习投入和学习成绩明显优于那些自我意识消极的学生；而自我意识消极的学生，他们会放松对自己行为的约束。

2. 自我意识影响个体对经验的解释

自我意识与思维、认识作用密切相关，其调控和批判功能使得人对事物的认知与思维结果不同，解释经验的方式不一。相同的事，对于不同的人可能会获得完全相同的经验，但对这种经验的解释却可能大相径庭。如甲、乙两个同班同学，一起参加 CET 考试，都刚刚达到合格线。平时成绩一般的同学会认为取得了极大的成功，感到十分满足；而另一个自认为能力优秀、应当获得出众成绩的学生，会认为是遭到了很大的失败，并体会到极大的挫折。事实证明，一个人的自我意识是积极的时候，每一种经验都可能被赋予积极的含义。

3. 自我意识影响个体的期望水平

个体对自己的期望是在自我意识的基础上发展起来的，并与自我意识相一致，其后继的行为也决定于自我意识的性质。正如有人归纳"成功的学生，很早就有成功的思想或概念"，而所谓差生的落后的学习成绩正是他自己"期待"的结果。当然这里面还与人的道德、责任以及自我完善的内容相关。正如马克思所说："任何人的职责、使命、任务都是全面地发展自己的一切能力。"自我意识的成长发展，有利于完善自我、实现自我、超越自我，即不断由现实自我向理想自我靠近。

著名心理学家奥尔波特、马斯洛、罗杰斯等人把自我意识作为衡量一个人心理健康的重要因素。不少心理咨询师在长期的实践工作中也得出了自我意识的不合理是导致心理异常的重要原因的结论。通过加强自我教育，完善自我意识可以有效地增进心理健康。

资料窗

网络对自我意识的挑战

在网络背景下，大学生的自我控制意识受到了严峻的挑战。他们的意志品质还在成长、完善的过程中，心理的脆弱难以抵挡网络的魔力；另外，某些学生由于这样或那样的原因，导致自卑或其他心理问题发生时，为逃避现实社会而采取一种不良行为——沉迷网络。的确，在当今网络信息过度膨胀和泛滥的背景下，我们基本上无法控制和过滤网络信息。也就是说，网上各种合法信息和非法信息、有益信息和有害信息、有效信息和垃圾信息、真实信息和虚假信息是混杂在一起的，这就使得一些辨别能力较差的学生、自控能力较差的学生在价值判断和价值选择上误入歧途。例如，有的大学生沉迷于网上色情之中不能自拔；有的大学生在网上受西方敌对势力的"分化"，对社会主义信念产生了动摇；有的大学生则利用高科技的手段进行网上犯罪活动……

事实上网络已把大学生推到了后现代道德的中心——绝对自由、极端个人主义和虚无主义。网络带来的自我意识的分裂、信仰的没落、意志的衰竭似乎已经成为了当今大学生思想和心理存在的重要问题。

一名沉溺于网络的大学生曾经这样写道："我的理想是做一个有抱负、有成就、成功、非凡的人，在大学要为我将来的成就奠定基础，我的理想自我是一个优秀大学生，可在现实中，我却发现自己意志薄弱、缺乏奋斗精神而且比较懒散，约束不好自己。当我第一次为上网逃课时，我对自己说：仅这一次。但每次的决心都在网络巨大的诱惑面前败下阵来。我越来越觉得现实自我距离理想自我越来越遥远，甚至有时都不敢正视自己。"

因此，在道德他律作用越来越淡化的网络上，大学生的道德自律意识受到了新的考验和锻炼。经受住考验的大学生，自我控制的能力将有新的提高，逐渐成为"自己把握自己""自己规范自己""自己创造自己"的充满道德主体精神的现代化的"四有"新人。

第二节　大学生自我意识的发展

一、自我意识发展概述

(一)个体自我意识发展的一般情况

人的自我意识并不是生来就有的。自我意识是一种复杂的心理现象，它有一个萌芽、发生和发展的过程。首先，自我意识发生、发展与生理的发展密切相关，离开了生理及其相应的心理能力的发展，自我意识就不可能发生、发展。其次，自我意识的形成和发展有赖于个体参与社会生活，与他人相互作用。再次，自我意识形成与发展还受到社会经济地位、社会文化环境、家庭、他人的评价、参照群体等社会因素的影响。

刚出生的新生儿，并没有意识，也没有自我意识。在以后的生活中，由于不断与外界事物接触，身体器官、神经系统随之不断发展、完善，到1岁左右，产生了自我感觉，这是自我意识最原始、最初级的形态。这时，儿童逐渐能将自己和自己的动作区别开来，将自己的动作和动作对象区别开来，体验到了自我的存在和力量，产生了最初的自豪感和自信心，从而形成了自我感觉。

当儿童在 3 岁左右，会用人称代词"我"来表示自己，用别的词表示其他事物时，说明他开始意识到了自己心理活动的过程和内容，开始从把自己当作客体转化为把自己当作主体来认识。这是自我意识的萌芽阶段，也是自我意识发展中的一次质的飞跃，人的自我意识由此萌生。随着年龄的增长，身体和智力的发展，生活范围的不断扩大，自我意识也在逐渐发展着。

小学时期（童年期），儿童自我意识的特点是模糊的，不太自觉，被动的心理活动主要指向外部世界，对自己的内心世界没有多少认识。

初中时期（少年期）的自我意识发展逐渐清晰、自觉，开始意识到自己与他人、与集体的关系，意识到自己的内心活动，开始想到自己，开始"发现"自己，比如，这时他会发现自己能想出某个主意，而别人想不出，从而感到自豪、得意；他们开始关心自己的发展，出现了理想或幻想，还有了许多内心的"小秘密"；他们开始对周围人们的精神世界、个性品质等感兴趣，欣赏文艺作品时，开始关注人物的内心体验、动机、想法、个性特点等，而不是像小学生那样，只注意作品的情节和人物的外部动作。但这时自我意识的水平还不高，对自己的内心世界了解也不深。

人的自我意识的全新发展和最后成熟，是从青年初期（高中阶段）开始的，并在青年期内基本完成。它的显著特征是把原来主要朝向外部的认识活动，转向自己的内心世界，探索自己的内心活动。如这时的青年会提出一系列的问题要自己回答：我是一个什么样的人？我要成为一个什么样的人？我的长相如何？我的脾气、性格怎样？我有什么样的特长和才能？我在别人心目中的形象如何？我怎样走人生之路？等等。这是在个体智力成熟、生理成熟、社会地位和社会化迅速发展的基础上达到的。

（二）奥尔波特的自我意识发展三阶段论

奥尔波特（G. W. Allport）认为，个体的自我意识的发展，一般要经过三个阶段：生理的自我、社会的自我和心理的自我。

1. 生理的自我

奥尔波特指出：生理的自我是自我意识最原始的形态，表现为个体对自己身躯的认识，包括占有感、支配感和爱护感。从婴儿出生的第 8 个月至 3 岁左右，个体的生理自我基本成熟。因其行为是以自己为中心，所以这一时期称为"自我中心期"。

2. 社会的自我

从 3~14 岁，这段时间是个体接受社会文化影响最深的时期，称为客观化时期。这个时期的儿童先是模仿做各种游戏，然后是到学校接受小学教育。接受学校教育对个体实现社会的自我起着定向的作用，个体逐渐认识到每个社会成员都必须要接受和承担一定的社会义务和责任，使自己成为一个符合要求的社会自我。

3. 心理的自我

从 13 岁至成年约 10 年的时间，这一段时间的自我意识不断发展并趋于成熟，称为主观化时期。这种主观化主要表现在四个方面：

（1）用自己的观点来解释和评价外部事物。这一阶段的青年与前一阶段的儿童不同，他们看问题时不是以成年人的观点为指导，而是根据自己的愿望、兴趣、信念、理解来综合出自己的态度，以自己的眼光来评价和判断，所以他们的观点和行为都带有浓厚的个人色彩。

（2）形成自己的个人价值体系。这时期的青年人常常会强调自己所具有的独特个性特征的优势性和重要性，喜欢自己与众不同，觉得有个性才有吸引力，而且特别欣赏自己所拥有的特长，为此感到骄傲和自豪，并以此指导自己适应社会，以提高自己在社会上的地位。如学习优秀者总是强调文化知识的重要，善于交际者却会强调人际交系的重要，标志青年人的个人价值体系已形成。

（3）表现自我理想。自我理想就是个人对某个目标的追求。青年人十分看重自己的未来前途，追求自我价值的实现，从少年多志过渡到选定一个目标，围绕这个目标制定计划，付诸行动。青年人一旦追求某个目标，往往会认为这个目标是最有意义的：想从事软件开发工作的，认为它是最有前途；想做个社会工作者的，认为它是最高尚的职业。可见青年人的自我理想与其价值观是一致的。

（4）提高了抽象思维能力。抽象思维能力的发展是智力发展的飞跃，使得青年人强调自己的精神世界，透过现象看本质，逐渐认识事物发展的一般规律。

虽然从"客观化时期"发展到"主观化时期"是一个缓慢的过程，但随着自我意识的发展，个体逐渐脱离对成人的依赖，从成人的保护和约束中独立出来，表现主动性与独立性，并强调自我价值和理想。这一切表明个体的自我意识已经成熟。

（三）埃里克逊的自我意识发展八阶段论

埃里克逊（E. Erikson）是美国的心理学家，新精神分析学派的代表人物。在《儿童期与社会》（1955）一书中，提出了人的心理发展的八个阶段理论。埃里克逊认为，人的自我意识的发展要持续到人的一生，从婴儿期的自我意识到老年期的自我意识要经历八个阶段。每个阶段都有一个需要解决的主要问题，解决了这个主要问题，个体的自我意识才会进入到下一个新的阶段，新的阶段又会面临新的问题需要解决，这样螺旋式的循环发展。如果上一阶段的主要问题未解决好，就会影响下一阶段的自我意识的顺利发展，从而发生心理危机，出现情绪障碍。按照埃里克逊的阶段划分，大学生一般处在他所说的第5阶段"青春期"和第6阶段"成年早期"，其主要特征是：

青春期是在12～20岁之间。这一阶段要解决的主要问题是获得自我同一性与克服同一性混乱。同一性是指青少年能认清自己，认清自己的现在与自己的职责。同一性混乱是指青少年无法正确认识自己、自己扮演的社会角色、自己的职责等人格发展异常的现象。同一性混乱是由过去的不信任感、内疚感、自卑感过多造成的。同一性可使青少年顺利进入成年期，而同一性混乱则使青年出现行为和心理冲突。埃里克逊认为，美国青少年中所盛行的骚乱与侵犯行为，在很大程度上就源于同一性混乱。

成年早期是从20～24岁左右，这个阶段要解决的主要问题是获得亲密感与避免孤独感。亲密感是人与人的亲密关系，孤独感是感到与世隔离、孤单寂寞的情绪体验。20～24岁的青年人向往建立家庭生活，渴望与人建立亲密感，因而对人际信息异常敏感，以便与人交流思想感情，与人分享快乐和痛苦，获得友谊与爱情，否则就会产生孤独感而陷入孤独寂寞的痛苦之中。

二、大学生自我意识发展的特点

大学生一般处于青年中期，他们的自我意识已发展到了一个新的阶段，正经历着一个特别明显而典型的分化、矛盾、统一和转化的过程，是个体自我意识迅速发展并趋向成熟的关键时期，也是大学生形成良好个性特征的重要时期。当代大学生是富于理想的，自我期望值也较高。当他们发现理想自我与现实自我之间存在着较大差距，又无法在短期内消除时，容易产生自我意识的矛盾。他们常常感到焦虑、苦恼、失望或无能为力。处于这种矛盾状况的大学生，总是通过各种方法，力求获得自我意识的重新统一。实现这种统一，通常有以下三种途径：一是坚持自己理想中的自我标准，努力改善现实的自我，使之与理想自我一致；二是既修正理想的自我，又改善现实的自我，使二者相接近；三是放弃理想自我的标准，自暴自弃，以迁就现实的自我。无论通过哪种途径实现统一，都将导致原有的自我意识的变化，形成新的自我意识。而且，这样的过程不可能一次完成，总是反复多次，循序渐进的，使自我意识的发展逐步趋向稳定，达到新的发展水平。

1. 自我意识开始分化

进入大学以后，学习、生活方式的改变和空间上的特殊性，一方面给大学生提供了更为广阔的发展可能性，可以通过接触不同的人、不同的思想、不同的文化、不同的价值观，逐步在比较中形成自己的价值体系；另一方面，由于大学空间的多元性，诸如东方文化与西方文化、传统与现代化、城市与乡村等多种文化的交织，来自不同背景的同龄人的差异等都会给大学生带来自我定位上的迷惑感与矛盾感。随着心理意识的发展，大学生的自我意识有了明显的变化，出现了理想自我和现实自我的分化，并且迅速发展，导致矛盾冲突日益明显。大学生对自己的生活充满信心，对未来抱有幻想，而现实往往不是他们所想像的，于是就出现了所谓理想自我和现实自我的矛盾。这种矛盾分化，使得大学生越来越多地注意到"我"的许多细节，发生自我意识的改变，经过自我体验和自我调控，而表现出激动、焦虑、喜悦与不安情绪。当理想自我占优势时，往往会将"客体我"萎缩到实际能力以下，总认为自己事事不如人，从而产生较强的自卑感，甚至放弃努力，形成自我怜悯或伤感的心理状态。相反，当现实自我占优势时，往往表现出较强的虚荣心和自我陶醉，特别在乎别人对自己的评价，担心暴露自己的缺点。另外，大学生自我意识中投射自我意识成分明显增强，人际关系也因此而变得较为复杂，同学之间的矛盾也相对增多，常常会产生自己不为别人所理解的想法，常常要求别人理解自己，出现理解万岁的理念。

2. 自我意识矛盾日益突出

由于自我意识的分化，"主体化"和"客体化"，"理想我"和"现实我"之间的种种矛盾开始显现，随着自我意识的进一步发展，这种矛盾也越来越突出。在这种矛盾心理的作用下，他们对自己的评价也常常是矛盾的，对自己的态度也是被动的，对自己的调控常常是不自觉、不果断的。他们忽而看到自己的这一面，忽而又看到自己的另一面；时而能客观地评价自己，时而又高估或低估自己；时而感到自己很成熟，时而感到自己很幼稚；时而步入憧憬世界，仿佛回到了童年，时而又厌恶自己长大；时而对自己充满信心，时而又对自己不满，感到自己什么都不行，等等。面对自我意识中的种种矛盾，大学生便开始通过各种活动来重新认识自己，自觉或不自觉地在调节矛盾中认识自己，完善自我。他们常常会问自己，"我聪明吗？""我长得美吗？""我的性格如何？""我有什么能力和特长？""我应该成为什么样的人？""我应该怎样度过我的一生？"等等。经过一段时间的矛盾冲突和自我探究后，大学生的自我意识就会在新的水平和方向上趋于一致，达到暂时的自我统一。然而新的自我意识矛盾产生，还需要不断地自我调控和自我探究。但大学生的这种自我调控能力相对较弱，往往需要借助外界环境的影响。即便如此，在自我意识的统一过程中，也会出现消极的、错误的、不利于心理健康的统一。例如想得多，做得少，自我认识清楚，但自我调控能力太低，过多关注自己，过于看重自己，而对他人、集体、社会考虑较少等。

3. 自我意识在矛盾的不断转化中渐趋成熟

自我认识内容出现广泛性、深刻性与途径的多样性，自我体验的敏感、细腻与期间的理性分析，自我控制的主动性与情境性交织在一起。大学生自我意识在矛盾与统一转化发展过程中，不断发生重大变化，由刚进校的"依赖性"和"盲目性"，渐渐转变为"想入非非"，到毕业前就显得沉稳多了。这种矛盾转化，使得大学生自我意识发生了明显的飞跃，个体之间出现了较明显的差异，自我意识也逐渐趋向成熟。

由此可见，大学阶段是大学生自我意识的"转折"时期，也是自我意识和自我矛盾表现最突出的阶段，对个体的人生观、价值观、世界观形成有着非常重要的意义。针对大学生自我意识的发展特点，采取相应的自我意识教育和培养，是高校学生成长的一个重要方面。

第三节　大学生自我意识的偏差与调适

一、大学生自我意识的特征

（一）自我认知方面

1. 大学生自我认知的意识明显增强

大学这个新天地为大学生们更深更广的自我认识发展提供了有利条件。他们的视野更开阔了，关心的社会问题也多了，社会对他们的期望也比较高。这时，他们的自我认识不只涉及自己的气质、风度和性格等一般问题，而且还涉及自己的社会地位、社会责任、自我的价值等问题。通过对这些问题的分析和思考，大学生自我意识达到新的广度和深度，较中学时代自我认知意识明显增强，且更加自觉和主动。他们已不满足于"别人说我怎么样"，而是更倾向于"我是一个有主见的人，我认为我怎么样"。他们不仅主动地通过把自己和周围的人进行比较来认识自己，而且力图将社会期望内化为自我品质。他们不仅关注自己的外表、行为举止等外在因素，而且更关注自己的性格、智力、交际能力、组织能力等内在因素。他们明显感觉到了自己身上的历史使命，自觉地赋予自我以重要地位的角色。然而，由于理想自我与现实自我的矛盾冲突，自我意识难以统一。

2. 大学生自我评价的能力不断增强

自我评价是自我认识的核心。大学生活的拓展，增加了学生们的知识量、丰富了他们的社会经验。大学生自我评价的途径进一步完善，他们借助一定的社会评价来认识自己，但又不完全依赖别人的评价。大多数青年学生对自己的分析、评价逐渐变得全面、客观和主动，对自己的优缺点有了较正确的认识和评价，并能选择自己的长处去发展，开始具备在自觉基础上的"自知之明"。但是，大学生自我评价的能力有很大的个体差异。而且，部分大学生在对客观事物的理解和判断上存在着肤浅性和片面性，常常使得他们对自我的理解和判断只看到一面而看不到另一方面，只看到表象而看不到本质，所以就有可能时而夸大自己长处，缩小自己短处，时而完全相反，使得自我评价欠客观。

（二）自我体验方面

1. 大学生的自我情感体验更加丰富

虽然大学生的情感体验是丰富的，但也还是不成熟的，主要特点是情感的波动性和敏感性。如：当取得成绩受到表扬，便会出现积极的、肯定的情感体验，骄傲自满，甚至忘乎所以，目空一切；当受到挫折或批评，就会产生消极的、否定的情感体验，自我否定甚至自暴自弃，极不稳定；当涉及自己心理矛盾的问题时，他们的体验会更加敏感。在这些体验中，大学生自我体验的基调是健康、积极的。一般说来，在自我体验方面，男生比女生更具自信心，更富有活力，但容易急躁；女生则更热情，更迫切地要求取得成功，内心舒畅感更明显，但容易郁闷。

2. 自我体验从封闭性向开放性过渡

人是社会的人。进入大学学习，大学生热切地期盼与别人诚挚交往，期望得到他人的认可。但是相当一部分大学生自跨入大学之日起，就产生了一种莫名的孤独感，现实生活中人际关系的复杂化，使他们对正常的人际交往望而却步。所以，总是自觉不自觉地以一种闭锁的方式来处理自我体验的矛盾性。但一个人要想完全封闭自己是不可能的，生活中总有一些东西是别人可以体察到的，大学生情感体验必然从封闭性走向开放性。一方面是大学生自己认同感的寻求，以认知他人对自己的态度；另一方面是在社会现实交往中，必然会扩大自我开放的程度。

3. 大学生的自尊心逐渐增强

自尊心是一个人对自己肯定态度的情感体验。大学生的优越感和自尊心都很强，对自己的能力、才华和未来充满信心，希望得到别人的重视和尊重。但大学生自尊心增强的同时，常出现矛盾和不稳定。他们常常希望在正确认识自己的基础上肯定自己，他们希望别人尊重理解自己，却常常不尊重理解别人，甚至伤害别人；他们希望自己是一个了不起的人，但又不善于学习别人的长处；自己想成功，一旦受挫又极易灰心丧气；表面上不在乎别人对自己的看法，但内心却十分计较。他们还会随着生理的逐渐成熟，心理上产生一种前所未有的成人感，并要求别人能把自己看成社会成人。适度的自尊心会促进大学生维护尊严，创造成绩，保持荣誉和社会地位。当他们得到称赞、尊重、鼓励时，会感到心理满足而更加积极向上。诚恳善意的批评，会使他们感到内疚和自责。当然，自尊心过强或过弱都是有害的。自尊心过强，遇到挫折，就会转化为自卑感，常常感到失意与痛苦，轻视自己，甚至一蹶不振。自尊心过弱，则会使人情绪消沉，无所追求，一事无成。适宜的自尊心，才会催人奋进，朝气蓬勃，奋发向上。

（三）自我控制方面

1. 自我控制的自觉性提高

随着专业定向、知识积累、个人存在价值的确认，大学生进入了一个角色定位的稳定时期，这时大学生的自我监督、批评和教育的认识水平提高了，他们不是在感知水平、表象水平上驾驭自我，而是能够在信念水平上驾驭自我。他们都能较为明确地树立长远目标，并根据长远目标建立近期目标，及时调整自己的行为，以适应实现目标的要求。

2. 自我控制的主动性增强

大学生自我控制主动性的增强主要表现为独立性的发展，这种独立意识促使他们对自己的控制方式逐步从外部控制转变为内部控制，即主动掌握自己的心理变化，特别是在规划自己的职业理想、生活理想和人格理想时基本上克服了由家长、老师和长辈帮助规划的被动情况，而转变为主要依靠自己的想法来主动规划。

3. 自我控制的社会性突出

这主要表现在大学生对主观自我和客观自我认识的统一。大学生有自己的兴趣爱好，他们主观上非常希望按照自己的需要阅读自己感兴趣的书籍，从事自己感兴趣的工作；而学校、家长和社会则对大学生提出了不同的要求，择业现实的严峻性也迫使大学生的自我天平由主观自我向客观自我倾斜，按照社会标准、社会期望、社会条件来规划自己的未来。

但是，由于大学生涉世不深，经验不足，往往易脱离社会实际去追求所谓的自我设计和自我完善，产生独往独来的行为；也因为现实社会的诱惑太多，大学生会感到难以自控，而出现无能感、无效感；因为科技的发展、竞争的激烈，大学生会产生困惑感、失败感等。

二、大学生自我意识的偏差

大学是人才荟萃的之地，能考上大学的学生多数是中学时的好学生，老师称赞，家长鼓励，同学羡慕，自我感觉良好。但到了大学，昔日小河竞大舟的佼佼者，而今在大学这条大江中若不奋力拼搏，就会有落后、沉没的危险。面对新的环境和新的挑战，原有的优势和平衡被打破，不少人从鹤立鸡群变成了平庸之辈。其中多数学生满怀信心和希望，开始新的拼搏。而有些学生却因原有的优势被削弱甚至丧失，自尊心受到严重挫伤，导致自我评价失调，由强烈的自尊心转化为自卑心理。那么什么是自卑，自卑又有什么样的影响和危害呢？

自卑，就是自我评价过低，自己瞧不起自己，有己不如人的感觉，担心自己笨拙，对自己价值产生怀疑，是一种人格上的缺陷，一种失去平衡的行为状态。自卑常以一种消极防御的形式表现出来，如嫉妒、猜疑、羞怯、孤僻、迁怒、自欺欺人、焦虑紧张、不安等。自卑使人变得十分敏感，经不起任何刺激。自卑感是在自己的想法与自己实际价值比较之后产生的一种否定性心理。即对自己缺乏信心，对自己不满和否定自己，把目光总盯着自己的缺点、不足和失误。如有的同学学习成绩暂时落后，就认为自己笨，不是学习的料，于是放纵自己，使自己白白浪费大好时光，青春年华随时间而去；有的学生常因自己长相不够漂亮，或身材矮小、肤色黑一点、脸上有些青春痘而对镜感叹、苦恼；有的学生因为自己没有什么特长，看到其他同学在某一领域独领风骚，一展风采，自叹不如别人而自卑；还有的同学因家庭经济条件不好、父母位卑而感到抬不起头来，等等。

自卑对人的心理发展有很大影响。心理学家阿德勒认为，每个人都有先天的生理或心理欠缺，这就决定了每个人的潜意识中都有自卑感存在。但处理得好，会使自己超越自卑去寻求优势感，而处理得不好就将演化成各种各样的心理障碍或心理疾病。另外，自卑容易销蚀人的斗志，就像一把潮湿的火柴，再也燃不起兴奋的火花。而长期自卑对心血管系统和消化系统有不良影响。自卑是由过多的自我否定而产生的自惭形秽的体验。有自卑感的人轻视自己，过分看重自身短处，否定自己的长处或对长处没有足够的认识，因而常表现出胆怯、畏惧、怀疑，担心被人嫌弃和拒绝，行为中采取逃避方式。例如：一女生因个子矮小，被同学取笑为"根号2"，从而产生严重的自卑心理，别人小声说话，她就认为是在议论她矮。长时期的心理压力，使她丧失了生活的信心，萌生出家当尼姑的想法，后来经过老师、同学的劝导，才打消这个念头。

与此相反，有些大学生又走入了另一个极端，出现了自傲、自负和虚荣的自我意识的偏差。自傲是过高估计自己的一种自我认知。自傲者以自我为中心，表现出很强的优越感，处处表现自己，把自身的长处无限夸大，对他人容易指责和怪罪，挑三拣四，盛气凌人。好像自己全是优点没有缺点，别人全是缺点没有优点。例如：一位男生，从小学到大学学习成绩一直很好，又是干部子弟，所以很自得、自傲，但在追求一女生时却被拒绝，这使他遭到沉重的打击，终日深思不得其解，造成精神分裂症。

自负是一种自我膨胀即过度的自信，对自己的认识以点带面，一方面好就认为自己光芒四射，很了不起，孤芳自赏，瞧不起其他同学，不接受他人的建议和批评，更缺乏自我批评。唯我独尊，以自我为中心，盛气凌人，总认为自己对而别人错，把自己的意志强加在别人身上，难以和同学心理相容，影响他的人际交往。过于自负的人会产生自恋人格，也叫水仙花症。

虚荣是指追求虚假荣誉的一种心理状态。这种人把荣誉或引起人们的羡慕、赞赏，作为一种生活目标追求，因而常常不择手段地去猎取荣誉。他们很注意别人对自己的评价，又嫉妒任何比自己强的人，把别人取得的荣誉视为对自己的竞争。因此这种人总是使自身处于较强的自我约束和强烈的情感波动的矛盾之中，一旦目标、愿望不能达到，就会背上沉重的包袱，喘不过气来，造成精神过度紧张。例如：一女生平时学习成绩很好，自我感觉比其他女同学都强，可她过分地争先拔尖，造成与同学关系紧张，每次选班干部都落选，因而精神刺激很大，夜里经常又哭又笑，并常常喃喃自语，出现异常行为。

三、大学生自我意识偏差的调适

综观大学生"自我意识"，无论存在怎样的矛盾和情绪化，年轻学子的自我意识仍然以光明和积极的特点为主，正如他们自己所言："一个活得不很洒脱的我，一个不易被生活钉子挫败的我。"由自我意识发展而引起的矛盾，是大学生迅速走向成熟而又未真正完全成熟的集中表现。这种发展水平最显著地表现在：一方面，大学生的心理特点都具有明显的积极性但同时存在着某些消极因素，内心存在着若干显著的矛盾，使他们感到焦虑苦恼，痛苦不安，从而可能影响到大学生的心理发展和心理健康；另一方面，这也促使他们力求设法解决矛盾，以求得与自我意识的统一。因此，自我意识在发展过程中出现矛盾并非坏事，因为有矛盾才会有发展，有发展才会有成熟。只要处理得好，就能成为促进其发展的动力。大学生可以从以下几个方面去调适自我意识偏差。

1. 恰当的自我设计

自我设计是指对自己做的每一项工作有顺序地进行安排或计划，自我设计中最重要的是生涯规划。先确定好自己的生涯目标，再计划自己要做什么努力，看看有哪些因素会影响目标的实现。生涯目标是由价值观决定的。怎样确定自己的价值观呢？请写出你生活中丢不开的五样东西，并说出为什么。然后从中画出一个，问一问：没有这项你的生活会怎样？一直画到只剩下一个。看看剩下的是什么，为什么。当你清楚什么东西对自己是最重要时，自己就知道该怎样设计自己了。

2. 正确地认识自我

正确认识自我是实现自我教育的前提和基础。古希腊戴尔菲神庙的柱子上刻着这样一句话：认识自己。认识自我历来是古今中外的永恒话题。大学生自我认识的能力有了较大的提高，但要他们真正认识自己，绝非易事。大学生应该多角度认识自己。首先应当学会用马克思主义的观点去考察社会与人生，学会用历史唯物主义的观点来评价自己。因为自我观念是具有社会定向意义的，只有熟悉社会生活，才能了解人生的意义，在评价自我时也才能找到合适的社会尺度。其次在活动与交往中，通过社会比较和自我纵向比较等策略全面地认识自我。在衡量和评价自己时，大学生可采用社会比较策略，既与自己表现差不多的同学比，也与表现强于自己或不如自己的同学比；既与同年级同学比，也与不同年级的同学相比；既与大学生相比，也与一般青年相比；既与同龄人相比，也与不同年龄人相比。同时进行自我纵向比较，即将"现实的我"与"以往的我""理想的我"作比较。经常反省自己，对自己作一分为二的分析，既看到自己的优点，也看到自己的缺点。

3. 努力提高自尊水平

高自尊者意味着能自我接纳、自我开放、自我展示、自我赞许、自我超越，他们具有较强的独立性，不易受暗示的影响。而低自尊者对自己往往持否定态度，看不起自己，不喜欢自己，甚至自轻自贱。因此，提高自尊水平极为必要。而引导大学生对自己进行积极的自我评价，这是产生自尊感的关键。对自己的评价要恰到好处，既不要夸张，也不能贬低，在肯定自己的同时，要认真对待他人对自己的意见。而有些大学生遇到较多挫折时，往往会更多地看到自己的弱点或缺陷，这就更加需要加以积极诱导，帮助他们对成功或失败做恰当地归因。在理想的追求过程中，要订出符合实际并经过努力能够达到的目标。例如有些目标虽然令人向往，而且是非常的重要，但自己的实际离它太远，由于受某些条件的限制，几乎是不可能实现的。如果一个人总是以最有成就的、最为出色的人为目标，由于过高要求而不能实现，这肯定会降低自尊。同时要积极创设各种成功的机会，让大学生获得成功的体验，从而增强自信心，提高自尊水平。

4. 进行积极有效的自我控制

自我控制是自我意识在意志中的表现，是进行自我调节的最基本手段，它是个体对自己心理活动和行为的主动操纵，是有明确目标的实际行动与环境相互作用的过程。大学生要意识到社会的要求，并力求使自己的行动符合社会要求准则，激起自我控制动机。准确地从知识库中检索与认识和改造客观现实有关的知识，同时正确评价自己运用这些知识的可能性。制定旨在完善和提高自己行动的相应计划和程序。在行动中运用诸如自我分析、自我体验、自我鼓励、自我监督、自我命令等各种激励手段，努力驾驭自己的心理活动和行为。

5. 创造良好环境，促进自我意识的健康发展

自我意识的发展与环境的作用是密不可分的。在良好的人际关系环境、学习环境和生活环境的熏陶下，大学生自我意识的倾向性就更多地表现出积极、乐观、向上的一面，会促进学生树立正确的人生观。反之，则容易出现角色延缓现象。

> ## 资料窗

"巴奴姆"效应与自我认知

"亲爱的读者，我们未曾谋面，但有遥测能力的我却能说出你的性格脾气，你信不信？"

"你是一个非常非常需要别人好评的人，你希望有人喜欢你、欣赏你，但你对自己的种种情况还不甚满意。你的内心蕴藏着巨大的能量，但你还没能将这些能量完全释放出来。尽管你平时遵纪守法，可是很多时候还是免不了有些抵触情绪。你也常有些烦恼，会产生动摇犹

豫，可关键时候自己的主意还是自己拿的。你有时随和可亲、平易近人，能与人侃侃而谈，有时却显得内向腼腆，小心谨慎，克制自己的言语举止。你有好些美好的理想，可其中的不少都缺乏现实性。"

上面的这些模棱两可又充满辩证色彩的话几乎适合我们每一个人！心理学家把人们乐于接受这种概括性性格描述的现象称为"巴奴姆"效应。我们平时了解的所谓"星座"与性格的预测，乃至各种"算命"的解释也就是利用了这种效应。

"巴奴姆"效应一方面揭示出我们的认知心理特点，另一方面也迎合了我们认识自己的欲望。事实上，认识别人难，认识自己更难。

有这么一个故事："一位漂亮的长发公主，自幼被巫婆关在一座高塔里，巫婆每天对她说：'你的样子丑极了，见到你的人都会害怕。'公主相信了巫婆的话，怕被别人嘲笑，不敢逃走。直到有一天一位王子经过塔下，赞叹公主貌美如仙并救出了她。"其实，囚禁公主的不是什么高塔，也不是什么巫婆，而是公主认为"自己很丑"的错误认识。我们或许也正被他人所蒙蔽，比如父母、老师说你笨、没有前途，你也就相信了，事实上，也不正如那位公主一样吗！

有人认为得了不治之症是最大的悲剧，也有人认为没考上大学是人生最大的不幸。其实，我们最大的悲剧与不幸在于我们活着却不知自己有多大的潜能和应该做什么！不了解自己，偏又想知道自己，于是很多人就选择了算命、拆字、看手相等探测自己命运秘密的玄虚游戏。

第四节　大学生完善自我的途径与方法

自我意识的健全是大学生自我完善和自我教育的途径，是大学生人格自我调控系统的组成部分。大学阶段是自我意识发展的高级阶段，分析大学生自我意识发展过程中出现的冲突，寻求合理的培养途径，是高校学生管理和健全学生心理素质的重要手段。当代大学生自我认识更具主动性和自觉性，自我评价更具广泛性，自我体验更具丰富性，自我控制能力增强，同时又存在着理想的我与现实的我、自信与自卑等矛盾冲突。教育工作者应引导大学生正确认识并积极悦纳自我，培养自我控制的能力，不断地完善自我。

一、全面认识自我

自知才能自信，才能自强，才能达到成功的彼岸。心理健康的前提是全面、客观地认识自己，了解自己的潜能、优势，扬长避短。如果不能全面、正确地认识自己，就会产生两种心理：一是自卑心理，二是自负心理。这两种心理的产生是因为缺乏对自己全面的、正确的认识。前苏联心理学家认为：青年初期最宝贵的心理成果是发现自己的内心世界，这种发现对于青少年来说，等于一场真正的哥白尼式的革命。了解自我、分析自我、达到全面认识自我，才能使青年一代走向成功。

全面认识自我是形成自我意识的基础。如果一个人能够全面地、正确地认识自己，客观地、准确地评价自己，就能够量力而行，确立合适的奋斗目标，并为实现这一目标而不懈努力。因此，大学生只有打破封闭自我，拓宽生活范围，增加生活阅历，扩展交往空间，积极参加活动，扩大社会实践，才能多方面、多角度地认识自我，做到不自卑也不过于自信，不骄傲也不过于谦虚，才能充分发挥自己的聪明才智，实现自己的人生价值。那么如何全面地认识自己呢？

（一）自我认识的内容

大学生主要从三个方面来认识自我：即生理自我、心理自我、社会自我。

生理自我是个体对自己的身体、生理状态（如身高、体重、容貌等）的认识和体验。它是一个人在与他人交往的过程中通过学习而逐渐形成的，它使一个人把自我和非我区别开来，意识到自己的生存是寄存在自己的躯体内。

心理自我是个体对自己的心理活动、个性特点、心理品质的认识、体验和感受，包括对自己的智力、性格、气质、兴趣爱好、情绪、技能以及人生观、价值观等的认识和体验。

社会自我是个体对自身与外界客观事物关系的认识、体验和愿望，包括个人对自己在客观环境及各种社会关系中的角色、地位、权利、义务、责任、力量等的意识。

（二）自我认识的途径

自我是认识自己的主体，又是认识的客体，要使认识具有全面性、正确性，就要凭借各种正确的参考系。获取参考系数的具体途径有：

1. 在实践中认识自我

通过实践活动充分施展自己的才华，在体力、智力和品德等方面，全面地得以发展和展示。自己的优点和缺点、特长和不足在活动中得以发现和验证。如一位女同学，在学校住宿两年中换了五次宿舍，在每一个寝室都和同学打得不可开交，达到不得不调换宿舍的地步。那么，这个女孩就该反思一下自己：难道五个宿舍的同学都不行吗？都不如自己吗？是不是自己的个性太强、难以和其他同学心理相容，应该调整一下自己？

2. 在听取他人的评价中认识自我

这是人对自身认识最基本的途径，如自己做某件事时，若总是得到别人的肯定，总是得到别人的赞扬，那么，自己在这方面就是比较优秀的；相反，就是比较差了。当然，青少年在听取他人的评价时不能全盘接受或全盘否定，要经过取舍，应注意与自己关系密切的人对自己的评价；应注意人数众多、异口同声的评价；应注意分析评价者所持的态度、观点，然后有选择地接受他人的评价，形成关于自我的正确概念。

3. 在与他人的比较中认识自我

古人云："以铜为镜，可以正衣冠；以史为镜，可以知兴衰；以人为镜，可以知得失。"通过比较，青少年可以发现自己的长处和不足，扬长避短。青少年在与他人的比较时，切忌单向比较，既要和比自己强的人比，明白"山外有山，楼外有楼"，从而找到差距，激发自己的动力；又要和比自己差的人比，知道自己的优势，重新定位，增强自信心。

4. 在内省中认识自我

古人云，"吾日三省吾身"，即是说，积极地进行与自我的内心对话。青少年的心理活动逐渐丰富起来，自我逐渐成为注意的中心。然而，自我认识、自我观察需要自身能积极创造条件，要让自身为自己营造一种和缓、平静、沉着的心态，这样有利于客观公正地对自己进行剖析与认识。

二、积极接纳自我

接纳自我，就是对自己的本来面目抱认可、肯定的态度。是否接纳自己是发展健康的自我体验的关键和核心。自尊者对自我充满信心，乐于接受对自我的教育和要求，从而有利于促进正确自我意识的形成。自卑者片面夸大自身的缺点，对自己持悲观态度，甚至否认自我存在的价值，从而极大地阻碍正确的自我意识的形成。

有的人从生下来就不满意自己，天天审判自己：如我为什么是个女孩，不是男孩；我为什么是单眼皮，不是双眼皮；我为什么生在穷家，没有生在富家；我为什么长得天使的身材，魔鬼的脸；我为什么不如别人那么优秀，等等。这种过度的审判就是不接纳自己。心理学研究表明，人的很多心理问题是由于不接纳自己造成的。"金无足赤，人无完人。"正确地面对自我，接纳自我，是你获得成功必不可少的心理条件。有位哲学家曾说过："一个人如果能够战胜自己内心的黑暗，就永远站立在灿烂的阳光中。"是的，别人把你打倒了，你可以爬起来；自己把自己打倒了，或许永远也无法爬起来，因为你的信念倒了，意志倒了……自卑、忧伤、烦恼，使你自己永远处于黑暗之中。所以，战胜自我需要的不仅是勇气、力量，更重要的是接纳自我。

接纳自我就是相信自己。有人说世界上没有两片相同的叶子，这句话借用在这里，就是说，你是世界上独一无二的，有史以来，曾经有亿万人生活在这个地球上，但从来未曾有过第二个你。如果你不克隆自己，也将永远不会有第二个你。所以你有足够的理由自尊自爱，即使是遭受挫折、历经坎坷。如果你连自己都怀疑，还能指望谁能相信你？要相信自己的能力，对于贬抑性的评价不要盲目接受。事实上，社会上有些评价并不总是正确的。例如，发明大王爱迪生，上小学时被老师认为"智力迟钝"，刚念了三个月小学就被开除了；爱因斯坦在学生时代被老师斥责为"永远不会有出息"。而事实上呢，他们都在科学领域作出了杰出贡献。要学会把贬抑性的评价化为自己向上的动力，看成是对自己的鞭策和督促，这样就能防止自卑感的产生。

接纳自己就要原谅自己。人生的大道并不是平坦的，总会有太多的不如意，如某件事没有做好，考试没有考好等，假如你总是无休止地埋怨自己，惩罚自己，你将陷入一种自卑和自暴自弃的恶性循环之中。曾有一位学习尖子，偶然一次败得很惨，便开始给自己挖精神陷阱。她问班主任："老师，我原来是全年级前五名，这回我在班级内才考到30名，回家后怎么向父母交待？左右邻居怎么看我？我的竞争对手不知会怎么嘲笑我呢，同学们一定会指手画脚地议论我……"她就这样傻乎乎地挖精神陷阱，就是不肯停下来，不肯原谅自己。不要把偶然的失败看得太重，把失败当成了给自己心理施加压力的包袱。有效的方法就是原谅自己，把用于挖精神陷阱的时间，用于分析失败原因，用于研究重新取胜的办法，走出失败的陷阱，重现当年的辉煌。

接纳自我就要正视自己。"尺有所短，寸有所长"，每个人都有短处和缺陷，其中有的是无法补救的，或只能做有限的改善。在这种情况下，应该正视自己，坦然接受这种缺陷，并不为此羞愧，不在别人面前加以掩饰，不采取其他防御行为。只注意自身不足的人，容易产生自卑心理。例如，有些学生认为自己长得丑而有意把自己封闭起来，拒绝与人交往，幻想与世隔绝，躲到深山或沙漠里去。殊不知这样做往往事与愿违，内在美表现不出来，反而增添了孤独苦闷。人的美与丑从来就不是绝对的，相貌的好坏并不是人的本质内容。人的美包含有面貌、身材、心灵、气质等多种因素，其外在美与内在美相比较，后者重要得多，有价值得多。雨果笔下巴黎圣母院中的卡西莫多长得丑，但没有一个人认为他丑，因为他的内心是美的。他赢得了人们的敬爱。正如一位先哲说过："人不是因为美才可爱，而是因为可爱才美丽。"

三、努力完善自我

完善自我是个体在认识自我、接纳自我的基础上，自觉规划行为目标，主动调节自身行为，积极改造自己的个性，使个性全面发展以适应社会要求的过程。完善自我是个体自我教育最重要的方式，它实际上是一个合理确立理想自我，努力提高现实自我的过程，或者说是一个主动改变现实自我以达到理想自我的过程。

（一）确立正确的理想自我

确立理想的自我，是指在认识自我、接纳自我的基础上，按照社会的需要和个人的特点来确定自我教育的发展目标。确立正确的理想自我的关键是熟悉和了解社会，认识社会发展的规律，树立正确的人生观，为理想的自我确立合适的社会坐标与人生坐标。

（二）努力提高现实的我

1.通过日记调适自己

日记在自我完善中能起到如下作用：可以帮助记忆生活中的事件并思考其意义；可以培养记录生活事件并对其进行认真思考的习惯；有助于分析自己的行为活动和制定全面的自我完善计划。卓越的思想家托尔斯泰在日记中对自己提出过这样的严厉批评："我很愚蠢、笨拙……令人感到无聊、不谦虚、不容人，我简直羞愧得像个孩子。就像所有意志薄弱的人那样，我不能自制，优柔寡断，反复无常，徒有虚名。"托尔斯泰根据对自己缺点的分析确定自我完善的基本任务是："对于我来讲，最重要的是克服自己的优柔寡断、好激动和懒惰。"他通过日记用心观察自我完善的进程，给自己提出自我完善的任务。青少年具有一定自我评价能力和自我分析能力，完全可以通过日记的方式提高自我，如有的学生认为自己好冲动，常因为一点小事与同学打架，影响他的同学关系，很多同学都不和他来往，使他感到很孤独、很苦闷。他意识到了自己的缺点，他决心改掉这个毛病。于是，他就天天记日记，分析每一天和同学交往情况，逐步改进，渐渐地和同学关系好了起来。

2.通过自我报告调整自己

自我报告就是人向自己报告个人活动的过程和结果、个人的行为以及这些行为所表现出的个性品质。自我报告分为总结性报告和临时性报告。总结性自我报告，就是报告相当长的一段时间内，也就是在一定的生活阶段内所表现出的，在自认为力能胜任并自愿接受的任务和活动的客观结果之间相符合的程度。在自我报告之前对自己的行动、所达到的活动结果要有系统的详细的记录，要全面而深刻地分析、判明行为与个性品质之间的因果依从性。这样的自我报告有助于提高自我认识的客观性。临时性自我报告是人在短时间内即一天、几天或一周的自我报告。如有的学生做任何事情都缺乏毅力，不论是学习还是劳动，总是虎头蛇尾、浅尝辄止，影响他的进一步发展。他为了锻炼自己的意志，主动给自己布置带有一定难度的任务，制定了计划，并按计划去执行。在这个过程中，他通过自我报告法监督自己的行动，逐步培养自己的意志力。

3.通过自我命令监督自己

在提高自我过程中，可通过自我命令修正自己的具体缺点和培养积极品质。如有的学生早晨不按时起床，即使有闹钟闹着、同学喊着，还总是起来晚了，上课迟到，在同学中产生不良影响，老师批评他，他自己也觉得过意不去。他决心改掉这个缺点，每天早晨自己命令自己：按时起床！强迫自己紧张起来。还有的学生不能控制自己，不论从事什么活动，一遇到点障碍就不干了，或受到诱惑就转移注意了，总是见异思迁、朝三暮四，这样就会使他一事无成。因此，有意识地锻炼执行自我命令的行动有助于培养严于律己的习惯，形成良好的个性。

团体辅导与自助

一、团体心理活动——20 个我是谁。

目的：强化自我认识，促进自我接纳。

操作：（1）写出 20 句"我是怎样的人"并编号，要求尽量选择一些能反映个人风格的语句，避免出现类似"我是一个男生"这样的句子：

我是一个（　　　　　　　　）的人。

我是一个（　　　　　　　　）的人。

……

（2）将陈述的 20 项内容作下列归类：

A. 身体状况（你的体貌特征，如年龄、身高、体形、是否健康等）。

编号：

B. 情绪状况（你常持有的情绪情感，如：乐观开朗、振奋人心、烦恼沮丧等）。

编号：

C. 才智状况（你的智力、能力情况：聪明、灵活、迟钝、能干等）。

编号：

D. 社会关系状况（与他人的关系、如何和别人应对进退、对他人常持有的态度、原则，如：乐于助人的、爱交朋友的、坦诚的、孤独的等）。

编号：

E. 其他

编号：

分类是为了了解自己对自己各方面的关注和了解程度，某一类项目多，说明你对这方面关注和了解多；某一类项目少或没有，说明你对这方面关注和了解少或根本就没关注、不了解。健全的自我意识应能较为全面地关注和了解自己。

（3）评估你对自己的陈述是积极的还是消极的。在你列出的每句话的后面加上正号（+）或负号（－）。正号表示"这句话表达了你对自己肯定满意的态度"，负号的意义则相反，表示"这句话表达了你对自己不满意、否定的态度"。看看你的正号与负号的数量各是多少。

如果你正号的数量大于负号的，说明你的自我接纳状况良好。相反，你的负号将近一半甚至超过一半，这显示你不能很好地接纳自己，你的自尊程度较低，这时你需要内省一番，寻找问题的根源，比如是否过低地评价了自己，是什么原因使你成为这样，有没有改善的可能。

（4）分组交流。将团体成员分成 8～12 人的小组，在组内进行交流。交流对自己的认识，以及对活动的感受。

（5）团体内分享。每组派一名代表在团体内进行小组情况交流或个人体会的发言，供大家分享。

二、当我觉得没有自信，总觉得自己不如别人时，我可以这样做：

目的：克服自卑，增强自信。

做法：

①停止批评与责备自己；

②停止和别人比较；

③接纳自己的不完善；

④学习使用积极而正面的自我对话方式；

⑤将自己的优点列出来，每天浏览一次；

⑥学会珍惜自己所拥有的；

⑦欣赏自己的独特性。

心理自测

自信心自测

你感到自卑吗？请对下列题目作出"是"或"否"的回答。是用"√"，否用"×"表示。

[ ]1. 你觉得自己这样的年龄应该更高一些吗？

[ ]2. 你对自己的容貌满意吗？

[ ]3. 你是否不喜欢镜子中看到的自己？

[ ]4. 你觉得自己的身体不够强壮吗？

[ ]5. 别人给你拍照时，你对拍出使你满意的照片有信心吗？

[ ]6. 你觉得自己比其他人过得好吗？

[ ]7. 你相信自己十年后会比其他人过得好吗？

[ ]8. 你是否常被人家挖苦？

[ ]9. 是否看上去很多同学不太喜欢你？

[ ]10. 你常常有"又失败了"的感觉吗？

[ ]11. 你的老师对你的学习成绩感受到失望吗？

[ ]12. 做错事之后，你常常会很快忘却吗？

[ ]13. 与同学一起的时候，你是否常常扮演听众的角色？

[ ]14. 你经常在心里默默祈祷吗？

[ ]15. 你认为自己使父母感到失望吗？

[ ]16. 你是否经常回想并检讨自己过去的不良行为？

[ ]17. 当与别人闹矛盾时，你通常总是责怪自己吗？

[ ]18. 你是否不喜欢自己的性格？

[ ]19. 别人讲话时，你经常打断他们吗？

[ ]20. 你从不主动向别人挑战？

[ ]21. 做某件事时，你常常缺乏成功的信心吗？

[ ]22. 即使不同意对方的观点，你也不习惯当面提出反对意见，对吗？

[ ]23. 你是否自甘落后？

[　]24. 你对未来充满信心吗？

[　]25. 你对自己的成绩进入班级前几名不抱希望吗？

[　]26. 参加体育运动后，你总是感觉自己不行了吗？

[　]27. 遇到困难，你常采取逃避的态度吗？

[　]28. 当你提出的观点被人反对时，你是否马上会怀疑自己的正确性？

[　]29. 如果别人没有征询你的看法，你会主动发表自己的意见吗？

[　]30. 对自己反对做的各种事情，你总是充满自信吗？

评分规则：

记分：第2、7、12、19、24、29、30题答"是"记0分，答"否"记1分。其余各题答"是"记1分，答"否"记0分。各题得分相加，统计总分。

评价：

总分在0~5分：你充满了自信，只要注意别自满或自责。

总分在6~10分：总的来说你并不自卑。但当环境出现变化时，也会感到有些难以适应，对自己的能力有所怀疑。一般情况下，你最终能够恢复自信。

总分在11~20分：只要一遇到挫折，你就会感到自己不行。你最好降低一下自己的期望值，调整自己追求的目标，以便从每次小的进步中享受成功的欢乐，逐步建立自信。

思考与练习

1. 简述自我认识、自我体验、自我控制的含义。

2. 说说自卑、自傲、自负的区别，如何建立自信心？

3. 怎样实现自我意识的完善？

第七章　大学生爱情心理

　　爱情是人类永恒的主题，也是人类精神世界不竭的动力之一。爱与美、爱与人生、爱与永恒紧密相关。正值花样年华的大学生，爱与被爱已成为他们生活中不可或缺的组成部分。有人因为可爱而变得美丽，也有人因为美丽而变得可爱。然而，爱需要理性与智慧，需要等待与心智。爱是一门艺术，爱是需要学习的。爱情究竟是什么？作为一个当代大学生你懂得爱的艺术吗？你具备爱的能力吗？本章主要阐述大学生恋爱的主要特点，大学生如何避免恋爱中的心理危机，从而提出大学生应该如何维护自身的性健康以及应该树立怎样的恋爱观。

第一节　大学生的爱情

一、爱与爱情

（一）爱与爱情的含义

　　爱是人的基本心理特征，也是人的正常心理需求之一。人类具有多种爱，有许多近似性爱的美好情感，如尊重、友谊、好感、赞赏、敬慕、陶醉、感激、自我牺牲，等等。其中性爱是最受人关注的，因为有关性爱的情感活动对人们生活的影响很大，以至一般人们说到爱就仅指性爱。男女之性爱与其他爱的情感有区别，但同时又有着密切的联系。对相爱的男女来说，如果他们的爱情与这些情感是相排斥的，如一方虽说"爱"另一方，但是他根本不尊重、不赞赏另一方，那么这绝不是真爱。爱情不能脱离其他美好的情感而单独存在，一个对父母、对朋友、对祖国都不爱的人，也很难有男女之间纯洁的、持久的爱。有关性爱的爱和爱情，人们常不加区别，其实仔细斟酌，还略有差异。爱，更多地偏重于表达为主体内心的心理体验和感受，爱情则更多地偏重用来描述相爱者表达爱、交流情感的外在活动。心里藏着强烈的爱，但受限于社会环境等因素，可能没有（或没能）向爱的对象表达，从而出现有"爱"而没有"爱情"的情况。

　　爱情，是男女双方基于一定客观物质条件和共同的人生理想，在各自内心中形成的相互间最真挚的爱慕，并渴望对方成为自己终身伴侣的最强烈、专一和稳定的感情。爱情是人类特有的情感。大学生处于青年发展的中期，其身心发展的最明显特征是随着极大的生理变化，其性心理也得到快速发展并走向成熟。性是一种强烈的生命冲动，青年的性心理充满矛盾，他们的性渴望不可抗拒，性的焦虑普遍存在。这必然使他们欣喜、激动，同时也带来一系列的心理困扰。对此，有的大学生能正确地认识并能较好地应付，有的却因为不能很好地适应和调节，导致不良的情绪和行为反应，甚至出现明显的心理障碍，影响他们的身心健康。

因此，培养大学生健康的性心理是很重要的。

（二）爱情的心理结构

美国著名心理学家斯腾伯格在 1988 年对爱情的心理结构提出了一个"爱情三元论"的观点。他认为，人类的爱情虽复杂多变，但基本上由三种成分所组成：（1）动机成分。指爱情行为背后的动机，对人类而言极其复杂。其中，性动机或性驱力，以及相应的诱因，如异性之间身体容貌等特征是重要原因之一。（2）情绪成分。属于爱情的情绪，除了爱与欲之外，肯定还夹杂着其他的成分，正所谓酸甜苦辣的爱情滋味。（3）认知成分。爱情中的认知作用，是一种控制因素。虽然两性间的爱情形式因人而异，其实都是由这三种成分以某种方式混合所演绎的。他进一步将动机、情绪和认知各自在两性间发生的爱情关系，称为热情、亲密与承诺，即以动机为主的两性关系是热情的，以情绪为主的两性关系是亲密的，以认知为主的两性关系是承诺的。而完美的爱情应该是三者俱备，合而为一的。

（三）爱情的形态

心理分析学家罗洛·梅（RolloMay）把爱情形态分为性（Sex，指本能的快乐）、性爱（Eros，性欲基础上的爱）、情爱（Philia，友爱类感情）、博爱（Agape，为他人献身的爱）。不过最符合实际的是加拿大社会学家李·约翰的分法。他把爱情分为"情欲之爱""依附之爱""友谊之爱""游戏之爱""现实之爱""利他之爱"六种。

爱情的第一种形态是"情欲之爱"，意味着浪漫的爱。情侣在喜爱的人身上发现了诱人的魅力，这一种爱即情欲，是由全身的兴奋激发出的情爱欲望。

爱情的第二种形态是"依附之爱"，意味着情侣双方对情感的需求非常大，他们要求爱情关系的唯一性，也就是伴侣之间的关系要持久又固定。"依附之爱"体现的是对感情的全心倾注，甚至是嫉妒。

爱情的第三种形态是"友谊之爱"，指的是那种青梅竹马式的爱情，对这样的情侣来讲，共同的兴趣爱好和共同的活动才是最重要的。在他们之间，性吸引出现得比较晚，一般要在他们明确了恋爱关系之后。

爱情的第四种形态是"游戏之爱"，大多是指由于引诱、性自由和性冒险的关系而使一对男女在一起，当事人并没有严肃地对待这份感情，或许他们根本就不想建立起一种持久的关系。

爱情的第五种形态是"现实之爱"，它的产生并不是源于情欲的激情，而是从对方的现实条件（如可以住进大房子或生儿育女等）出发，寻找最合适的伴侣。受外表吸引的婚姻，理智的婚姻，或功利的婚姻都可能是"现实之爱"的产物。

爱情的第六种形态是"利他之爱"，指的是将爱人的幸福放在第一的位置，追求爱情但不求对方回报。爱不是以施爱一方的情感和目的为准，而是以被爱方的感受为准。在"利他之爱"的影响下，爱人之间的牺牲和奉献精神，与受虐狂和施虐狂之间的关系颇为相似。

李·约翰指出，只有友谊之爱和现实之爱才真正牢固持久，过于浪漫或过于游戏都会使爱情过早夭折。李·约翰划分的六种爱情形态在大学生的恋爱生活中大多有所反映。对不同形态爱情的需求直接影响到大学生的择偶标准。

（四）爱情的特征

爱情作为一种社会现象，作为人与人之间特定的社会关系，与其他人与人之间的关系有着许多不同的地方，形成独有的基本特征。

1. 爱情具有对等性

恩格斯在论述爱情第一特征时就指出，爱情是以所爱者的互爱为前提的，就是双方互相爱慕，自主自愿。主要表现在：首先，尊重对方自愿选择的权利，双方都有爱和被爱的权利，都有对爱选择的权利，一方强制、勉强凑合都不是爱情。其次，单相思不是爱情。马克思说："如果你在恋爱，但没有引起对方的反应，……没有使你成为被爱的人，那么你的爱就是无力的，就是不幸。"这种缺少被爱的"爱"，不能算爱情。再次，尊重对方人格。双方在人格上是平等的，没有高低之分，不能形成谁依附谁、谁占有谁的心理局面。

2. 爱情具有排他性

爱情是一男一女之间的爱慕关系，不容第三者介入。恩格斯在《家庭、私有制和国家的起源》中指出"性爱按其本性来说就是排他的"，是一种特殊的相互拥有的感情。对爱情至死不渝、忠贞专一是高尚的；而水性杨花、朝秦暮楚是卑劣的。我们应该正确理解爱情的排他性：首先，爱情的排他、专一和封建礼教的"从一而终"是截然不同的。前者是道德观念，对男女都有约束力，而后者是封建社会不平等的礼教观念，是对妇女而言的，是不合理的。其次，爱情的排他性要求不能有"三角恋"。再次，爱情的排他性并不排斥爱人与其他异性的正常交往。爱情和友谊是不同的，友谊可以广泛播种，朋友相交可以是多个。有些人限制爱人与朋友往来，把恋人当作私有财产，无端猜忌和怀疑，这与真正的爱情是背道而驰的。现实生活中的许多事例告诉人们，爱情是一碗芳香的蜜糖，若不以忠诚和专一去维系，它最终会变成一杯难以吞咽的苦酒；只有对爱情忠贞不渝的人，才能享受真正爱情的甜美与幸福。

3. 爱情具有持久性

相爱双方，共同经受人生道路的种种磨难与考验，相知相守，白头偕老，永葆魅力芳香，是真正爱情的持久性特征。这有三个因素：首先，男女双方互相信赖。爱情产生于忠诚坦白、互相信任，并贯穿始终。顺利时互相尊重互相帮助，逆境时互相关心、互相支持，这是人格的体现，也是双方感情发展的牢固基石。列宁与夫人订的约法："互不盘问，互不隐瞒。"体现了真正爱情的信任感。其次，保持爱情的纯洁性。爱情，不可容忍一切低级庸俗的东西。它反映在爱情权利与义务的统一上，存在于婚前的恋爱和婚后的夫妻生活和家庭责任中。有爱情，就有义务，就有责任。当然，爱情是感情的交换，不是非感情的交易。任何对爱的亵渎，都会损伤爱的纯洁性。爱情需要深化发展，爱情是感情，感情不是固化不变的。若永远保持爱情的温馨、浪漫、芳香，就必须不断培养、发展、深化这种特殊的感情，正如鲁迅所说："爱情必须时时更新、生长、创造。只有经过时间的淬砺，爱情才能长久、常青，给人以精神上感情美的享受。"

二、大学生的恋爱

(一)大学生能否恋爱

恋爱在很大程度上改变着一个人的思想和行为。恋爱越健康，积极的改变就越多，反之，这种改变就可能是消极的。正如有的学者指出的："对青年来说，恋爱更多的是一种涉及生活全貌和人格整体的事情。如果说一个人进入青年期以后，在人格、生活态度以及人生观上发生了很大变化，那么导致这种变化的最大因素，大概莫过于恋爱了。"目前在校大学生的年龄一般在17～23岁之间，在性生理上已完全成熟，在性心理发展上，也走过了性疏远期和性接近期，进入了恋爱期，对情感的需求大大增强了，这是大学生生理、心理发展的正常现象。从这个角度讲，大学生恋爱现象是自然的、正常的、无可指责的。

现实中，有的恋爱带来勃勃生机，成为促进学习、工作和自身全面发展的"核动力"，而有的恋爱则使人情绪起伏、烦恼不安、成绩滑坡。由此可见，爱情是一把双刃剑，对青年学生的成长有利有弊。

1. 恋爱对大学生的益处

恋爱有利于大学生的心理成熟，主要表现在以下几个方面：第一，从性心理发展的角度看，性冲动必须得到合理的宣泄和控制，才有利于身心健康。恋爱是青年释放日益强烈的性冲动的重要途径。通过恋爱，接触异性，可以使青年不再感到性压抑带来的紧张，从而合理地释放性冲动，获得身心愉悦。第二，从性意识发展的角度看，性意识的发展必须经过恋爱阶段才能逐步完善。只有在与异性的深层接触中，才能使青年真正认识到男性与女性的气质和含义，从而在性角色上把自己与他人区别开来。第三，从自我意识建立的角度看，恋爱可以使青年逐步建立完整的自我意识。恋爱是两个人人格的深层接触，在此过程中，对方像一面镜子时刻反映着自己的自我形象，并鞭策自己不断完善自我。青年的自我概念会因对方的影响而改变，自我意识也将在此过程中得到不断完善。第四，从人际交往能力发展的角度看，恋爱中两人的深层交往，必然会遇到人际交往过程中所遇到的一般问题，深层交往中还须处理情感纠葛中出现的一系列问题，这将大大提高青年的交往能力，为日后适应社会人际交往打下良好的基础。

2. 恋爱对大学生的危害

恋爱对大学生的不利影响，主要表现在以下几个方面：第一，恋爱需要时间和精力，若处理不好恋爱与学业的关系，则会影响甚至耽误学业，使大学生的心理负担加重。第二，恋爱具有排他性，若处理不好爱情与友情的关系，则会带来人际关系上的一大堆烦恼，影响情绪，以致影响生活。第三，初恋、热恋易造成心理过度紧张。过度兴奋或烦恼都将加剧心理紧张。处在恋爱中的大学生会为一些小事而极度兴奋或极度烦恼，这都会带来高度的心理紧张。持续的心理高度紧张对心理健康是不利的。第四，恋爱的进一步发展还可能带来一些其他问题。如婚前性行为可能会造成大学生心理失调或心理负担超重。恋爱受挫后，失恋将给人带来极大的痛苦，身心都有可能会受到沉重的打击，有的人还会失魂落魄，觉得人生意义不复存在，甚至走上绝路。

鉴于恋爱对青年心理发展的双重影响，大学生在谈恋爱前就必须根据自己的心理发展和心理素质特点权衡利弊，慎重地进行。

(二)对待恋爱的正确态度

有人说，爱和被爱都是一种幸福。但大学生受多方面条件限制，一般不宜谈恋爱。有数据显示，受多方面因素影响，大学生恋爱成功率不足10%。大学生即使谈恋爱，也应在正确的爱情观指导下，学会恰当表达爱意、接受爱和拒绝爱，学会应对恋爱中的挫折、增加心理承受力，尽量避免因恋爱而引起的一系列问题。

1. 树立正确的爱情观

爱情观是指人们对爱情的看法，它直接影响到人们的恋爱行为。人类作为社会性个体，其情感发展受到社会意识的规范，可以说爱情既是自然性和社会性的统一，也是情感体验和理智认识的结合，爱情由性和爱两部分构成。作为大学生，应该树立正确的爱情观，从科学的角度承认性爱和情爱是正常爱情必不可少的组成部分，既追求精神层面的和谐、统一，也认可性冲动是生理因素引发的正常反应，做好对性冲动的合理控制与调节，最终达到感性情绪与理性体验的完美结合。

2. 爱的表达

示爱是爱情出现的第一步。如何给对方留下美好的第一印象，给对方以好感，是应该精心准备的。真诚、尊重对方、注重仪表都是要遵循的原则。由于中国人含蓄、内敛的性格，大多数人不太善于表达爱意，而是喜欢藏在心底，其实恋爱中的双方经常性的对恋人表达爱意，使对方感到被呵护与关爱，能进一步激发双方之间的感情，使爱情变得更加甜蜜、牢固。

3. 学习接受爱和拒绝爱

当爱情来到身边，你是否已做好心理准备了？不管是接受，还是拒绝，首先需要树立健康的爱情观念，对爱情的含义要有科学的认识；其次，了解自己对爱情的期望、选择恋人的标准，明确自己渴望的爱情内容；最后，客观地对求爱者进行观察、评价，及时做出判断，把握恋爱时机。当自己不愿意与求爱者建立恋爱关系时，拒绝也要讲究方式。在一般情况下，拒绝他人的求爱应如实说明理由，语气缓和，要尊重对方；同时，要态度明确、表达清楚，不要让对方有误解；此外，言行要保持一致，按照自己的态度去行事，不能在语言上拒绝对方，而在行动上还与之亲近，使对方对这份情感还有所期待。

4. 应对恋爱中的挫折

在恋爱中遇到争吵、冲突、失恋等挫折是非常正常的。当遇到挫折时，应分析原因、吸取教训、积累经验。多学习一些恋爱心理学知识，了解各种恋爱心理的特点和效应，使自己在恋爱中能做出比较客观的判断。如感到自己难以处理时，可以寻求朋友、师长的帮助，向他们倾诉心中的痛苦，疏导负面情绪；也可以到学校心理咨询中心寻求专业指导，调理情感，最终走出阴影。

三、大学生恋爱的特点与类型

大学生恋爱与社会上的一些恋爱不同，它是在特定的时间、特定的阶段，彼此在一起学习时产生的。这种情感是相对单纯的情感，他们不带有功利色彩，不在乎对方挣多少钱，也不在乎对方有没有房子，不在乎对方的家庭状况如何。但是，大学生恋爱又普遍没有结果，这是大学生爱情的一个特点。恋爱是难以驾驭的人生艺术，渴望谈恋爱是一回事，会不会谈则是另一回事。许多人疯狂地投入进去，惨败地退出来。有的成功，有的失败，有的因恋爱引发犯罪甚至轻生，闹出人命。大学生恋爱因动机不同而显现多样化的趋势。

(一)大学生的恋爱心理特点

1. 恋爱动机较单纯

有研究表明，大学生恋爱目的较为简单，恋爱更多地是从自身的需要出发，主要注重的是两个人的情感，以是否拥有爱情为最重要的标准，浪漫色彩比较浓厚，因而对结婚、家庭等现实问题极少讨论。这是大学生的自身特点所决定的。毕竟在大学阶段中最主要的目的是学习专业知识和技能，为今后步入社会做准备，但对未来目标可能还不是十分明确。

2. 择友标准理想与现实兼顾

大学生在选择恋爱对象上浪漫色彩较浓重，幻想成分更多、更理想化，如对外貌身高、个性气质都有较高的要求。但由于大学生的生活不可能完全脱离社会，所以恋爱过程中也体现出一定的现实性。对于人品、学识这类内在素质的要求较高，尤其是在女生比较突出。另外，对于恋爱对象的家庭背景、经济条件等外在因素也有现实的考虑。

3.恋爱的独立性和自主性意识增强

大学生由于知识程度较高，在恋爱问题上的独立性和自主性程度也相对较高。从独立性上看，大学生普遍看重自己的事业，不愿意因恋人而放弃自己的兴趣、职业。另外，女生对恋人未来的职业和收入也表现出了高度重视。从自主性上看，大学生已形成了一定的世界观、人生观，对待问题乐于坚持自己独特的见解，家长的影响力趋于减弱。

4.恋爱行为公开化

目前在高校中，大学生恋爱已不再是一个隐秘的话题。随之而来的，恋爱行为也逐渐趋向公开化，"携手散步""一起进餐""拥抱亲吻"这类亲密情形也成了校园中常见的行为。由于大学生在思想上对这类行为的认同，他们往往对这类情形表现比较平淡。

5.性观念趋向开放

随着外来文化的大量进入，大学生接触的新知识较多，视野也更开阔，对待性问题也有了自己的认识。目前大学生在思想上往往对性问题持较开放的态度，对我国传统观念中所鄙薄的东西表现出较大的宽容性。

(二)大学生的恋爱类型

1.追求浪漫型

这类学生情感比较丰富，罗曼蒂克的爱情对他们有着强烈的吸引力，对爱情浪漫色彩的追逐和窥探心理日趋强烈。他们并非不尊重爱情，而是觉得出没于花前月下的刺激比爱情的责任和义务更富有色彩和韵味。与这种韵味相比较，人自身的品质被淡化了。他们请示和接受爱情时，对爱情的缠绵悱恻有较深的体验并乐在其中，时时沉浸在两人的世界里，忘却了集体，甚至忘却了学业。

2.比翼双飞型

这类学生基本上具备成熟的人格，有正确的恋爱观，能够以理性引导爱情，正确处理恋爱与学习、感情与爱情、情爱与性爱的关系。双方有较强的进取心和自控能力，有共同的理想抱负、价值观念，把事业的成功作为爱情持久的目标，不仅仅把恋爱看成人生的快乐，而且能把幸福的爱情转化为学习和工作的动力。他们认为，恋爱不仅应该促使双方的成长，而且应该促进双方的进步。

3.生活实惠型

进入大学后，毕业去向是大学生最为关注的问题。恋爱不可避免地揉进了毕业动向的条件，同时家庭条件和对方的发展前途也成为各自关注的重要的条件。一些大学生彼此间的爱慕与向往也许并不强烈，但是有确定的生活目标。大二是这类学生谈恋爱的高峰期。他们认为这时处朋友，谈恋爱，相互了解，信任程度高。这种爱情是理智的、现实的，确定恋爱关系所引起的争议也比较少。

4.时尚攀比型

在一些高校，恋爱成为一种时尚。当周边的许多同学有了异性朋友后，一些男同学为了不使自己显得无能，一些女同学为了证明自己的魅力，也学别人的样子匆匆地谈起了"恋爱"。由于目的性不强，缺乏认真的态度，常常是跟着感觉走，把谈恋爱看作是一种精神上的补偿，常以"没想那么多"为借口而各奔东西。这种恋爱往往带有很大的随意性。另外，以对方的门第、家产、地位、名誉、处所、职业、社交能力等为恋爱前提条件的，属功利世俗型。

5. 玩伴消费型

这类学生在精神上不太充实，同性朋友较少，时常感到孤独、烦闷，为了弥补精神上的空虚，急欲与异性朋友交往，"恋爱"成为一种近景性的精神需求。尤其是周末，当寝室的室友成双成对地走出校园，自己一人在寝室时，有一些同学会有一种空虚得想谈恋爱的感觉。女生的这种心理体验尤为明显。据报道，有一所大学的一个班的全部女生在大二时就都有了"相恋对象"，用她们自己的话说，"我其实不是真的在谈恋爱，只是生活太乏味了，又没有知己，想找个伴畅快畅快"。

第二节　大学生恋爱中常见的心理问题及调适

一、大学生恋爱中的心理误区

爱情的庄严与神圣、美好与神秘吸引着无数青年男女。有的学者说："有青年人的地方就会有爱。"但是，大学校园里存在着的并非都是完美的恋爱，并非都是拥有幸福的恋人，并非每个爱情的渴望者都能品尝到甘甜的爱情之羹。

(一)需求与爱情

是什么力量让两个人彼此走近？有感情的依恋，也有对安全、温暖、亲密、认同等的需求。许多大学生离乡背井来到大学开始新生活，面临大学的全新改变常常会感到寂寞、孤独和困苦，便想到找个男(女)朋友寻求温暖和关爱。(或许这正是现在许多同学的处境和想法，但很明显，这不是爱情而是需要。)然而，爱不是填补需求的空缺，不是排解烦忧的替身，爱比这些要丰富得多，爱更意味着分享和付出。

(二)好感与爱情

好感与爱情是大学生异性交往中经常遇到又难以区分的两种感情。青年人在性发育成熟时，便开始被异性所吸引，对异性产生好感，开始有寻求恋人的需要，这是人生理上的本能。但生活中，一些大学生容易将这种男女之间相互对异性的吸引、好感等同于爱情。或许是男孩子望见某个女孩窈窕的情影、俏皮的神态、温柔的举动，也许是女孩听到某位男孩深情的吟唱，目睹他潇洒的投篮或自信的发言，仿佛一下子心扉被打开了。其实并非异性之间凡有好感便可产生爱情。异性之间的好感一般来讲是广泛的、无排他性的，而爱情则是专一的、排他性的。好感常常表现为人们一时出现的情绪感受，在对方身上发现了符合自己内心期望的一些特点，而爱情则是长时间的相互了解中形成的。所以选择恋人，不妨"发乎于情，择之于理"，先相互认识，建立友谊，在此基础上加深了解，再彼此选择能否成为恋人。

(三)虚荣与爱情

从心理学的角度而言，虚荣心理是人的一种情感的反应，也反应着人的某种需要。美国心理学家马斯洛需要层次理论认为，需要是人的心理活动的基本动因，人的需要有各种不同的层次和广泛的内容，其中，包括受他人尊重的需要。虚荣心理是一些人试图以追求名誉、荣耀等表面的光彩来满足自尊需要的心理。谈恋爱，有一个令人羡慕的男(女)朋友，似乎便满足了这种需要(实际属于攀比行为的一部分)。此外，大学生还需要防范一些心怀不轨的爱情骗子，利用诸如金钱、浪漫情调、赞美、发展机会等做诱饵，骗取大学生的金钱和身心。

（四）友谊与爱情

友情作为爱情的基础，具有发展为爱情的可能性。但友情和爱情毕竟是两种各具内涵的不同情感。异性间的友情并不必然引发出爱情，如果把这种不具备转化可能性的友情糊里糊涂地发展为爱情，那么，悲剧的产生将是不可避免。即使是可以发展为爱情的友情，也不可以在二者之间直接划上等号，它需要具备一定的条件，把握适当的时机。一般来说，只有当自己真正理解了生活，理解了爱情并充分认识了自我价值时，再把友谊升华为爱情，如此爱情才能更加甜蜜。

二、恋爱中的常见心理问题及调适

（一）选择的困惑及调适

选择的困惑是大学生恋爱中最常见的问题之一。其中较常见的有以下几种情形：

1. 不知道应不应该谈恋爱

这部分大学生应首先树立对爱情的正确态度。如果自己还不知道该不该谈恋爱，那说明在你的心里还没有自己喜欢的异性，只是因为看到许多同学都在谈恋爱，才产生了自己是否谈恋爱的想法。当真正的爱情还没有来到的情况下，不要盲目去寻找爱情。

2. 不知所爱者是否爱自己

自己爱上了别人，但不知道对方是否也爱自己，想表白心迹，又怕遭到拒绝，左右为难。对于这样的困境，首先要学会正确认识对方对自己的情感。如果经过观察甚至巧妙的考验，发现对方根本就对自己没有那个"意思"，就没有必要向对方表白自己的心迹，因为你的表白不但得不到回报，而且会使对方为难。如果两人是同班同学，还会影响两人之间的关系。如果经过观察，发现对方也对自己有一定的感情，就可以大胆地向对方表白自己的心迹。

3. 不知如何拒绝对方求爱

面对他人的求爱，当你不准备接受时，一般应当在不伤害对方自尊心的情况下，委婉地拒绝。如果对方进一步追求，而你无论如何也不可能接受对方的爱情，那就应该明确地拒绝。另外，大学生也应注意，不要为了害怕伤害对方的自尊心，或者是为了自己的虚荣心，在自己没有产生爱情的情况下，盲目接受对方的爱，因为这不但会伤害对方，而且对自己也是一种伤害。

4. 不知如何终结不合适的爱

在恋爱的过程中发现对方不适合自己，而对方还依然爱着自己，不知道如何提出分手才不会伤害对方的自尊心。在这种情况下，要明确：爱情是不能强求的！如果一方发现对方不适合自己而准备结束恋爱关系是无可厚非的。当然，最好是让对方有一定的思想准备，如用一些暗示性的语言表明两人不合适。在对方有思想准备的情况下再提出分手，对方可能好接受一些，感觉受到的伤害也会少一些。

5. 难以找到能做恋人的异性

这种恋爱心理困境的原因主要在于对友情和恋情的认识还很肤浅，并缺乏对社会中人际关系的科学认识。正确的做法是，认真审视、调整自己的择偶标准，在寻求爱情的过程中，既要有主观上的用心，又要顺其自然。

（二）爱情心理效应导致的问题及调适

1. 光环效应

光环效应是指人际交往过程中形成的一种夸大的社会印象。在大学生恋爱中表现为两种不同类型：一种是人们通常所说的"情人眼里出西施"。把对方理想化、完美化、偶像化，而对对方的弱点、缺陷视而不见，对其评价以主观色彩掩盖客观现实。当感情随着时间逐渐变得平淡时，便会发现对方并不完美，心里就会产生一种"受骗"的感觉，甚至造成日后爱情的悲剧。另一种类型则是所谓的"西施眼里觅情人"，有些人在恋爱过程中，过高地估计自己，过低地评价他人，强烈的自我优越感使其对择偶标准过高，脱离了自己的实际水平，结果在现实生活中屡屡碰壁，难以获得爱情。

大学生只有通过努力培养对爱情的内在审度力，善于吸取他人的意见，使自己获得全面、客观的正确认识，用理智战胜感情，如此才能克服感情光环带来的不良影响。

2. 逆反心理

在日常生活中经常可以看到，越是那些难以得到的东西，人们就越是渴望得到，越是珍惜它；相反，容易得到的东西，人们的兴趣则会大大降低，在大学生恋爱过程中，也常常看到这样的例子，越是家长反对，彼此的态度越是坚决，关系越是紧密。因此，当客观现实与主观需要相抵触时，要注意控制自己的感情，避免逆反心理的发生。

3. 自卑心理

自卑心理是大学生恋爱心理中常见的心理障碍之一。自卑感过强的人，在恋爱问题上常常怀疑自己的能力，惧怕自尊心受到伤害而无法敞开真心。一旦恋爱受挫，往往会采取自我封闭、不再与他人交往的方式，以逃避现实。大学生恋爱中的自卑心理大都是因为自身的"缺陷"和"不足"造成，比如个人的身高、外貌等。虽然人的外表美所引起的审美愉悦是导致男女相互爱慕的一个重要因素，但在爱情生活中，形象的审美毕竟不是首要因素。人的心灵和外形相比，心灵则是更内在的和本质的东西，一个追求真正爱情的人，对异性的审美一定要由外形的层次上升到内心的层次，并以内心层次为主，从而正确认识外形美与内在美的关系。

4. 羞怯心理

羞怯心理的产生主要由于个人的成长环境、受教育方式以及幼年经历等后天因素所造成的，其中自卑感也是产生羞怯心理的重要原因。虽然羞怯在一定程度上会给人以谦虚、稳重、诚实、有涵养等印象，更容易让人接近，但在恋爱过程中，过于羞怯则会出现焦虑紧张、面红耳赤、声音颤抖、举止失态等难以自制的情绪反应，以致陷入无法充分表达自己思想情感的难堪境地。一些羞怯心理过强的学生，在对待恋爱问题上，为了减轻心理压力，保护自尊不受伤害，常采取消极回避、退缩等自我防卫机制，从而导致恋爱心理障碍。因此，可以运用诸如认知平衡法、气氛转换法、情绪松弛法以及观察模仿法等多种方法来调整自己的情绪，最终克服恋爱中的羞怯心理。

5. 嫉妒心理

在恋爱中，嫉妒心理是爱情排他性的一种反映。爱得越厉害，嫉妒得也越厉害。在恋爱婚姻中嫉妒有两种形式：自然性嫉妒和变态性嫉妒。自然性嫉妒人皆有之，它的出发点和归宿都是爱情。而变态性嫉妒虽然也是出于爱情，但实际上是同爱情背道而驰的。一般来说，变态性嫉妒具有3个特征：一是猜疑，二是敌意，三是报复。生活告诉我们，爱情中的自私成分越多，嫉妒就表现得越强。大学生们要学会用理智战胜情感。理智的人，能冷静分析、正确处理问题，不使嫉妒成为爱的障碍，更不会由嫉妒而生敌意，进行报复；而不理智的人，即便一点点嫉妒，也会闹得不可开交。一位哲人说："在你爱的时候，请你时时打开理智的闸门。"

三、大学生恋爱中的心理挫折及调适

（一）单恋

单恋是指一方对另一方的以一厢情愿的倾慕与热爱为特点的畸形爱情。单恋多是一场感情误会，是"爱情错觉"的产物。"爱情错觉"是指因受对方言谈举止的迷惑，或自身的各种主观体验的影响而错误地主动涉足爱河，或因自以为某个异性对自己有意而产生的爱意绵绵的主观感受。"爱情错觉"导致一厢情愿式的单恋，俗称单相思。单相思有两种情况：一种是毫无理由的"单相思"，对方毫无表示，甚至对方还不认识自己，而自己执着地爱着对方，追求对方，这种恋爱是纯粹的"单向"；另一种是自认为有"理由"的单相思，错认为对方对自己有情，于是"落花无意"变成"落花有意"，这是假"双向"真"单向"。

单恋较多地出现在性格内向、敏感、富于幻想、自卑感强的人身上。首先是自己爱上了对方，于是希望得到对方的爱，在这种具有弥散心理的作用下，就会把对方的亲切和蔼、热情大方当作是爱的表示并坚信不疑，从而陷入单恋的深渊不能自拔。单恋者固然能体验到一种深刻的快乐，但更多的是体验到情感的压抑，因为他们无法正常向钟爱的异性倾诉柔情，更不能感受到对方爱意的温馨。

对于单恋，大学生首先是要能避免"恋爱错觉"，学会准确地观察和分析对方的表情，用心明辨；要视其反复性，某种信息的经常出现可能意义很深，而一两次就不足为凭了；不要强化内心中形成的一见钟情式的浪漫爱情。一旦单恋已然发生，要鼓足勇气，克服羞怯的心理，大胆地表达自己的感情，如果被接纳，爱的快乐就取代了等待的痛苦；如果是"落花有意，流水无情"，则应该面对现实，勇敢地抛弃幻想，用理智主宰感情进行转移，通过思想感情的转换和升华来获取心理平衡。如果不直截了当地将自己的感情表达出来，就会自己揣度对方的态度，使自己陷入深深的矛盾当中，这就是"情感的压抑"。当向对方表白遭到拒绝时，要用理智克制自己的感情，爱情一定是两情相悦的，强扭的瓜不甜，这种理性、客观、冷静的考虑也是自身未来幸福快乐的源泉。（感情本来就不是理智的事情，因表白遭拒而倍感痛苦是无法避免的，如何排解这种痛苦，痛苦过后又该如何面对对方才是真正难以解决的，或许这与下文中提到的失恋的处理方法大同小异。）

（二）失恋

恋爱中，一旦双方或某一方出于某种原因，不愿再保持彼此的恋爱关系，就将意味着双方恋爱的终止。恋爱的一方失去另一方的爱情，就是通常所说的失恋。

对任何人来说，失恋都是一种痛苦的情感体验，会不同程度地造成剧烈而深刻的心理创伤。对于年轻的对恋爱没有经验的大学生而言，失恋造成的伤害更大，可能致使其处于极其强烈的自卑、忧郁、焦虑、悲愤甚至绝望的消极情绪中，失去学习、生活的信心和勇气。个别大学生由于失恋还会形成各种心理障碍：或从此怀疑和不信任他人，把自己的感情之门永远封闭起来，变得郁郁寡欢；或看破红尘、自暴自弃，从此消沉下去；或反目为仇、图谋报复、损人害己；更有甚者随便放弃自己的生命。失恋可以说是人生中最为严重的心理挫折之一，

那么遇到失恋时如何调整心态呢?

首先,疏通。爱情是以互爱为前提的,不可因一厢情愿而强求,应该尊重对方选择爱人的权利。可以多想对方的不足点(不是丑化对方,只是想想他/她的缺点而已,为了给自己安慰,意思就是——他/她这么差劲,分了就分了),分析自己的优势,鼓足勇气,迎接新的生活。失恋固然是失去了一次机会,然而却会让你进入另一个充满机会的世界。正如海伦·凯勒所言,"一扇幸福之门对你关闭的同时,另一扇却在你面前敞开了"。

其次,倾诉。失恋会使精神受到打击,使自己被不良情绪困扰,此时要主动找老师、同学、朋友诉说,可以用口头语言向亲密的朋友毫无保留地倾诉出来,也可以用书面文字,如日记、书信等把自己的苦闷记录下来,给自己看或寄给朋友看,这样便能释放自己的苦恼并寻得心理安慰。

再次,移情。大学生活丰富多彩,完全可以及时适当地把感情转移到失恋对象以外的人或事物上。如投入学习,多与朋友交流,参加学校开展的活动,投身自然等等。

最后,立志。即用奋斗的办法自我更新,积极转移失恋的痛苦。失恋后把精力转移到远大的理想和抱负中,全身心地投入到学习和工作中,不断提升自我,向目标奋进。

(三)恋爱中的感情纠葛

这里讲的感情纠葛是指恋爱过程中因某些客观原因引发的欲爱不能、欲罢不忍的强烈内心矛盾与感情冲突,主要有陷入三角恋、爱情遭遇阻力和爱情中的误解。有的大学生在寻求爱情的恋爱过程中,落入三角恋的漩涡,要不同时喜欢上两个人,要不同时被两个人所追求,忧心如焚,不能自拔;也有的大学生恋爱中可能遭到父母的反对或周围人的非议,心烦意乱,辗转反侧;还有的大学生恋爱中被彼此间无休止的矛盾、误解和猜疑所困扰,忧心忡忡,郁郁寡欢。陷入这样的爱情,不仅自己痛苦,还会伤及双方甚至多方的身心健康。那么如何解决这种爱情纠葛呢?下面主要讲如何对待三角恋的问题。

首先,正确认识爱情中的选择性与排他性之间的区别。一方面,健康的恋爱心理要求彼此尊重各自的选择权;另一方面,爱情的本质又告诉大家恋爱是专一排他的,不能进行选择。如果你同时与几个对象先确立恋爱关系后进行选择,那就混淆了选择和排他之间的界限。这种"同时与多个对象先确立恋爱关系后进行选择"的做法是不合理、不正确甚至不道德的。恋爱本身就是一对一的关系,同时与多个对象交往根本不能算是恋爱,这种行为跟买东西比价有什么差别呢,哪个好就要哪个?不能把感情当游戏。若发生多角恋,应当分清两者,重新权衡自己的感情,做出正确的选择,然后慢慢地有条理地淡化自己与他(他)的感情联系和行为接触。

其次,重新评价自己与恋爱对象的关系。自己的恋人与他人产生了感情,作为失利的一方,心情是极其痛苦的,这时最需要的是冷静的思考。面对这样的情况,首先要清晰地分析出现这种状况的原因,重新审视自己与恋人的关系,看看是因为对方认为别人比自己强,还是自己某些方面做错了。进行一番思考后,再与对方坦诚相谈,看能否改变这种局面,假如事情已经到了不可挽回的地步,内心也要较为平静地接受这个事实。(一般人面对这种情况应该都是冷静不下来的,甚至会做出挑战等愚蠢的举动,这更说明了感情与理智的关系,因而冷静思考平静接受这种话都只是理论和旁观者的想法而已。所以,面对这种情况而且自己慌了阵脚的时候,有个理智的朋友在才是真理。)

最后,明智地退避。感情既然已经陷入了这种说不清道不明的境地,究竟还有多大的价值值得持续呢？如果再在上面耗费精力和时间，不仅不会给自己带来幸福和进步，还可能对自己的感情造成更大的伤害。此时最佳的策略就是回避，而且是理智勇敢地回避这种关系。这种决定的最大心理障碍是"退让则是失败"的错觉，这种想法只是不敢正视现实和自己的表现，是消极失败的。有一种爱叫做放手，不只是放过对方也是放过自己，何必要让大家都痛苦。成全对方也是成全自己。

（四）网恋

互联网的普及改变着人们的观念和生活方式。大学生"恋爱"也出现了一种新的形式——网恋。

大学生网恋一般包括游戏型、感情寄托型、追求浪漫型、表现自我型、追求时尚型、随波逐流型等多种心理类型。但不管是哪一种类型，几乎都具有一个共同特点：游戏。把网恋视为网络游戏，是进行网络情感交流的方式，不仅把现实社会的种种规则完全抛开了，而且模糊了性别和身份，把所有的事情都当做游戏。

有调查表明，在大学生中确有一些通过交流学习心得、人生看法，逐渐情投意合从而网恋的。但就多数而言，则是因为经不起外界的诱惑，看见周围的同学都在网上谈情说爱，觉得留下自己孤零零的，于是也就加入了网恋队伍。

一些大学生中午、晚上不休息，加班加点在网上谈恋爱，上课时却无精打采，甚至有的大学生为了上网谈恋爱而逃课。网恋不仅严重影响学习，而且深陷其中的人减少了与老师、同学之间的交流，不愿意参加集体活动，性格变得孤僻，严重的会造成人格分裂。有个别大学生为支付上网费用而偷窃，还有个别的因为网恋失意，不得不到精神卫生中心求治，问题严重的甚至出现精神崩溃。网恋的欺骗性对某些大学生也是一个沉重打击，少数受到如此打击的大学生，由于得不到及时的引导，而断送了一生的前程。

资料窗

网恋的危害

（1）虚幻的爱。网恋与现实生活中的恋爱相比，有许多不同之处。网恋作为一种新生事物，是网络时代必然的衍生物。网恋的悲剧虽屡见不鲜，却仍有人"情有独钟"。这与网恋具有新鲜魅力、充满神秘感有很大关系。在网恋中，虽说也透露出一些被传统婚恋方式所掩映着的自由情感以及相应的情感张力，但由于网上交友这种方式的虚拟性和与现实的隔膜性，常常会导致"见光死"的结局。网恋毕竟不同于通过见面、书信、电话等交流方式进行的现实恋爱，后者尽管不如前者那样有更多的想像空间和对异性产生的神秘感，但它却是令人感到踏实的。

（2）游戏的爱。网恋的成功率很低。双方交朋友只是通过对方的语言、自己的直觉和想像来产生信任感的，而这种信任感往往是靠不住的。一旦陷入对方设好的圈套，就要付出沉重的代价。为此，如何预防网络陷阱是迫在眉睫需要解决的问题。比如，在网上经常会有这样的对话："我好像爱上你了""我也有同感""那就嫁给我吧""我感觉好像明天就要嫁给你似的"……在这里，网恋语言成了一种独自狂欢的游戏语言，对今后的现实恋爱生活是极为有害的。大学生网恋逐渐出现高比例、公开化的特征，而且速成的程度令人瞠目结舌。一些大学生仅同网友聊过一次，发过一次 E-mail 后，便产生一见钟情，相见恨晚的感觉。有些大学生第一次"接触"便敢说"我要娶你""我要爱你到明天"，并迅速在网络上确立恋爱关系。

大学生网恋的任何一种类型，几乎都具有一个共同点：抛弃了"恋爱是为了缔结婚姻"的观念，把网恋视为一种游戏和在网上进行情感交流的一种方式。心理学家指出，大学生网恋很容易上瘾，而一旦上瘾就会沉湎其中不能自拔，把网上爱情视为生活的唯一追求。网恋会严重影响学习，而且容易使他们减少与老师、同学之间的交流，不愿意参加集体活动，性格变得孤僻，甚至会造成人格分裂。

第三节　维护大学生的性健康

一、性心理概述

（一）性的含义

1. 性的本质

性的本质是人的自然属性和社会属性的统一。作为自然属性的性，是指男女在生理构造上的差异和人类生来就具有的性的欲望和本能。性的生物属性属于人作为动物一类的自然属性，是人类自身生存和维持种族繁衍的必要条件。性，从生物的形态学和生理学上来理解，指伴随着性生殖而出现的，性征是男性与女性特点的表现。性，从生物的本能来看，是指人的性欲和性活动。马克思说，人有两大基本欲望，一是生存欲望，二是性欲。然而，人是社会性的动物，人的性行为受到社会的制约和规范。只有把性行为控制在社会允许的正当、合理范围之内，人类自身才能获得健康生存与发展，社会才能维持稳定。人的性需要，不仅包括生理性需要，更重要的是包括社会性需要。例如，择偶不仅是寻找异性，而且还要满足个人审美的需要、爱的需要、个人生活幸福与自我发展的需要等，还要考虑对方的文化、经济、职业、家庭等社会因素。人的性行为必须通过婚姻、经济、伦理、道德、法律关系的规范才能得以实现。

2. 性在不同层面上的含义

由于性是人的自然属性与社会属性的统一，因此，性在生理、心理、社会方面有不同的含义。性，是生物学上的词汇，常指男女两性在生物学上的差异，包括遗传学、内分泌学、解剖学和生理学上的差异。性别，是心理学上的词汇。它是指男女两性在生理差别基础上形成心理上的差异，主要表现在性格、气质、感觉、情感、智力等方面。性别角色，是社会学上的词汇。它是社会按照人们的性别不同而赋予人们的社会行为模式。男女在家庭和社会生活中扮演什么角色，主要由以社会的伦理、道德、风俗、传统等形式存在的社会文化所决定的。例如，在传统观念下，社会要求男子刚强、独立、自主，而女子则要温柔、依赖、顺从，等等。但是，随着社会的发展与进步，人们趋向于用现代社会发展需要的人格模式来期望人们的社会角色。

3. 性的作用

人类的存亡与对快乐本能的需求离不开性，没有性人类将不复存在。性的具体作用：第一，性是人类生命发展链条中的纽带。第二，性需要的满足可以增进人的肌体健康。性需要的满足是人作为生物的本能需要。健康的性生活满足人在肉体和精神上的快乐，增进人的身心健康。但是，把性单纯理解为生物性的享受与满足，不但忽视了情爱这种人类高级情感的作用，还会有损身体健康。艾滋病的出现正是这一问题的反映。第三，乐观积极的情感是人心理健康的基础。性的社会属性表明爱是性的本质。人类由性发展为爱，是人类社会进步的表现。

（二）青春期性心理特征

1. 本能性和朦胧性

青春期的性心理往往缺乏深刻的社会内容，基本上还是生理急剧变化所带来的本能作用。对异性的认识还带着一层朦胧的面纱，对异性的兴趣、好感和爱慕主要是异性间的吸引。对性有很多神秘感。

2. 意识的强烈性和表现上的文饰性

青年期闭锁的心理特点导致了青年期性心理外显方式的文饰性。他们虽然内心十分重视自己在异性心目中的印象、评价，但表面上却表现得拘谨、羞涩、冷漠；心里对某一异性很感兴趣，表面上又显得无动于衷、不屑一顾，或做出回避的样子；表面上做出讨厌亲昵的动作，实际却很渴望体验。

3. 动荡性和压抑性

青年期是人一生中性能量最旺盛的时期，但由于不少大学生的心理还不成熟，他们的性心理易受外界不良影响因而动荡不安；同时，一些大学生由于性的能量得不到合理的疏导、升华而造成过分的压抑，少数大学生还可能以扭曲的、不良的甚至变态的行为表现出来。如厕所文学、课桌文学、卧谈文学、窥视、恋物等。

4. 差异性

大学生因性别不同而有所差异。女性性意识比男性性意识成熟更早，而男性获得某些性感的体验在年龄上要比女性早。在对异性情感的流露上，男性较外显和热烈，女性则含蓄而深沉；在内心体验上，男生多新奇、喜悦和神秘，而女生常常是惊慌、羞涩和不知所措；在表达方式上，男生一般较主动，女生往往采取暗示的方式。此外，男生的性冲动易被视觉刺激唤起，而女生则易在听觉、触觉刺激下引起兴奋。

（三）性心理活动的表现

1. 意识活动

包括被异性吸引（相思病），常想到性问题（有关性的意念、裸体表象、性感部位及体验到自己的性冲动），性幻想（自编、自导、自演与异性交往内容有关的联想），性梦（潜意识的性本能）等。

2. 性行为活动

据社会学家的调查、统计，许多个体在出生后不久就已经出现了性行为活动，只是当时的性行为尚带有简单模仿和好奇的性质而已。在大学生中发生过性行为的人数占一定的比例。这些性行为包括手淫、抚弄性器官、游戏性性交、婚前性交等。

3. 异性交往与恋爱

心理学研究表明，青春期的青少年特别是大学生正处在性心理发展的异性交往友谊期和恋爱期，渴望与异性同学建立友谊或恋爱关系，这是很正常的。但是，在这一特殊时期与异性交往必须把握好度，使其健康发展；否则，会陷入不明确的异性关系中，从而影响到双方的心理健康。

二、大学生性健康教育的必要性

目前，我国普通高校全日制在校学生年龄多在 17～23 岁之间，处于青春发育后期，属于性生理机能成熟，性活动活跃，但性心理不稳定的人群。大学生在接受专业知识教育的同时也对性教育有一定程度的关注，希望了解与身体发育有关的性生理知识和性心理知识。

一是由于青春发育的提前，学生产生了解性知识的需要。当今社会物质生活水平提高，饮食营养充分，同时社会文明化程度不断提高，各国普遍出现青春期发育提前的现象。性生理成熟引起学生心理上的变化，逐步意识到两性差别和两性关系，并产生一些特殊的心理感受即性意识。因此对大学生进行性教育是中学阶段性教育的继续。

二是由于性意识的产生，大学生对有关性知识产生强烈的好奇心和神秘感。他们希望对性生理现象，如男女生殖器官的构造、遗精、月经、手淫、性冲动等进行探讨和了解。他们渴望了解异性，希望引起异性的注意，产生对异性的倾慕和追求，向往与异性的交往，情感发展范围更广泛。因此对大学生及时恰当的实施性心理教育十分必要。

三是由于性心理知识的缺乏严重影响学生的身心健康。处于青春发育后期的学生由于性发育和性成熟给他们的心理和行为带来极大影响，但性知识的缺乏使他们不能正确对待自己身体的变化和反应，产生焦虑、抑郁或冲动等情绪变化，影响身心健康和学习。在学生成长过程中，性心理困扰是时间较长，干扰最多的因素之一。如果不能用科学的性心理知识进行教育，学生往往易陷入性困扰不能自拔，导致一系列心理疾病。调查资料表明，在高校学生患神经官能症的诱因主要为性心理失调。

四是由于性知识和性道德观念混乱，学生中性偏离行为和性犯罪现象时有发生。性偏离行为包括推崇性解放，性自由，无理智的性冲动，不正当的性自慰，早恋等。在我国多数学生的性发展是健康顺利的，但有些学生的性道德观念混乱，自控能力差，加上社会不良影响，因而导致校园出现性越轨行为、性病传播及性犯罪现象。许多违法犯罪的学生由于没有系统地接受性健康教育，在性知识方面的无知情况十分严重，因此在学生中进行性心理卫生教育对预防性犯罪有十分重要的意义。

三、大学生常见的性心理问题

(一)性方面的困惑和问题

1. 与异性交往不适的困扰

青年大学生如果没有与异性的交往，不仅生活单调乏味，而且会在一定程度上影响到个性的成熟和社会适应能力的养成。但是，一些大学生在实际的交往过程中，却存在着种种困惑与问题。有部分大学生由于传统观念的影响，头脑中还残存着一些男女授受不亲的封建观念。有的大学生认为男女之间除了谈情说爱，是不可能有真正的友情的。还有的大学生由于性格内向、缺乏自信而不敢与异性交往。所以，他们不积极与异性交往，久而久之就变得害怕与异性交往，紧张与羞怯使其在交往中局促不安，严重者会产生异性恐惧症。还有一部分大学生，在与异性交往的过程中，受西方性观念和性思潮的影响，随意放纵的倾向较严重。他们认为谁与异性交往得更广泛频繁，谁就更"有魅力"，更有"本事"。于是，他们往往不分对象不加选择，轻率地与各种类型的异性交往。有的大学生使用不适当的方式，甚至采取性挑逗等手段与异性交往。这种异性交往的观念与态度最终会使他们陷入两难境地,严重地影响他们自身的心理健康。

2. 性行为失当的困扰

大学生的性行为失当主要是边缘性性行为和婚前性行为。大学生边缘性性行为和婚前性行为的发生率有不断升高的趋势。边缘性性行为包括游戏性性交、接吻、拥抱、抚弄性器官等。这些性行为,如果不能得到较好的控制和应对,久而久之就会导致心理的困扰和心灵的伤害。一些资料显示,有边缘性性行为的学生中,约1/4的男生和1/2的女生在事发之后会出现心理不安、烦恼、自卑、自责、恐惧等反应,严重地影响到他们的正常学习、生活和交往。

大学生的婚前性行为一般有三个特点:一是突发性,往往在无心理准备的情况下突然发生。二是自愿性,而又非理智性。青年学生大多在自愿而又不理智的情况下发生性行为。三是反复性,一旦防线冲破,便可能反复发生。大学生出现婚前性行为,常为社会、家庭和道德所不容,容易引起心理困扰,不仅有认识、观念上的困惑与自我矛盾,还可能动摇其自我评价和对未来的信心。特别是未婚先孕会给女生带来更大的身体上和精神上的痛苦。据调查,在婚前性行为的学生中,事发之后,有心理上严重不安、自我否定、恐惧焦虑等情绪的男女学生均占到82.2%,对该性行为持有害评价的男生占37.0%,女生占82.2%。可见,在大学阶段发生性行为是一种对当事人心理影响产生严重后果、并极易导致社会问题的有害行为,应引起大学生的高度重视。

(二)常见的性心理障碍

1. 性神经症

性神经症并不是某一特定的疾病单元,而是指区别于性变态的一组心理障碍的总称。其共同特征是患者有反复陈述性器官或性功能的躯体症状,无视多次检查的阴性结果而反复要求检查,当事人具有与症状或检查不一致的焦虑、强迫思维等表现,即使症状的出现和持续与不愉快的生活事件和冲突相关联,他们也不愿探讨或否认心理病因的可能性,他们常偏执地将症状归因于躯体生物因素,迫切求助于新的药物化的医疗手段,不愿在心理和社会行为等方面做出必要的自觉努力。这类性心理障碍包括:

(1)性器官或性功能焦虑症。这类患者的基本特点是反复陈述以性器官或性功能障碍为核心的躯体症状,如男性担心阴茎过小、过短,尚未结婚就担心阳痿早泄、性生活前紧张焦虑;女性担心乳房过小、性交疼痛等,不断要求给予医学检查或更换医院进行检查,对医生提出的与症状有关的心理社会因素或改进建议不予理睬或不愿作深入探讨。

(2)性病和性变态等疑病性障碍。这类患者的基本特点是对自己的身体或精神状况过分担心,害怕自己已经染上艾滋病或其他性病,担心自己是同性恋,怀疑自己的性幻想异常,怀疑自己的性兴趣异常等,其表现和程度远远超过当事人的身体实际状况。

(3)因性问题所致的恐惧症。这类患者的基本特点是常以某种突发性的生活事件诱发出以恐惧为主要表现的神经症,常见的有对异性生殖器的恐惧、对精液的恐惧、对细菌的恐惧、对封闭空间的恐惧、对黑暗的恐惧等临床类型。

(4)性压抑所致的失眠症。这类患者的基本特点是长期以失眠为主,采用镇静安眠药物治疗的效果不佳。

(5)性强迫症。这类患者的特点是以强迫思维或强迫行为为主要特点,其强迫性行为常带有洁癖，如强迫性洗手、洗澡，强迫性步伐等。

性神经症的基本病理机制与个体的个性、体像体貌、生活态度、社会活动能力、受暗示性的高低、幼年家庭教育、社会文化影响等因素有密切的关系。

2.性别认同紊乱

性别的认同，也称性别的同一性，即男性和女性对自己的性别意识。一个男性在心理上认同自己为"男子汉"，或一个女性在心理上认同自己是"女儿身"就是性别的认同。但是，生理上的性征与心理上对性别的认同并不是一回事，如果心理上的认同与生理上的性别相背离，选择同性作为性爱对象，就出现了性别认同的紊乱障碍。

（1）男性易性癖。其特点是虽然性器官解剖结构正常却固执地认定自己应属异性群体，极力寻找改变性别的方法，企图使自己的体像和性功能与异性相一致。由于易性癖者的异性化行为常遭到周围人的讥笑，因而常有悲哀感、孤独感和焦虑情绪。

（2）女性易性癖。其特点是解剖结构正常，但以极端男性化的形象出现的女性。她们渴望改变自己的性器官以成为男性。

3.同性恋

同性恋（Homosexuality），从操作上来定义，就是在相同性别的人之间产生恋情并发生性关系的行为。与人类绝大多数性爱方式相比，可以认为同性恋是性爱方向的一种紊乱或性爱对象的倒错。

资料窗

同性恋的临床类型与特征

世界上任何事物之间的界限从来都不是绝对分明和固定不变的，在绝大多数人的异性恋和少数人的同性恋之间亦存在着一些连续中间现象。金赛研究小组（1948）根据两性关系中性对象选择的倾向、关系强度的不同，将这个连续的中间环节划分为七个等级（或七个类型）。O度为大多数正常人的异性性爱模式。Ⅰ度、Ⅱ度为基本正常的性爱模式，他（她）们虽爱慕异性，且异性可激发他（她）们的性欲与性行为，但在一些特殊的境遇可能会发生同性恋行为，而这些行为仍在主观意志的控制之中，可自行终止或避免，故可称之为"任意性同性恋"者。在Ⅲ度、Ⅳ度的人中，他（她）们既有异性的"意中人"，同时也有炽热的同性恋，故被称之为"双性恋"者。在Ⅴ度和Ⅵ度的人中，虽然偶尔或既往有过短暂的异性恋或婚姻史，但常因异性恋挫折、遭遇失败等原因对异性产生反感和厌恶，失去性冲动，反而同时出现强烈的对同性兴趣大过异性的现象，性别角色的认同发生不能自控的反转、倒错，故这类人被称为"强迫性同性恋"者。

4.恋物癖

这是以物品或人的某一部分作为对象以引起性兴奋的性变态行为。其特点是通过与异性穿戴或佩带的物品接触而引起性的兴奋与满足，多见于男性。如男性恋物癖者对女性的内衣、内裤、胸罩、头巾、丝袜等特别感兴趣，常常通过偷窃等非法手段获取此类物品，然后一边摸，一边手淫，以达到性的满足，有些人还把这些东西穿戴在自己身上，以获得性心理的满足。他们一方面为某种变态的性冲动所吸引，另一方面又为此蒙受种种责难，常常受到处罚，感到极大的痛苦，但往往又控制不住自己，因此一犯再犯。对于这种病症，一般的纪律性处理和法律性制裁都很难奏效，需要进行心理治疗。

5. 异装癖

这是指以穿着异性服装而获得性满足的一种性变态行为。异装癖者喜欢穿戴异性的服装，把自己打扮成异性的模样，行为动作也模仿异性，以获得性的满足。他们或是将自己关在屋里，对镜自我欣赏，或是到人多的地方招摇过市，内心产生极大的快感和满足感。此类病患者以男性较为多见。

6. 露阴癖

这是指通过显露自己的生殖器或完全裸体来求得性快感的心理异常行为，多见于男性。露阴癖患者一般在偏僻场所或黑暗角落等候，当异性接近时，忽然露出自己的性器官，有的时候还进行手淫并说下流的话，从对方惊慌、害怕或羞怯的神态和惊叫中获得性欲的满足。

7. 窥阴癖

这是指暗中观看异性的裸体、阴部或性活动，以获得性满足的一种性变态行为，多见于男性。窥阴癖患者自身没有正常的性要求，不图谋接触异性，而是通过窥视别人的性活动，或偷看异性裸体来获得性兴奋和快感，如偷看异性洗澡等。发生时一般头脑清醒，但很难控制自己。

四、性心理障碍的预防与调适

（一）性心理障碍的预防

1. 认知的调整

大学生应该努力了解青春期性生理、性心理发展变化的规律，正确认识这些变化带来的各种情绪和行为反应，这些认识包括正确看待身体的变化，愉快地接纳自己的性身份。应该认识到随着第一性征的发展成熟而显现的第二性征是非常正常的，无须为此感到害羞或不安；正确看待性意识活动，树立正确的、健康的性意识观念；正确看待性冲动和自慰行为，确立顺其自然的坦然态度。

2. 顺应变化，主动适应

在正确认识性心理发展规律的基础上，学会顺应变化，主动适应，是进行自我调节和预防性心理问题的关键。主要从以下几个方面入手：第一，建立正确的人生观，培养远大的理想。社会道德规范与大学生的性欲望和性冲动之间的矛盾，是可以通过自身努力解决的，不要将正常的性欲望看成是实现理想的绊脚石，而应该顺其自然，这些是可以通过注意力的转移和情感的升华来达到的。第二，积极参加集体活动，消除紧张心理。这样有助于消除性生理和性心理发展带来的一些生理和心理上的紧张，并能有助于宣泄多余的能量，获得生理和心理上的放松，更能有助于将自身的注意力转移到集体活动中去，从活动中增强自信、扩展视野，增进心理健康。第三，建立正常的异性交往，促进心理发展成熟。自然、正常的异性交往有助于学生的身心健康和人格发展，为其以后的婚恋生活奠定良好的基础。

3. 早发现早处理

性心理障碍是困扰大学生常见的问题，它不仅影响青少年的情绪，也影响其学习和人际交往。因此一旦发现自己存在性心理问题时应及时处理。在平时有意识地阅读一些性生理和性心理的科普书籍，有助于帮助自己消除误解，解除心理负担。学会找好友倾诉，在好友的帮助下认识自我。这样一方面可以宣泄自己的不良情绪，另一方面可以通过与好友交流，从他人处获得一些如何应付青春期烦恼的信息和经验。还可以通过找心理专家咨询等方法，消除心理上的困扰。心理咨询专家不仅能帮助解决具体问题，还能协助个体心理和人格的健全发展。

（二）性心理障碍的调适

1. 家庭教育与家庭治疗

改善家庭中父母、父子或母子关系。对于有同性恋倾向者，一旦出现了性变态意向和行为，其家长和家庭成员应有更多的理解和关心，而不是粗暴地拒绝与指责，最起码应该引导他（她）们认识到性变态可能带来的严重社会后果，树立性变态是可矫治的信心，不要自暴自弃，使其确立一个实现转变性选择的强烈动机，有这个动机作基础，其后的治疗效果就很容易实现了。

2. 性别角色再教育

童年时代应注意引导孩子明确相应的性别角色，避免将父母亲有关与孩子实际性别相反的愿望投射到孩子的姓名、穿着打扮、游戏和日常生活教育等方面。避免长期只与某一性别的伙伴接触。对同性行为应给予强化；对异性化行为或不予理睬，或给予厌恶治疗；可由医生、父母或同伴作为性别角色的榜样，让其模仿学习，帮助塑造其正当的性别角色行为。

3. 行为交往与自信训练

适当的男女之间的自然交往，对于消除异性间的社交恐惧，认识自我和学会欣赏异性是有益的。

4. 厌恶治疗

对于一些重度的同性恋、露阴癖、窥阴癖等性变态，可以将药物诱发的恶心、呕吐或无害但强烈的电刺激与患者的性变态幻想或刺激联系起来，建立病人对性变态行为厌恶的条件反射。

5. 文学艺术疗法

从心理学上看，艺术是一种对现实愿望未能满足的替代活动。无论是文学，还是音乐、美术，都具有宣泄性压抑和爱情受挫情绪的心理功能。可以通过阅读文学作品、欣赏音乐和美术作品来达到净化灵魂、促进顿悟、提升自我的精神目的。

6. 关于自慰（手淫）的正确认识与处理

个体从性成熟到结婚后有正常的性生活的这段时间中，性欲满足的主要途径与方式就是自慰。所谓自慰也叫手淫，是指个体用手或其他物品刺激自己的生殖器以获得性满足的过程。自慰是这一时期唯一安全的、不涉及他人的、合法的和合乎伦理的性欲满足方式。在性医学上，适当的自慰对于克服性冷淡、不射精、缓解神经症焦虑等病理现象具有积极的治疗作用。一些青年因为对自慰有错误的认识而背上沉重的思想包袱焦虑不安或自卑自责这是不必要的，或因此彻底戒除自慰习惯更是因噎废食。事实上只有那些过度的或不恰当的手淫才是有害的。

五、树立健康的恋爱观

恋爱观是指对待配偶和爱情的基本看法和态度，是社会经济制度、婚姻制度和伦理道德观念在恋爱问题上的反映。男女双方共同培养美好爱情的过程必须遵守一定的道德规范，并以此来调节和制约恋爱中的行为和各种关系。对于大学生而言，我们提倡树立科学的恋爱观，它包含以下几方面的内容：

1. 遵守恋爱道德

大学生谈恋爱时，遵守恋爱道德的主要内容是相互尊重恋爱自由，彼此忠诚，行为端正文明。举止文雅有分寸，不可玩世不恭随心所欲，无视社会公德。另外，在恋爱过程中，应多一些理解、信任和宽容，互相尊重，共同进步。爱情是互爱的统一，相爱的双方，都有着自己独立的人格和精神世界，既不能完全依附对方，也不能要求完全占有对方。爱情与做人一样，理解、信任、诚实和宽容都是十分可贵的品质。爱很多时候意味着是一种付出，要相知、相敬、相让。"世上没有十全十美的人"，两个人在一起并不是简单的组合，必须互相迁就；爱，就必须接受他的一切，包括缺点。

2. 提倡志同道合的爱情

大学生恋爱应把具有一致的思想、共同的信仰和追求放在首要地位，把心灵美好、情操高尚、心理相融作为择偶的第一标准。莎士比亚曾说：爱情不是树阴下的甜言，不是桃花源中的蜜语，不是轻绵的眼泪，更不是死硬的强迫，而是建立在共同基础上的心灵沟通。因此，在恋人的选择上最重要的条件应该是志同道合，思想品德、事业理想和生活情趣等大体一致。马克思和燕妮的崇高爱情就是建立在志同道合的基础上的，正因为如此，他们的爱情才经受住了艰难困苦的考验而传为佳话。大学生作为新时代的栋梁，其恋爱观应该是理想、道德、责任、事业和性爱的有机结合。

3. 正确处理爱情与事（学）业之间的关系

爱情是美好的，它是人生内容的重要组成部分，但不是人生的全部，它应该服从于事业，促进事业的发展。一个人只有事业取得成功，其爱情之花才会开得更加鲜艳芬芳。所以，大学生应该把事业放在首位，摆正爱情与事业的关系，不要把宝贵的时间过多用于谈情说爱上而放松了学习。没有事业的爱情如同在沙漠中播种，缺乏坚实的根基和土壤，迟早会枯萎。只有爱情同事业的结合，爱情才有旺盛和持久的生命力。

4. 要懂得爱情是一种责任和奉献

大学生在恋爱中应该懂得，爱不仅是得到，更重要的是一种责任和奉献。在社会生活中，人具有两方面的责任：一是个人对社会应尽的责任；二是个人对家庭、父母、孩子、朋友和伴侣的责任。责任属于私人生活的性质，是社会干预最为微弱的生活领域，主要依靠良好的道德修养和自觉的责任感来维持。大学生一旦进入爱的王国，就必须具有强烈的责任感和奉献精神，这样，才能获得崇高的爱情。

5. 恋爱要严肃认真、感情专一

爱情是一个男性与一个女性之间的爱慕关系。这种关系包括自己特有的感情和义务，它只能存在于恋爱者两人之间，不容许第三者介入。而且，恋爱不是儿戏，双方要真诚相待。既实事求是地对待自己，也实事求是地对待对方。无数事实证明，用欺骗手段骗取爱情，是不会幸福的。另外，双方一旦建立了恋爱关系，就要忠贞如一，一心一意；不能三心二意，见异思迁。任何一个人搞三角恋爱、多角恋爱的行为都是不道德的。

团体辅导与自助

音乐疗法

由于每个人的性格、爱好、情感、处境不同，因此对音乐的喜好、选择也不同。在进行音乐疗法之前，首先要选择符合自己性情的音乐，并注意"平衡性"。就像饮食中蔬菜、鱼肉、水果、豆制品等营养成分要合理搭配一样，在选择自己喜欢的乐曲的同时注意保持平衡性，即音乐的"阴与阳""静与动""强与弱"等。

情绪不同，选择的音乐也应不同。精神状态不佳、情绪低落的时候，应该选择明快的乐曲来倾听。当你的情绪被激怒或充满敌意时，应选择轻松的乐曲来倾听。为解除情绪压力，除了选听古典乐曲、交响乐曲、流行歌曲以外，选听爵士音乐、摇滚乐、合唱、男女对唱等都有一定的效果。个人的爱好不同，选择的标准也不同。但是，音乐疗法中的乐曲选择须符合两个标准：第一，低音厚实深沉，内容丰富；中、高音的音色要有透明感，像阳光透射过窗户一样，具有感染力。第二，音乐中的三要素即响度、音频、音色三个方面要有和谐感。

音乐可以用来进行以下几种疗法：

（1）实现自我，改善性格。通过音乐的诱导，使自己的个性魅力得以展现。具有个性魅力的人，在事业上实现自我的机会就较多，性格也就较开朗。

（2）升华恋爱感觉。音乐的感染，使人具有积极的情绪和有魅力的性格，产生良好的人际关系，使夫妇之间更加亲热，男女之间的恋爱成功。

（3）促使事业、社会活动的成功。音乐让你发掘自己的潜在能力，唤起自信心，获得事业的成功。

（4）开发注意力、记忆力，在入学考试、资格考试、比赛活动中取得好成绩。

（5）安定情绪，提高生活适应能力。例如，音乐帮你解除由情绪压力而带来的各种紧张、不安，提升精神，开发体力的潜在能力。有时也被用来帮助减肥、戒烟或解除失眠症等。

在进行音乐疗法时，要注意选择合适的环境和做好心理准备：

（1）室内的光线要明亮柔和，不要过于幽暗。空气要清新，最好室内有些花草植物，使环境富有生气。

（2）在开始聆听音乐前最好洗一把脸，清醒一下头脑；或者搓热双手，用掌心按摩颜面几分钟，效果会更好。

（3）闭目养神，静坐片刻，或做几次深呼吸运动。

（4）在聆听音乐时心理状态不同，效果也不相同，这是因为音乐选择和鉴赏是一种智力活动。积极的态度可促使情绪智力良性化。

心理自测

恋爱倾向测试

以下是 MBTI（myers briggs type indicator）恋爱倾向测试，每道题有两个选择，每 7 道题为一个部分。所有的题目都没有对错之分，请真实地记下你心目中的答案，最后在每一部分中选出你选择较多的一个字母，组成你的测试结果。（要求：每题考虑的时间不得超过 10 秒

钟）

第一组：

1.你倾向从何处得到力量：

(E)别人

(I)自己的想法

2.当你参加一个社交聚会时，你会：

(E)在夜色很深时，一旦你开始投入，也许就是最晚离开的那一个

(I)在夜晚刚开始的时候，我就疲倦了并且想回家

3.下列哪一件事听起来比较吸引你？

(E)与情人到有很多人且社交活动频繁的地方

(I)待在家中与情人做一些特别的事情，例如，观赏一部有趣的录影带并享用你最喜欢的外卖食物

4.在约会中，你通常：

(E)整体来说很健谈

(I)较安静并有所保留，直到你觉得舒服

5.过去，你遇到你大部分的情人是：

(E)在宴会、夜总会、工作中、休闲活动中、会议上或当朋友介绍我给他们的朋友时

(I)通过私人的方式，例如个人广告，或者由亲密的朋友和家人介绍

6.你倾向拥有：

(E)很多认识的人和很亲密的朋友

(I)一些很亲密的朋友和一些认识的人

7.过去，你的爱人和情人倾向对你说：

(E)你难道不可以安静一会儿吗

(I)可以请你从你的世界中出来一下吗

第二组：

8.你倾向通过以下哪种方式搜集信息：

(N)你对有可能发生之事的想像和期望

(S)你对目前状况的实际认知

9.你倾向相信：

(N)你的直觉

(S)你直接的观察和现成的经验

10.当你置身于一段关系中时，你倾向相信：

(N)永远有进步的空间

(S)若它没有被破坏，不予修补

11.当你对一个约会觉得放心时，你偏向谈论：

(N)未来，关于改进或发明事物和生活的种种可能性。例如，你也许会谈论一个新的科学发明，或一个更好的方法来表达你的感受

(S)实际的、具体的、关于"此时此地"的事物。例如，你也许会谈论品酒的好方法，或你即将要参加的新奇旅程

12. 你是这种人：

（N）喜欢先纵观全局

（S）喜欢先掌握细节

13. 你是这种类型的人：

（N）与其活在现实中，不如活在想像里

（S）与其活在想像里，不如活在现实中

14. 你通常：

（N）偏向于去想像一大堆关于即将来临的约会的事情

（S）偏向于拘谨地想像即将来临的约会，只期待让它自然地发生

第三组：

15. 你倾向如此做决定：

（F）首先依你的心意，然后依你的逻辑

（T）首先依你的逻辑，然后依你的心意

16. 你倾向比较能够察觉到：

（F）当人们需要感情上的支持时

（T）当人们不合逻辑时

17. 当和某人分手时：

（F）你通常让自己的情绪深陷其中，很难抽身出来

（T）虽然你觉得受伤，但一旦下定决心，你会直截了当地将过去恋人的影子甩开

18. 当与一个人交往时，你倾向于看重：

（F）感情上的相容性：表达爱意和对另一半的需求很敏感

（T）智慧上的相容性：沟通重要的想法，客观地讨论和辩论事情

19. 当你不同意情人的想法时：

（F）你尽可能地避免伤害对方的感情；若是会对对方造成伤害的话，你就不会说

（T）你通常毫无保留地说话，并且对情人直言不讳，因为对的就是对的

20. 认识你的人倾向形容你为：

（F）热情和敏感

（T）逻辑和明确

21. 你把大部分和别人的相遇视为：

（F）友善及重要的

（T）另有目的

第四组：

22. 若你有时间和金钱，你的朋友邀请你到国外度假，并且在前一天才通知你，你会：

（J）必须先检查你的时间表

（P）立即收拾行李

23. 在第一次约会中：

（J）若你所约的人来迟了，你会很不高兴

（P）一点儿也不在乎，因为你自己常常迟到

24.你偏好：

(J)事先知道约会的行程：要去哪里，有谁参加，你会在那里多久，该如何打扮

(P)让约会自然地发生，不做太多事先的计划

25.你选择的生活充满着：

(J)日程表和组织

(P)自然发生和弹性

26.哪一项较常见：

(J)你准时出席而其他人都迟到

(P)其他人都准时出席而你迟到

27.你是这种喜欢……的人：

(J)下定决心并且做出最后肯定的结论

(P)放宽你的选择面并且持续搜集信息

28.你是此类型的人：

(J)喜欢在一段时间里专心于一件事情直到完成

(P)享受同时进行好几件事情

结论：

针对以上四组问题，把每一组中你所选的答案最多的提取出来，代表你最强的偏好，当把四个最多的项合并起来时，将显现出你的恋爱类型。

(1)哲学家型(INFP)——内向的、直觉的、感觉的观察者："爱情是最完美的所在：安静、平和与善良。"

(2)作家型(INFJ)——内向的、直觉的、感觉的果断者："爱情在我的脑中、心上和灵魂里。"

(3)记者型(ENFP)——外向的、直觉的、感觉的观察者："爱情是神秘的、有启发的和有趣味的。"

(4)教育家型(ENFJ)——外向的、直觉的、感觉的果断者："爱情被你所爱的人占满。"

(5)学者型(INTP)——内向的、直觉的、理性的观察者："爱情不过是另一个灵光乍现。"

(6)专家型(INTJ)——内向的、直觉的、理性的观察者："爱情可以被分析并改进得更完美。"

(7)发明家型(ENTP)——外向的、直觉的、理性的观察者："首先我在脑海中发明爱情。"

(8)陆军元帅型(ENTJ)——外向的、直觉的、理性的观察者："爱情可以因为量、影响和成就而加强。"

(9)照顾者型(ISFJ)——内向的、感受的、感觉的果断者："爱情是一个值得为它牺牲的目标。"

(10)公务员型(ISTJ)——内向的、感受的、理性的果断者："爱情是建立在义务和责任上的。"

(11)主人型(ESFJ)——外向的、感受的、感觉的果断者："爱情建立在服务他人之上。"

(12)大男人型(ESTJ)——外向的、感受的、理性的果断者："爱情是建立在坚固的家庭价值、传统和忠贞上的。"

（13）艺术家型（ISFP）——内向的、感受的、感觉的观察者："爱情是温柔的、自然的和奉献的。"

（14）冒险家型（ISTP）——内向的、感受的、理性的观察者："爱情是一连串的动作。"

（15）表演者型（ESFP）——外向的、感受的、感觉的观察者："爱情是享受和陶醉在此刻的狂热中。"

（16）挑战者型（ESTP）——外向的、感受的、理性的观察者："爱情应该是经常充满刺激及能激发人的。"

类型说明：

哲学家型（INFP）：喜欢艺术、哲学和心理学，对于自己的人生有使命感；很敏感也很理想化；通常很随和，除非他的价值被侵犯；倾向于对他们喜爱的人有很高的期待。

作家型（INFJ）：会被心理学、哲学、神秘主义和心灵感应所吸引；是很好的聆听者而且非常具有同情心；通常很安静；有些时候极端固执；喜欢阅读和写作。

记者型（ENFP）：对发现生命的意义非常有兴趣，喜欢被人们所肯定；开朗并且富有领袖魅力；倾向于开始很多事情（包括感情），但却不一定会完成它们。

教育家型（ENFJ）：是卓越的沟通者和游说者；可以成为有效率的领导人和发动人；如果他们觉得他们的恋人把他们的存在视为理所当然，会变得善妒且具占有欲；喜欢在任何事情上给予他们的朋友劝告，而且在情感上非常具有支持性。

学者型（INTP）：是个着迷于理论但心不在焉的教授，总是忘东忘西，可是仍然有出色的想法和观察力；通常是随和且易相处的伴侣，有时是安静的，但有时又非常好辩；也许会忘记他们感情关系中的情感需求。

专家型（INTJ）：对爱情有一套详细的理论概念；重视他们伴侣的能力；是所有恋爱类型中教育水平最高的；通常在科学和思想的世界中有所成就，且不断追求自我成长。

发明家型（ENTP）：几乎可以针对任何事情侃侃而谈；是创造新发明、计划事情或提出方案的天才；是多才多艺的个体也是个挥金如土的冒险家；喜欢同时进行很多件事情并且有能力把所有事情都做得不错。

陆军元帅型（ENTJ）：非常具权威性而且擅长沟通；通常在他们所选择的领域中有卓越的成就；野心很大，通常对他们自己和伴侣要求很高；具有审判律师的个性；享受热烈的辩论。

主人型（ESFJ）：重视他们感情关系中的和谐；喜欢对他人表示善意；是完美的主人且具非常的家庭导向。

公务员型（ISTJ）：非常负责任和可靠；很具有忠诚性也很安静；不喜欢他们伴侣俗丽的爱情举动或"敏感的"表达方式。

照顾者型（ISFJ）：具有强烈的责任感，相信生命应该适得其所；通常对生命中弱小的人物特别关心，如儿童、动物、病人和老年人；在服务别人的过程中找到快乐，他们会是很好的护士、教师和母亲/父亲。

大男人型（ESTJ）：呈现负责任的个性；重视权威和指挥体系，享受一种粗糙的幽默感；追寻婚姻和家庭生活的稳定性和结构，也是家庭极佳的保护者和供养者。

艺术家型（ISFP）：拥有强烈的艺术气息；喜欢动物和大自然；是温柔及关爱的情人；既安静又随和。

冒险家型（ISTP）：喜欢用他们的双手工作且为了自己的兴趣而活；非常重视他们的个人

空间；相信"能活就该好好活着"的哲学；具有让人无法预期的极端个性。

表演者型（ESFP）：是天生的演艺人员；通常以温柔、有魅力的俊男或美女和诱惑者著称；是那种典型的"夜总会爬行类"；呈现永恒的乐观主义；如果在一段感情初期发现彼此的不和谐，他们会很快离开。

挑战者型（ESTP）：追求刺激、兴奋和每件事情中的多样性；可以是专业型的诱惑者；相信行动，不相信理论；通常是极佳的促销者且具有操纵性。

思考与练习

1.什么是爱？你是如何理解爱情的？
2.你如何看待大学生当中的恋爱现象？
3.应该如何控制恋爱中的性行为？

第八章　主观幸福感与心理健康

　　如果你现在能感受到生命力量，幸福围绕在身边，那么恭喜你，因为你在成长路上有所领悟，能够在纷繁复杂的生活中平衡自己的内心感受，懂得从心出发，主动追寻幸福，并积极探寻生命意义。追求幸福是人类永恒不变的主题之一，随着人们对自身生活质量要求的提高，幸福成为人们日益关心的话题。在心理学界伴随着积极心理学的兴起与发展，幸福感逐渐成为心理学家关注的课题。本章主要介绍幸福及幸福感的有关概念，幸福感的影响因素，当前我国大学生主观幸福感的特点以及提升主观幸福感的方法，如何认识生命的意义，如何体会生活的幸福。

第一节　幸福与主观幸福感

一、幸福概述

（一）什么是幸福

　　幸福是指人感知自己的需要、条件和活动趋向和谐的生活状态。伦理学定义为：幸福是人在创造生活条件的社会实践中，由于感受和理解到个人、集体乃至人类的目标、理想和正义公益之事业的实现而得到人格上的满足。幸福也可以理解为对欲望的满足。

　　关于幸福的理解，可谓众说纷纭。有人认为幸福是不依赖个体主观感觉而转移的自我完善、自我实现、自我成就，是自我潜能的完满实现。如亚里士多德："幸福是灵魂的某种合乎完满德性的实现活动。"我国学者赵汀阳也认为："幸福是人生中永恒性的成就。"似乎取得了成就就是幸福，这可以说是一种成就幸福观。那么有成就的人一定幸福吗？答案是否定的。成就不必然地等于幸福。幸福还是一种主观的心理体验。正如穆勒所说："幸福是指快乐与免除痛苦，不幸福是指痛苦和丧失愉快。"

　　由此可见，幸福首先是一种快乐的心理体验，但快乐并不就等同于幸福。快乐是需要、欲望、目的得到实现的心理体验与心理反应；幸福则是对一生具有重大意义的需要、欲望、目的得到实现的心理体验、心理反应，是对一生具有重大意义的快乐。正如罗斯所说："幸福是一种感情状态，它与快乐的不同仅仅在于它的永久、深刻和宁静。"幸福与快乐的区别，就在于它们是否具有对当事者一生的重要性。这种重要性，具体来讲，一方面表现为长短：幸福是持续的、恒久的快乐；另一方面则表现为大小：幸福是巨大的快乐。

　　一般来说，每个人对一生有重大意义的需要、欲望、目的，他的恒久或巨大的快乐，显然都要由理性指导，作为理想而经过较长时间的努力奋斗才能实现。所以，莱布尼茨说："理性和意志引导我们走向幸福，而感觉和欲望只是把我们引向快乐。"因此，也可以说，幸福就是理想实现的心理体验，是理想实现的快乐。《辞海》中正是如此解释幸福的："幸福是在为理想奋斗过程中以及实现了理想时感到的满足状况和体验。"

（二）幸福的形式

幸福是个人由于理想的实现或接近而引起的一种内心满足。幸福不仅包括物质生活，也包括精神生活；个人幸福依赖集体幸福，集体幸福高于个人幸福；幸福不仅在于享受，而主要在于劳动和创造。

幸福是怀有一颗感恩的心；拥有一个健康的身体；有一帮值得信赖的朋友；有一个和睦的家庭和一个充满希望的明天。

幸福是一种感觉，它不取决于人们的生活状态，而取决于人的心态。感觉幸福的时候一切看起来都是那么美好。一个人在地里劳动，满头大汗，可是他觉得很幸福，他就是幸福的；另一个人在自家花园里散步，可是他觉得自己很不幸福，他就是不幸福的。其实，你觉得你幸福你就是幸福的，幸福与不幸福都在你自己的心中。

幸福是做自己喜欢的事情，是和自己喜欢的人在一起。事业做成了，愿望实现了，你爱的人与你结婚了，你应该是幸福的了。

（三）幸福的规律

幸福的规律，即人的幸福三要素需要、条件和活动之间必然的、稳定的、本质的联系和客观存在的发展趋势。

1. 幸福的需要规律

适合条件不用付出代价或付出较小代价就能满足的需要就是有利于幸福的需要，人要积极满足、享受和发展这种需要；与条件相矛盾、冲突，满足它要付出更大代价的需要就是有害于幸福的需要，人要接受、忽略直至遗忘它。

2. 幸福的条件规律

不用付出代价或付出较小代价就能满足需要的条件是有利于幸福的条件，人要充分享受和积极创造、改善这样的条件；有害于需要满足或要付出太大代价才能满足需要的条件是有害于幸福的条件，人要避免做这种得不偿失的事。

3. 幸福的活动规律

使需要和条件趋向和谐的活动是有利于幸福的活动，人应该做这样的事；使需要和条件趋向矛盾冲突的活动就是有害于幸福的活动，人不应该做这样的事。

二、幸福的类型

快乐的心理体验是幸福的主观形式，而人生的需要、欲望、目的之实现则是幸福的客观标准。由于幸福是一种主观心理体验，因此，我们可以说，一个人只要自己觉得幸福，他就是幸福的。但是，这并不是说幸福是主观任意的。一个人究竟觉得幸福与否，并不完全依赖他自己的意志，而在很大程度上取决于他的需要是否得到满足。如果他的重大的需要得到了满足，他就会感到幸福；如果他的重大需要得不到满足，他就不会感到快乐和幸福。所以，人类幸福类型与需要类型密切相关。

人的一切需要大致可以归结为三大类型：一是"低级需要"，即生理需要，也就是物质需要；二是"中级需要"，也就是社会需要，无疑包括安全需要、归属和爱的需要、自尊需要三个层次；三是"高级需要"，也就是精神需要，包括认识和理解的欲望、审美需要、自我实现需要三个层次。据此，有人将幸福相应地分为物质幸福、社会幸福、精神幸福。

物质幸福即物质生活幸福，是物质需要、欲望、目的得到实现的幸福，也就是生理需要、肉体欲望得到满足的幸福。社会幸福即社会生活的幸福，是人的社会性需要、欲望、目的得到实现的幸福，也就是人的人际关系方面的需要、欲望、目的得到实现的幸福，主要包括自由与安全需要、归属和爱的需要、权利和自尊的需要得到满足的幸福。精神幸福即精神生活的幸福，是人的精神方面的需要、欲望、目的得到实现的幸福，主要包括认知需要，审美需要，自我实现需要得到满足的幸福。

有人提出，衡量同一等级幸福的价值之大小，有七个原则：第一，强烈的大于淡泊的；第二，持久的大于短暂的；第三，确定的大于不确定的；第四，迫近的大于遥远的；第五，增值的大于不增值的；第六，纯粹的大于不纯粹的；第七，人多的大于人少的。对于不同等级幸福价值的大小，美国心理学家马斯洛的结论是："那些两种需要都满足过的人，通常认为高级需要比低级需要具有更大的价值。他们愿为高级需要的满足牺牲更多的东西，而且更容易忍受低级需要满足的丧失。例如，他们将比较容易适应禁欲生活，比较容易为了原则而抵挡危险，为了自我实现而放弃钱财和名声。与两种需要都熟悉的人，普遍地认为自我尊重是比填满肚子更高更有价值的主观体验。"对于三种幸福都有过深刻体验的人来说，一般趋向于认为精神幸福的价值大于社会幸福的价值，社会幸福的价值大于物质幸福。比如，一个人会宁愿选择做一个物质幸福相对欠缺的思想家，而不愿意选择做一个充分享有物质幸福的傻瓜。然而，对于从来没有真正体验过高级幸福的人来说，则很可能认为物质幸福就是最大的幸福，从而沉浸在物质享乐的巨大满足中，丧失了追求高级幸福的动力。

三、主观幸福感

（一）主观幸福感的概念

幸福一直是人类思考和追求的主题。从古代开始，东西方的哲人和学者就从哲学、伦理学、社会学和心理学等多方面对其进行了探讨。虽然对幸福的体验和思考有着绵长而悠久的历史，但是幸福进入科学研究的范畴，却是从 20 世纪中期，随着积极心理学的兴起而开始的。1930 年 Dodge 提出幸福理论，1967 年 Wanner Wilson 回顾了关于主观幸福感（Subjective Well – Being，SWB）的研究，并对描述性研究做了总结，提出"具有幸福感的人应该是年轻、健康、受过良好教育、乐观、有智慧的"。自此之后，生活质量和人类个体存在的价值受到了空前的关注，其中最主要的一股风潮便是心理学家对主观幸福感的测量和研究。大致有以下几种观点：

1. 以主观情绪体验为标准界定主观幸福感

主张幸福感是当前正性情感和负性情感平衡的结果，个体较少地体验负性情感、较多地体验正性情感就是幸福的。

2. 用认知评价界定主观幸福感

认为主观幸福感是人们对自身生活满意度的认知评价，包括整体生活满意感和特殊领域生活满意感两个部分。

3. 从心理发展意义上来界定主观幸福感

认为幸福不仅仅是获得快乐，而且包含了通过充分发挥自身潜能而达到完美的体验。人们的自我接受性、生活目的、自我成长、是否掌握自主性和人们对环境的适应能力与把握能力是决定人们是否幸福的主要内容。

4. 自我评价界定主观幸福感

主观幸福感是个体依据自定的标准对其生活质量的总体的评价。主要包括两个基本成分：认知成分和情感成分。认知成分主要针对个体的生活满意度而言的。包括整体生活满意感和具体领域的生活满意感(学习、工作、婚姻等)。情感成分是指个体在实际生活中感受到的情感体验，分为积极和消极两个方面。大多数研究表明积极情感和消极情感是相对独立的，两者的影响因素并不相同，消极情感的缺乏并不代表有更多的积极情感的存在。认为主观幸福感有三个特点：一是主观性，是指对它的评定主要依赖于评价者内定的标准，而不是他人或外界的准则；二是相对稳定性，指虽然在评定主观幸福感时会受到情境和情绪状态的影响，但大多数研究仍然证实它是一个相对稳定的值；三是整体性，指主观幸福感是一种综合评价，它包括积极情感、消极情感和生活满意度三个维度。

从哲学的意义上说，幸福感就是在社会实践过程中，由于感受到人生价值的实现而形成的一种精神上的满足。幸福感是人生观、世界观和价值观在思想上的反映。幸福感分为"理性的幸福感"和"病态的幸福感"。具有"理性的幸福感"的人能正确对待生活和物质的文明，追求和向往幸福，通过个人努力创造幸福，使幸福的精神性和社会性得到充分的体现。而具有"病态的幸福感"的人只是追求享乐，片面的把享受当成幸福。他们把追求物质享受，特别是把追求对金钱和财富的享乐作为最大的幸福，这种人最终往往无法得到真正的幸福。

(二)主观幸福感与心理健康的关系

20世纪中期以前，由于消极心理学的影响，传统的对心理健康的定义和测量常常局限在没有精神疾病，主要研究不健康或者病态，而不是研究健康状态。随着积极心理学的萌芽，并不断壮大、成长，越来越多的心理学家意识到，心理学不仅应着眼于心理疾病的矫正，而且更应该研究与培养积极的心理品质，越来越多的心理研究发现：幸福、发展、快乐、满意是人类成就的主要动机，人类的积极品质是人类赖以生存和发展的核心要素，心理学需要研究人的光明面，需要研究人的优点与价值。实际上发展人性的优点比修复疾病更有价值。

积极心理学体系中所引导的主观幸福感领域的研究，其早期仅仅被视为传统心理学目的的附属和补充，后来逐渐发展成心理健康研究富有生命力的新方向，目前研究者越来越多的使用主观幸福感作为心理健康状况的重要指标。精神症状的主观幸福感与心理健康的关系消失和康复的结果是产生幸福感，仅仅使用精神症状测量作为心理健康的评价指标是不科学的。正是这些认识促进了主观幸福感在心理健康研究中的应用，并且已经从个别的评估演化成普遍趋势，以更加全面、深入地揭示心理健康的本质，促进心理健康的发展。

但是主观幸福感并不等于心理健康，主观幸福感是个人内心的一种主观感受，而心理健康既有主观感受到的一面，也包括自己感受不到的一面。如一个妄想症患者，可能自己觉得很幸福，对自己的生活也很满意，我们却不能认为他是健康的。所以有人认为，除主观幸福感外，还有对心理健康非常重要的一些影响因素，如对环境的掌握、个人成长、生活目标，等等。

1. 主观幸福感与物质和精神的关系

我们当前面临的问题是在物质财富、经济社会高速发展的同时，缺少一个与物质财富体系相平衡的强大的精神体系，或者说精神体系的建设明显滞后了。而精神体系建设的滞后，造成人们主观幸福感的缺乏。比如，传统中国社会经济发展水平固然不高，人们对自然认识水平也不高，但在精神体系方面，当年到处是庙堂林立，人们相信所谓"善有善报、恶有恶报"。只要做了好事，就自我感觉幸福。

2. 主观幸福感与社会职业密切相关

通过调查发现，从事体力劳动领域的人群，整体的生活满意度高于从事脑力劳动领域的人群。因为体力劳动本身是一种运动，而运动容易释放一些不健康的心理因素，同时体力劳动者往往容易对生活产生满足感。而从事脑力劳动的，负性情感相对高，易产生抑郁和焦虑的负性情感。

3. 城乡人群的主观幸福感存在差异

城市人群的整体满意感显著地高于乡村人群，由于公共服务条件和设施的差异，城市人群体验到了更多的正性情感和更少的负性情感。因此，城市人群的主观幸福感高于乡村人群。

综上所述，幸福是生命的一种存在方式，一种生活，而幸福感就是自身对这种幸福状态的感受和评价。简言之，是人的一种积极的或良好的存在状态。主观幸福感与物质、精神、社会职业、城乡人群都息息相关，积极的心理品质容易造成正性心理，那么他们的主观幸福感就高，反之则低。

资料窗

幸福举动

美国加州大学河滨分校索尼娅教授研究发现，"幸福举动"可以激发积极情感，并且有助于人们用积极的想法取代消极的想法。她所著的《幸福多了40%》一书中就向大家推荐了如下12种简单易行、怀抱善意的"幸福举动"。

1. 强健身体。经常进行体育锻炼，经常冥想、微笑和大笑。

2. 培养乐观心态。将想像中最美好的未来记录下来，并且尝试对任何事都去看好的方面。

3. 不多虑、不攀比。少想多做，减少为愁事费心费神的时间，不和他人攀比。

4. 增强应对技巧。灵活应变，尝试不同方法克服困难，战胜压力和痛苦。

5. 勇于发展关系，建立情感联结。选择任何一种感情，将这段需要加深的感情作为培养对象，投入时间与精力去忘记曾经的伤痛，勇于治愈伤痛，培养感情，巩固感情，享受感情。

6. 多行善事。不论是对谁，不论用什么方式，做善事多多益善。

7. 学会原谅。对于那些冤枉你甚至伤害你的人，通过书写日记或书信的方式消除气愤和怨恨。

8. 多做让自己全情投入的事。让自己忘我地忙碌起来，做些有挑战性和有吸引力的事情。

9. 享受生活中的乐趣。静心体会生活的乐趣和美好，用心灵、画笔、文字、镜头去记录生活中点滴乐趣与美好。

10. 锁定目标、不懈奋斗。为自己设定1~3项重要目标，让自己一心一意为之奋斗。

11. 内心有信仰、精神有依托。多与人交流，多读书，多思考内心世界，找到一种属于自己的内在信仰，让心灵安稳沉静，让精神饱满充实。

12. 表达感恩之情。为自己拥有的一切感恩。向身边的人、亲密的人、没有好好感谢过的人，表达感激或者心存感激。

第二节　影响主观幸福感的因素

一、主观幸福感的衡量

主观幸福感是对生活的整体评价，它依赖于文化及其个体生活结构，但由于人类的共性，它也应存在共同的结构。从 20 世纪 60 年代，Bradburn 提出的正性情感与负性情感并不是同一维度的两个方面，而是彼此独立的维度，并且二者都与主观幸福感相关，到 Diener、Larsen、Leving(1985)等人提出衡量情感应从情感类型的频率和强度两方面入手，再到 Andrews 和 Withey(1976)提出的主观幸福感的第三个维度：认知维度，虽然某些因素对大多数人来说是决定整体满意感判断的重要因素，但是，个体对每个领域所赋予的权重并不相同。因此，不能仅仅依赖实验者所设定的一系列领域里的满意感的堆积，而是需要整体的评价。

主观幸福感有多项衡量指标，概括起来主要包括以下三个方面：

认知评价，是对生活质量的整体评价；即生活满意度。

积极情感，包括诸如愉快、高兴，觉得生活有意义，精神饱满等情感体验。

消极情感，包括忧虑、抑郁、悲伤、孤独、厌烦、难受等情感体验。

其中，认知评价是主观幸福感的关键指标，作为认知因素，它是更有效的肯定性衡量指标，是独立于积极情感和消极情感的另一个因素。对主观幸福感造成影响的，既有人的诸多内在心理特征，又有许多外在的社会、环境因素。

二、遗传因素与主观幸福感

气质和人格对主观幸福感都有很强的相关性。气质常定义为：人早期生活中出现的行为或情绪感应的生物倾向性，是生理尤其是神经结构和机能决定的心理活动的动力属性。气质在很大程度上具有基因成分，如出生婴儿表现出典型情绪反应并在程度上长期保持，与之相对，人格常定义为成人独特的性格反应倾向，既有生物也有习得的成分。

气质差异使不同人倾向于体验不同水平的主观幸福感，最有力的证据是遗传率的行为——基因研究。明尼苏达大学 Tellegen 等人(1988)著名的双生子研究发现：在不同的家庭环境中抚养长大的同卵双生子，其主观幸福感水平的接近程度，比在同一个家庭中抚养长大的异卵双生子要高得多；还发现：40% 积极情感变化、55% 消极情感变化及 48% 生活满意感变化是由基因引起的；而共同的家庭生活环境只能解释 22% 积极情感变化、2% 消极情感变化及 13% 生活满意感变化。Braungan 等人运用收养和双生子研究方法，发现 1 岁左右婴儿积极情感具有遗传特性。

客观情景对主观幸福感的影响有限，而基因对主观幸福感的影响显著，使得一些研究者相信幸福是一种特质：人具有快乐的素质。此观点遭到 Veenhoven(1994)的批评，他认为，尽管证据表明主观幸福感水平的确随某种情景变化而波动，但幸福本身并非某种特质，主观幸福感随时而改变，幸运和噩运都对主观幸福感有影响，影响主观幸福感平衡水平的是相对稳定的人格特质，因而主观幸福感既有类似特质的又有类似情景的特性。

基因对主观幸福感的影响不是间接的，即基因因素影响人的行为，增加经历某种生活事件的可能性，在某种情景下，使某类独特行为更可能发生，从而影响主观幸福感。

三、人格因素与主观幸福感

人格因素如果说不是主观幸福感最好的预测指标，至少也是最可靠、最有力的预测指标之一。近年来各国许多理论和实验的工作都集中于研究主观幸福感与外倾和神经质之间的相关关系。Lucas 和 Fujita(2000)研究发现外倾与愉快的相关为 0.38。而且，当运用复合的、种类不同的测量方法来研究外倾和愉快之间的关系时，相关经常达到 0.80。Fujita(1991)在用结构方程建模评估神经质和消极情感之间相关的强度时，也得到了类似的高相关。由于这些研究结果的一致性，许多研究者认为外倾和神经质提供了人格和主观幸福感之间的主要的联系。

然而，正如 De. Nve 和 Cooper(1998)所指出的，单独地集中于外倾和神经质可能会过于简单地陈述人格和主观幸福感之间复杂的联系模式。一些宽泛的维度和范围相对较窄的特质均显示了与主观幸福感有一致的相关。例如，De. Nve 和 Cooper 指出宜人性和尽责性与主观幸福感的相关大约为 0.20，一些范围相对较窄的特质，如抑制性防御、信任、控制源、控制欲和能吃苦等都显示出与主观幸福感有中等的相关。很显然，这些特质和其他特质(自尊和倾向性的乐观)与主观幸福感有关系(Lucasetal, 1996)。但不清楚的是，如果控制了与特质(如外倾和神经质)共有的变异，从这些范围相对较窄的特质能否较准确地预测主观幸福感。人格的另外的非特质的特征也有可能与主观幸福感有关系。Emmons(1986)指出个体目标的各种特征(如重要目标的存在、向此目标的接近和不同目标之间的冲突)，对情感的和认知的幸福感都有重要的含义。其他研究者，如 Cantor，Higgins，Sheldon 等认为个体向目标接近的方式影响主观幸福感。而且，研究者(如 Sheldon 等，1997)认为个体对自己的人格有一致的感觉，根据这一人格采取的行动与主观幸福感有正相关。

自尊与主观幸福感相关，这一结论在西方社会可重复证实，但不具有普遍性。自尊——主观幸福感跨文化调查发现：集体主义文化中，二者相关系数很低。Kwan 等人(1997)发现：在美国，自尊感和生活满意感有很强的相关性；在香港，人机和谐也是生活满意的预测指标。在集体价值高于个人价值的社会文化中，高自尊感并不一定意味着高幸福感。

乐观与主观幸福感。气质性乐观理论认为个人对未来的看法影响其环境，从而影响主观幸福感。根据这一理论，乐观体现个人期望生活中出现好结果的总体倾向。若一个人期望好的结果，他(她)会朝着这个方向努力；若老想着失败，那么他(她)将偏离自己设置的目标，这一行为方式导致乐观比悲观者更易达到目标获得成功。

过分乐观的研究表明许多积极情感和积极的认知常同时产生，很难确定是认知产生情感还是正相反。许多人都有正性错觉(positive illusions)，包括不真实的正性自我觉知、对未来过分乐观、高估对未来的控制力等。这些错觉不仅产生幸福感，也产生如关心他人、从事创造性工作的能力等正性品质；正性错觉与压力环境下正确调整相关；具有自发正性认知倾向性的人易于自我欺骗，这反过来又增加其幸福感；其消极生活事件与抑郁相关很低。

四、环境因素与主观幸福感

社会环境对主观幸福感的影响：根据人们体验幸福感的信息来源不同，可将社会文化分为个人取向文化和集体取向文化。生活满意度和情感平衡之间的相关在前者中比后者明显。在个人取向的文化中（如欧美国家），个人较注重自身的主观体验，倾向于区分自己与他人，直接表达个人态度和内心感受的行为受到鼓励，和自我相关的情感如自尊，与主观幸福感关系尤其紧密。而在集体取向的文化中（如中国的传统文化），个体必须和外界社会规则保持一致，个人的主要目的不是区分自己与他人，而是与他人保持和谐一致，个人理想往往是所属群体的理想，个人的感觉、情绪、思想不被看作行为的决定因素，因而在集体取向的文化中，有关自我的情感取向对决定生活满意度显得不那么重要。

工作学习对主观幸福感的影响：在人生的不同阶段，工作学习对主观幸福感的影响不同。Katja 等对芬兰中学生的调查发现，在学校获得的满足和愉快是影响中学生主观幸福感的重要因素之一。反之，在学校中的挫折失意是引起中学生，尤其是女中学生不幸福感觉的重要因素之一。对于包括大学生在内的青年人，工作学习的负荷量和从工作学习中获得的满意情绪，都与主观幸福感呈现出正性相关。中年人在工作学习上的负荷量依然与主观幸福感呈现正相关关系，而从工作学习中获得的满意情绪不再是影响主观幸福感的重要因素。对于临近退休年龄或已经退休的老人来说，工作和学习不再对主观幸福感产生重要影响。

家庭环境对主观幸福感的影响：从对青少年的研究中发现，他们的满意感或不幸福的感觉与他们所体会到的家庭气氛相关。家庭的稳定、成员间的相互关怀、没有明显的家庭矛盾是青少年总体满意度的预期因素。而青少年体会到的家庭结构松散、父母关系欠佳和严重的家庭矛盾，都是他们产生不幸福感觉的预期因素。

五、健康因素与主观幸福感

Wilson 认为健康与主观幸福感具有较强的相关，但是这种相关仅仅表现在被试自我报告健康测试时。如果通过医生进行客观的健康评估，将在很大程度上削弱这种相关。自我评估健康会受到消极的情绪和真实的健康状况影响，生活满意度可以通过主观解释自身的健康进行预测，健康不但受到消极情感和真实的健康状况的影响，而且对健康的认知也受到人格的影响。自我评估健康尺度不仅反映一个人真实的身体健康状况，而且也反映了一个人的情绪适应水平，因此，健康的主观感知比真实的健康评估对主观幸福感的影响更重大。总之，健康对主观幸福感的影响依赖于个体对所处环境的感知，当处于一种无能为力、压抑的境况时，将会对主观幸福感产生消极影响。当健康状况妨碍一个人目标的实现，它将对主观幸福感产生消极影响，但通过改变目标，心理可能会适应新的标准。但是，某些健康条件非常重要，它可能妨碍一些远大目标的实现。因此，不可避免地影响了主观幸福感水平。

六、性别因素与主观幸福感

Haring, Stock 和 Okun 提出男性的幸福感比女性稍高一点，但这种差异值非常小。通过数据分析，发现在大多数国家中，女性比男性的消极情绪体验更多，但关于对主观幸福感的影响，男女的主要差异还没有被发现。在整个幸福感上，男性和女性接近平等。表面上看，这个发现与事实不符，因为对一般人来说，他们认为女性比男性更易消沉，消极情感在女性中的体现更高。有一种解释认为：通常女性比男性的强烈情绪体验更多。W. Woodetal 发现女性报告具有更高的积极情感和主观幸福感水平。Leeseccombe 和 Shehan 也同样发现女性比男性更愿意承认自己幸福，女性积极情感看来可以与消极情感相平衡，从而在整个主观幸福感水平上，男女近乎相等。Fujitaetal 认为，如果女性在遇到不好或难以控制的事件时，这种行为可能导致他们难以抵制消极影响，但是如果他们的生活美好，那么女性比男性更能体会到强烈的幸福。虽然，非常幸运和非常不幸的个人是极少的，但是女性可能是两个组群中的典型代表。女性为什么比男性具有更多的极端情绪？Nolen Hoeksmg 和 Rusting 认为，这种差异主要来自社会角色限制，传统女性角色承担更多的是家庭照料之类的角色，这使得女性的情感比男性更敏感。因此，女性可能更愿意体验和表达情感。

七、文化因素与主观幸福感

个体对自己的幸福感做出判断时，无法避免地会带上文化的烙印，而且不同的文化对其判断的影响是不同的。一些心理学家依据个体信息的内部来源和外部来源将文化划分为个人主义文化和集体主义文化，前者趋向于注意自己内部的主观体验而忽略情景中的相关因素和规范因素，而后者更强调与他人的需要和期望的一致性，以及外部规范的社会一致性。在个人主义文化中，个体内部情感和真实性经常被认为是一种美德，个体高度地看重自我的成分，在他们的身上，可以发现内部情感和生活满意度之间有很强的相关性。而在集体主义文化中个体的思想和情感只有参照别人的思想和情感才能获得充分的意义，自我受到社会因素的影响，在这种文化中的个人对文化准则的知觉和生活满意度之间有更强的联系。在个体主义文化中，自我的私有成分和内部成分决定一个人的个性，个体的满意度是以情绪体验为基础的，在集体主义文化中，个人的个性受其与别人的关系的影响。因此，生活满意度和情感平衡之间的相关在个人主义文化中比集体主义文化中更明显。但某些基本生理需要如饥渴，具有跨文化一致性在不同文化背景中都是主观幸福感的指标，基本生理需要满足以后，闲暇活动就成为影响主观幸福感的重要因素，就可能出现个体差异和跨文化不一致。

八、社会关系与主观幸福感

社会关系主要包括婚姻关系、家庭关系、朋友关系、邻里关系等。社会关系是影响主观幸福感的主要因素之一。良好的社会关系可以增加人们的主观幸福感，而不良的社会关系则会降低主观幸福感。社会关系具有重要的社会支持作用。社会支持可以提供物质或信息上的帮助，增加人们的喜悦感、归属感、控制感，提高自尊感、自信心、兴趣。大量的事实表明，不同的社会支持——工具性支持、情感性支持和社会性支持不但有利于人们的躯体和精神的健康，而且能够提高人们的幸福感。

首先，朋友关系是幸福感的一项重要来源，与朋友分享快乐与忧伤、讨论难题等可以提高生活满意度和总体幸福感；而遇到困难时可以依靠朋友或与朋友讨论难题等，获得朋友的帮助则可以降低消极情感，提高幸福感。因此人们常发出"人生得一知己足矣"的感慨。朋友关系之所以可以提高个体的积极情感，一个主要的因素是他们可以参加共同感兴趣的事情，例如参加一些业余活动，这些活动看起来微不足道，但它们却能给个体带来巨大的愉悦感，并且可以使个体之间的关系成为一种支持性的朋友关系。研究表明，这些不同的场合之所以会产生愉悦感的一个主要原因是个体对非言语信息——特别是微笑和友好的交谈语气的接受，而这似乎是人类的一种本能反应。

其次，家庭关系对个体的幸福感会产生非常重要的影响。家庭是一个非常重要的快乐场所。在这里，大多数父母常会鼓励孩子，为他们提供生活和情感上的各种支持，他们也常和孩子一起开展各种活动，一起享受各种快乐；同时，家庭还为个体提供各种物质上的支持。家庭的亲密度、适应性和沟通是衡量家庭功能的三个重要维度。亲密度指家庭成员之间的情感联系程度，适应性指家庭系统对随家庭环境和家庭不同发展阶段出现的问题的应对能力，沟通是指家庭成员的信息交流情况。而对于家庭生活质量而言，婚姻具有非常重要的影响力。根据美国对 35 万人的调查，结婚的人中有 42% 的人认为生活非常幸福，而没结婚的、离婚的和配偶去世的人中，认为生活非常幸福的比率只有 24%。许多研究都发现，一般而言，已婚者报告的主观幸福感比未婚者要高。这是因为，一方面婚姻能提高个体的积极情感，尤其是在婚姻的早期阶段；另一方面，已婚者对三个因素的满意度水平都高于其他人。这三个因素分别是工具性满意、情感满意和友谊满意。工具性满意是指当已婚者对家庭收入感到满意或当其配偶做一些家务时他们感到幸福；情感满意是指社会支持、夫妻亲密感和夫妻间的交流等都会提高婚姻幸福感，当然夫妻间的无私奉献以及配偶的快乐和健康也会提高婚姻幸福感；友谊满意是指夫妻间有着朋友般的共同兴趣和活动。总之，婚姻质量影响着家庭生活质量，影响着个体的主观幸福感。

另外，有一种观点认为，对社区关系感到满意的个体通常拥有较高的幸福感。邻里关系和睦，与社区中其他人相处融洽，会提高个体的自尊水平，而来自社区中其他人的关心和帮助有利于个体面对压力，降低消极情感。

九、工作因素与主观幸福感

工作与主观幸福感具有一定的相关，是因为它可能提供使人们发现快乐的最佳刺激和积极的社会联系，以及一种合理的社会认同和意义。在最近十年，女性由于她们的社会角色改变，以及获得的职业范围扩大，她们在生活满意度与工作满意度之间的体验较强。满意的工作特点受到广泛的研究，如个人——集体适应性常常与工作满意度相关，本身的回报和社会利益也是生活满意度的重要预测指标，工作时间的长短与主观幸福感之间的联系是复杂的，涉及工作的复杂性、额外时间是否出自自愿以及工作与家庭冲突等中间因素。在一般的主观幸福感中，工作热情被划分为工作时的心情状态和工作满意等元素。

失业的人具有很低的生活满意度和较高的自杀趋向，Clark 提出失业是降低主观幸福感的主要原因，但是不幸人群的比例不是单纯的只来自失业的群体。

十、经济因素与主观幸福感

很多研究发现，收入与主观幸福感呈正相关。其原因在于较高的收入会带来更多的物质享受，更高的权利和地位，伴有更高的自尊心和自信心，因而幸福感较高。经济收入高的老年人生活满意程度高于低收入者。当然，也有研究表明：收入与幸福感无关。例如，1946 年至 1978 年间，美国的人均收入增加很多，但平均的快乐水平没有增加。这表明收入的影响是相对的，它依赖于社会比较，分配偏差和相对的剥夺感是收入与幸福感之间的中介变量。此外，收入增加也可能意味着交通拥挤、噪音、污染等导致负性情感的应激事件的增加。已有研究发现：收入仅在非常贫穷时有影响，一旦人们的基本需要得到满足，经济的影响就很小了。

　　总之，影响主观幸福感的因素很多，某些因素具有一定的交叉性。国外的研究是从 20 世纪 50 年代起，国内从 20 世纪 80 年代中期以后开始进行主观幸福感的研究，但其对象主要针对于一些特殊的群体。由于不同的文化背景、意识形态和经济基础的影响，主观幸福感的预测因子、标准以及评价手段也存在一定程度的差异，因此有必要深入进行适合我国国情的主观幸福感的研究。

第三节　大学生的主观幸福感

一、大学生主观幸福感的现状

　　随着社会生活水平的提高，现在的大学生多数又都是独生子女，家长尽量满足子女各方面的需求，在理论上，大学生的主观幸福感应该很高。然而，现实研究显示并非如此。

　　国内许多研究者对大学生主观幸福感的现状进行了调查与研究。例如，李靖、赵郁金使用 Campbell 幸福感量表，以北京地区的大学生为被试进行的研究发现：大学生被试幸福感指数的平均分为（11.91 ±2.43）分，分数是比较高的，表明大学生的主观幸福感较强。郑雪等通过对广州地区大学生主观幸福感的调查发现，广州大学生主观幸福感的得分较高，但也只是略高于中等水平。从整体上看，被试的主观幸福感并不是很强烈、很明显。陈静、杨宏飞以杭州地区的大学生为被试进行的研究表明：大学生总体生活满意度处于中等略偏下的水平，大部分大学生处于中间状态。张雯、郑日昌使用 Campbell 幸福感量表进行的研究表明：大学生主观幸福感指数的平均分为（10.46 ±1.79）分，处于中等水平。丁园园以安徽地区的大学生为被试对大学生的主观幸福感进行研究发现：大学生中对生活感到满意者占多数，但是对生活感到非常满意者和比较满意者不足 1/3，大学生对生活的满意程度不是很理想。

　　总而言之，我国大学生主观幸福感的水平虽然有些微的地区方面的差异，但是从总体上来看，我国大学生的主观幸福感处于中等偏下的水平，他们虽然能够体验到幸福感，但是体验却不是很强烈，并且也不是很明显。

二、大学生主观幸福感的特点

　　大学生心理发展正处于迅速走向成熟的阶段，他们精力充沛，朝气蓬勃，富有理想，积极向上。但同时也具有情绪波动大、过于理想化、急于求成等特点。这些都使大学生的主观幸福感有一些与成人不同的特点。目前，有许多研究者曾对我国大学生主观幸福感进行过调查，结果表明当前我国大学生主观幸福感具有以下一些特点：

　　（一）大学生主观幸福感无显著性别差异

　　在相当长的一段时间里，人们认为在整体情感的体验上，男女之间存在差异，女性由于感情更细腻，所以在情感的体验上一般比男性更快，也更明显，因而女性比男性应该具有更多的主观幸福感和满足感。但是，目前国内研究却发现大学生主观幸福感性别差异不显著。原因可能是近几十年来，特别是改革开放以来，我国生产力迅速发展的同时也带来了人们思想的大发展，大学生作为一个活跃的群体已经广泛地接受了各种观念，原有的各种性别差异也因此逐渐缩小，所以性别对主观幸福感的影响如此之小也就不足为怪了。

（二）大学生的主观幸福感具有整体性

个体的生活满意度、积极情感和消极情感是影响大学生主观幸福感的重要因素。对大学生主观幸福感的研究表明：生活满意度、积极情感和消极情感三个因素可以强有力地预测主观幸福感。尤其是生活满意度与大学生主观幸福感具有很高的相关。这一结果印证了国外一些学者的观点，例如有人就把主观幸福感界定为是生活满意度、积极情感和消极情感三个维度的综合体。这也进一步说明主观幸福感具有整体性。

（三）社会关系影响大学生主观幸福感

对于大学生而言，主要的社会关系（家庭关系、朋友关系、恋爱关系、室友关系）是其主观幸福感的重要影响因素。拥有良好社会关系的大学生，往往主观幸福感更高。国外也曾有学者提出，在集体主义文化（如中国，日本等）中，个人必须时刻保持和他人的协调（如服从他人的需要和期望），才有利于使他们体验到更高的主观幸福感。也就是说，对个体而言，良好的社会关系可以提高他们的幸福感。

（四）个体价值取向影响大学生主观幸福感

研究表明，对于大学生来说，内部价值主要表现为自我目标的实现、学习能力的提高和道德水平的提高等，它们都与主观幸福感显著相关。这是因为这些内部价值的实现或提高可以提高人的自尊，增强人的自信，从而提升人的主观幸福感。另外，大学生的外部价值（表现为身材长相、健康水平、学习成绩、物质财富等）同主观幸福感的相关不如内部价值高。

（五）家庭经济收入不影响主观幸福感

对于大学生来说，家庭的经济收入只能表明父母的各种能力，而不能提升自己的各种自我需要实现，甚至这种优越的经济条件会对他们日后的发展产生一定的压力，从而引发他们的一些紧张、焦虑等负性情绪。这样，高经济收入家庭的学生并不会比低经济收入家庭的学生有更多的主观幸福感体验。

（六）生活事件不对主观幸福感有显著影响

目前，人们对"生活事件是否会影响主观幸福感"还没有完全一致的看法。有人认为，重要的生活事件会对主观幸福感产生影响。然而对我国大学生的研究表明，各种生活事件（无论是好的还是坏的）都没有对大学生产生明显的影响。这说明我国大学生对于幸福感更多的是采取"未来取向"而不是"过去取向"的乐观态度，即认为，过去的已经过去，未来会更加幸福。

三、提升大学生主观幸福感的方法

主观幸福感是指个人根据自定的标准对自己生活质量的整体性评估，它是衡量个人生活质量的重要综合性心理指标。主观幸福感的提高对提升个人生活质量有着极其重要的作用和意义。大学生可通过如下预警提升个人的主观幸福感水平从而改善自己的生活质量。

（一）学会悦纳和相信自己

我们知道，悦纳自己、自尊、自我控制、乐观等与幸福感有着非常密切的关系。甚至可以这么认为：快乐是指有高度的自尊、生活上的自我控制以及乐观、外倾的性情。因此，如果我们希望更快乐，就必须使我们变得更积极、心理素质更高、更自信和外倾。我们又该如何改变呢？一种重要的方法就是学会用行为开拓新的思考方式，即用行为引导我们的情感和思想。

我们不得不承认，性情具有稳定性，这种稳定性与遗传有很大关系。然而我们有能力去掌握自己的命运，因为遗传对诸如外向性这种性格的影响并不是一成不变的。我们的人格在更大程度上受教育和自身努力的影响。我们都有这样的同感：性格和态度影响着行为，性格和态度也跟随着行为。很多经验和研究也表明，人们的习惯与行为往往影响态度的形成。因此，如果我们想要在某些重要的方面改变自己，例如增强自尊心或变得更快乐、更自信，一个有效的方法就是每天起床后开始做想做的事情。不要担心你做不了，你可以假装自信、乐观和外向。坚持这么做，你会发现自己真的慢慢地变得更自信、乐观和外向了。

我们完全可以成为自己情感和性格形成的主人。从改变行为方式入手，改变我们的情绪和性格。例如我们可以学会微笑，或者试着边大步地走路边摇晃自己的手臂，同时眼睛向前望等行为方式的改变提升自己的情绪。心理学家发现"注意仪态可以左右情绪"。总之，如果你想变得快乐，那么你就可以先假装快乐，最后一定能变得真快乐。

（二）重视自身的人格塑造

人格特质是主观幸福感的重要影响因素，重视自身人格塑造是提升主观幸福感的重要方法。要塑造好自身人格，个体须做到以下四个方面：

1. 拥有积极的自我观念

能悦纳自己，也就能为他人所悦纳；能体验到自己存在的价值，能面对并处理好日常生活中遇到的各种挑战；虽然有时感觉不顺意，也并非总为他人所喜爱，但肯定的、积极的自我观念总是占优势。

2. 能恰当地认同他人

能认可别人的存在和重要性，既能认同他人又不依赖或强求他人，能体验到自己在许多方面与大家是相通的、相同的；而且能与别人分享爱与恨、乐与忧以及对未来美好的憧憬，并且不会因此而失去自我。

3. 能面对和接受现实

即使现实不符合自己的希望与信念，也能设身处地、实事求是地面对和接受现实的考验；能多方寻求信息，倾听不同意见，把握事实真相，相信自己的力量，随时接受挑战。

4. 具备丰富主观经验

能对自己及周围的事物环境有较清楚的知觉，不会迷惑和彷徨。在自己的主观世界里储存着各种可用的信息、知识和技能，并能随时提取使用，以解决所遇到的问题，从而增进自己行为的效率。

（三）获得与给予社会支持

获得和给予社会支持都能够增加个体的积极情感，提高生活满意度和幸福感。广义而言，社会支持既涉及家庭内外的供养与维系，也涉及各种正式与非正式的支援与帮助。社会支持不仅仅是一种单向的关怀或帮助，它在多数情形下也是一种社会交换。广义的社会支持包括：物质帮助，如提供金钱、实物等有形帮助；行为支持，如分担劳动等；亲密的互动，如倾听、表示尊重、关怀、理解等；指导，如提供建议、信息或指导；反馈，对他人的行为、思想和感受给予反馈；正面的社会互动，对社会支持来说，包括施者与受者两个有意识的个体之间的资源的交换。心理学上有句谚语：如果你想快乐一小时，打个盹；如果你想快乐一天，去钓鱼；如果你想快乐一个月，去结婚；如果你想快乐一生，帮助别人。

我们也应该认识到，如果不能恰当地处理得到和给予社会支持之间的关系，则有可能会产生负面的效应。如越来越多的事实表明，以下情形的社会支持会产生消极情感和反应：施者呈现出威胁受者的自我管理思维的姿态，伤害了受者的自尊和自信，使受者产生自我怀疑、自我无助感，抵触受者的性别认同，提供的帮助并不适合受者等。同时，尽管帮助自己喜爱的人会使自己认识到自己的能力，从而提高满意度，但过多地给予他人支持会使自己感到劳累和筋疲力尽。因此，在为他人提供支持或接受他人支持时，有必要考虑以下一些因素：

第一，社会支持网络的规模、密度和异质性程度。一般说来，一个人的社会支持网络的规模越大、密度越高、异质性越强，则社会支持越容易发挥出心理保健功效。

第二，社会支持力量的强度。在大多数情况下，社会支持的心理保健功效与社会支持力量的强度成正比关系，亦即社会支持力量越强，社会支持的心理保健功效越明显。但在某些情况下，对某些人来说，过强的社会支持反而增强了个体心理应激反应，加重了个体心理压力，从而产生负面影响。

第三，被支持者的个性特点。许多权威研究表明，社会支持的心理保健功效如何与被支持者的个性特点直接相关。个性因素影响着个体对所受社会支持的感知，个性因素直接影响着个体的社会交换感，个性倾向性决定着个体是否能够积极地寻求和利用社会支持。

（四）积极改善社会关系

要积极改善社会关系，一方面必须积极增加社会交往，与他人进行信息交流和情感沟通。美国学者贝尔斯将人际沟通的动作分为12种：

1. 追求团结一致，提高对方的地位或表示支持对方的意见；

2. 镇静，与所有的人都容易相处，并表现得毫无拘束，常面带笑容，显示满意的表情；

3. 表示同意、默认；

4. 给予指示或发出指示，但表现得彬彬有礼；

5. 提供意见，批评并分析意见，表示意图和感情；

6. 提供信息，介绍情况，解释清楚；

7. 需求信息，请求重复问题（采取强硬的办法或温和的态度）；

8. 询问意见，要求得到评价与分析，求得对方的明确表示，尤其关注对自身行动的评价；

9. 请示告诉各种可能的行动方式；

10. 消极地拒绝意见，不予帮助，表示不同意；

11. 显露紧张及不满情绪（受压抑、情绪不安、受挫折）；

12. 表现出攻击行为，贬低对方的地位，肯定自己。

由此可见，这些行为包括积极和消极两种。我们在交往过程中，使用积极的方式还是消极的方式，对于建立和谐的人际关系是很重要的。同时，在交往中，还要注意正确使用各种交往工具，尤其是符号系统。符号系统通常可分为语言符号系统和非语言符号系统。语言是一种重要的交往工具，人们凭借语言来交流思想和感情。非语言交往则一般指个体运用动作、表情、体态、语调等方式进行的交往。借助非语言符号系统，可以更好地完成交往活动。

积极改善社会关系的另一个重要的方面就是要培养良好的内在品质和品性。社会心理学家建议，要想维持和提高自己的持久吸引力，培养自己的良好品质和品性是一个非常重要的条件。人与人之间要建立真诚友好的朋友关系，归根到底取决于个人的优良品质。心理学家研究发现，真诚、正直、善解人意、忠诚、聪明、体贴、富有思想、友好、幽默、负责任等是一些很令人喜欢的品质，而不友好、粗鲁、贪婪、骄傲自大、不真诚、不善良、做假、心胸狭窄、带敌意等是令人很不喜欢、最不具吸引力的品质。

（五）正确认识财富与幸福的关系

人们经常认为，富有就意味着幸福，然而事实并非总是如此。正如前面所说到的，在某种程度上，拥有财富确实可以提高幸福感，但当人的基本生存需要得到满足后，物质财富的增加对提升幸福感的作用就很有限了。一味地追求财富而忽视精神追求，最多只能享受到物质幸福，而更高层次的社会幸福和精神幸福则难以达到。法国一位哲学家曾说道："追逐名利，饮酒狂欢，生活奢侈，所有这些都是通往幸福之路的最大障碍。"况且人们对物质财富的追求永无止境，得到的越多，欲求就越大。

幸福才是人生的终极目标，而追求财富仅仅是获得幸福的部分内容，财富不是幸福的全部。我们要想获得幸福的生活，必须要合理地追求财富。不顾健康和快乐，甚至不择手段地盲目追求财富不但不能获得幸福，而且还会与幸福背道而驰。除此以外，还应该尽量地消除不恰当的欲望。美国经济学家萨缪尔设计了一个快乐公式：快乐＝物质消费÷欲望。在物质消费相同的条件下，假如人们的欲望越大，那么得到的快乐越少；假如人们的欲望越少，那么得到的快乐就越多。"知足常乐"，有节制地生活，会让我们更加幸福。

（六）学会休闲以提升生活质量

休闲和工作、学习一样，是一种资源，一种财富，或如美国学者凡勃伦所言，"休闲已成为一种社会建制，成为人的一种生活方式和行为方式"。什么是休闲？或许下面这个故事中的老者可以告诉你什么是休闲。故事是这样的：一个欧洲商人在太平洋的一座小岛上发现一个老者手编的草帽很漂亮，每顶售价 20 比索。商人想倒一些草帽到欧洲去卖，便问老者，如果一次买一万顶，每顶可以便宜多少钱。老人却回答每顶还要增加 10 比索，因为编一万顶相同的帽子会让我乏味而死。如果从是否休闲的角度看，人的一生，或者人的活动，无非也就是两种状态。一种是工作学习的状态，另一种就是休闲娱乐的状态。它们就像人的两条腿一样，相辅相成，相互交替，共同走出了人生旅程。休闲在人的一生中不是一种临时的、总量很小的状态，每天、每周、每月都有休闲时暇。如果人生是一棵大树，工作便是稳固的树根、树干，休闲则是繁茂的树枝、树叶。如果人生是一条大河，工作便是源头活水，休闲则是不断汇入的众多支流。

随着我国经济社会的发展，人们的闲暇时间越来越多，社会大众对休闲生活日益重视，休闲生活的规划和教育显得日渐重要。大学生作为国家、民族的希望和未来，他们的休闲方式是否健康，将影响其思想意识、行为习惯、心理品质、道德修养等素质的形成，进而影响到高校人才培养目标的实现。因此，关注大学生的休闲生活，在肯定他们休闲方式的合理性、健康性、科学性一面的同时，重视其中存在的问题，并以行之有效的方式开展休闲教育，以提升大学生休闲生活的质量和层次，这对促进大学生素质和能力的全面发展有着十分重要的意义。

学会休闲就是要学会合理、科学、有效地利用时间，学会欣赏生命和生活，学会各种形式的创造，学会对价值的判断，学会选择问题的方法，学会能促进身心健康的各种技能，促进人在"成为人"的过程中获得自由而全面的发展，使整个人生充实、快乐且富有意义。大学生健康的休闲途径如下：

1. 走进大自然

中国人的休闲，特别崇尚自我心境与天地自然的交流与配合。走进大自然，听翠谷鸟语，嗅千葩飘香，看鱼翔浅底，观银泉飞瀑，会给我们带来一份轻松，一份释然。还有长河落日，平畴孤烟，鹰击长空，驼走大漠，会使我们忘记忧愁和烦恼，顿生一种豪迈之气。更有那岸边垂柳，水面风荷，杏花春雨，芳草斜阳，让人生出闲云野鹤般的情怀。中国的古人很会到大自然中休闲，陶渊明的"采菊东篱下，悠然见南山"，可谓休闲的最高境界。人来自大自然，应该时常与大自然亲近。

2. 利用闲暇旅游

旅游是现代人最普遍的休闲方式之一。旅游的休闲意义在于：欣赏大自然和人文景观，从现代文明中获得解脱；逃离日常的生活和责任；放松身心；有机会结识新朋友；寻求刺激；获取新知识和审美体验。

3. 学会自娱自乐

大学生如果能注意培养和发展自己的业余爱好，进行多方面的自我娱乐活动，就可以在寂寞孤独、烦闷忧郁时，通过自我娱乐缓解内心的压抑，例如参加体育运动和锻炼，社交，参加休闲团体里的活动，观看电视节目和看电影，听音乐，阅读，参加勤工助学或志愿服务工作等，这些活动都能增强个人的身心健康和快乐水平。

杰弗瑞·戈比说："最初，休闲仅被视作让人们在紧张的工作后得到恢复的一个办法；后来，休闲成了人们寻求快乐与地位的一种手段；当然，也许休闲最终会成为人们追求生活意义的一种活动。"

资料窗

提升幸福感的 5 种方式

追逐幸福的过程并不会一帆风顺，必须勤奋工作、积极创新、珍惜时间、交好朋友，等等，只有跨越了种种障碍之后获得的成绩才是幸福的。以下是 5 条与金钱无关的提升幸福感的方法，希望大家能经常体会到幸福的降临。

第一，知道自己的位置在哪，价值在哪，找到一些让你能够激情四射的事情，有信心告诉别人自己究竟想要什么样的生活，永远努力积极地为自己的生活蓝图添砖加瓦。

第二，拥有一圈亲密的朋友，朋友不宜多，精就好。他们不必每天黏着你，但是你一旦成功和幸福他们会为你欢呼雀跃。朋友不一定像家人一样和你住在一起，然而他们必须在精神上和你住在一起。另外，不要限定自己的交际圈，稍微打开自己的视野，和各行各业的人交朋友。

第三，善待自己的心灵。对于周遭比你境遇稍差的伙伴们，给予同情和帮助，时刻怀着一颗善良和谦卑的心。别期待别人对你有所回报，善良已经滋养了你的心灵，其实你早已得到了回报。

第四，知道世界上有许多痛苦都是超过你的理解范围的，然而即使是置身于痛苦之中，也要学会看到这个世界美好的地方。爱是治疗一切伤痛的灵药，全心投入去爱别人，爱自己，也去爱陌生人，时刻告诉自己要创造正能量磁场。

第五，整理回忆，回忆中有笑有泪有苦有涩，记住那些酸甜苦辣的过去，这些回忆有助于调整对于未来的心态。自己的每一段经历，无论是喜是悲都是生命的养料，勇敢面对它，它会增强你的勇气、力量和智慧。

第四节　生命教育与危机干预

一、生命与幸福

何谓生命教育？我们不妨从两个方面来理解。一是教育"生命"，即让大家既能认识生命，做到珍爱自己生命，又能关爱他人生命，最终达到尊重所有生灵，敬畏生命的高度；二是"生命的教育"，即将生命意识主题贯穿于日常生活学习中，这一点对于同学们和老师来说，都是一个更高的要求。

很多大学生进入大学后开始盲目追求所谓的快乐。睡觉、喝酒、玩游戏、逃课……一开始这些的确给大学生带来了快乐，但是这些强烈的物质刺激最终导致了生活无聊，心灵空虚，生命无价值，甚至莫名的挫败感。这些贪图一时愉悦的个体被心理学家定义为"失重者"，认为他们注定要承受抑郁和沮丧。因为，一味盲目追求快乐，只能让快乐离你越来越远，幸福也是如此。

读到这里，请同学们思考，你是属于怎样的人？你是从生活点滴细微感受幸福的人，还是在物质刺激下迷失自我、忘记思考生命意义的人？

幸福源于旺盛的生命，幸福感也成就了生命的价值。何谓幸福？心理学家认为，幸福，是一种心理感受，是一种内心平和与满足的感觉，是一种稳定持久的心理反应。作家毕淑敏在《提醒幸福》中写道，"世上有预报台风的，有预报蝗虫的，有预报瘟疫的，有预报地震的，没有人预报幸福。其实幸福和世界万物一样，有它的征兆。"幸福，不由外在决定，更多的取决于我们每个人内心的感受，是我们如何与自我相处、与他人相处、与世界相处的问题。

二、重视生命意义

中学教育大多属于"成才教育"，此时的教育需要塑造人才，强调要考取好大学。虽重视了文化理论知识的传授，但缺乏对于生命的价值和意义等更深层次思考的引导。而大学教育应该是"成人教育"，此时的教育目标是塑造成熟的个体，所以更重视对大学生进行受益终生的意志品质培养，引导大学生思考生命的意义。事实上，很多学生在考上大学后常常陷入人生低谷。理想和目标的缺失、大学宽松的时间管理和富有诱惑的外界环境，使得不少自制力较差的大学生很快颠覆以往良好的生活方式和学习习惯，失去人生目标，甚至质疑生命的意义。如果任由发展而不及时引导，就很容易陷入惰性思想的泥淖，沉迷网络或是用其他途径寻找最直接的乐趣，沉溺其中不能自拔。更严重可能还会出现抑郁、自闭甚至自杀等极端事件。因此大学阶段的生命教育意义重大。

面对"人生是什么""人究竟为什么活着""怎样才能活得更有意义""人应该怎样度过一生"等问题时，作为大学生，正确面对生死问题，应该做到如下几点：

第一，要明白死亡是自然规律的体现，是自然变化流转的一个环节。史蒂夫·乔布斯在斯坦福大学 2005 年毕业典礼上的演讲中说过，"记住你即将死去"是我一生中遇到最重要的箴言。它帮我指明了生命中重要的选择。主动思考生死问题，自觉地对自我生存环境进行体察，克服死亡焦虑和恐惧，思索生命价值，在有限的生命中活得更有价值和意义。

第二，要有意识地培养自己的生命责任意识。生命是一种责任，承担和履行这种责任的过程，就是探索生命价值的过程。大学生对生命的漠视，自杀、杀他等行为其实就是缺乏一种对自己、对他人生命的责任感。在对大学生生命责任意识的培养上，高校应让学生首先自我肯定，忠实于自己，为自己的生命负责，并真诚地立足于自己的生命去寻求人生的意义。对自己的生命负责，这是一个人最起码的责任心。只有对自己人生负责的人，才可能对其他人、其他事情负责，才会珍惜生命。我们应该要知道生命是有尊严的，要善待自己的生命，并且由此推己及人，善待一切生命。另外还应了解，大学生在尊重自己生命的同时也要尊重他人的生命，要懂得每个人都有拥有自己生命的权利，尊重他人的生命权才能保证自己生命权利的完整性。

第三，我们平时应该加强对抗挫折的素质培养。大学生处于心理成熟的关键期，依赖性与独立性在头脑中共存。为了更好地适应社会，也为了自身更好的成长与发展，大学生应该有意锻炼自己克服困难、经受考验、承受挫折的能力。因为进行生死教育，甚至生命教育的落脚点就是要提升大学生面对困难和挫折的能力，形成朝气蓬勃、昂扬向上的精神状态，学会砥砺意识、调控心理、挑战苦难，不断在实践中了解自我、改变自我、接纳自我，从而从容应对压力、竞争、选择和变化。

第四，要培养自身的生命信仰。信仰，是人们对其所认定的体现着最高生活价值的对象始终不移的信赖和执著不渝的追求。作为一种终极价值目标，信仰是人类精神生命的最终依托。德国著名哲学家卡西尔说过："人用以与死相对抗的东西就是他对生命的坚固性、生命的不可征服性、不可毁灭的统一性的坚定的信念。"

第五，要追寻生命的价值和意义，探寻心理深层的精神世界。生命价值是指具有生物属性和社会属性的完整的人的生命价值。判断生命价值的依据主要有两个因素：一是生命本身的质量，即内在价值；二是某一生命对他人、社会的意义，即生命的外在价值。增强学生的生命力和对生命质量追求的意识。大学生应当去主动认识、追求真、善、美的意义，使大家在意义体验、追求中肯定自我、完善自我，不断提升生命质量，实现人生社会价值和自我意义的融合。

第六，要提高自身面对死亡威胁时的自救能力，要掌握基本的应急避险技能和生存本领。拥有较高的心理素质，能够在遭遇地震、火灾、车祸、溺水等灾难时，不慌张、不盲从，做到冷静自救救他，从容互帮互助。

最后，请同学们面对死亡问题时不必过于紧张，其实每个人面对死亡都会存在一定的恐惧心理，而适度的死亡焦虑，是可以让人们正视生命是有限的，能够更加珍惜自己所拥有的一切，在有限的生命中实现自己的价值和意义。因此，这种适度的焦虑能产生强烈的内驱力，让人们更加爱护自己的身体，努力生活，认真工作，并迸发出旺盛的创造力和斗志。

三、提升生命价值

作为大学生，我们可以通过哪些方式提升自己的生命价值呢？

（一）重拾自我勇气，主动面对逆境

请大家思考一个问题：人类对珠穆朗玛峰的攀登挑战是否有意义？为什么明知"问天

难"，偏偏"向天问"？而且为何那么多的探险者偏向"虎山"行？

答案是肯定的。因为在极限环境中，人们通过战胜自然困难和人性的弱点可以升华自我甚至人类生命的价值。而生命之于每个人只有一次，那么，我们要想在有限的生命中展现与提升生命的价值，就需要在下面这几个方面重拾勇气，主动面对逆境或挑战。

第一，要勇于犯错误。大学生都是天之骄子，大家都认为暴露自己的不完美或犯错误，可能会伤害我们的自尊，以致内心充斥诸如负罪感、全能感幻觉破灭、害怕他人目光、对以后生活充满担心。但是，犯了错误就一定会一蹶不振、不能翻身吗？我们要相信，如果让错误孕育未来的成功，在失败时勇敢直面自己的得失，我们就能够重新站起来，也能让生命之花绽放得更加精彩。

第二，要敢于承担责任。当我们遇到困难，指责别人总是最容易做的事情，然而，只有勇于承担责任，才是迈向积极转变的第一步。

从心理学角度来说，如果一个人在心理成长的过程中，自我发展受到妨碍，就会出现这种情况。如果个体挫折耐受力极差，一旦出现问题，就会认定自己是受害人，自然而然地把责任归咎他人。当受害人的好处，是不用承担责任，并且可以得到他人的同情。在大家直面错误、承担责任的过程中，需要坚强的意志、宽广的胸怀，还有就是时间。在转变的过程中，我们会战胜恐惧和成见，转变对他人和自己的看法。

第三，要在适当时刻敢于说出"不"。作为群居动物的我们在人群中很难反驳、不同意，甚至发脾气。但是，我们应该学会适时拒绝那些过分的要求，学会表达自己的愿望，学会说"不"。敢于说出"不"表示反对，学习说出"是"表示真诚，这么做的目的，是因为我们真正关心自己与他人关系的质量，我们希望这种关系不再是出于客套或是利用了别人的企图，而是建立在真诚和尊重的基础上——真实地尊重他人，尊重自己，尊重生命。

第四，敢于面对变化。不论变化是否出自我们的意愿，我们都会不可避免的要远离已经熟悉的路线，进入新的环境，比如升学、毕业，任何时候，生命都会不可遏止的往前行进。此时，我们要懂得，过去建立的习惯不再起作用，只能依靠对于生命价值和意义的信念前行。

（二）养成乐观习惯，提升生命价值

平时出现的焦虑、抑郁等心理症状，都是源自于不安全感滋生而出的不良思维习惯。如果想摆脱这些不良心理，就要改变习惯。当然，改变多年的思维习惯并非易事，下面这几种实用的、科学的建立积极思维的方法，有助于养成良好乐观的习惯。期待你用不懈努力，换来精彩变化。

四、心理危机干预

当个体资源和应付机制无法解决突发事件时，个体容易丧失对生命的积极信念，很可能引发心理危机。轻者生活失去方向、精神萎靡，重者可导致心理疾病发生甚至出现自杀事件。所以大学生非常有必要了解一定的心理危机干预知识，以便在出现危急情况时自助或求助以摆脱困境。

（一）心理危机的含义

心理危机是指由于突然遭受严重灾难、重大生活事件或精神压力，使生活状况发生明显的变化，尤其是出现了用现有的生活条件和经验难以克服的困难，以致使当事人陷于痛苦、不安状态，常伴有绝望、麻木不仁、焦虑，以及植物神经症状和行为障碍。心理危机标志着一个人正经历生命中的剧变和动荡，它会暂时干扰或破坏一个人习以为常的生活模式，其特征是高度紧张，伴之以焦虑、挫折感和迷茫感。当个体面临心理危机时，往往伴随情绪失衡，而情绪的平衡状态是与个体对逆遇或事件的认知水平、环境或社会支持以及应对技巧有密切联系的。

心理危机干预是指针对处于心理危机状态的个人及时给予适当的心理援助，使之尽快摆脱困难。

（二）大学生常见心理危机类型

根据危机产生的诱因，心理危机一般分为两类：一是正常的成长性危机，也就是发展性危机，即一个内在形成的情景，它可能源自生理的或心理的变化，再加上个体的发展、生物性转变与角色变迁等因素，诸如青春期易出现的各种心理危机。二是情景性危机，包括与个人有关的一些危机情景带来的问题，比如家中突遭自然灾害。对某一具体个体而言，以上两种危机会产生不同影响。如以大学生为对象，上述两类危机可能会表现为如下具体形式：

1. 学业危机

学业上的目标未能达成，如未通过英语三级等；面对毕业后是考取本科还是就业，考试不及格等，虽然就某件事情而言，这些还称不上危机，但是事件的积累，却可能造成与重大危机事件相同的效果。

2. 经济危机

一方面可能因为经济的缺乏，如无法支付学费，出现消费压力；另一方面因为意外获得的奖励和奖金，但考虑人际关系需要请客送礼等经济支出，从而带来额外的经济负担。

3. 感情危机

与周围的人相处困难，如师生关系、同学关系处理不好，被朋友背叛，寝室关系紧张，别人对自己的批评、嘲笑、攻击，被误会，被老师严厉责骂，被他人排斥，受到身边的人的疏远、不公平对待。

4. 突发危机

遇到意外，身体受到伤害，如残疾、毁容等突发事件，丢失钱包、重要证件等。

5. 家庭危机

父母离异、家人关系不好、家人受到意外伤害而束手无策等。

6. 社会环境危机

校园内发生一些自杀、他杀等暴力事件，流行病爆发校园被封锁，寝室失火、失窃等。

7. 自然灾害危机

地震、洪灾、泥石流、海啸等。

（三）大学生心理危机的表现

大学生在心理危机状态下会表现出一系列的情绪、认知、行为及生理反应，这是识别大学生心理危机的重要指标。只有我们了解这些表现，才有可能在第一时间提供援助和进行危机干预。

1. 情绪表现

情绪是人们对客观事物是否符合人的需要而产生的主观态度或体验，情绪具有外显性。大学生在心理危机状态下，会有特定的情绪反应，主要表现为高度的焦虑、恐惧、抑郁、愤怒、沮丧、紧张等。在心理危机状态下，大学生的情绪表现较为明显，最容易被察觉。

2. 认知表现

认知是指人们认识客观事物的过程，认知是人的最基本的心理过程，它包括感觉、知觉、记忆、想像、思维和语言等。大学生在心理危机状态下，会有特定的认知反应，主要表现为记忆力下降、注意力不集中、思维迟钝、出现幻想、语言不畅、思维偏差等。

3. 行为表现

心理危机中的行为表现是大学生为排解和减轻痛苦而采取的一种防御机制，而处于心理危机状态中的大学生往往会表现出否认、攻击、放纵、逃避、退缩等消极的行为反应，如不承认已经发生的客观事实、回避他人、逃避困难、表现出一些破坏性行为、产生物质依赖、出现过去没有的非典型性行为等。大学生中比较常见的物质依赖就是吸烟、酗酒以及网络成瘾等。

4. 生理表现

人们身体的生理反应主要是由神经系统、内分泌系统以及免疫系统进行调节的，大学生在心理危机状态下，其神经系统、内分泌系统以及免疫系统的活动会出现明显的变化，因而会产生一系列特定的生理反应，如失眠、心慌、血压升高、出汗、胸闷、四肢发冷、头晕、食欲不振、容易疲劳、过敏等。需要强调的是，在心理危机状态下，大学生的情绪、认知、行为以及生理反应并不是互相独立的，而是相互联系、相互影响的。

（四）大学生危机干预的方法

危机干预是指给处于危机中的个人或家庭提供有效帮助和支持的一种技术。通过调动他们自身的潜能来重新建立和恢复其危机前的心理平衡状态。简言之，就是及时帮助处于危机中的人们恢复心理平衡。

大学阶段是人生观、世界观、价值观形成的关键时期，在成长过程中会遇到许多困难和矛盾，容易产生心理危机。学校里也应通过建立大学生心理自助体系、完善心理危机预警体系和健全专业危机干预体系等途径，建立多角度、全方位的大学生心理危机的立体应对机制。通过科学的干预策略，有效化解心理危机，促进大学生的心理健康。作为大学生，当我们遇到需要实施危机干预的对象，可以从以下几点来学习处理。

1. 学习建立良好的沟通和合作关系

消除内外部的"噪音"（或干扰），以免影响沟通双方诚恳沟通和表达的能力；避免双重、矛盾的信息交流，如有人口头上对当事者表示关切和理解，但在态度和举止上并不给予专心的注意或体贴；避免给予过多的保证，尤其是那种"夸海口"，因为一个人的能力是有限的；避免应用专业性或技术性难懂的言语，多用通俗易懂的言语交谈；具备必要的自信，利用可能的机会改善个案的自我感知，发掘其内省的能量。

2. 适当使用支持技术

支持技术主要是指给予精神支持，而不是支持当事者的错误观点或行为。这类技术的应用旨在尽可能地解决目前的危机，使当事者的情绪得以稳定，可以应用暗示、保证、疏泄、环境改变、镇静药物等方法，如果有必要，可考虑短期的住院治疗。有关指导、解释、说服主要应集中在放弃自杀观念、取消自杀行为上，而不是对自杀原因的反复评价和解释。同时，在干预过程中必须注意，不应带有教育的目的，教育虽是干预者的任务，但应是危机解除后和康复过程中的工作重点。

3.学会运用干预技术

干预技术也称解决问题的技术，因为危机干预的主要目标之一是让当事者学会对付困难和挫折的一般性方法，这不但有助于度过当前的危机，而且也有利于以后的适应。在进行干预时的基本策略应为：①主动倾听并热情关注，给予心理支持；②提供疏泄机会，鼓励当事者将自己的内心情感表达出来；③解释危机的发展过程，使当事者理解目前的境遇、理解他人的情感，树立自信；④给予希望和保持乐观的态度和心境；⑤培养兴趣、鼓励积极参与有关的社交活动；⑥注意社会支持系统的作用，多与家人、亲友、同学接触和联系，减少孤独和心理隔离。

(五)大学生危机干预问题的解决步骤

引导当事者学会解决问题是解除危机的一个有效方法，尤其是帮助他们按照步骤进行思考和行动，常能取得较好效果：①明确存在的困难和问题；②提出各种可能的解决问题的方法；③罗列并澄清各种可能方法的利弊及可行性；④选择最可取的方法(即做出决定)；⑤考虑并计划具体的完成步骤或方案；⑥付诸实践并验证结果；⑦小结和评价问题解决的结果。

资料窗

尊重生命——找寻生命的意义

生命虽然都必须经历生老病死，但对生者而言，是带着微笑和尊严死去，还是在无望与恐惧里腐烂发臭，这将决定着此生的意义。如果我们能够理解这一点，我们就不难明白，满脸褶皱、身体佝偻的老嬷嬷特蕾莎为什么会被称作"世界上最美丽的女人"。

特蕾莎修女说过，不同情是最大的苦难。而成就这位修女的正是人间的苦难。她回忆曾在加尔各答看到的悲惨世界：那里有个濒死的妇人，老鼠和蛆正在啃噬她的身体。那时的她来到她的身边，陪着她，直至她死去。此次后，一直清修的特蕾莎无法再得安宁，她走出高墙，建立"仁爱修会"，照看那些从大街上捡来的垂死的人，她陪伴他们走向死亡，看着他们微笑，并被深深感染。后来她出了名，世界各地都有志愿者前来协助。1979年她面对庆祝盛宴黯然神伤，将其折合成钱连同奖金全数捐出。1997年她病逝，印度为这个外国女人举行了与国父圣雄甘地一样规格的国葬。

当政治家为了贫穷问题争论不休时，特蕾莎正握住一只又一只临终者的手，给无家可归者安身之处。她的离世是全球大事，不分种族不论宗教，无数人为她送行。那个夜晚，人们哭泣叹息——这个世界又少了一点光亮和同情。特蕾莎不是文化人，但从她一生行动话语，可以看到她尊重生命的鲜明立场：

1."我渴。"

这是在耶稣十字架上的话，被用英语和孟加拉语赫然写在"仁爱修会"临终关怀院屋顶十字架下。濒死的人需要水——需要尊严、安慰、同类的手，需要爱。

2."一颗单纯的心，很容易看到基督。"

人们因为太多的复杂而被遮蔽双眼，变得盲目。而特蕾莎每日的祷词是这样：一颗单纯的心，很容易看到基督，在饥饿的人中，在赤身露体的人中，在无家可归的人中，在寂寞的人中，在没有人要的人中，在没有人爱的人中，在麻风病人中，在酗酒的人中，在躺着街上的乞丐中。

3."活着就是爱。"

特蕾莎说，让我们微笑相见吧，因为微笑是爱的开端。一旦我们彼此相爱，就会想着为对方做点什么了。

4."爱一个人，就必须与他/她紧密接触。"

特蕾莎走入贫民窟，握住那些快要在街头横死的穷人的手，亲吻那些艾滋病人的脸庞，从难民溃烂的伤口中捡出蛆虫，抚摸麻风病人的残肢……她说，"我只相信与人个别的接触，每一个人对我而言就是基督"。

团体辅导与自助

一、善用 ABCDE 思维，挑战非理性信念

非理性信念有三大特点：第一，绝对化要求，即从自己的意愿出发，认为某事一定发生或一定不发生，这种绝对化的要求反映了不合理、走极端的思维方式；第二，过分概括化，这是一种以偏概全的思维方式，认为自己某一事没办好，就认为自己一无是处，而实际上只是这件事办得不好；第三，糟糕至极论，认为如果某件不好的事情一旦发生，其后果必然非常可怕、糟糕至极，这种思维方式导致焦虑、悲观、压抑、犹豫等不良情绪。

当我们生活中出现问题，我们总是习惯认为这是由于外界的负性事件所引起。但是合理情绪疗法创始人艾伯特·埃利斯认为，事件只是提供了一种刺激，而人们对事件的不合理信念才是引起消极情绪反应、行为后果的真正原因。他创立的 ABCDE 自我辩驳法，可以帮助我们挑战自己的非理性信念。长期坚持，可以改善我们习惯性的消极思维模式，强化正确积极的思维。

1.认识五个符号

A(adversity)负性事件——发生在我们身上的刺激性事情；

B(belief)信念——我们对事情的想法或解释；

C(consequence)后果——我们对于事情发生所产生的情绪反应和行为后果；

D(disputation)辩驳——我们对自己的不合理信念进行质疑；

E(effect)效果——随着信念改变而发生的积极情绪和行为。

2.具体操作

(1)做 ABC 记录

因为我们太长久地执著于自己的信念，所以要分辨出它的非理性成分是不容易的。这样就需要我们对自己的思维进行监测。最好的方法就是写监测日记，把每天发生的不愉快事件记录下来。记录分为三个部分：

A 负性事件(简单摘要自己的困境)；

B 由事件引发的念头、想法；

C 事件后果、自己的感觉。

(2)辨认非理性信念

记完之后，请仔细阅读一遍，找出事件、念头和后果之间的关系。其中，要着重分析自己对于诱发事件的解释、评价和看法，即指由事件引发的信念。从理性的角度去审视这些信

念，并且尝试探讨这些信念与所产生后果之间的关系。

（3）进行辩驳

扩展思维的角度，开始与自己的不合理信念进行辩驳，动摇并且最终放弃不合理信念，学会用合理的思维方式代替不合理的思维方式。当然也可以通过与他人讨论或用实际验证的方法来辅助自己转变思维方式。可以向自己提出如下问题：

①继续这样的思维，会对我的生活造成什么样的影响，是有益的还是会造成自我挫败？

②继续支持这个信念的依据是什么？这种信念符合我所处的现实状况吗？

③我的信念是符合逻辑的吗？这是否是不切实际的幻想？或者我只是将希望当成了真理？

④除了这个方面的不太如愿，是否存在其他方面是可以让我感到满足和满意的？

⑤我真的无法忍受这样的状况吗？

（4）结果

主动选择更合理、积极的行为方式。

举例：

A 事件：大周末，我一个人待在宿舍，没有什么活动可以参加。我该怎样打发时间？

B 信念：我没有什么朋友，我这个人很无趣，也没有人喜欢我。我觉得我的生活中必须有很多朋友，我应该要很受欢迎，这样我的生活才能过得下去。

C 后果：唉，我感觉很孤独，觉得自己很可怜很悲哀。

D 辩驳：我这不是在自我挫败吗？其实我是个慢热型的人，与陌生人打交道有些害羞，但是人们在了解了我之后，还是会喜欢我的。事实上就还是有很多人喜欢我。我明白，害羞只是意味着我要比他人付出更多的时间和努力交到朋友，并无其他意义。

E 效果：我可以更多地参加一些社交活动，去认识更多的人。我可以去参加篮球队、学生会或是羽毛球俱乐部什么的。而在这些没有朋友组织活动的时候，其实我可以更主动一些，发起一些活动。现在就有新片上映，我这就打电话给他（她），约他（她）下周五一起去看电影。

二、你到底想要什么，为什么？

1. 把自己最想要的依次罗列出来

（1）A，（2）B，（3）C，（4）D，（5）E，……

2. 按顺序逐一回答自己，从 A 开始：我想要 A，是

（1）因为当前庆祝会上最流行 A；

（2）因为我父母希望我要 A；

（3）因为我周围的人都想要 A；

（4）因为 A 能够给我金钱和地位；

（5）因为别人都认为拥有 A 的人生最有价值；

（6）因为我喜欢 A；

（7）因为我是为 A 而生的；

……

3. 按顺序逐一问自己，从 A 开始：

（1）这真是我自己想要的目标吗？

（2）如果没有外界的压力或影响，我还会要这个目标吗？

（3）如果不是为了虚荣或面子，我还会要这个目标吗？

（4）这个目标能让我快乐吗？

（5）这个目标能让我实现自己的价值吗？

……

把不是你真正想要的目标删去，然后认真想想自己到底想要什么，把它们写下来。

4. 和你的同伴分享并且讨论现在的感受和发现。

（资料来源：杨眉. 送你一座玫瑰园. 北京：中国城市出版社，2005）

心理自测

你是一个幸福的人吗？

心理学家认为，一个人的心理健康程度与他的幸福感密切相关，心理越健康的人，越容易感到幸福。你是一个容易感到幸福的人吗？请做下面的小测试吧！

下面给出了一些关于生活感受的问题，请你仔细阅读，并回顾自己的生活，根据个人的真实感受做出回答。如果相符，就回答"是"；不相符合，就回答"否"；难以确定，就回答"不能确定"。

1. 与你所认识的大多数人相比，你觉得你的生活是比较好吗？（　　　）

2. 你认为你所做的大多数事情都是有意义的吗？（　　　）

3. 你相信明天会更好吗？（　　　）

4. 大多数情况下你的心情都是愉快的吗？（　　　）

5. 如果你能够做到，你也想改变自己过去的生活吗？（　　　）

6. 回首往日的生活，你觉得大多数你想要的重要东西都得到了吗？（　　　）

7. 你相信不久的将来会有一些愉快的事情在你身上发生吗？（　　　）

8. 即使发生了不好的事情，你也相信它会往好的方面发展吗？（　　　）

9. 你觉得你是一个能与别人和睦相处的人吗？（　　　）

10. 你觉得你的大多数朋友都是喜欢你的吗？（　　　）

11. 如果人生能够重新选择，你认为你要比现在过得好吗？（　　　）

12. 与同龄人相比，你觉得你曾经做过许多愚蠢的选择吗？（　　　）

13. 你认为一般人的生活是越过越差，而不是越过越好吗？（　　　）

14. 你觉得你的生活是平淡无奇的吗？（　　　）

15. 即使有好的事情在你身上发生，你也会觉得它不会长久吗？（　　　）

如果 1 – 10 题，你回答"是"的次数越多，11 – 15 题你回答"否"的次数越多，说明你越容易感受到幸福；反之，则越不容易感受到幸福。

思考与练习

1. 什么是幸福和主观幸福感？你认为影响主观幸福感的因素有哪些？

2. 说说你所了解的提升主观幸福感的方法。

3. 大学生心理危机的表现有哪些？你认为应如何化解？

第九章　大学生心理测验与评估

心理测量学是心理学的一个分支学科，它是以心理学和统计学为基础，专门研究心理测验的理论和方法的科学。心理测量从概念上讲有广义和狭义之分：广义的心理测验除包括心理测验外，还包括实验心理学的方法；狭义的心理测验就是指心理测验。本章所讲的心理测验为狭义的心理测验。

第一节　心理测验概述

心理测验越来越广泛地应用于心理卫生、心理咨询以及教育、管理等各个领域。就心理卫生领域而言，主要是为鉴定、评价人们的心理卫生情况提供科学的有关信息和依据，同时为增进人们的心理健康和心理发展提供相应的决策参考意见；它也广泛地运用于研究个体和群体的心理发展或心理卫生的演变规律及其影响因素。

一、心理测验的特点

1. 心理测验的间接性

人的心理是人脑的内部活动，科学无法直接测量人的心理，只能根据人的具体活动加以推测，通过测量作为心理外部表现特征的行为（如人的言行）而间接知道人的心理特征和心理水平。由于心理测验是间接测量，所以有时会出现偏差。

2. 心理测验的相对性

我们在判断某人的行为时，并没有绝对的、永恒的标准，即没有绝对零点。有的只是一个连续的行为序列，只有把他的行为和别人的行为进行比较才能作出判断。因而，所谓测量，就是看每个人处在此序列中什么位置上，高低、优劣只是与团体中其他人比较或与规定的标准比较而言。心理测验只能测量一个连续的行为系列，从而间接得知某人的心理发展水平或某种心理特征处在这个系列的什么位置上。例如，我们通过对计算机考试成绩进行测量，认为某学生的考试成绩较高，这种判断本身就是将他与同班其他学生相比较后得出的结论。因此说，这种推论是相对的。另外，经过一定时间再进行测验时，该同学的成绩可能改变。因此，从测量结果进行推论具有相对性，其依据的标准并非一成不变。

3. 心理测验具有稳定性

由于人们的前后行为具有内在一致的特性，因而测验所得到的结果就具有相当大的稳定性。因此，使得测验结果有一定的意义。由于个体的发展和变化，不同时期测验结果是不同的。测验的稳定性也是相对的。

4. 心理测验具有客观性

这里讲的客观性即测验的标准化问题。心理测验的标准化，是指测验的编制、测验结构的确定、测验项目、测验条件、测验器材的选择、测验的实施、记分、测验的说明和指导语、测验环境、评分标志和方法都保持一致性。测验项目选择应使项目难度、区分度和测验的信度、效度达到一定的水平；测验结果的解释要依据常模。

二、心理测验的功能应用

心理测验的基本功能是测量个体间的差异或同一个体在不同场合下的反应。通过心理测验把心理特征量化。心理测验用途很广，在理论研究和实际工作中都有重要作用，国内外许多领域都在应用这种技术。

1. 在教育工作上的应用

心理测验是教育评价的重要工具。心理测验可测量学生的智能、品德、个性的发展，从而为素质教育提供测评的手段。通过测验，教师可了解学生的能力水平、性格特点、兴趣爱好、学习动机等多种特征，这有利于教师因材施教。通过心理测验，教师能及时发现学生的心理问题，尽早进行心理辅导或干预。心理测验是教育研究的重要方法。主要用于实验分组、搜集材料、建立和检验假设。这样获得的资料不但相对比较可靠，还能使心理学的理论得到充实和发展。

2. 在人才选拔、职业指导上的应用

各行各业的人事部门经常面临人才选拔问题，人才选拔是从用人单位出发，其目的是择优录用。挑选和辨认出那些在某一领域极有可能成功的人。这就需要通过对该领域的特点进行分析，找出他们要求的心理特征，然后根据这些特征设计出相应的测验。每一个人都有其独特的知识结构、智力结构、能力结构、人格结构，每一职业往往对就业人员的这些心理结构有一定的要求，当一个人的心理结构与职业要求想匹配时，就比较容易做好工作，作出成绩。因此，开展职业指导必须掌握被测者的心理结构和各职业对从业人员的心理要求。而要掌握被指导者的心理结构，心理测验便是一种简捷、可靠的方法。常用的有智力测验、能力倾向测验、人格测验、成就测验以及各类职业测验等。通过测验，预测被选人员是否适合该领域，从而提高人才选拔和职业训练的效率。近年来，我国应用心理测验选拔人才越来越普遍，如国家公务员考试就有心理测验，国内大公司人才招聘通过心理测验，降低淘汰率，做到人尽其才，避免造成人力、物力的浪费。做到人与工作的较好匹配，提高工作效率。从而充分发挥每个人的最大潜能。

3. 心理测验与临床诊断

心理咨询和心理治疗是解决人们生活中各种心理问题的重要手段，开展心理咨询和心理治疗之前必须了解咨询者存在哪些心理问题，直接的方法是先进行心理诊断。心理诊断是指医生在检查病人的症状之后判定病人的病状及其发展情况。心理诊断有多种方法，心理测验是其中的重要方法之一，运用独特方法和技术，对个体的心理特质(认知、情绪、气质、个性、能力、行为方式等)及存在的心理障碍(问题、性质、程度等)进行检查和判定，为心理咨询提供有效的诊断参考资料。可在短期内获得个体的心理特质和心理障碍的丰富资料，这些资料在系统性、客观性和可比性等方面都是用其他方法获取的资料所无法比拟的。借助于心理测验也可以观察病情程度，比较疗效。根据测验结果，将障碍程度加以数量化，代替笼统的描述，更便于比较分析。

4.在智能缺陷早期诊断上的应用

智能缺陷的明显特征就是智力低下与社会适应不良。例如，地方病中缺碘引起的地方性克汀病，造成个别甚至整个区域性的儿童智力水平低下，通过智力测验，在为病人提供早期诊断与治疗，并对治疗效果进行评定方面起到一定的积极作用。

三、心理测验的种类

按测验的目的不同可分为：①能力测验：包括智力测验、创造力测验、能力倾向测验和特殊能力测验等。②人格测验：包括性格测验、态度测验、兴趣测验、动机测验、品德测验等。③教育测验：主要用来测量个人（或团体）经过某种正式教育或训练之后对知识和技能掌握的程度，又称为成就测验。它可分为学科测验和综合测验。前者测量学生某学科的知识、技能，后者测量学生综合的知识、技能。

按被测对象的数量可分为：①个别测验：一次只测验一人。②团体测验：一次可测验数人至数百人。

按测验使用材料的不同可分为：①非文字式测验：测题由图画、声音、实物等非文字材料构成；②文字式测验：测题由文字构成。

按测验的功能可分为：①常模参照性测验：其功能在于判明应试者在团体中的地位；②目标参照性测验：其功用在于判明应试者是否达到预定标准；③诊断性测验：发现心理发展迟缓、超速、有障碍等的状态和原因。

因为是对同一些测验按不同标准分类，所以，各类不相互排斥。例如一次智力测验是对幼儿逐个进行，所以是个别测验；测题采用非文字材料，属非文字测验，目的在于发现其发展迟缓的原因，所以也是诊断性测验。

第二节　大学生常用心理测验

一、智力测验

智力测验用于测量智力的高低。包括瑞文推理智力测验、韦克斯勒系列智力测验、比奈智力测验等。

1.瑞文推理智力测验（SPM）

这是英国心理学家瑞文（J·C·Raven）1938年设计的非文字智力测验。可用于智力诊断和人才选拔。适用于儿童、青少年和成人，是一种被广泛应用的团体智力测验量表。瑞文推理测验共有60个题目，共分为5组，每组12题。其中：A组测试知觉辨别能力和图形想像能力，B组测试类同、比较与图形组合，C组测试比较和推理，D组测试系列关系、比拟与图形组合，E组测试互换、交错等抽象推理能力。一般认为，瑞文测验能有效测出被试的一般智力因素，具有跨文化、跨年龄组、跨不同智力水平的广泛应用性。

2.韦氏智力测验

这是由美国韦克斯勒（D·Wechsler）于1939年开始主持编制的系列智力测验量表，是目前世界上应用最广泛的智力测验量表。韦氏成人智力量表包括11个分量表，即言语量表6

个：常识、理解、算术、相似、背数、词汇；操作量表 5 个：填表、积木、图片排列、图形拼凑、数字符号。

二、人格测验

1. 明尼苏达多项人格调查

明尼苏达多项人格调查（Minnesota Multiphasic Personality Inventory，MMPI）是一种自陈述报告式的文字人格量表，产生于 20 世纪 40 年代。哈特威和墨金莱（Halthaway, S. R., Mckin-ley, J. C.）为了调查美国人的精神及人格健康状况编制了这个调查表。现代许多国家和地区把它译成本民族的文字，广泛应用于人类学、心理学及临床医学。MMPI 是一种文字的测验，拥有测验题目 566 个，其中包括 16 个重复出现的题目，实际上是 550 个题目。测验题目涉及很广，包括健康状态、心身症状、神经障碍、动作失调、性问题、宗教、政治信仰和现实态度等；还有各种神经症和精神病的行为表现，如强迫观念和行为、幻觉、妄想、病态恐惧、焦虑等。

MMPI 对人精神状态的测查较全面和具体，但用时也较长，约需 2 个小时。

2. 艾森克人格问卷

艾森克人格问卷（Eysenck Personality Questionnaire EOQ）是由英国心理学家艾森克夫妇根据以往所编制的几个人格调查发展起来的。问卷也和 MMPI 一样，采用自陈述报告的形式。问卷分为成人和少年两种，前者适用于 16 岁以上的成年人。问卷包括 4 个量表，即 E、N、P、L 量表，每个量表都有自己特定的含义，彼此相互独立。E 量表（extrovision scale）表明性格内外倾向；N 量表（neuroticism scale）表明情绪的稳定性，又称为神经质量表；P 量表（psy-choticism scale）表明心理状态是否正常，所以又称为精神病量表；L 量表（lie scale）测定被测验者的掩饰程度。测验约需半小时。

3. 卡特尔十六种人格因素问卷

卡特尔十六种人格因素问卷（Kattell's 16 Personality factors questionnaire，16PF）是由美国伊利诺州立大学个性及能力测验研究所教授卡特尔（R. B. Cattell）主持和修订。他和助手从词典、精神病学和心理学的文献中收集描写个性的大量词汇，然后聚集合并成 171 个特质条目，再经取样测验、统计分析和因素分析，将这些词目最终归结为 16 种根源特质。这些特质分别是：乐群性、聪慧性、稳定性、敏捷性、怀疑性、恃强性、兴奋性、有恒性、忧虑性、敢为性、幻想性、世故性、实验性、独立性、自律性、紧张性。16PF 就是在此基础上设计的。卡特尔 16PF 适用于有阅读能力的被试者，能进行团体测验，是了解一般个性因素的一种重要工具。约需 1 小时。

4. 国际人格障碍检查表

国际人格障碍检查表（International Personality Disorder Examination，IPDE）是一份半定式临床医生用问卷，由 WHO 开发。IPDE 设有 8 种人格障碍，分为 58 项，70 题，涉及工作、自我、人际关系、情感、现实性检验和冲动控制七方面。由有一定经验的临床医师提问，约需 1 小时。

鉴于人格是复杂的心理系统，人格测查又是建立在不同人格理论基础上的、协助了解人格特征和差异的工具，所以测查结果不构成临床诊断，更不能看作是对一个人全面的评定。

三、临床测验

临床测验又称为诊断测验，主要以简便地鉴别临床精神、神经症状为目的。主要有康乃尔健康测验(CMI)、症状自评量表(SCL-90)、A 型行为问卷、抑郁自评量表(SDS)、焦虑自评量表(SAS)等。

1. 康乃尔健康问答(CMI)

康乃尔健康问答由美国康乃尔大学设计，旨在对一个人的健康作出全面的评价，包括身体情况、心理状态和社会适应能力诸方面。该问卷表共 195 题，内容涉及躯体和精神症状以及既往家族史和行为习惯等四个方面。由于该测验是对躯体和心理(如适应不良、抑郁、焦虑、敏感、易激惹、紧张等)两方面的健康症状测量，故在心理卫生中有重要作用。

2. SCL-90 问卷

这是在心理卫生状况鉴别及普查中实用、简便而有价值的量表。计 90 题，它包括 10 项目因子：F1 躯体化、F2 强迫、F3 人际敏感、F4 抑郁、F5 焦虑、F6 敌意、F7 恐怖、F8 妄想、F9 精神病性、F10 附加量表。

3. A 型行为问卷

目的是测量 A 型行为特征。有关研究报告表明，A 型行为模式与冠心病等有密切关系。量表共 60 题，划分为三个因子：TH—时间紧迫感；CH—竞争性与敌意；L—掩饰性(效度量表)。

4. 抑郁自评量表(SDS)

抑郁自评量表简称 SDS，是由 William W. K. Zung 于 1965 年编制的，其目的是用来评定病人抑郁的程度以及在治疗中的变化。

5. 焦虑自评量表(SAS)

影响个体行为的焦虑(anxiety)可以区分为两大类：第一类是与对高空、黑暗、医院等的恐怖或担心有关的焦虑，称之为一般性焦虑或慢性焦虑；第二类是与课程考试或升学考试、智能检查等相关的焦虑，称之为"测验焦虑"(test anxiety)。这两种焦虑达到一定的程度之后，即称为焦虑症。用来诊断焦虑症的量表，常见的有泰勒(Taylor)在 1951 年发表的显性焦虑量表(MAS)和曼德勒等(George Mandler)在 1952 年发表的测验焦虑问卷(TAQ)，还有郑日昌等编制的考试焦虑综合诊断量表。

四、气质问卷测验

陈会昌、张拓基根据传统的 4 种气质类型学说编制的气质问卷调查表共有 60 题，每种气质类型 15 题，测验方式是自陈式。记分采取数字等级制，很符合自己情况的记 2 分，比较符合的记 1 分，完全不符合的记 -2 分，比较不符合的记 -1 分，介于符合与不符合之间记 0分。如果某一种气质类型的得分明显地高出其他 3 种(均高出 4 分以上)，则可定为该种气质。如果 2 种气质的得分接近(差异低于 3 分)，而又明显高于其他 2 种(高出 4 分以上)，则为 2 种气质的混合型。

第三节 心理测验与评估

一、《症状自评量表 SCL - 90》

SCL - 90 是世界上最著名的心理健康测试量表之一，是当前使用最为广泛的精神障碍和心理疾病门诊检查量表，将协助您从十个方面来了解自己的心理健康程度。本测验适用对象为 16 岁以上的用户。

1. 测验目的

本测验的目的是从感觉、情感、思维、意识、行为直到生活习惯、人际关系、饮食睡眠等多种角度，评定一个人是否有某种心理症状及其严重程度如何。它对有心理症状（即有可能处于心理障碍或心理障碍边缘）的人有良好的区分能力。适用于测查某人群中哪些人可能有心理障碍、某人可能有何种心理障碍及其严重程度如何。不适合于躁狂症和精神分裂症。

2. 测验功能

SCL - 90 对有心理症状（即有可能处于心理障碍或心理障碍边缘）的人有良好的区分能力。适用于测查某人群中哪些人可能有心理障碍、某人可能有何种心理障碍及其严重程度如何。可用于临床上检查是否存在身心疾病，各大医院大都要使用本测验诊断患者的心理和精神问题。本测验不仅可以自我测查，也可以对他人（如其行为异常，有患精神或心理疾病的可能）进行核查，假如发现得分较高，则表明急需治疗。

3. 理论背景

SCL - 90 最原始的版本是由 Derogaitis, L. R. 在他编制的 Hopkin's 症状清单（HSCL 1973）的基础上，于 1975 年编制而成的。曾有 58 项题目的版本和 35 项题目的简本，现在普遍得到应用的是由 90 个自我评定项目组成的版本，所以也将此测验简称 SCL - 90。格瑞思在中国普遍应用的版本的基础之上，分别制定了最新的不同年龄群的常模，并且将最原始的版本《症状自评量表 - SCL90》晦涩难懂的解释修改为通俗易懂的、适合中国人的解释系统。

4. 题目

请被测认真、如实地根据自己在本周内的机体状况和实际感受程度，恰如其分地选一格打"√"。被测应专注而无须字斟句酌。一般在 20 分钟即可完成。

注意：以下表格中列出了有些人的病痛或问题，请仔细地阅读每一条；然后根据最近一段时间（或过去一段时间）内，下述情况影响您的实际感觉或使您感到苦恼的程度，在五个方格中选择一个，在其中画一个勾"√"，请不要漏掉问题！其中"没有"记 0 分，"很轻"记 1 分，"中等"记 2 分，"偏重"记 3 分，"严重"记 4 分。

题目内容	没有 0	很轻 1	中等 2	偏重 3	严重 4
1. 头痛	□	□	□	□	□
2. 神经过敏，心中不踏实	□	□	□	□	□
3. 头痛时有不必要的想法或字句盘旋	□	□	□	□	□
4. 头昏或昏倒	□	□	□	□	□
5. 对异性的兴趣减退	□	□	□	□	□
6. 对旁人责备求全	□	□	□	□	□

7. 感到别人能控制您的思想　□　□　□　□　□

8. 责怪别人制造麻烦　□　□　□　□　□

9. 忘记性大　□　□　□　□　□

10. 担心自己的衣饰整齐及仪态的端庄　□　□　□　□　□

11. 容易烦恼和激动　□　□　□　□　□

12. 胸痛　□　□　□　□　□

13. 害怕空旷的场所或街道　□　□　□　□　□

14. 感到自己的精力下降，活动减慢　□　□　□　□　□

15. 想结束自己的生命　□　□　□　□　□

16. 听到旁人听不到的声音　□　□　□　□　□

17. 发抖　□　□　□　□　□

18. 感到大多数人都不可信任　□　□　□　□　□

19. 胃口不好　□　□　□　□　□

20. 容易哭泣　□　□　□　□　□

21. 同异性相处时感到害羞不自在　□　□　□　□　□

22. 感到受骗、中了圈套或有人想抓住您　□　□　□　□　□

23. 无缘无故地突然感到害怕　□　□　□　□　□

24. 自己不能控制地大发脾气　□　□　□　□　□

25. 怕单独出门　□　□　□　□　□

26. 经常责怪自己　□　□　□　□　□

27. 腰痛　□　□　□　□　□

28. 感到难以完成任务　□　□　□　□　□

29. 感到孤独　□　□　□　□　□

30. 感到苦闷　□　□　□　□　□

31. 过分担忧　□　□　□　□　□

32. 对事物不感兴趣　□　□　□　□　□

33. 感到害怕　□　□　□　□　□

34. 您的感情容易受到伤害　□　□　□　□　□

35. 旁人能知道您的私下想法　□　□　□　□　□

36. 感到别人不理解您、不同情您　□　□　□　□　□

37. 觉得人们对您不友好、不喜欢您　□　□　□　□　□

38. 做事必须做得很慢以保证做得正确　□　□　□　□　□

39. 心跳得很厉害　□　□　□　□　□

40. 恶心或胃部不舒服　□　□　□　□　□

41. 感到比不上他人　□　□　□　□　□

42. 肌肉酸痛　□　□　□　□　□

43. 感到有人在监视您、谈论您　□　□　□　□　□

44. 难以入睡　□　□　□　□　□

45. 做事必须反复检查　□　□　□　□　□

46. 难以作出决定　☐☐☐☐☐

47. 怕乘电车、公共汽车、地铁或火车　☐☐☐☐☐

48. 呼吸有困难　☐☐☐☐☐

49. 一阵阵发冷或发热　☐☐☐☐☐

50. 因为感到害怕而避开某些东西、场合或活动　☐☐☐☐☐

51. 脑子变空了　☐☐☐☐☐

52. 身体发麻或刺痛　☐☐☐☐☐

53. 喉咙有梗塞感　☐☐☐☐☐

54. 感到前途没有希望　☐☐☐☐☐

55. 不能集中注意　☐☐☐☐☐

56. 感到身体的某一部分软弱无力　☐☐☐☐☐

57. 感到紧张或容易紧张　☐☐☐☐☐

58. 感到手或脚发重　☐☐☐☐☐

59. 想到死亡的事　☐☐☐☐☐

60. 吃得太多　☐☐☐☐☐

61. 当别人看着您或谈论您时感到不自在　☐☐☐☐☐

62. 有一些不属于您自己的想法　☐☐☐☐☐

63. 有想打人或伤害他人的冲动　☐☐☐☐☐

64. 醒得太早　☐☐☐☐☐

65. 必须反复洗手、点数目或触摸某些东西　☐☐☐☐☐

66. 睡得不稳不深　☐☐☐☐☐

67. 有想摔坏或破坏东西的冲动　☐☐☐☐☐

68. 有一些别人没有的想法或念头　☐☐☐☐☐

69. 感到对别人神经过敏　☐☐☐☐☐

70. 在商店或电影院等人多的地方感到不自在　☐☐☐☐☐

71. 感到任何事情都很困难　☐☐☐☐☐

72. 一阵阵恐惧或惊恐　☐☐☐☐☐

73. 感到在公共场合吃东西很不舒服　☐☐☐☐☐

74. 经常与人争论　☐☐☐☐☐

75. 单独一人时神经很紧张　☐☐☐☐☐

76. 别人对您的成绩没有作出恰当的评价　☐☐☐☐☐

77. 即使和别人在一起也感到孤独　☐☐☐☐☐

78. 感到坐立不安、心神不定　☐☐☐☐☐

79. 感到自己没有什么价值　☐☐☐☐☐

80. 感到熟悉的东西变成陌生或不像是真的　☐☐☐☐☐

81. 大叫或摔东西　☐☐☐☐☐

82. 害怕会在公共场合昏倒　☐☐☐☐☐

83. 感到别人想占您的便宜　☐☐☐☐☐

84. 为一些有关"性"的想法而很苦恼　☐☐☐☐☐

85. 您认为应该因为自己的过错而受到惩罚　　□　□　□　□　□
86. 感到要赶快把事情做完　　□　□　□　□　□
87. 感到自己的身体有严重问题　　□　□　□　□　□
88. 从未感到和其他人很接近　　□　□　□　□　□
89. 感到自己有罪　　□　□　□　□　□
90. 感到自己的脑子有毛病　　□　□　□　□　□

分析统计指标：

（一）总分

1. 总分是 90 个项目得分之和。

2. 总症状指数，也称总均分，是将总分除以 90（＝总分÷90）。

3. 阳性项目数是指评为 1－4 分的项目数，阳性症状痛苦水平是指总分除以阳性项目数（＝总分÷阳性项目数）。

4. 阳性症状均分是指总分减去阴性项目（评为 0 的项目）总分，再除以阳性项目数。阳性症状均分＝（总分－阴性项目数）/阳性项目数

（二）因子分

SCL－90 包括 9 个因子，每一个因子反映出病人的某方面症状痛苦情况，通过因子分可了解症状分布特点。

因子分＝组成某一因子的各项目总分/组成某一因子的项目数

9 个因子含义及所包含项目为：

F1. 躯体化：包括 1，4，12，27，40，42，48，49，52，53，56，58 共 12 项。该因子主要反映身体不适感，包括心血管、胃肠道、呼吸和其他系统的主诉不适，和头痛、背痛、肌肉酸痛，以及焦虑的其他躯体表现。

F2. 强迫症状：包括了 3，9，10，28，38，45，46，51，55，65 共 10 项。主要指那些明知没有必要，但又无法摆脱的无意义的思想、冲动和行为，还有一些比较一般的认知障碍的行为征象也在这一因子中反映。

F3. 人际关系敏感：包括 6，21，34，36，37，41，61，69，73 共 9 项。主要指某些个人不自在与自卑感，特别是与其他人相比较时更加突出。在人际交往中的自卑感，心神不安，明显不自在，以及人际交流中的自我意识，消极的期待亦是这方面症状的典型原因。

F4. 抑郁：包括 5，14，15，20，22，26，29，30，31，32，54，71，79 共 13 项。苦闷的情感与心境为代表性症状，还以生活兴趣的减退，动力缺乏，活力丧失等为特征。还反映失望，悲观以及与抑郁相联系的认知和躯体方面的感受，另外，还包括有关死亡的思想和自杀观念。

F5. 焦虑：包括 2，17，23，33，39，57，72，78，80，86 共 10 项。一般指那些烦躁、坐立不安、神经过敏、紧张以及由此产生的躯体征象，如震颤等。测定游离不定的焦虑及惊恐发作是本因子的主要内容，还包括一项解体感受的项目。

F6. 敌对：包括 11，24，63，67，74，81 共 6 项。主要从三方面来反映敌对的表现：思想、感情及行为。其项目包括厌烦的感觉、摔物、争论直到不可控制的脾气暴发等各方面。

F7. 恐怖：包括 13，25，47，50，70，75，82 共 7 项。恐惧的对象包括出门旅行、空旷场地、人群或公共场所和交通工具。此外，还有反映社交恐惧的一些项目。

F8. 偏执：包括 8，18，43，68，76，83 共 6 项。本因子是围绕偏执性思维的基本特征而制订：主要指投射性思维、敌对、猜疑、关系观念、妄想、被动体验和夸大等。

F9. 精神病性：包括 7，16，35，62，77，84，85，87，88，90 共 10 项。反映各式各样的急性症状和行为，限定不严的精神病性过程的指征。此外，也可以反映精神病性行为的继发征兆和分裂性生活方式的指征。

此外还有 19，44，59，60，64，66，89 共 7 个项目未归入任何因子，反映睡眠及饮食情况，分析时将这 7 项作为附加项目或其他，作为第 10 个因子来处理，以便使各因子分之和等于总分。

各因子的因子分的计算方法是：各因子所有项目的分数之和除以因子项目数。例如强迫症状因子各项目的分数之和假设为 30，共有 10 个项目，所以因子分为 3。在 1 – 5 评分制中，粗略简单的判断方法是看因子分是否超过 3 分，若超过 3 分，即表明该因子的症状已达到中等以上严重程度。

下面是正常成人 SCL – 90 的因子分常模，如果因子分超过常模即为异常。

项目	X + SD	项目	X + SD
躯 体 化	1.37 + 0.48	偏　执	1.43 + 0.57
敌 对 性	1.46 + 0.55	抑　郁	1.5 + 0.59
强　迫	1.62 + 0.58	精神病性	1.29 + 0.42
恐　怖	1.23 + 0.41	焦　虑	1.39 + 0.43
人际关系	1.65 + 0.61		

（三）测验结果解释：根据常模解释。

按中国常模结果，总分超过 160 分（阳性 30 项以上），可考虑筛选阳性。筛选阳性只能说明可能患有心理疾病，并不说明一定患有心理疾病。

在对大学生进行心理健康测评和心理咨询过程中，比较粗略、简便、直观的判断方法是看因子分数是否超过 3 分（1 ~ 5 评分制），若超过 3 分，即表明该因子的症状已达中等以上的严重程度。在 0 ~ 4 评分制中，若超过 2 分，即表明该因子的症状达中等以上的严重程度。此时，应对受测大学生采取必要的心理治疗措施。

二、《抑郁自评量表 SDS》

（一）抑郁量表介绍

抑郁（depression）是一种感到无力应付外界压力而产生的消极情绪，并伴有厌恶、痛苦、羞愧、自卑等情绪体验。被抑郁情绪困扰的人常常表现为：情绪低落、思维迟缓、郁郁寡欢、丧失兴趣、缺乏活力、不愿社交，干什么都打不起精神，对生活缺乏信心，体验不到快乐，食欲减退，失眠等。从外部观察可见表情冷漠，倦怠疲乏。性格内向孤僻、多疑过虑，不爱交际，生活中遇到意外打击、长期努力得不到报偿的人容易陷入抑郁状态。长期处于抑郁状态易导致抑郁症。

常用于抑郁症的量表，种类相当多。近十余年，由于人们对抑郁症及其治疗的兴趣有增无减，不但新编量表陆续问世，对以往量表的研究也日益深入。

有人认为,《Montgomery – Asberg 抑郁量表》品质最佳,它是《精神症状全面量表》的抑郁部分,项目的选择基于症状出现频度、疗效、与疗效的相关性以及评定员之间的一致性。在许多研究中,均证明它在评定疗效时比其他量表更佳,已有越来越多的国家和研究人员采用该量表。《Montgomery – Asberg 抑郁量表》是一个 6 级量表,内容相当精练,只有 10 项,即:自述抑郁、观察到的抑郁、内心紧张、睡眠减少、食欲减退、注意力集中困难、乏力、无感受能力、消极悲观、自杀意念。

历史悠久的《Hamilton 抑郁量表》不如《Montgomefy – Asberg 抑郁量表》,其评定员之间的一致性取决于他们的经验和所接受的训练,而且包括了过多的躯体症状项目,因此有些药物如抗焦虑药只是改变了躯体症状,也可能被认为具有抗抑郁作用。然而,一般临床医生对《Hamilton 抑郁量表》较为熟悉,仍然喜欢用它。

贝克和 Rafaelson 编制的《MRS 抑郁量表》性能不亚于《Hamilton 抑郁量表》,还可兼评躁狂症,但流传不广。

世界卫生组织曾编制《抑郁症标准评定提纲》,包括 39 个项目,多数来源于《精神现状检查》和《Hamilton 抑郁量表》,等级为 3 ~ 4 级,评定方法十分规范,但疗效评估的敏感性较差。

护士专用的抑郁症量表不多,其中美国国立精神卫生研究院编制的《总体症状护士评定——抑郁症部分》历史悠久,在相当长的时间里是唯一的护士用抑郁量表。

抑郁症自评量表的种类相当多,《贝克抑郁问卷》和《Zung 自评量表》是应用最广泛的两种,它们不仅可用于抑郁症状的筛查和流行病学调查,也可用于评估疗效,其品质已得到证实。

在心理咨询中常用抑郁自评量表来判断来访者的抑郁程度。抑郁自评量表是美国杜克大学医学院 Zung1965 年编制的,由 20 个问题组成,使用方便。根据所测结果,可以使咨询或治疗人员作出是否需要药物或心理治疗的判断。

(二)抑郁自评量表(SDS)指导说明

指导语:以下描述列出了有些人可能会有的问题,请你仔细阅读每一条,然后根据最近一个星期以内你的实际感觉看最符合下列哪种描述。

a:没有或很少时间(过去一周内,出现这类情况的日子不超过一天);

b:小部分时间(过去一周内,有 1 – 2 天有过这类情况)

c:相当多时间(过去一周内,3 – 4 天有过这类情况)

d:绝大部分或全部时间(过去一周内,有 5 – 7 天有过这类情况),根据你最近一个旦期的实际情况在适当的方格里面点击鼠标进行选择 。

问题:

1. 我觉得闷闷不乐,情绪低沉

a. 很少有　　　　　　b. 有时有　　　　　　c. 大部分时间有　　　　　　d. 绝大部分时间有

2. 我觉得一天之中早晨最好

a. 很少有　　　　　　b. 有时有　　　　　　c. 大部分时间有　　　　　　d. 绝大部分时间有

3. 我一阵阵地哭出来或者觉得想哭

a. 很少有　　　　　　b. 有时有　　　　　　c. 大部分时间有　　　　　　d. 绝大部分时间有

4. 我晚上睡眠不好

a. 很少有　　　　　　b. 有时有　　　　　　c. 大部分时间有　　　　　　d. 绝大部分时间有

5. 我吃的跟平常一样多

a. 很少有　　　　　b. 有时有　　　　　c. 大部分时间有　　　　d. 绝大部分时间有

6. 我与异性密切接触时和以往一样感到愉快

a. 很少有　　　　　b. 有时有　　　　　c. 大部分时间有　　　　d. 绝大部分时间有

7. 我发觉我的体重在下降

a. 很少有　　　　　b. 有时有　　　　　c. 大部分时间有　　　　d. 绝大部分时间有

8. 我有便秘的苦恼

a. 很少有　　　　　b. 有时有　　　　　c. 大部分时间有　　　　d. 绝大部分时间有

9. 我心跳比平时快

a. 很少有　　　　　b. 有时有　　　　　c. 大部分时间有　　　　d. 绝大部分时间有

10. 我无缘无故感到疲乏

a. 很少有　　　　　b. 有时有　　　　　c. 大部分时间有　　　　d. 绝大部分时间有

11. 我的头脑跟平常一样清楚

a. 很少有　　　　　b. 有时有　　　　　c. 大部分时间有　　　　d. 绝大部分时间有

12. 我觉得做以前经常做的事并没有困难

a. 很少有　　　　　b. 有时有　　　　　c. 大部分时间有　　　　d. 绝大部分时间有

13. 我觉得不安而平静不下来

a. 很少有　　　　　b. 有时有　　　　　c. 大部分时间有　　　　d. 绝大部分时间有

14. 我对将来抱有希望

a. 很少有　　　　　b. 有时有　　　　　c. 大部分时间有　　　　d. 绝大部分时间有

15. 我比平常容易激动

a. 很少有　　　　　b. 有时有　　　　　c. 大部分时间有　　　　d. 绝大部分时间有

16. 我觉得做出决定是容易的

a. 很少有　　　　　b. 有时有　　　　　c. 大部分时间有　　　　d. 绝大部分时间有

17. 我觉得自己是个有用的人，有人需要我。

a. 很少有　　　　　b. 有时有　　　　　c. 大部分时间有　　　　d. 绝大部分时间有

18. 我的生活过得很有意思

a. 很少有　　　　　b. 有时有　　　　　c. 大部分时间有　　　　d. 绝大部分时间有

19. 我认为如果我死了别人会生活得好些

a. 很少有　　　　　b. 有时有　　　　　c. 大部分时间有　　　　d. 绝大部分时间有

20. 平常感兴趣的事我仍然照样感兴趣

a. 很少有　　　　　b. 有时有　　　　　c. 大部分时间有　　　　d. 绝大部分时间有

抑郁自评量表 SDS（记分对照表）

问题序号	a	b	c	d
1	1	2	3	4
2	4	3	2	1
3	1	2	3	4

问题序号	a	b	c	d
4	1	2	3	4
5	4	3	2	1
6	4	3	2	1
7	1	2	3	4
8	1	2	3	4
9	1	2	3	4
10	1	2	3	4
11	4	3	2	1
12	4	3	2	1
13	1	2	3	4
14	4	3	2	1
15	1	2	3	4
16	4	3	2	1
17	4	3	2	1
18	4	3	2	1
19	1	2	3	4
20	4	3	2	1

评分标准：

SDS 的总分等于各条目得分之和，其中第 2、5、6、11、12、14、16、17、18 和 20 题为反序记分。

SDS 的评定结果以标准分来定：

①标准分小于 50 分为无抑郁；

②标准分大于等于 50 分且小于 60 分为轻微至轻度抑郁；

③标准分大于等于 60 分且小于 70 分为中至重度抑郁；

④标准分大于等于 70 分为重度抑郁。

评定采用 1—4 制记分，评分时间为过去一周内。

把各题的得分相加为总分，总分乘以 1.25，四舍五入取整数即得到标准分。

抑郁评定的临界值为 50 分，分值越高，抑郁倾向越明显。

三、《焦虑自评量表 SAS》

（一）测试简介

"焦虑自评量表分析系统"是根据 Zung 于 1971 年编制的"焦虑自评量表（Self—Rating Anxiety Scale，SAS）改编而成。该系统集心理学、精神病学、多元统计学、人工智能、计算机网络技术于一体，可准确、迅速地反映伴有焦虑倾向的被试的主观感受。为临床心理咨询、诊断、治疗以及病理心理机制的研究提供科学依据。本测验应用范围颇广,适用于各种职业、文化阶层及年龄段的正常人或各类精神病人。

（二）要求

1. 独立的、不受任何人影响的自我评定。

2. 评定的时间范围,应强调是"现在或过去一周"。

3. 每次评定一般可在十分钟内完成。

（三）填表注意事项

下面有二十条文字(括号中为症状名称),请仔细阅读每一条,把意思弄明白,每一条文字后有四级评分,表示:没有或偶尔;有时;经常;总是如此。然后根据您最近一星期的实际情况,在分数栏 1~4 分适当的分数下划"√"。

1. 我觉得比平时容易紧张和着急(焦虑)	1	2	3	4
2. 我无缘无故地感到害怕(害怕)	1	2	3	4
3. 我容易心里烦乱或觉得惊恐(惊恐)	1	2	3	4
4. 我觉得我可能将要发疯(发疯感)	1	2	3	4
5. 我觉得一切都很好,也不会发生什么不幸(不幸预感)	1	2	3	4
6. 我手脚发抖打颤(手足颤抖)	1	2	3	4
7. 我因为头痛、颈痛和背痛而苦恼(躯体疼痛)	1	2	3	4
8. 我感觉容易衰弱和疲乏(乏力)	1	2	3	4
9. 我觉得心平气和,并且容易安静坐着(静坐不能)	4	3	2	1
10. 我觉得心跳得快(心悸)	1	2	3	4
11. 我因为一阵阵头晕而苦恼(头昏)	1	2	3	4
12. 我有晕倒发作,或觉得要晕倒似的(晕厥感)	1	2	3	4
13. 我呼气吸气都感到很容易(呼吸困难)	1	2	3	4
14. 我手脚麻木和刺痛(手足刺痛)	1	2	3	4
15. 我因胃痛和消化不良而苦恼(胃痛或消化不良)	1	2	3	4
16. 我常常要小便(尿意频数)	1	2	3	4
17. 我的手常常是干燥温暖的(多汗)	1	2	3	4
18. 我脸红发热(面部潮红)	1	2	3	4
19. 我容易入睡并且一夜睡得很好(睡眠障碍)	1	2	3	4
20. 我做噩梦(噩梦)	1	2	3	4

焦虑自评量表 SAS(记分对照表)

问题序号	没有或偶尔	有时	经常	总是如此
1	1	2	3	4
2	1	2	3	4
3	1	2	3	4
4	1	2	3	4

问题序号	没有或偶尔	有时	经常	总是如此
5	4	3	2	1
6	1	2	3	4
7	1	2	3	4
8	1	2	3	4
9	4	3	2	1
10	1	2	3	4
11	1	2	3	4
12	1	2	3	4
13	4	3	2	1
14	1	2	3	4
15	1	2	3	4
16	1	2	3	4
17	4	3	2	1
18	1	2	3	4
19	4	3	2	1
20	1	2	3	4

评分标准：

SAS 的主要统计指标为总分。在由自评者评定结束后，将 20 个项目的各个得分相加即得，再乘以 1.25 以后取得整数部分，就得到标准分。标准分越高，症状越严重。此系统的结果剖析图给出的是标准分，分数越高，表示这方面的症状越严重。一般来说，焦虑总分低于 50 分者为正常；50～60 者为轻度，61～70 者是中度，70 以上者是重度焦虑。

SAS 的 20 个项目中，第 5，9，13，17，19 条，此 5 个项目的计分，必须反向计算。

四、气质问卷测验及评估

(一)气质问卷测验说明

本测试共 60 道题目，目的只是大概了解一下你的性格类型。回答这些问题应实事求是，怎么想就怎么回答，不必多做考虑，因为并没有什么标准答案和好坏之分。

看清题目后请赋分，认为最符合自己情况的记 2 分；比较符合的记 1 分；介于符合与不符合之间的记 0 分；比较不符合的记 -1 分；完全不符合的记 -2 分。

1. 做事力求稳妥，不做无把握的事。

2. 遇到可气的事就怒不可遏，想把心里话说出来才痛快。

3. 宁可一个人干事，不愿很多人在一起。

4. 到一个新环境很快就能适应。

5. 厌恶那些强烈的刺激，如尖叫、噪音、危险镜头等。

6. 和人争吵时，总是先发制人，喜欢挑衅。

7. 喜欢安静的环境。

8. 喜欢和人交往。

9. 羡慕那些善于克制自己感情的人。

10. 生活有规律，很少违反作息时间。

11. 在多数情况下情绪是乐观的。

12. 碰到陌生人觉得很拘束。

13. 遇到令人气愤的事，很好地自我克制。

14. 做事总是有旺盛的精力。

15. 遇到问题常常举棋不定，优柔寡断。

16. 在人群中从不觉得过分拘束。

17. 情绪高昂时，觉得干什么都有趣，情绪低落时，觉得干什么都没有意思。

18. 当注意力集中于一事物时，别的事物就很难使我分心。

19. 理解问题总比别人快。

20. 遇到不顺心的事能从不向他人说。

21. 记忆能力强。

22. 能够长时间做枯燥、单调的事。

23. 符合兴趣的事，干起来劲头十足，否则就不想干。

24. 一点小事就能引起情绪波动。

25. 讨厌做那种需要耐心、细致的工作。

26. 与人交往不卑不亢。

27. 喜欢参加热烈的活动。

28. 爱看感情细腻、描写人物内心活动的文学作品。

29. 工作学习时间长了，常感到厌倦。

30. 不喜欢长时间谈论一个话题，愿意实际动手干。

31. 宁愿侃侃而谈，不愿窃窃私语。

32. 别人说我总是闷闷不乐。

33. 理解问题时常比别人慢些。

34. 疲倦时只要短暂的休息就能精神抖擞，重新投入工作。

35. 心里有事，宁愿自己想，不愿说出来。

36. 认准一个目标就希望尽快实现，不达目的，誓不罢休。

37. 同样和别人学习、工作一段时间后，常比别人更疲倦。

38. 做事有些莽撞，常常不考虑后果。

39. 别人讲授新知识、技术时，总是希望他讲慢些，多重复。

40. 能够很快忘记那些不愉快的事情。

41. 做作业或完成一件工作时总比别人花费的时间多。

42. 喜欢运动量大的剧烈活动，或参加各种文体活动。

43. 不能很快地把注意力从一件事转移到另一件事上去。

44. 接受一个任务后，就希望把它迅速解决。

45. 认为墨守成规要比冒风险强些。

46. 能够同时注意几件事物。

47. 当我烦闷的时候，别人很难使我高兴。

48. 爱看情节起伏跌宕、激动人心的小说。

49. 对工作抱认真谨慎、始终如一的态度。

50. 和周围人们的关系总是相处不好。

51. 喜欢复习学过的知识，重复做已经掌握的工作。

52. 喜欢做变化大、花样多的工作。

53. 小时候会背的诗歌，我似乎比别人记得清楚。

54. 别人说我"出语伤人"，可我并不觉得这样。

55. 在体育运动中，常因反应慢而落后。

56. 反应敏捷，大脑机智。

57. 喜欢有条理而不甚麻烦的工作。

58. 兴奋的事情常使我失眠。

59. 别人讲新概念，我常常听不懂，但是弄懂以后就很难忘记。

60. 假如工作枯燥无味，马上就会情绪低落。

（二）计分方法

把每题得分填在下表相应题号下，再算出各栏的总分。

气质问卷测验记分表

胆汁质	2	6	9	14	17	21	27	31	36	38	42	48	50	54	58	总分
多血质	4	8	11	16	19	23	25	29	34	40	44	46	52	56	60	总分
黏液质	1	7	10	13	18	22	26	30	33	39	43	45	49	55	57	总分
抑郁质	3	5	12	15	20	24	28	32	35	37	41	47	51	53	59	总分

（三）确定气质类型的标准

1. 如果某类气质得分明显高于其他三种，均高出 4 分以上，则可定为该类气质。如果该类气质得分超过 20 分，则为典型；如果该类得分在 10～20 分，则为一般型。

2. 两种气质类型得分接近，其差异低于 3 分，而且又明显高于其他两种，高出 4 分以上，则可定为这两种气质的混合型。如胆汁—多血质混合型，多血—黏液质混合型，粘液—抑郁质混合型等。

3. 三种气质得分均高于第四种，而且接近，则为三种气质的混合型，如多血—胆汁—黏液质混合型或粘液—多血—抑郁质混合型。

（四）气质类型

人的体内有四种液体，即粘液、黄胆汁、墨胆汁和血液。其中粘液生于脑，黄胆汁生于肝，墨胆汁生于胃，血液生于心脏。如果在液体的混合比例中血液占优势的人，是湿和热的配合，其特点是湿而润，好像春天一样，这就是多血质型；粘液占优势的人是冷和湿的配合，其特点是冷酷无情，像冬天一样，这就是黏液质型；黄胆汁占优势的人是热和干的配合，热而燥像夏天一样，这就是胆汁质；墨胆汁占优势的人是冷和干的配合，像秋天一样冷而燥，这就是抑郁质。

1. 多血质

强而平衡，灵活性高。这种人情感和情绪发生迅速，表露于外，极易变化，灵活而敏捷，动作活泼好动，但往往不求甚解。工作适应力强，讨人喜欢，交际广泛。容易接受新事物，也容易见异思迁而显得轻浮。

神经特点：感受性低；耐受性高；不随意反应性强；具有可塑性；情绪兴奋性高；反应速度快而灵活。

心理特点：活泼好动；善于交际；思维敏捷；容易接受新鲜事物；情绪情感容易产生也容易变化和消失，容易外露；体验不深刻。

典型表现：多血质又称活泼型，敏捷好动，善于交际，在新的环境里不感到拘束。在工作学习上富有精力而效率高，表现出机敏的工作能力，善于适应环境变化。在集体中精神愉快，朝气蓬勃，愿意从事合乎实际的事业，能对事业心向神往，能迅速地把握新事物，在有充分自制能力和纪律性的情况下，会表现出巨大的积极性。兴趣广泛，但情感易变，如果事业上不顺利，热情可能消失，其速度与投身事业一样迅速。从事多样化的工作往往成绩卓越。

合适的职业：导游、推销员、节目主持人、演讲者、外事接待人员、演员、市场调查员、监督员等。

2. 胆汁质

强而不平衡。这样的人情感和情绪发生迅速，爆发力很好。同时，情感和情绪消失得也快，情绪趋于外向。智力活动灵敏有力，但理解问题容易粗枝大叶。意志力坚强，不怕挫折勇敢果断，但容易冲动，难以抑制。工作热情高，表现得雷厉风行，顽强有力。

神经特点：感受性低；耐受性高；不随意反应强；外倾性明显；情绪兴奋性高；控制力弱；反应快但不灵活。

心理特点：坦率热情；精力旺盛，容易冲动；脾气暴躁；思维敏捷；但准确性差；情感外露，但持续时间不长。

典型表现：胆汁质又称不可遏止型或战斗型。具有强烈的兴奋过程和比较弱的抑郁过程，情绪易激动，反应迅速，行动敏捷，暴躁而有力；在语言上，表情上，姿态上都有一种强烈而迅速的情感表现；在克服困难上有不可遏止和坚忍不拔的劲头，而不善于考虑是否能做到；性急，易爆发而不能自制。这种人的工作特点带有明显的周期性，埋头于事业，也准备去克服通向目标的重重困难和障碍。但是当精力耗尽时，易失去信心。

适合职业：管理工作、外交工作、驾驶员、服装纺织业、餐饮服务业、医生、律师、运动员、冒险家、新闻记者、演员、军人、公安干警等。

3. 黏液质

强而平衡，灵活性低。这种人情绪比较稳定，兴奋性低，变化缓慢，内向、喜欢沉思。思维和言行稳定而迟缓，冷静而踏实。对工作考虑细致周到，不折不扣，坚定地执行自己已经做出的决定，往往对已经习惯了的工作表现出高度热情，而不容易适应新的工作和环境。

神经特点：感受性低；耐受性高；不随意反应低；外部表现少；情绪具有稳定性；反应速度快但灵活。

心理特点：稳重，考虑问题全面；安静，沉默，善于克制自己；善于忍耐。情绪不易外露；注意力稳定而不容易转移，外部动作少而缓慢。

典型表现：这种人又称为安静型，在生活中是一个坚持而稳健的辛勤工作者。由于这些人具有与兴奋过程向均衡的强的抑制，所以行动缓慢而沉着，严格恪守既定的生活秩序和工作制度，不为无所谓的动因而分心。黏液质的人态度持重，交际适度，不作空泛的清谈，情感上不易激动，不易发脾气，也不易流露情感，能自治，也不常常显露自己的才能。这种人长时间坚持不懈，有条不紊地从事自己的工作。其不足是有些事情不够灵活，不善于转移自己的注意力。惰性使他因循守旧，表现出固定性有余，而灵活性不足。从容不迫和严肃认真的品德，以及性格的一贯性和确定性。

适合职业：外科医生、法官、管理人员、出纳员、会计、播音员、话务员、调解员、教师、人力人事管理主管等。

4. 抑郁质

弱性，易抑制。这种人情绪体验深刻，不易外露。对事物有较高的敏感性，能体察到一般人所觉察不到的东西，观察事物细致。行动缓慢、多愁善感，也易于消沉，干工作常常显得信心不足，缺乏果断性。交往面较窄，常常有孤独感。

神经特点：感受性高；耐受性低；随意反应低；情绪兴奋性高；反应速度慢，刻板固执。

心理特点：沉静、对问题感受和体验深刻；持久；情绪不容易表露；反应迟缓但是深刻；准确性高。

典型表现：有较强的感受能力，易动感情、情绪体验的方式较少，但是体验持久而有力，能观察到别人不容易察觉到的细节，对外部环境变化敏感，内心体验深刻，外表行为非常迟缓、忸怩、怯弱、怀疑、孤僻、优柔寡断，容易恐惧。

适合职业：校对、打字、排版、检察员、雕刻工作、刺绣工作、保管员、机要秘书、艺术工作者、哲学家、科学家。

气质类型与人的生理素质关系尤为密切，不易改变。每个人的气质都有其所长，也有其所短，要了解其特点，扬长避短。多血质的人活泼、敏捷、情绪丰富、工作能力强，容易适应环境，但行为轻率、情感不深、注意力不稳定、兴趣容易转移；胆汁质的人，主动、热情、精力旺盛，但暴躁、任性、缺乏耐性；黏液质的人，沉着、冷静、坚韧，但容易精神不振，缺乏生气，迟钝、冷淡；抑郁质的人，耐受性差，易感到疲劳，但感情深刻细腻，做事审慎小心，观察力敏锐，善于觉察到别人不易发现的问题。

不同的气质都有容易培养的良好品质，如多血质的活泼、易感；胆汁质的迅速；黏液质的安静和耐性；抑郁质的情绪稳定和深刻。同时，要注意防止和克服每一种气质易产生的不良倾向，如多血质的精力分散；胆汁质的急躁；黏液质的冷淡；抑郁质的沉沦于个人体验的倾向和过度的沉默。

　　需要指出，气质不决定一个人活动的社会价值和成就的高低，因为在同一领域作出杰出成就的人，有各种气质类型的代表，原苏联心理学家经过分析认为，普西金属胆汁质，赫尔岑属多血质，克雷洛夫属黏液质，果戈理属抑郁质，他们都成了大文豪。气质不同的人都可以成为高尚的人，都可以成为某一领域人才的杰出代表。

思考与练习

　　1.简述心理测验的作用。

　　2.试就如何正确认识大学生心理测验的性质和功能、恰当选择大学生心理测验的工具、规范操作大学生心理测验的施测过程以及科学使用大学生心理测验的结果等问题展开讨论。

第十章 大学生心理咨询与案例分析

随着健康观念的更新，人们越来越重视心理健康。在高校中，尤其注重学生的心理健康。一般而言，出现了健康问题去医院诊治。但现在一般医院不提供心理健康服务，那心理健康出现问题怎么办呢？社会的这种需求，催生了一个新兴的服务领域——心理咨询。由于多方面原因，人们对心理咨询目前还不甚了解，甚至有些误解。本章主要介绍什么是心理咨询，哪些人需要心理咨询，出现哪些情况可以心理咨询。

第一节 心理咨询概述

一、心理咨询的涵义

（一）心理咨询的概念

"咨"是商量的意思，"询"是询问的意思。"咨询"一词源于拉丁语"cinsuitatio"，英语为"counsel"，也有商讨、劝告、质疑的意思。在我国，"咨询"一词最早见于《尚书·舜典》："咨十有二牧，询于四岳。"现在，"咨询"含有商讨、会谈、征求意见、寻求帮助、顾问、参谋、劝告、辅导等意思。而"心理咨询"一词既可以表示一门学科，即"咨询心理学"，也可以表示一种工作，即心理咨询服务。

心理咨询至今尚无统一的定义，对其内涵与外延的界定往往因理论流派及职业特点等因素的差异而不同。在此，我们把心理咨询定义为运用心理学的理论和方法，通过解除咨询对象（即来访者）的心理问题（包括障碍性心理问题和发展性心理问题），来维护和增进来访者的身心健康，促进个性发展和潜能开发的过程。

我们要明确的是：心理咨询是一种关注心灵的科学和艺术；心理咨询的基础只能建立在人的尊重、坦诚和共情之上；心理咨询的方法是通过建设性的交谈而建立起来的一种平等的自助关系。

（二）心理咨询的特征

美国《哲学百科全书》认为心理咨询有以下特征：

1. 主要针对正常人；
2. 为人的一生提供有效的帮助；
3. 强调个人的力量与价值；
4. 强调认知因素，尤其是理性在选择和决定中的作用；
5. 研究个人在制定总目标、计划以及扮演社会角色方面的个性差异；

6.充分考虑情景和环境的因素，强调人对于环境资源的利用以及必要时的改变。

（三）心理咨询的原则

心理咨询必须遵循一定的原则，方能保证咨询和治疗的效果，并在最大限度上维护当事人的合法权益。

1.为当事人保密；

2.对当事人负责；

3.对当事人的行为不作道德评判；

4.不替当事人做决定；

5.坦诚（真实、和谐）；

6.尊重（积极的无条件的关注）；

7.共情（深入理解）；

8.倾听；

9.认清自己的能力范围。

二、心理咨询与其他工作的区别

为了更好地理解心理咨询的涵义，把握其实质，有必要将心理咨询与其他工作比较一下。

（一）心理咨询与心理治疗的区别

心理咨询与心理治疗的异同一直是许多人争论的问题，然而，现在越来越多的人倾向于两者并没有明显不同的观点。心理治疗与心理咨询没有本质的区别，即在关系的性质上、在改变和学习过程中、在指导的理论上都是相似的。二者最大的区别在于：

1.对象不同

心理咨询的对象主要是正常的有心理问题或轻微心理障碍的人，称为来访者。而心理治疗的对象则主要是有严重心理障碍的人，称为患者。

2.目标不同

心理咨询以解决正常人在社会生活中出现的适应和发展方面的各种问题（如日常生活中的人际关系问题、职业选择问题、教育问题、恋爱和家庭问题等）为目标，其中解决发展性问题又是咨询的特色，其主要任务是帮助来访者成为人格健全且能向自我实现不断迈进的人。心理治疗以矫治心理疾病（神经症、人格障碍、行为障碍、性心理变态、心身疾病、处于缓解期的某些精神病等）为主要目标，即以帮助患者由一个心理异常的人转变为一个心理正常的人为主要任务。

（二）心理咨询与医疗工作的区别

心理咨询与传统的医疗工作之间有一定的联系，但本质上却存在着差距。也就是说，对达到一定严重程度的心理障碍者的帮助，有时已经带有医疗的色彩，需要在医疗的环境中进行，如某一阶段需要药物的治疗。但在整个过程中，如果不是以心理方法和语言的调节作用为主，而主要依靠药物的作用，那就不能称之为心理咨询。心理咨询过程中可以辅之以药物，但应该以心理方法为主、药物方法为辅。

三、心理咨询范围

心理社会因素的纷繁复杂，使心理咨询的范围甚为广泛，凡生活、工作、学习、家庭、疾病、康复、婚姻、育儿等方面所出现的心理问题，都属于咨询工作范围。举其要者，大致如下：

1. 各种情绪障碍：如焦虑、抑郁、恐惧、悲观等方面的分析与指导，诊断与治疗。

2. 各种不可控制的思维、意向、行为、动作的解释、诊断与治疗。

3. 各类心身疾病：如冠心病、高血压病、支气管哮喘、溃疡等的有关病因的分析、心理社会因素的探讨及治疗的方针、心理治疗的开展。

4. 长期慢性躯体疾病：病人因这些病久治不愈，既对治疗不满意，又丧失信心，因而需进行心理上的指导。

5. 某些精神病的早期诊断、鉴别，以及心理治疗的进行：特别对精神病康复期病人的心理指导，促使更好地适应社会与生活，预防复发。

6. 性变态与性功能障碍：性变态的确诊与心理指导，性功能障碍的诊断、治疗，以及需要了解性的知识及对性生活进行指导与纠正者。

7. 儿童心理障碍：儿童心理障碍的确诊、治疗及儿童教养过程中心理问题的指导。

8. 其他医学心理问题：对有关工作、学习、家庭生活、恋爱、婚姻、计划生育中所遇到的医学心理问题的答疑与指导。

9. 介绍各种心理卫生知识：介绍各种心理卫生知识，促使保障心身健康措施的落实。

10. 康复期、伤残病人的心理指导：对各种疾病的康复期病人进行心理指导以解除其疑虑。对伤残病人进行答疑与心理指导。

11. 对防治精神病的指导：如家有精神病人，家人应如何进行处理、医治、护理等问题的指导。

四、心理咨询的功能

心理咨询是增进心理健康、防治心理疾病的重要措施，是心理教育的重要组成部分。大学生心理咨询的主要目的是优化学生心理素质，增进学生的心理健康，它的服务对象是全体学生。具体地说，心理咨询具有以下功能：

1. 心理咨询可以为来访者提供一种新的学习经验和机会。通过与咨询师的交流，体验新感觉，学习新经验，纠正不适当的行为，为来访者更加有效地面对现实提供机会，使他们更全面、更客观地认识自己和现实，采取积极的方式去面对现实。

2. 心理咨询可以纠正来访者的某些错误观念。通过心理咨询，帮助来访者以更准确的观念取代原有的某些错误观念，从而获得适应社会的行为。

3. 心理咨询可以深化来访者对自身的认识。心理咨询师可以引导来访者去发现真实的自我，从而根据自己的心理状况设计自己的行为，获得实实在在的成长。

4. 心理咨询可以提供一种建立新型人际关系的机会。在心理咨询中，咨访双方彼此信任，充满安全感，平等参与，形成一种和谐的咨访氛围。

5. 心理咨询可以帮助来访者认识自身冲突原因。通过心理咨询，最终使来访者认识到自身问题的大多是由于尚未解决的内部冲突，而不是外界的影响造成的。这是心理咨询更为重要的功能。只有解决了自己的内部冲突，才能解决问题，并获得成长。

五、心理咨询的常见形式

心理咨询，常因时间、地点和对象的不同而采用不同的形式。从咨询人数上分，有团体咨询和个别咨询；从途径上分，可有门诊咨询、现场咨询、电话咨询、信件咨询、专栏咨询。各种方式各有利弊，应因人因时而异，灵活运用。

（一）门诊咨询

在专门的心理咨询机构或医院的心理咨询门诊进行。心理医生与当事人采取面对面的方式交谈，详细了解、分析当事人的心理问题，帮助他们摆脱有碍于心身健康的不利因素，提高他们解决问题、适应环境的能力。对已经形成心理障碍者，则分析其病因和症状，制定完整的治疗计划。门诊咨询掌握情况全面，能够更深入地为当事人提供有效的帮助。是一种首选的心理咨询方法。但门诊咨询比较费时，局限于咨询师与来访者一对一的接触，同时对咨询师素质和经验的要求也较高。

（二）现场咨询

由心理咨询机构的专职人员深入到基层或当事人家中，为广大当事人提供多方面服务的一种咨询形式。例如重大考试前深入学校进行考前心理辅导等。

（三）电话咨询

电话心理咨询是咨询师通过电话给来访者提供劝慰、帮助的一种较方便、迅速的咨询形式。尤其是对于处在危机状态（如自杀）或不愿暴露自己的当事人，电话咨询是一种较好的形式。美国自 1958 年起设立自杀防治中心，下设许多流动性急诊小组。1960 年洛杉矶自杀防治中心开始采用电话咨询，后来普及到世界各国。心理咨询人员日夜守候在电话机旁，随时对处于心理危机状况的人提供帮助，在阻止自杀、犯罪方面起到了积极作用，因此，咨询电话常被称为"希望线""生命线"。随着我国电话普及率的提高，电话咨询这一形式越来越受到欢迎。电话咨询的不足之处在于通话时间有限，通过电话传递的信息也有限，因此要求咨询师反应敏捷，能给对方以信任感，能控制局面，否则，咨询很难有实效。

（四）书信咨询

书信咨询的好处在于可以打破空间限制，为那些不愿暴露身份或与咨询师交谈时感到不自然、意思表达不清或有难以启齿问题的人提供了一种途径。有些求助者可以反复阅读咨询师的信，从中得到鼓励和支持。

书信咨询的缺点：一方面，书信提供的信息往往不全面，不准确；另一方面，由于书信难以真实地展现一个人的个性，故咨询师只能提供一般性意见，而难以有很强的针对性；第三，书信咨询往往呈单向传递，双方难于充分交流。

（五）专栏咨询

专栏咨询通过广播、电视、报刊、黑板报、网站等形式解答人们提出的某些心理问题。专栏咨询的好处在于宣传面广，和人们的生活实际联系密切，缺点是缺乏双向交流。

（六）网络咨询

这是一种新兴的咨询形式。随着互联网应用的普及，网络交流十分便捷。E - Mail、BBS、QQ 等即时通讯软件是大学生乐于使用的网络交流工具。并且，现在已有微信、手机QQ，不必依赖于计算机，能随时随地进行咨询交流，并完全隐蔽身份。由于网络交流的身份隐蔽性，能达到真正的保密性，咨询者能更自然地表达自己。在大学生中开展微信、手机 QQ

心理咨询服务，能为一些心理危机学生提供一种即时的求助途径，从而及时预防、制止危机事件的发生。这一新兴心理咨询方式的应用值得研究、探讨。

（七）团体咨询

团体咨询亦称集体咨询、小组咨询，是同时对多个求助者（组员）展开咨询的一种方式。团体咨询往往借助团体成员的相互作用来达到咨询目的，它具有个别咨询所没有的优越性，在解决那些与人际交往有关的心理问题方面，团体咨询是一种很好的形式。团体咨询发挥作用的机制在于：感受氛围，获得接纳；满怀希望，促进改变；宣泄自我，平衡心身；了解共性，互相慰藉；增进沟通，丰富技能；借助指导，明了事理；以人为镜，模仿学习；学会助人，获得自信。团体咨询亦有不足，主要表现在针对性较差，由于人数较多，咨询师难以顾及到每一个组员的特殊问题。此外，保密性差，有些组员不愿公开暴露自己，有些组员可能会受到其他组员的伤害等。但团体咨询是一种很有特色、很有发展前途的咨询方式，关键在于咨询师的组织能力和咨询技巧。团体咨询的历史虽然不长，但已被公认为心理咨询的常用方法之一。

第二节　高校心理咨询与大学生心理健康

一、高校心理咨询的定义

高校心理咨询是高校心理咨询人员运用心理学的原理和方法，对在校学生的学习、适应、发展、择业等问题给予直接或间接的指导、帮助，并对有关心理障碍或轻微精神疾患进行诊断、矫治的过程。

高校心理咨询的任务包括以下四个方面：

1. 咨询员向来访的学校教师、行政人员以及学生家长提供有关的信息和指导。
2. 依据一定的心理学原理对来访学生的心理和行为问题提供帮助。
3. 贯彻预防为主的方针，推行和实施学校心理卫生计划。
4. 对心理异常学生进行诊断和鉴别。

二、高校心理咨询的原则

（一）来访自愿原则

所谓来访自愿原则是指每一次咨询都是以来访者愿意使自己有所改变为前提的，咨询员不能以任何形式强迫来访者接受或维持心理咨询。有人也将这一原则叫做"来者不拒，去者不追"原则。还有人将这一原则通俗地概括为"咨询员不主动"原则。

在实际咨询工作中，许多来访者迫于他人的要求前来咨询。对此，咨询员不能简单地以来访者缺乏意愿而简单地予以拒绝。原因就在于，来访者的意愿虽然不是特别充分，但毕竟是自己来到咨询室的，反映了他一定的意愿。简单地拒绝他的求助，也违背了来访者的意愿。当然，面对这类来访者，咨询员要付出更多的精力来调动其求助动机，打破他的自我封闭倾向和被动、抵触的心态。

替代他人前来咨询的情况也不时存在，如家长替代孩子来咨询。对此，咨询员也不能简单地予以拒绝。这是因为，咨询实践中，有一部分替代者本身就是问题的一部分，也需要帮助。另一些替代者本身没有问题，但需要在如何适应和帮助潜在当事人方面获得帮助，这种情况使替代者成为了当事人。还有一些替代者不属于以上两种情况，咨询员可以从发展与适应的角度给潜在当事人提供一般性的指导和意见，但应该明确告诉替代者，要提供有针对性的帮助切实解决问题，还需要真正的"事主"出马。如果潜在的当事人是因为对咨询有一些错误的信息和理解而拒绝前来的话，咨询员也可以适当地作一些解释和说明工作，或提供一些正确介绍咨询的书籍。

（二）价值中立原则

价值中立原则是指在咨询过程中，咨询员要尊重来访者的价值信念体系，不要以自己的价值观念为准则，对来访者的行为准则任意进行价值判断。尽管人们对这一原则的理解会不太一致，但咨询心理学家都一致同意尊重来访者的价值准则，咨询员不能以任何方式向来访者强行灌输某一价值准则，或强迫来访者接受自己的观点、态度。

（三）信息保密原则

信息保密原则是指未经来访者同意，咨询员不能以任何方式向任何人或机构透露来访者的一切咨询信息。几乎所有的咨询员都同意，信息保密原则是心理咨询工作中最重要的原则，有的甚至称它为心理咨询的"生命原则"。有违这一原则，咨询工作将毁于一旦。

（四）方案守法原则

方案守法原则是指在咨询过程中，咨询员和来访者共同制定的咨询方案不能包括直接或间接损害他人或社会的利益的内容。

三、高校心理咨询的分类

（一）按心理问题性质分类

高校内的心理咨询，根据咨询的心理问题性质可以分为心理适应咨询、心理障碍咨询和心理发展咨询。

1.心理适应咨询

学生在生活、学习中有各种烦恼，当出现明显心理矛盾和冲突时可进行心理适应性咨询。这些心理问题非常常见，一定程度地影响学生生活、学习，但还不是很严重，一般称为心理困扰。咨询的目的是帮助求询者减轻心理压力，改善适应能力。这类咨询是学校咨询的主体。不论是谁，只要你在学习、生活上遇到某些事情，令你在心理上、情绪上产生了痛苦和烦恼，希望自己能有所改善和提高，都可以去寻求心理医生的指导和帮助。

2.心理障碍咨询

一般心理问题未得到及时解决，或由于某些特殊事件，发展形成某种心理疾病，严重影响正常的学习与生活，可进行心理障碍咨询。咨询的目的是通过心理治疗，克服心理障碍，恢复心理健康。

3.心理发展咨询

这是高校心理咨询的特殊类型。当学校心理咨询服务体系发展到一定程度，学生对咨询机构高度信任，一些正常的、健康的、无明显的内在冲突并基本适应环境的学生也会来咨询，寻求帮助。他们前来咨询的目的是为了更好地认识自己，扬长避短，充分发挥潜能，提高学习与生活质量。如询问自己的气质类型、个性特点，探讨提高学习效率的最佳方法，请教怎样当好学生干部，怎样获得更多的朋友，商讨选择什么职业更符合自己的发展等。

（二）按心理咨询内容分类

按学生要咨询的内容分类，可分为学业咨询、人际交往咨询、爱与性的咨询、就业咨询、情绪心理咨询、个性心理咨询、异常行为咨询、人格障碍咨询、心理疾病咨询等。

（三）按照咨询的对象分类

1. 直接咨询

由心理咨询师对当事人直接进行咨询，可采取门诊咨询、书信咨询、电话咨询和现场咨询等形式。心理咨询师和当事人的直接交往和相互作用，使得心理咨询的效果得到保证。

2. 间接咨询

由心理咨询师对当事人的亲属或其他人员所反应的当事人的心理问题进行咨询。由于在咨询人员和当事人之间增加了一道中转媒介，如何处理好心理咨询人员与中转人的关系，使心理咨询的意见为中转人所领悟、接受并合理实施，是影响心理咨询效果的一个重要问题。

四、大学生如何寻求心理咨询

（一）正确认识心理咨询

心理咨询是一个由咨询人员与求助者组成的人际互动过程。咨询人员通过利用专业知识为求助者提供一个敞开自己心理世界，认识自己内心，并调整、改变自己心理运作方式的场所，从而帮助求助者认识自己的心理问题，找出解决问题个人化的方法，并督促求助者实施解决措施。可以说，心理咨询是生命的交流，它能使人走出困惑，从而更好地认识自我、再现自我、激励自我。但在实际操作中，有相当一部分人对心理咨询存在着误解；因而有必要正确认识它，以走出误区。

1. 心理问题并非心理变态

心理咨询的对象主要是在日常生活中遇到困难或挫折而产生心理困扰的正常人群。心理障碍患者只是咨询对象中的一小部分，发病期的精神病人不属于心理咨询的范畴。我们每个人在成长的不同阶段及学习工作的不同方面，都有可能会遇到这样那样的心理问题，就这些问题求助于心理咨询并不意味着不正常或心理变态。

2. 看心理医生并非不体面

心理咨询在我国是新兴学科，人们对它仍有一种神秘感。来访者多是左顾右盼，鼓足了勇气才走进诊室，在心理医生反复保证下，才肯倾吐愁苦，或是绕了很大圈子，才把真实的情况暴露出来。因为在许多人眼里，去咨询的人往往怕被他人认为患了精神病或是被当作怪人，去咨询就是有见不得人的隐私或思想道德品质方面有问题，表露出情感上的困苦是软弱无能的表现，因而不少人宁愿饱受精神上的痛苦折磨，也不愿去就诊。其实在人们眼里的心理障碍、"隐私"等，在心理医生看来往往就是大众较普遍的心理障碍和症结，医生不会取笑你，并为你保密。因此咨询者丢下包袱、充分信任医生是诊疗的关键所在。

3. 心理咨询并非无所不能

有些人将心理咨询神化，似乎咨询人员无所不能，就像一个"锁匠"，什么样的心结都能一下打开，所以常常咨询一两次，没有达到预期的"奇效"，就大失所望。其实，心理咨询是一个连续的、艰难的改变过程，咨询效果常与求助者的个性及生活经历有关，就像一座冰山，积封已久，没有强烈的求助动机，没有持久的决心，是难以冰消雪融的。

4.心理咨询并非只是宽慰

有些人将心理咨询看作一种简单的同情和宽慰，或者是泛泛的说教，或者是把大事化小，小事化了。其实，心理咨询的目标是鼓励人自救自助，帮助求助者认识痛苦，战胜痛苦，走出困惑，它不是同情而是共情。同情只涉及对对方感情上的安慰和物质上的帮助，共情则须进入对方的精神世界，理解和分担他的各种精神负荷，是一种精神帮助。

5.心理咨询员并非救世主

有些求助者把咨询人员当作"救世主"，将自己的所有心理包袱丢给咨询人员，而自己无须思考、无须努力、无须承担责任。其实，心理咨询的成效主要取决于求助者本人，咨询人员只起分析、引导、启发、支持、促进求助者人格成长的作用，无法把自己的价值观和愿望强加给求助者，更不能代替求助者去思考、去改变、去作决定。真正的"救世主"只有一个，那就是求助者自己。

6.心理咨询不等于思想工作

有些人认为心理咨询就是做思想政治工作。因为二者都有以谈话来实现的特征，都是为了改变人的观点和行为反应。心理咨询与思想政治工作是相辅相成、互为补充的，两者的最终目标都是为了培养身心健全的有用之才，但思想政治工作侧重理性，重视社会和集体利益，强调说服教育，探讨行为是否正确；而心理咨询侧重人性，肯定个人价值，采取客观中立态度，寻找心理的症结，探求解决方法。

（二）选择心理咨询机构

慎重选择心理咨询机构十分重要，它可以使个人及时获得适当的帮助。目前可供选择的国内心理咨询机构主要有以下几类：

1.学校心理咨询中心

许多大学都已经设立了这类咨询中心，主要由辅导员和心理学工作者组成。当大学生面临涉及个人发展的各种具体问题（如对校园环境的适应问题、恋爱问题、学业问题）时，可以首先与自己学校的心理咨询中心取得联系，借助咨询人员的专业知识和必要的测验评价工具，谋求对于自己问题的正确认识，并在此基础上得到具体辅导。通常情况下，大多数大学生的心理问题都可以通过心理咨询中心得到解决。

2.专业心理咨询机构

适合大学生的有专门针对学业问题的咨询机构或专门涉及婚恋问题的咨询机构等。当个人问题在上述一般的学校心理咨询和辅导中心不能得到解决时，可以有针对性地寻求这种专业帮助。不过，国内目前在这方面的专业咨询机构还不很普及。

3.心理咨询门诊

这类门诊附设在各种医疗机构中，尤其是在一些精神专科医院中，现在已经相当普及了。对于一些发现有比较明显的不能自控症状的大学生，建议可以经由咨询中心转介后，寻求这类咨询。不过需要注意的是，由于这些机构目前都采用传统医学模式，比较强调通过物理和化学的手段治疗障碍，所以，对于大多数同学来说，一般情况下应首选学校的心理咨询中心。

（三）进行咨询会谈时应注意的事项

一般的咨询，先由求助者与咨询人员预约好咨询时间，双方在约定的时间准时赴约。咨询过程一般在咨询室进行。作为净化心灵和强化自信心的场所，心理咨询室一般都布置得很典雅，并能给人以充分的舒适、放松感。整个咨询过程必须在高度保密的情况下进行，除非求助者提出特殊的陪同要求。咨询过程一般要求是一对一的，即咨询室一次只能接待一名来访者。

在心理咨询中，咨询工作者和求助者之间的关系是平等的，既非教师和学生的关系，也不是医生和患者的关系，而是一种朋友的关系。为使心理咨询取得良好效果，大学生去心理咨询时要注意以下问题：

1. 自然表达自我

当感觉有任何不适应的地方时，可以直接向咨询人员提出来。当觉得对有些事情心理准备还不充分，暂时不想讨论时，也不必顾虑，完全可以坦率地表达出来，咨询人员会充分理解你的这种需要的。对于已经说出来的问题，也不必担心，保密是心理咨询的基本职业准则，除非某些特殊情况，一般是不会让其他人知道你的隐私的。

2. 打消对错顾虑

对于内心的一些涉及不道德的念头不必顾虑，可以大胆地表达出来，咨询人员对于这些会表示充分的理解。在心理咨询中，对于道德问题的界定是十分谨慎的，不会把观念上的不道德内容，界定为实际上的不道德。

3. 不能完全依赖于咨询人员

在咨询中，完全依赖咨询人员帮自己解决问题是非常错误的观念，是与咨询的目标相违背的。咨询的目的就是要帮助求助者学会自助。咨询人员像是一面镜子，让求助者在镜子中更好地面对自己。

第三节　大学生常见心理问题及咨询

一、人际交往心理问题咨询

（一）社交恐惧症

许多人或多或少对跟陌生人接触有些拘束，但是，社交恐惧症患者总是处于焦虑状态。与人交往，甚至在公共场所出现，对他们来说都是一件困难的事。这种人在交往中都有强烈的恐惧感。社交恐惧症是一种非常严重的交往心理障碍，主要是一种兼具不安和恐惧色彩的情绪反应。这是一种不自然的恐惧反应，是在没有构成危险或威胁的刺激存在时产生的。

1. 症状及表现

社交恐惧症患者总是担心会在别人面前出丑，在参加任何聚会之前，他们都会感到极度的焦虑。当他们真的和别人在一起的时候，会感到更加不自然，甚至说不出一句话。聚会结束以后，他们又一遍一遍地在脑子里重温刚才的场景，回顾每一个细节，对自己的一点点不周都会深深自责。其躯体症状：口干、出汗、心跳剧烈。周围的人可能会看到的症状有：脸红、口吃结巴、轻微颤抖。

2. 咨询要点

害怕交往主要是对交往有不正确的认识，没有掌握基本的社会交往技能和技巧。应经常参加交往活动，有意识地锻炼自己，掌握摆脱窘境的方法和技巧，培养交往时所需的应变能力和解决复杂问题的能力。对于严重的社交恐惧症，还应当采取心理咨询和心理治疗的方法。例如，系统脱敏法即为一种用于消除焦虑的行为疗法，可有效地用来治疗社交恐惧症。

（二）紧张与胆怯

紧张症状体现为精神和体力的失常。包括疲乏，食欲不振或食欲过旺，头疼，好哭，失眠或睡眠过度。有人常常通过喝酒，吸毒或其他强制性行为来解除紧张。伴随紧张情绪的可能是一些吼叫，莫名其妙的烦恼或者无所适从的表现。

1. 症状及表现

在人前讲话费劲，心跳急促，舌头发硬，嘴巴不听使唤。语言支离破碎，使人听起来别扭，难以理解。

2. 咨询要点

要改掉说话紧张、语无伦次的坏习惯，注意做到平时说话应尽量冷静，放慢速度。坚持练习朗诵，找一些优秀散文，细心体会，反复朗读。参加歌唱、演讲等活动多抛头露面，克服羞怯心理，增强适应性。

胆怯就是人们对某种事物或特定对象的胆小、畏缩。胆怯现象在我们的生活中非常普遍，不仅会因为生活中正面的直接威胁而感到胆怯，而且还会因为一些潜在的、并不一定成为事实的威胁而感到胆怯。胆怯大多是由对未知事物的恐惧引起的。凡是无法预计、解释和理解的事物都容易使人胆怯，这也正是儿童惧怕黑暗和陌生人的原因。在现实生活中，人们难免要碰到一些无法预测、无法避免、无法理解的事物。如果这些未知事物具有较大的危险性，那么就会引发人们深深的恐惧。

1. 症状及表现

与人打交道时，一说话就脸红、心慌，见到陌生人就紧张，在人多的时候不敢说话，眼睛不敢看人，手脚不知往哪里放，即使说话也前言不搭后语，局促不安等。

2. 咨询要点

胆怯是许多人都曾有过的一种在交往过程中产生的情绪状态，只是程度不同而已。但胆怯有碍于人们更好地适应社会，不利于人际交往。

寻找产生胆怯的原因。胆怯从产生的原因上可分为不同的种类，如气质性胆怯，即生来性格比较内向，不愿与陌生人打交道，一旦交往起来，也是思前想后，顾虑重重；认识性胆怯，即过分注重自己的形象，患得患失，生怕自己的言行被别人笑话，没有十分的把握决不轻易说话或行动；挫折性胆怯，即本来性格比较开朗，交往也积极主动，但在实际中遭到打击，变得消极被动了。

加强独立自主能力的培养，不要过分追求安全感，放下思想包袱。走向社会，走向人群，多和别人交往，特别是与性格比较开朗的同龄人交往。依靠个人的努力，积极克服自身存在的弱点，避免因胆怯所造成的心理紧张，消除消极的自我逃避式的心理防御。

（三）异性交往障碍

青春期的最初阶段，男女生接触显得很不自然，局促不安，男女生之间说话最容易脸红、紧张，这段时期，心理学上称"异性疏远期"。这种现象最早发生在女性身上，而且在整个异性疏远期，女性都比男性更为突出。再加上有些女同学或多或少地受封建落后观念"男女授受不亲"的影响，极力克制自己与异性交往，见到同龄异性就脸红心跳，不会说话，这样容易呈现"恐人症"症状，长此以往，就会形成异性交往心理障碍。

1. 症状与表现

不敢与异性交往，羞于谈异性，与异性说话时则脸红、出汗、心跳、呼吸加快、语言不连贯等。

2. 咨询要点

更新观念，主动交往。在当今信息开放的年代，人们的观念发生了巨大变化，开放型的人际交往成了社交的主旋律，因此，不应将与异性交往神秘化。树立正气，创造环境。打破封闭式的生活环境，用全新的观念和热忱的态度，发展友谊。自己在交往时堂堂正正，一身正气，不抱杂念，不制造流言。交往时要大方，真诚，豁达，不要故作姿态，粗俗轻浮。

（四）友谊挫折

真诚的友谊是每个人都渴望的，但是真诚的友谊需要付出，需要精心呵护。这就是为什么有的人拥有不少知心朋友，而有的人却没有真正的朋友的原因。人与人之间的交往是需要彼此认同并倾注感情的，宽容大度是取得别人好感的前提，而善解人意和真诚待人又是保持友谊的关键。否则，友谊就可能遇到挫折。现代生活中，每个人都可能遭遇友谊挫折。

1. 症状与表现

当好朋友又交了其他一些朋友而冷落你的时候，则有种失意感、空虚感。在涉及一些原则的问题上，与朋友相持不下，导致友谊破裂。失去友谊，则感到世态炎凉，人心难测，处处提防他人，而不愿与人坦诚相处，影响学习、工作以及身心健康。

2. 咨询要点

针对友谊挫折问题，人们应该摆脱以下几种心态：

（1）归属挫折。假如你的朋友又交了另一个朋友，扩大了你的友谊圈，你可能感到高兴。但如果这个新朋友取代了你的位置，你会有种不可名状的失意感、空虚感，这就是归属挫折。对待这种挫折，应该看到，朋友不可能永远只和你厮守在一起，为了各自的学习、生活和发展，大家一定会有新朋友。特别是在现在信息开放的时代，人际间的交往是多方面的、多层次的，谁都需要更多的朋友。但要记住，友谊的价值一方面在于不干涉和伤害各自的独立性；另一方面也在于相互忠诚。有了新朋友而疏远老朋友是不可取的，这必然会导致双方产生归属挫折而使友谊破裂。

（2）错觉挫折。由于事件的巧合或信息的误传以及外界的流言、挑拨而造成误会，使得双方的友谊受到影响，这就是错觉挫折。朋友之间出现了错觉挫折，不要性急或失去理智马上得出结论，而应仔细地加以分析。朋友之间既要做到"君子坦荡荡"，又要谨防过于自尊地把话闷在心里。从维护友谊出发，应尽快消除误会，这样，友谊会更加纯洁牢固。

（3）分歧挫折。由信仰分歧、观点分歧、行为分歧而引起友谊挫折，这种挫折比较复杂，因为有些分歧是带有原则性的，而有些则无原则性，有时这些分歧又错综复杂地交织在一起，因而就使得朋友间的友谊时离时合，也可能会导致友谊的终止甚至反目成仇。所以对待分歧挫折要认真区分。人们的生活习惯、交际方式等行为分歧在现实生活中是较常见的，有的人喜欢安静，有的喜欢热闹；有的喜欢读书，有的喜欢打球等。这样的分歧只能求大同存小异，大可不必迁怒于对方，如果发现对方行为的动机不纯，表现出低劣人品时，那就应批评劝告，乃至终止友谊。

（4）利害挫折。能不能经得起利害挫折是对真假友谊的最好辨别。在现实生活中，利益冲突是在所难免的，尤其是这种利益冲突涉及的人是你和朋友时，是需要牺牲一些自己的利益的，这才能算真正的友谊，这种友谊才格外地令人珍重。

二、情爱心理问题咨询

（一）失恋

失恋是指一个痴情人被其恋爱对象抛弃。失恋引起的主要情绪反应是痛苦和烦恼。大多数失恋者能正确对待和处理好这种恋爱受挫现象，愉快地走向新生活。然而，也有一些失恋者不能及时排解这种强烈的情绪，导致心神不宁，性格反常。具体到不同的个体，失恋者常常出现以下几种消极心态：一是羞愧难当，陷入自卑和迷惘，心灰意冷，走向怯懦封闭，甚至绝望、轻生，成为爱情的殉葬品。二是对抛弃自己的人一往情深，自欺欺人，否认失恋的存在，从而陷入单相思的泥潭。也有人会出现一个特殊的感情矛盾——既爱又恨，不能自拔。三是因失恋而绝望，产生报复心理，造成毁坏性的结局；或从此忌欲厌生，怀疑一切；或玩世不恭，得过且过，追求刺激，发泄心中不满。

1. 症状与表现

失恋之后的表现是多种多样的，常见的形式有：

（1）畏缩。这是采取避免与现实接触的方法来逃避挫折的一种消极反应。例如，有的女青年失恋之后，把自己整天关在房里，与世隔绝，以求精神安慰。更有甚者，离家出走当尼姑、和尚。这种以人际冷漠态度对待外在世界的方式，带来的却是长期的身心损伤。

（2）自我攻击。有的人因失恋陷入痛苦之中，非但不怨恨原来的恋人，反而在深刻地"自省"中为自己罗织了许多"罪状"，认为失恋的根本原因是自己卑劣的心灵与对方崇高的人格不能匹配。过分的自责，使自己陷入痛苦深渊之中。

（3）外向攻击。是用嘲笑、谩骂、毁容等伤害对方的方法来摆脱挫折感的一种行为反应。具有强烈占有欲的人，常用"非爱即恨"的感情模式来处理生活中的感情危机。

（4）他向攻击。失恋者在爱和恨的感情上无法解脱时，他（她）不忍心攻击自己昔日的恋人，而是把矛头指向与恋爱无关的他人。

失恋者由于失去了对方的爱情，其他感情又不能替代，会产生极度的绝望感、孤独感和虚无感。在此危险时刻，失恋者往往有以下不良的心理和行为特征：

（1）自杀。失恋者的自卑、悲观、厌世、空虚、羞辱、悔恨等各种负性情绪极端强烈，想摆脱心理负荷，就会导致自杀。

（2）报复。这是一种较常见的发泄手段，是极度的占有欲受到挫折而唤起的报复心理。

（3）抑郁。其主要表现为：焦虑、冷漠、痛苦、颓废等，严重者导致精神分裂症。

2. 咨询要点

（1）学会精神自励。面对爱的挫折及接踵而至的精神打击，应用积极的认识方法来"稳住"自己，学会自我鼓励。爱情的挫折是对人生的考验，是人格走向成熟的阶梯。培根有一句名言："一切真正伟大的人物没有一个是因爱情而发狂的人。"强制别人接受自己痴情的爱，是一切爱情悲剧的根源。孤注一掷的爱是软弱无能的表现。因此，应不断鼓励自己迅速振作起来，才能摆脱眼前的感情危机。

（2）寻求积极发泄。许多失恋的悲剧后果都是由于痛苦情绪的压抑、沉积而走向行为爆发的。失恋的最初阶段是最不理智的，此时出现的沉闷是危险的征兆。因此，失恋后可把内心的委屈、痛苦和愤怒向亲朋好友或家人倾吐；有时泣不成声的倾诉如同燥热天气里的一场雷雨，暴雨过后便会出现清新、爽朗的心境。

（3）转移生活方式。改变自己的生活方式去摆脱失恋的痛苦。如投身到学习、工作中去。不要把自己圈在狭小的圈子里，整天唉声叹气，难以自拔，而应鼓足勇气，投身到集体中去，集体会给你以关怀和温暖。融身于大自然中去，大自然的美好风光，能够使人开阔胸怀，欢娱身心。

（二）拒绝爱慕

对异性的爱慕是生活中很正常的事情，正所谓"哪个少女不怀春，哪个少年不钟情"。因此，当有异性表示爱慕时，应该委婉地表达自己的看法，理智地对待。要学会"拒绝"，但要讲求策略，否则，就是一种伤害。

1. 症状与表现

当求爱者向你表达心中的爱慕之情时，有的感到左右为难，进退维谷；有的根本不爱对方，却盲目接受了对方的求爱，结果对双方都是一种伤害；有的在拒绝对方的求爱时，缺乏理智和冷静，结果双方都感到难堪，而影响彼此之间的友情，徒增烦恼。

2. 咨询要点

当爱向你走来的时候，不要盲目地接受。在对待爱情上，要慎之又慎，不能玩世不恭。当你拒绝对方的求爱时，要理解和尊重他（她）的感情。你在拒绝他（她）时，要将心比心，珍惜他（她）对你的尊重和信任，尊重他（她）的人格，尽可能减轻对他（她）的刺激。当你拒绝对方的求爱时，态度要明确而果断。在行动上，要尽量减少接触，尤其是单独接触。当你拒绝对方的求爱时，要讲究方式和言辞。无论写信、面谈或是请知心朋友转达，都要把要说的话事先琢磨好，言辞既要明确又不失诚挚，既果断又不失委婉。

（三）同性恋

同性恋是指以同性为满足性欲对象的情感。过去，同性恋一直被看作是一种心理障碍，但是近些年来，心理学家和精神病学家观察到：同性恋者只是以同性恋作为主要的或唯一的性行为，除此之外，无其他精神与心理异常，而且不少健康的成年人都曾有过或多或少的同性恋体验。因此，有的国家已不把同性恋列入诊治范围。

1. 症状与表现

对同性有强烈的性欲或性爱感情，对异性不感兴趣。看见自己喜欢的同性，则会产生恋爱的感觉，并且出现性结合的欲望。

2. 咨询要点

（1）同性恋的主要问题是对异性恋爱出现了故障，进而选择同性伴侣作为性兴趣的对象。原因在于对自己失去信心，认为自己无法胜任与异性恋爱，或者过分害怕异性，改而选择没有威胁、较易相处的同性作为对象。也可能是因遭受挫折使性心理发展迟滞，没有发展到异性恋爱阶段，而固定在早期的同性恋爱阶段。

（2）解决对异性恋爱的障碍，将性的对象转向异性，放弃对同性的恋爱倾向。

（3）培养对异性美的欣赏能力。

（4）通过心理医师作精神分析，找出在性心理发展过程中使其心态走上歧途的因素。

（5）采用行为治疗中的"橡皮圈疗法"，在手臂上套个橡皮圈，当有同性恋冲动或对同性产生好感时，就反复拉橡皮筋，直至引起疼痛为止。

（6）服用一定激素药物，使体内性激素平衡。

（7）加强自我调控，用心理转移或升华的方法将这种情欲转移到正当的活动中去。

（8）采用厌恶疗法，经过若干次疼痛体验，可使同性恋心理消失。

三、心理健康问题咨询

（一）多疑

俗语云："害人之心不可有，防人之心不可无。"在人际关系错综复杂的现代社会里，做一个有头脑的交往者，是非常必要的。对于涉世不深、血气方刚的年轻人来说，大意失荆州的情况是常发生的。尤其是女孩子，适当地怀疑别人，不随便与陌生异性交往是非常必要的。"心灵不设防"只是理想中的状态。在交往中，人人都需要有所警惕，这样才能避免付出真心收获假意的可悲结局。然而，在现实生活中，颇有一些人把"防人之心不可无"作为自己的人生信条，抱着怀疑一切的态度与别人交往。这样，就陷入了多疑的心理障碍中。多疑的人仅凭主观臆测就对别人抱有不信任心理，整天疑心重重、无中生有，结果认为人人都是假的，人人都不可信。朋友之间，恋人之间，都是容不得多疑存在的，多疑常会导致朋友之间的疏远，恋人之间的分手。

1. 症状与表现

如果看见两个同学在窃窃私语，就以为在说自己的坏话；别人无意之中看自己一眼，以为别人不怀好意，别有用心；每当自己做错了事，即使别人不知道，也怀疑别人早就知道，好像正盯着自己似的；别人无意之中说了一句笑话也以为在讥讽自己；怀疑别人对自己的真诚，认为这些都是虚假的，整个世界都是罪恶的，自己没有一个可以与之谈心的朋友；经常感到孤独、寂寞、心慌、焦虑。

2. 咨询要点

（1）了解多疑心理产生的原因。多疑心理产生往往和消极的暗示有关。

（2）认识危害，加强修养。要认识到无端猜疑的危害及不良后果，要用高度的理智、宽阔的胸怀、友善的态度对待他人。只要我们心广如天地，虚旷如日月，就不会为这些小事而斤斤计较，无端猜疑了。

（3）自我暗示，厌恶猜疑。当你猜疑别人看不起你，在背后说你坏话，对你撒谎的时候，你心里可以不断地反复地默念"我和他是好朋友"，"他不会看不起我"，"他不会说我坏话"，"他不会对我撒谎"，"我不该猜疑他"，"猜疑人是有害的"，"我讨厌猜疑"等。这样反复多次地默念，就能克服多疑的毛病。心理学家证明，从心理上厌恶它，在观念和行动上也就随心理的变化而放弃它。

（4）坦率地、诚恳地把猜疑问题提出来，心平气和地谈一谈，只要你以诚相见，襟怀坦荡，相信疑团是会解开的。

（二）强迫症

强迫症是指人主观体验到源于自我的某些观念和意向的出现是不恰当的，但又难以通过自己的意志努力加以抵制，从而引起强烈的紧张不安和严重的内心冲突并伴有的某些重复动作和行为。临床表现主要是在思维、情绪、意向和行为等方面表现出强迫症状。

（1）强迫观念：明知某些想法和表现，如强迫疑虑、强迫对立观念的出现是不恰当和不必要的，却仍紧张不安和痛苦，无法摆脱。

（2）强迫情绪：出现某些难以控制的不必要的担心，如担心自己丧失自制会做出不道德、违法行为或精神失常等。

（3）强迫意向：感到内心有某种强烈的内在驱使力或立即行动的冲动感，但从不表现为行为，却使自己深感紧张、担心和痛苦。

（4）强迫动作：屈从或对抗强迫观念而表现出来的重复进行的动作和行为。

1. 症状与表现

强迫症是一种神经官能症，主要表现有：（1）强迫动作，即重复出现一些动作，自知不必要而又不能摆脱。常见为反复洗手、反复检查等。（2）强迫思维，强迫想像、强迫回忆等。

通常病人深感焦虑，主观上力图与强迫思维、动作对抗，结果反而越演越烈。部分病人性格有易焦虑、自信不足而又要求完美的特点，从而容易对日常生活事件发生强迫性质的心理反应。

2. 咨询要点

（1）了解病因和发病机制。强迫症与一定的人格特征有密切关系。具有强迫症的人，在性格上往往表现出谨小慎微、墨守成规、缺乏自信心、胆小怕事、优柔寡断、办事认真、喜欢过多过细地思考问题，缺乏随和性，过于追求完美，或者主观任性、急躁、好强、自制力较弱，并常伴有不安全感、不确定感、不适感、不完善感等。强迫症的产生与心理社会因素关系密切，强烈或持久的精神因素的作用及剧烈的情绪体验的影响往往是此病发生的直接原因。

（2）理性疗法。让患者充分认识到自己症状中的非理性观念，认识到症状的幼稚性、不合理性，并且对每一种非理性观念都用一种相应的理性观念去克服，通过认识增强理性，从而使症状减轻。

（3）行为疗法。指导病人采用意念的松弛训练、肌肉松弛技术结合系统脱敏疗法或用操作条件法治疗，以减轻焦虑或单一的症状。

（4）患者亲人或朋友要给予病人以关心爱护，既不苛求病人，也不姑息。不能长篇大论地讲道理和教训，不能追根究底，应该有分寸地以适当的态度和行动合理地对待病人。

（5）求助于专业心理治疗机构。对顽固的强迫症，有必要寻求专业的心理治疗。

（三）神经衰弱

神经衰弱是一类精神容易兴奋、脑力容易疲乏、常有情绪烦恼和心理、生理症状的神经性障碍。这些症状不能归因于躯体疾病或其他精神疾病，但病前会存在持久的情绪紧张和精神压力。

1. 症状与表现

患者常同时有多种精神和躯体症状，大致可归纳为以下几类：

（1）衰弱症状。这是本病常有的基本症状。患者经常感到精力不足、萎靡不振，不能用脑或脑力迟钝，肢体无力，困倦思睡，特别是工作稍久，即感注意力不能集中，思考困难，工作效率显著降低。

（2）兴奋症状。患者在阅读书报或收看电视等活动时精神容易兴奋，不由自主的回忆和联想增多。患者对指向性思维感到吃力，而缺乏指向性的思维却很活跃，控制不住；这种现象在入睡前尤其明显，使患者深感苦恼。有的患者还会对声光敏感。

（3）情绪症状。主要表现为容易烦恼和容易激怒。烦恼的内容往往涉及现实生活中的各种矛盾，感到困难重重，无法解决。同时自制力减弱，遇事容易激动；或遇事易怒，易发脾气，事后又感到后悔；或易于伤感、落泪。有的患者存在怨恨情绪，把疾病的起因归咎于他人。

（4）紧张性疼痛。常由紧张情绪引起，以紧张性头痛最常见。患者感到头重、头胀、头部紧压感；或颈项僵硬；有的则腰酸背痛或四肢肌肉疼痛。

（5）睡眠障碍。最常见的首先是入睡困难、辗转难眠，以致心情烦躁，更难入睡。其次是多梦，易惊醒，或感到睡眠很浅。还有一些患者感到睡醒后仍疲乏不堪，或感到白天思睡，一上床脑子兴奋，难以成眠。有的患者虽已酣然入睡，鼾声大作，但醒后又像没睡过似的，缺乏真实的睡眠感。这类患者为失眠而担心、苦恼，往往超过了睡眠障碍本身带来的痛苦，反映了患者的焦虑心境。

（6）心理生理障碍。较常见的如头昏、眼花、耳鸣、心悸、心慌、气短、胸闷、腹胀、消化不良、尿频、多汗、阳痿、早泄或月经不调等。这类症状虽缺乏特异性，也常见于焦虑症、抑郁症或躯体化障碍，但可成为本病患者求治的主诉，使神经衰弱的基本症状被掩盖起来。

2. 咨询要点

了解病因。神经衰弱症往往有性格不开朗、心胸狭窄、敏感多疑、主观急躁、自制力差、情绪易波动、易受外界刺激、思虑过多等表现。而那些能引起神经活动过度紧张，并伴有不良情绪的情形均是神经衰弱的致病因素，常见的有：长期紧张、繁忙地工作、学习而得不到放松，亲人死亡，人际关系冲突及生活中各种紧张刺激等。

要培养乐观情绪，树立自信心，学会合理用脑，适当调整自己的工作、学习、生活节奏和人际关系，要用愉快的心情来对待生活中的每一件事，不自寻烦恼，要胸襟开阔，以微笑的方式迎接生活。要根据实际情况学习、工作，给自己定出切合实际的目标。积极参加有益身心的活动，学习并坚持一些身心保健的方法。

（四）疑病症

疑病性神经症，简称疑病症，是以疑病症状为主要临床特征的一种神经性障碍。

1. 症状与表现

疑病症主要特征是对自身健康状况或身体某一部分功能过分关注，怀疑自己患上某种躯体或精神疾病，但与其实际健康状况不符；医生对疾病的解释或客观检查，常不足以消除患者的固有成见。病人整个心理被对疾病的疑虑和恐惧占据。临床症状的内容为：疑病性烦恼，如对健康过分注意；疑病性不适；感觉过敏；疑病观念。疑病症常有以下几方面表现：

（1）以身体不适为理由，取得别人关心，并发出求救信号，主观上有一种依赖感。

（2）患者遇到挫折时，常以自己有病开脱。

（3）对自身健康毫无根据地怀疑，身体的某部常有特殊的不适感、疼痛或异常感觉。

（4）认为自身患了某种严重疾病或某种异物侵入身体，终日为之忧虑、恐惧，四处觅医求药。

2. 咨询要点

（1）找出病因。患疑病症者，男性多具强迫性人格，女性则与癔病个性有关。以个性敏感、多疑、主观、固执、自怜和孤独者多见。半数病人发病前有诱因，如重大生活刺激事件，躯体疾病之后，自我暗示和条件联想所致。

（2）寻求自己信任的医师或咨询师，得到他们的关心爱护和明确的解释。

（3）尽情倾诉，暴露出心理矛盾和冲突。学会用理性去对待和处理困难，或把心神转移到感兴趣的活动中去，在创造中得到满足。

（五）抑郁症

抑郁症是一种常见的消极情绪反应。它的突出特点是心境悲观、态度冷淡、自身感觉不良、多有自责现象。有的还表现为失眠、食欲不振、体重减轻、性欲下降等症状，甚至有的出现自杀欲望及自杀行为。

常见抑郁症有以下几种类型：①心因性抑郁又称为反应性抑郁。外界的刺激比较明显，刺激多种多样。开始时一般焦虑，情绪沮丧，并伴有前述抑郁症状中的各种症状，甚至企图自杀。若精神创伤逐渐淡漠，病情可渐渐减轻。但以后再遇精神创伤，症状会复发。②疑病型抑郁。这种类型的患者开始时身体的某些部位会有症状出现，因治疗无效，慢慢出现疑病与抑郁的情绪。随后病人甚至怀疑自己的所有器官都有疾病，抑郁症状就会更加明显。③焦虑性抑郁。患者的精神创伤可有可无。症状表现为坐立不安，特别容易激怒，焦虑不安，夜间失眠，半夜起床常喃喃自语，惶惶不可终日。④隐匿型抑郁。主要表现为失眠，并伴有身体各部的自觉不适，病人为各种症状焦虑，但思想活动常不暴露，病人若有自杀念头，常不易防范。⑤假性痴呆型抑郁。病人对周围事物无兴趣，表现为对日期、地点、亲友姓名、生活中事物一问三不知。患者情绪低落、反应迟钝，造成痴呆形象。

1. 症状及表现

抑郁症是一种持久的心境低落状态，常伴有焦虑、躯体不适和睡眠障碍。患者有治疗要求，无明显的运动性抑制、幻觉、妄想以及思维和行为紊乱等精神病特征。

临床多表现为持久的情绪低落、忧郁、苦闷、沮丧、凄凉和悲哀；感到生活处处不如意，对生活和活动的兴趣显著减退，不与外界的人和事进行沟通，似乎与世隔绝；不愉快、悲观、丧失希望，厌世而不能自拔；说话声调平淡，时时发出叹息，甚至流泪哭泣，自感人生黯淡，对生活甚至生命都失去信心，轻生之感可使少数人付诸行动；自卑、自责、自我贬低、自我评价下降，后悔、内疚。

2. 咨询要点

了解病因和发病机制。患者常个性不开朗，多思多虑，多愁善感和依赖性强，或有适应不良或人格障碍。得到支持、鼓励与充分解释。可以从认知学习的角度帮助患者建立正确的情绪反应和行为方式，帮助他们正确理解人生的意义，培养其乐观的情绪和健全稳定的个性。阅读有益读物，积极从事体育锻炼，参加文娱活动，观看使人开怀大笑的演出等都可缓解此症。

（六）神经性厌食

神经性厌食又称神经性食欲不振，是由神经精神因素引起的对食物无欲望或欲望很低，以厌食、拒食及显著的体重减轻为其特征。

病因及发病机制尚未彻底明确。其主要原因可能为情绪冲突，各种精神刺激等因素抑制了大脑的食欲中枢的兴奋性，从而导致了厌食。部分女生过分关注自己的体形，总认为自己过胖，为了追求苗条体形，有意识地限制饮食，导致厌食，并形成恶性循环。

1. 症状与表现

每日饮食量很少，并主动拒食，由此导致体重减轻和消瘦。常伴有恶心、呕吐及顽固性便秘等表现。由于长期摄入营养不足，患者出现营养不良及低代谢症状，如身体不适、畏冷、心动过缓、血压低及皮肤粗糙等。已有月经的女性则月经不规律或闭经。患者容易疲乏无力，活动减少，常有精神抑郁、兴趣减少等表现。

2.咨询要点

（1）心理治疗。首先要消除各种精神诱因。可采用系统脱敏疗法等行为治疗方法。

（2）饮食治疗。主动进食，补充营养丰富的食物及富含维生素的蔬菜和水果。对进食困难者可通过胃管或静脉补充高营养物质。

（3）药物治疗。伴有明显抑郁表现者可试用抗抑郁药物，以改善症状。

（4）并发症的治疗。伴有明显营养不良、贫血、内分泌紊乱等并发症者，应给予对症治疗。

四、咨询案例

案例一

刘某，女，18岁，某高校二年级学生，本人来咨询。

主诉与咨询过程：

"我从大一第二个学期开始，到期末考试临近时，就一直担心、害怕，怕考不好，怕失败。为了准备好考试，考试前几天总是复习得很晚，在该睡觉的时候总是不能很快入睡，有时要躺上一、两个小时才能睡着。每当考试前走进教室，我都会紧张、心慌、手发抖、出汗、全身绷紧。我在考试时注意力不能集中，脑子里一片空白，明明掌握的东西在考试时就忘了。事后发现自己并不是一点都不知道，而是考试发挥不好。其实，在高中时，我成绩还可以，只是理科比较弱，所以选择了文科，没料到上大学后自己所学的专业还要学习数学、统计等课程，我感到负担沉重。老师一堂课讲的内容很多，学起来极为吃力。第一学期期末考试，有三科不及格，心情十分沉重，这对我来说是前所未有的事。并且总觉得老师、同学瞧不起我，也觉得愧对父母。从那以后，一到考试，我心里就特别害怕，越害怕就越发挥不好。我很想克服考试前的紧张，就是不知道如何做才好"。

从刘某的情况来看，她就属于考试焦虑。在了解了她焦虑背后深层次的潜在冲突后，可以从以下几个方面对她进行帮助和指导。

（1）采用认知领悟疗法和疏导法，引导她消除对考试的重重顾虑。通过交谈、回忆，找准其焦虑根源，然后"对症下药"对她进行帮助和指导。

（2）帮助她分析个性中的优缺点，使她正确认识自己，充分发挥自己的长处，弥补自己的不足，从而培养出健康乐观的心理。

（3）指导她进行自我松弛训练。进行积极的自我暗示，分散注意力。

案例二

如何减轻压力

银行的出纳台前，等着存钱或取钱的储户排起长龙。出纳员正按部就班地为储户办理着手续。站在柜台前的一个老年人取出几本存折，缓慢地取钱。此时，排在后面的小蒋轻声咒骂起来，并怒气冲冲地用脚跺着地。小蒋身后的老刘眼看要误了赶车的时间也怒火中烧，但自知无可奈何，只好看着窗外马路上人来人往。紧挨着老刘的张小姐显得并不着急，继续翻阅手中的股市报纸。

小蒋、老刘和张小姐同时经历一个生活事件，每个人每天都会遇到类似的情况，他们反应却不同，为什么？你将如何帮助小蒋调整心态呢？

分析：

（1）在日常生活中，大多数人能正确认识到紧张的情境或压力是不可避免的，重要的是如何面对和作出反应。小蒋很烦躁、焦虑，老刘很平静，而张小姐则显得很轻松，这些不同反应同他们对自己、对社会的态度和信念有关，同时也是由他们的人际交往、个性和身体状况等所决定的，因为这些许许多多复杂因素从而构成了某个人特定的应对压力和挫折的反应方式。

（2）有些人把紧张和压力看作是自身无法控制的外部力量，回避又不可能，不能避开就得忍受，小蒋的行为说明了这种态度倾向，他认为全是那个老人的过错。

几点建议：

（1）小蒋可做深呼吸或利用等待的时间给朋友发个短信等。这样一方面可分散注意力，另一方面会觉得时间过得快些。

（2）小蒋每天至少应抽出 30 分钟时间参加一项体育活动，以培养自己良好的心境。

（3）补充具有安定情绪的食物和具有平衡心理压力的含维生素 C 丰富的食物，含钙丰富的食物有牛奶、乳酸、小干鱼等，含维生素 C 丰富的食物有菜花、芝麻、水果等。

案例三

我为什么总是留恋中学时代？

王某，男，17 岁，大学一年级新生。入学不久，听说学校有心理咨询室，便前来诉说自己的苦恼。他谈到自己总是留恋刚刚过去的中学时代，想家，怀念中学的同学。在主诉的基础上，心理咨询老师对他进行了相应的分析与指导。

主诉与咨询过程：

"老师，我是刚刚入大学不久的一年级新生。进大学前，幻想着大学生活浪漫、幸福，可是来到大学后却觉得人地两生。特别是到了周末、假日，看到当地同学陆续回家或与老同学团聚，我的思乡之情油然而生。我是多么留恋过去的中学时代，过去的同学、朋友，过去熟悉的生活环境，甚至后悔不该报考外地大学。其实我们那里也有不少这样的大学，我们班的好几个与我要好的同学都在家乡的大学上学。我觉得大学还不如过去的中学时代好，人长大了上了大学，但生活却没什么意思，还不如少年时代好玩。老师，您说我这种心理是不是不正常？"

"你的这种心情，每年入学的新同学中都有。它是大学新生中经常遇到的心理问题。心理学上称之为'回归心理'。具体表现是迷恋过去，有一种希望回到过去的心态。它主要是由于对大学生活不适应，对新环境的陌生而造成的。由于人地两生，而特别留恋过去，想回到过去那个熟悉而亲切的环境中去。你的心态也是这种回归心理的表现。"

"老师，我的这种心理正常吗？有没有办法改变呢？"……

分析诊断与指导帮助：

"回归心理"应该说是一种正常的心理状态，但是如果长期处于一种怀旧、留恋过去的心理状态中，会造成学习上的不安心，甚至夜不成眠，形成阻碍学习的心理压力。对于大学新生中存在的这种心态也不能忽视，应引导他们尽快地熟悉新环境，克服"回归心理"。咨询员对来询者"回归心理"提出如下建议：

1. 找老乡谈心。首先了解一下学校里有哪些老乡。当你思乡心切，或在节假日感到孤独的时候，可以找他们聊聊，拉拉家常，谈谈家乡的变化和儿时的趣事。或结伴到附近的旅游区参观游览。这在一定程度上可以改变你的思乡心境。

2. 多与同学接触。俗话说，一回生，二回熟，三回成朋友。再要好的朋友，开始也是陌生人。人际交往有"自我循环"特性：越是怕陌生，越是不交往，陌生感越是强烈；越是不怕陌生，越是敢于同陌生人接触，陌生感越是消失得快。特别是与同学交往中，互相交流一下初到大学的感受，你会发现，很多情感、心理活动是一样的，包括"回归心理"的产生。情感的共鸣，有助于心理上的沟通，会增进相互间的理解。一个人来到一个举目无亲的新环境，一时的不适应是很自然的，从不适应到适应，人人都要经历这个过程。懂得这个过程的必然性有利于对"回归心理"的控制。

3. 培养业余爱好。整天紧张的学习工作会使人感到生活单调乏味，培养一下业余爱好，如下棋、玩桥牌、画画、唱歌、跳舞等，不仅能调剂枯燥的学习生活，还可以和周围同学更快地熟悉起来，从而结交一些新的朋友。在周末或节假日积极参加丰富多彩的课余活动，可以消除孤独和寂寞。

4. 通过书信或电话与老同学、老朋友或家乡的亲人及时交流信息、沟通思想、介绍新环境中的人和事，可减轻思乡、怀旧的情绪。

效果与点评：

第一次咨询以后，王某同学又来过心理咨询室几次，谈自己在适应新生活中的种种感受。咨询员根据具体情况及时给予帮助和指导。到了后半学期，期末考试临近，回乡日期在望，王某的"回归心理"逐渐减轻。

大学一年级的新同学，多数都是初次离家或离开从小生活学习的环境，由于人地两生很容易产生留恋过去的心情。在心理咨询中应给予及时的指导帮助，使他们尽快适应新的环境。这种情况，还可以开展小组咨询：将有类似心态的同学邀集起来，让他们互相倾诉心声，讨论克服消极情绪的办法。在小组中还可以结交新朋友，消除孤独感。

（资料来源：转引自中国心理在线网）

案例四

考试焦虑症

范某，女，某大学三年级学生。

大二上学期英语四级考试前，范某发现听力接受器的信号不好，突然感到心跳加速，心慌意乱，头昏，站不稳，差点晕倒。几位监考老师拿出仁丹、藿香正气水、风油精等给她服用、外搽，才恢复正常，但考试时状态不好，英语四级没有通过。大二下学期，再考四级时，刚刚播放试听，她就全身发抖感觉出不了气，心绞痛，胸口发闷，呼吸困难，感觉自己马上就要死掉了。监考老师立即通知校医院。她的同学告诉校医，考试前几周内她已经发作几次了。校医初步诊断为惊恐发作（急性焦虑），要求转大医院精神科治疗。

范某回忆说她最初是在小学升初中考试时就出现了类似的情况，那时家里一定要她考上市重点中学，而且是不收择校费的，因为家里经济条件不宽裕，一两万的择校费对他们家来说太难了。考前母亲一再叮嘱要考好，结果数学考试时，范害怕得全身发抖，手脚冰凉，大汗淋漓，平时学的东西全忘光了，最后进了一般的中学。

分析诊断与指导帮助：

范某的症状是一种考试焦虑的具体表现。考试焦虑是在学生中普遍存在的一种情绪障碍。过度的紧张焦虑会妨碍人的认知活动，降低工作效率，影响能力的正常发挥。学生在考试时的危险无助感并不是由现实决定的，而是由心理因素造成的或者是想像出来的。其实有的学生不能通过考试并不是不具备实力，而是出现了"期待性焦虑"，他们如果有了一次惨痛失败的经历，就担心害怕类似的失败再次出现。在过分警觉的状态下有大祸临头的感觉。

专家分析：

专家指出，面临一场重要的考试，任何人都可能会出现一定的焦虑，如果程度适度的话，这种焦虑还有利于激发身体的潜能，使考试发挥正常甚至超常；但是如果这种焦虑过度以至于占据了个体整个思维活动，这就成了焦虑障碍，就会妨碍个体的心理社会功能的正常发挥，导致考试失败。

案例五

社交恐惧症

孙某是一名 22 岁的男生，性格内向。与异性交往就会脸红，甚至不敢正视对方的眼睛。他也想方设法地与她们保持距离。有时与女同学接触时，心里焦虑不安。他对此非常苦恼，特地到心理咨询中心进行咨询。咨询师印象：身高约 1.6 m 左右，脸红，不敢看咨询师，眼瞧着对面墙上，身体动作显得很不自在，讲话感到有点结巴，言语不流畅，口角肌肉紧张颤动。额上出了很多汗、双手放在双腿的中间。该同学自述在高中时不知道自己有心理问题，从到这个学院来后感到自己可能是社交恐惧症。通过网上查询和看了很多书，按照书上的办法尝试着调整，但效果不佳。与其他人比较逐渐产生自卑，害怕和他人交往，心里烦。现在变得越来越不愿与人讲话，总担心说话说不好；内心想和他人交朋友，但是怕自己出现不自在的反应被人看不起，不敢发表自己的意见，感到在交往上有恐惧心理，迫切希望得到咨询师的帮助，解决这种心理问题。

咨询师分析该同学的心理问题是社交恐惧症的一种类型，好发于青年，是由于青春期在人的潜意识中对异性产生了一定"好感"诱发的。特别是对于性格内向、比较怯弱的青少年来说，更容易产生觉得女孩子注意自己的错觉心理，他们往往在行为上表现与女孩子说话害羞、紧张，甚至躲避等。正如该同学一样陷进了由精神紧张——害怕——越紧张——越害怕的怪圈之中，不能自拔，从而产生异性社交恐怖。根据分析，咨询师认为可以通过行为矫正治疗帮助他。具体可采取如下措施：

1.消除自卑，完善个性，给自己一个重新认识自己的机会，凡事不必或不应求全责备。要经常暗示自己只不过是集体中的一员，没有人盯你的梢，在人际交流中减少羞怯和恐惧。

2.掌握社交技巧，突破社交困难。越害怕越躲避，恐惧症是治不好的。

3.在心理医生指导下进行系统脱敏疗法。如可每天规定自己与相邻的同学一同做作业，进行讨论，主动与女性讲话 5 次，每次 5 分钟，以后逐渐增加与女性接触的次数与时间，直到完全不恐怖为止。

4.坐在软椅上，双手放于扶手上，采取随意、舒适的姿势，借用生物反馈仪或音乐治疗仪进行放松治疗，每次 30 分钟。

如果恐惧症伴随其他症状，应用强镇静药或地西泮（安定）药物治疗。

案例六

2002 年 11 月某日晚 9 时许，一向少言寡语不爱交友的陈玲，突然逐个与本班同学握手，赠送一张贺卡并向大家道歉，说"入学以来一直对不起大家，多谢了"。同学们被她异常举动搞得莫名其妙。联想到该生前两天到医院看过病，回校后心事重重，班干部意识到她可能处于心理失常状态，于是对她进行监护。

班主任及时将其情况告知本系及学校心理咨询中心，经查该生在 UPI 问卷中得分为 35 分，并选择了第 25 题（想轻生），可认为有较重的心理问题。当天上午，陈玲请假看病，中午未回。班主任意识到问题严重，经请示后检查了她的宿舍，发现该生写给母亲和同班同学的两封信。经过分析了解，发现这个学生生活很苦，没有父亲，与其母感情很好，估计她在决心离开人世前会回家看一次妈妈。于是师生立即前往几十公里外的陈玲家去找，晚上六点半，他们找到了陈玲。

经过反复做工作，陈玲谈了自己想自杀的原因。陈玲上大学前，家庭经济情况较好而且备受宠爱，但 1999 年春，其父外出做买卖时客死他乡，母亲受不了打击病倒了，精神也出了问题。陈玲失去了经济来源，中断了学业，后在几位关心她的老师资助下继续学习考上了大学。

上大学后，看到大多数同学家庭幸福，花钱大方，而自己经济窘迫，自卑感很强。2002 年 11 月初在医院看病时又查出有较重的心脏病，医院要求她住院治疗。她回校后想了很久，觉得自己得了这样重的病，还不如早点死了还能减轻家庭的负担，多留点钱给妈妈看病。

老师把陈玲接回学校后，送她到心理咨询室来接受咨询。

第一次咨询时，班主任送她到咨询室。坐下后，咨询员以亲切的口吻问她："最近，你身体怎样？"话还没说完，她就大哭起来。一面哭一面断断续续地说，感谢学校的老师，感谢周围的人对自己的关心。咨询员没有打断她，让她尽情地宣泄内心长期压抑的痛苦。哭了很长时间后，她慢慢地平静下来。咨询员对她表示理解，并约她一周后再来。

第二次咨询是一周以后，她按约主动前来。在咨询员的鼓励下，她打开了心灵的门，长时间地诉说后，情绪比较稳定了。然后，咨询员与她一起讨论了如何现实地看待她所面临的这些问题，怎样对待生活中遇到的困难，并让她回去想一想克服困难的理智的方法。

第三次咨询中，咨询员主要与她讨论了对自杀的看法，帮助她分析自杀对本人、对亲人、对同学将会造成的身心伤害。陈玲主动表示今后要珍惜生命、珍惜生活。

咨询员还请了校医务室的大夫给她讲心脏病的知识和治疗，使她打消了顾虑，住院接受了治疗。学校通过不同方式给她安排了一些力所能及的勤工俭学的机会，并给予了一些生活补贴，基本上解决了她的生活问题。

通过心理咨询及住院治疗心脏病后，陈玲变了，比以前活泼、开朗了。并且愿意与别人交往，不再把自己封闭在小圈子里了。与同学相处得比较融洽。学习比以前主动了。期末成绩各科都好，自信心大大增强。

（资料来源：玺璺主编．象牙塔里的困惑——大学生心理障碍个案与诊治．上海：世界图书出版公司，2004）

团体辅导与自助

团体咨询：它是在团体情境中提供心理帮助与指导的一种心理咨询形式。是通过团体内人际交互作用，促使个体在交往中通过观察、学习、体验，认识自我、探讨自我、接纳自我，调整和改善与他人的关系，学习新的态度与行为方式，以发展良好的生活适应的助人过程。一般而言，团体咨询是由 1~2 名指导者主持，根据求助者问题的相似性，组成小组，通过共同商讨、训练、引导，解决成员共有的发展课题或心理问题。团体的规模因参加者的问题性质不同而不等，少则 3~5 人，多则十几人到几十人。

团体辅导小活动：建立相互信任与彼此接纳的游戏

主题活动：收获优点

活动设计：我的优点你来说

目的：

1. 学习发现别人的优点并加以欣赏，促进相互肯定与接纳；

2. 增加个人自信心；

3. 认识他人。

时间：50 分钟

过程：

1. 7 人一组围圈坐；

2. 请一位成员坐或站在团体中央，向大家介绍自己的姓名、个性、爱好等；

3. 其他人轮流根据自己对他（她）的了解及观察说出他（她）的优点及欣赏之处（如性格、相貌、待人接物……）然后被欣赏的成员说出那些优点是自己以前察觉的，那些是不察觉的。每个成员到中央带一次高帽。

规则：

1. 必须说优点；

2. 夸别人的优点时态度要真诚，不能毫无根据的吹捧，这样反而会伤害别人；

3. 参加者要注意体验被人称赞时的感受如何；怎样用心去发现别人的长处；怎样做一个乐于欣赏他人的人。

思考与练习

1. 你认为什么情况下需要寻求心理咨询？

2. 心理咨询师能解决一切心理问题吗？

3. 你认为心理咨询师要接待被迫来接受心理咨询的来访者吗？

参考文献

[1]燕良轼,唐海波.大学生心理健康教程[M].长沙:中南大学出版社,2007.

[2]谢炳炎.大学生心理健康教育与指导[M].长沙:湖南大学出版社,2006.

[3]周宏,高长梅.创造教育全书[M].北京:经济日报出版社,1999.

[4]黄希庭.大学生心理健康教育[M].上海:华东师范大学出版社,2004.

[5]刘丽君.大学生心理健康教程[M].北京:化学工业出版社,2007.

[6]高美华,孔玉芝.高职生心理健康[M].北京:北京航空航天大学出版社,2007.

[7]梅清海.心理咨询[M].石家庄:河北科学技术出版社,1989.

[8]郑日昌.大学生心理咨询[M].济南:山东教育出版社,1999.

[9]胡凯.大学生发展型团体心理辅导[M].北京:人民出版社,2007.

[10]邓志革.心理健康教程[M].长沙:中南大学出版社,2003.

[11]伍新春.高等教育心理学[M].北京:高等教育出版社,1999.

[12]潘永亮.实话实说:与大学生谈心理健康[M].赤峰:内蒙古科学技术出版社,2003.

[13]陈学诗,李国榕.当代心理卫生[M].北京:中国社会科学出版社,1992.

[14]曾仕强,刘君政.人际关系与沟通[M].北京:清华大学出版社,2004.

[15]彭聃龄.普通心理学[M].北京:北京师范大学,2001.

[16]黄希庭.心理学导论[M].北京:人民教育出版社,2001.

[17]李玲,陈军.大学生心理健康[M].北京:北京理工大学出版社,2005.

[18]林崇德.大学生心理健康教育[M].合肥:安徽人民出版社,2001.

[19]王志兵,杨丽.新编大学生心理健康[M].大连:大连理工大学出版社,2005.

[20]廖克玲,杨桂芬.高职院校心理教育教程[M].广州:广东科技出版社,2007.

[21]盛乐.心灵解码:心理学趣味测试与自我调节大全[M].北京:新世界出版社,2007.

[22]胡凯.大学生心理健康新论[M].长沙:中南大学出版社,2003.

[23]郑日昌,陈永胜.学校心理咨询[M].北京:人民教育出版社,2000.

[24]杨心德,陈朝阳,胡坚达,贺豪振.大学生心理障碍自我超越[M].上海:上海教育出版社,2003.

[25]刘红委,牛殿庆.21世纪大学生心理健康与成才教育[M].北京:中国商业出版社,2004.

[26]费文晓.心灵的成长与交流[M].成都:四川科学技术出版社,2002.

[27]叶一舵.现代心理健康教育研究[M].北京:开明出版社,2003.

[28]郑日昌.大学生心理卫生[M].济南:山东教育出版社,1999.

[29]徐海涛.21世纪学生心理健康测评[M].呼和浩特:内蒙古少年出版社,2000.

[30]胡德辉.大学生心理与辅导[M].广州:中山大学出版社,2000.

[31]张日昇.咨询心理学[M].北京:人民教育出版社,2002.

[32]林崇德,辛涛,邹泓.学校心理学[M].北京:人民教育出版社,2000.

[33]张大均.教育心理学[M].北京:人民教育出版社,2004.

[34]宋专茂，丁霞. 大学生心理健康测量与导向[M]. 广州：暨南大学出版社，2005.

[35]章明明，冯清梅，韩劢. 大学生心理发展与教育[M]. 广州：暨南大学出版社，2004.

[36]莫雷，颜农秋. 大学生心理教育[M]. 广州：暨南大学出版社，2003.

[37]李晖，郭林春，汤腊冬. 心理素质培育[M]. 北京：中国经济出版社，2004.

[38]达雪. 大学生活咨询[M]. 沈阳：辽宁人民出版社，1988.

[39]全国十二所重点师范大学联合编写[M]. 心理学基础. 北京：教育科学出版社，2002.

[40]吴增强. 学习心理辅导[M]. 上海：上海教育出版社，2000.

[41]邱鸿钟. 大学生健康教育[M]. 广州：广东高等教育出版社，2004.

[42]姚本先，方双虎. 学校心理健康教育导论[M]. 合肥：中国科学技术大学出版社，2002.

[43]孙小远，解亚宁. 心理健康教程[M]. 广州：广东高等教育出版社，2003.

[44]孔燕，江立成，等. 大学生健康教育[M]. 合肥：安徽人民出版社，1998.

[45]樊富民，王建中. 当代大学生心理健康教程[M]. 武汉：武汉大学出版社，2006.

[46]陈家麟. 学校心理健康教育——原理与操作[M]. 北京：科学教育出版社，2002.

[47]潘绥铭，曾静. 中国当代大学生性观念与性行为[M]. 北京：商务印书馆 2000.

[48]黄希庭. 大学生心理健康与咨询[M]. 北京：高等教育出版社，2007.

[49]李慰怡. 现代人际心理学[M]. 北京：中国广播电视出版社，1990.

[50]刘安平. 大学生健康教育必读[M]. 济南：山东大学出版社，2005.

[51]樊富珉. 团体咨询的理论与实践[M]. 北京：清华大学出版社，2004.

[52]夏中义. 人与自我[M]. 桂林：广西师范大学出版社，2002.

[53]沙莲香. 社会心理学[M]. 北京：中国人民大学出版社，2002.

[54]杜文东. 大学生心理健康导论[M]. 南京：江苏人民出版社，1999.

[55]陈会昌. 竞争社会—心理—文化透视[M]. 北京：北京师范大学出版社，2000.

[56]陈会昌. 德育忧思——转型期学生个性心理研究[M]. 北京：华文出版社，1999.

[57]燕良轼. 高等教育心理学[M]. 长沙：湖南大学出版社，2005.

[58]周晓虹. 现代社会心理学——多维视野中的社会行为研究[M]. 上海：上海人民出版社，1997.

[59]金盛华，张杰. 当代社会心理学导论[M]. 北京：北京师范大学出版社，2002.

[60]章志光. 社会心理学[M]. 北京：北京师范大学出版社，1996.

[61]王焕琛，何化葳. 青少年心理学[M]. 台北：心理出版社，1999.

[62]钞秋玲. 女大学生心理教育与自身发展[M]. 西安：西安交通大学出版社，2002.

[63]张大均. 大学生心理的发展[M]. 重庆：重庆大学出版社，1993.

[64]高玉祥. 个性心理学[M]. 北京：北京师范大学出版社，2002.

[65]张春兴. 现代心理学——现代人研究自身问题的科学[M]. 北京：人民出版社，1994.

[66][ ] 燕良轼. 创新素质教育论[M]. 广州：广东教育出版社，2002.

[67]肖沛雄，陈国海，许国彬. 大学生心理与训练[M]. 广州：中山大学出版社，1999.

[68]雷敏. 当代大学生心理疾病报告[M]. 长沙：中南大学出版社，2005.

[69]黄希庭. 简明心理学辞典[M]. 合肥：安徽人民出版社，2004.

[70]卢家楣. 心理学[M]. 上海：上海人民出版社，2004.

[71]袁耿清. 医用心理学[M]. 南京：东南大学出版社，1991.

[72]苏东水. 管理心理学[M]. 上海：复旦大学出版社，1998.

[73]董广杰. 大学生心理健康教育与应用[M]. 北京：中国纺织出版社，2004.

[74]朱敬先. 健康心理学[M]. 北京：教育科学出版社，2002.

[75]张厚粲. 大学生心理学[M]. 北京：北京师范大学出版社，2002.

[76]彭聃龄. 普通心理学[M]. 北京：北京师范大学出版社，2001.

[77]郑雪，等. 幸福心理学[M]. 广州：暨南大学出版社，2004.

[78]刘次林. 幸福教育论[M]. 北京：人民教育出版社，2003.

[79]贺淑曼，蔺桂瑞等. 健康心理与人才发展[M]. 西安：世界图书出版公司，1999.

[80]陈英和. 认知发展心理学[M]. 杭州：浙江人民出版社，1996.

[81]边和平，周玉清. 大学生心理卫生概论[M]. 北京：中国矿业大学出版社，1995.

[82]陈琦. 当代教育心理学[M]. 北京：北京师范大学出版社，1997.

[83]陈国海. 大学生心理与训练[M]. 广州：中山大学出版社，2005.

[84]黄希庭. 心理学与人生[M]. 广州：暨南大学出版社，2005.

[85]许锋. 社会心理学[M]. 北京：经济日报出版社，2001.

[86]张玲，等. 心理健康研究与指导[M]. 北京：教育科学出版社，2001.

[87]胡凯. 大学生心理健康教育教程[M]. 长沙：湖南人民出版社，2009.

[88]孟庆荣. 大学生心理健康[M]. 北京：清华大学出版社，2008.

[89]马建青. 辅导人生——心理咨询学[M]. 济南：山东教育出版社，1992.

[90]谭顶良. 高等教育心理学[M]. 天津：河海大学出版社，2002.

[91]郝伟. 精神病学[M]. 北京：人民卫生出版社，1984.

[92]亨廷·霍顿. 心理学的故事[M]. 李斯译. 海口：海南出版社，1999.

[93]蔼理士. 性心理学[M]. 光复旦译. 上海：生活·读书·新知三联书社，1988.

[94]段鑫星，赵玲. 大学生心理健康教育[M]. 北京：科学出版社，2004.

[95]王健. 创新启示录·超越性思维[M]. 上海：复旦大学出版社，2003.

[96]汪道之. 心理咨询[M]. 北京：中国商业出版社，2002.

[97]朱敬先. 健康心理学：心理卫生[M]. 北京：教育科学出版社，2002.

[98]蕾伊·唐娜希尔. 人类性爱史话[M]. 李意马译. 北京：中国文联出版公司，1988.

[99]瓦西列夫. 情爱论[M]. 赵永穆，范国恩，陈行慧译. 北京：商务印书馆，1986.

[100]岛田一男. 女性性向学[M]. 区伟强译. 兰州：甘肃人民出版社，1987.

[101]M. 艾森克. 心理学——一条整合的途径[M]. 上海：华东师范大学出版社，2000.

[102]高玉祥. 个性心理学[M]. 北京：北京师范大学出版社，2002.

[103][美]R. 丁斯腾伯格. 成功智力[M]. 吴国农等译. 上海：华东师范大学出版社，1999.

[104][美]HowardGardner. 智力的重构——21世纪的多元智力[M]. 霍力岩等译. 北京：中国轻工业出版社，2004.

[105]郭晋武. 大学生健康——心理卫生与行为健康篇[M]. 武汉：武汉大学出版社，2005.

[106]丁润生，胡金贤，等. 无尽的宝藏[M]. 重庆：重庆出版社，1988.

[107]韦彦凌，贾晓明. 大学生心理健康与咨询[M]. 北京：中国经济出版社，1995.

[108]张再生. 职业生涯发展与管理[M]. 天津：南开大学出版社，2002.

[109]王祖承. 精神病学[M]. 北京：人民卫生出版社，2002.

[110]姜乾金. 医学心理学[M]. 北京：人民卫生出版社，2002.

[111]中国就业培训技术指导中心. 心理咨询师[M]. 北京：民族出版社，2005.

[112]易法建. 心理医生[M]. 重庆：重庆大学出版社，1996.

[113]Jerry M. Burger. 人格心理学[M]. 陈会昌译. 北京：中国轻工业出版社，2000.

[114]杰夫. 戴维森. 应对压力[M]. 上海：上海：生活·读书·新知三联书店，2004.

[115][英]约翰·麦克里奥德. 心理咨询导论[M]. 潘洁译. 上海：上海社会科学院出版社，2006.

[116]牧之，张震. 心理学与你的生活：各种生活困惑的心理应对策略[M]. 北京：新世界出版社，2006.

[117]宋凤宁. 大学生心理健康教育读本[M]. 桂林：广西师范大学出版社，2008.

[118][美]琼·C·克莱斯靳，卡拉·高尔顿，帕特丽夏·D·罗泽. 女性心理学[M]. 汤震宇，杨茜译. 上

海：上海社会科学院出版社，2007.

[119]［英］瓦尔·西蒙诺维兹，彼得·皮尔斯著，唐蕴玉译. 人格的发展［M］. 上海：上海社会科学院出版社，2006.

[120]贾晓明. 大学生心理健康——走向和谐与适应［M］. 北京：北京理工大学出版社，2005.

[121]［美］劳伦斯·斯滕伯格. 青春期——青少年的心理发展和健康成长［M］. 戴俊毅译. 上海：上海社会科学院出版社，2007.

[122]吕晓兰. 别和自己过不去：让心理更健康的 15 个习惯［M］. 北京：中国商业出版社，2007.

[123]章志光. 社会心理学［M］. 北京：人民教育出版社，2007.

[124]杨娇丽. 大学生心理健康教育及个案教程［M］. 北京：北京大学医学出版. 2008.

[125]刑群麟，李敏. 哈佛教授给学生讲的 200 个心理健康故事［M］. 北京：中央编译出版社，2007.

[126]泰勒. 社会心理学［M］（第十版）. 谢晓非等译. 北京：北京大学出版社，2004.

[127]俞国良. 心理健康教育（学生用书）［M］. 北京：高等教育出版社，2005.

[128]中国就业培训技术指导中心，中国心理卫生协会. 心理咨询师国家职业资格培训教材［M］. 北京：民族出版社，2005.

[129]赵颖，姚斌. 大学生心理健康水平的发展趋势研究［M］. 中国医学伦理学. 2017(4).

[130]项传军，叶一舵. 论学校心理健康教育目标的构建［M］. 五邑大学学报，2001.

[131]郑雪，等. 广州大学生主观幸福感研究［M］. 心理学探新，2001(4).

[132]严标宾，等. 大学生主观幸福感的影响因素研究［M］. 华南师范大学学报（自然科学版），2003(2).